7년 연속  전체 수석  합격자 배출

김희상

명품 감정평가관계법규

1차 | 출제예상문제집 + 필수기출

김희상 편저

동영상강의 www.pmg.co.kr

박문각

박문각 감정평가사

감정평가관계법규의 합격전략을 제시하는 최적화된 문제집!!!

감정평가관계법규는 그 내용이 방대하고 복잡할 뿐만 아니라 자주 개정되는 법률이기 때문에 수험생들에게는 쉽게 접근하기 어려운 과목이라는 것이 수험생들의 일반적인 생각입니다. 이러한 수험생들의 고민을 해결하고 감정평가관계법규가 더 이상 공포의 과목이 아닌 즐겁고 재미있고 친숙한 과목으로 수험생들에게 접근하도록 하기 위하여 본서를 집필하게 되었습니다.

첫째, 중요 기출문제와 응용문제를 연계하여 문제적응력을 높였습니다.

최근 감정평가사 시험은 단순 암기식 문제가 아니라 전체적인 내용을 얼마만큼 이해하고 정리했는지를 묻는 종합적인 유형으로 출제되고 있기 때문에 실제 시험에서 목표하는 점수를 받기 위해서는 “이론 – 기출문제 – 응용문제”라는 3단계 학습방법이 필요합니다. 이 3가지 요소를 모두 반영하여 문제집을 집필하였습니다.

둘째, 중요 문제를 완벽하게 정리할 수 있도록 구성하였습니다.

감정평가관계법규에서 출제가능성이 높은 중요한 부분은 반복·정리할 수 있도록 매년 출제되는 문제를 다양하게 수록하여 시험적응력을 높일 수 있도록 문제를 구성하였습니다. 그리고 단원별 문제를 통하여 감정평가관계법규를 체계적으로 정리하였으면 관련된 기출문제를 재구성하여 수험생들이 실전에 완벽하게 대비할 수 있도록 구성하였습니다.

셋째, 개정 법령을 완벽하게 반영하였습니다.

감정평가관계법규 중 「국토의 계획 및 이용에 관한 법률」과 「도시 및 주거환경정비법」은 다른 법률에 비하여 자주 개정되기 때문에 수험생 여러분은 개정될 내용에 항상 관심을 기울여야 합니다. 개정되는 내용은 시험에 출제될 가능성이 높기 때문입니다. 본서에는 최근 개정 법령까지 완벽하게 반영하여 수험생들이 별도로 보완하여야 하는 번거로움을 줄여 학습에만 집중할 수 있게 하였습니다.

“제2의 도약을 위한 뜨거운 열정으로 합격을 위해 노력하시는 모든 수험생 여러분”이 본서를 통하여 합격하시기를 진심으로 기원합니다.

김희상 올림

감정평가사란?

감정평가란 토지 등의 경제적 가치를 판정하여 그 결과를 가액으로 표시하는 것을 말한다. 감정평가사(Certified Appraiser)는 부동산 · 동산을 포함하여 토지, 건물 등의 유무형의 재산에 대한 경제적 가치를 판정하여 그 결과를 가액으로 표시하는 전문직업인으로 국토교통부에서 주관, 산업인력관리공단에서 시행하는 감정평가사시험에 합격한 사람으로 일정기간의 수습과정을 거친 후 공인되는 직업이다.

시험과목 및 시험시간

가. 시험과목(감정평가 및 감정평가사에 관한 법률 시행령 제9조)

시험구분	시험과목
제1차 시험	❶ 「민법」 중 총칙, 물권에 관한 규정 ❷ 경제학원론 ❸ 부동산학원론 ❹ 감정평가관계법규(「국토의 계획 및 이용에 관한 법률」, 「건축법」, 「공간정보의 구축 및 관리 등에 관한 법률」 중 지적에 관한 규정, 「국유재산법」, 「도시 및 주거환경정비법」, 「부동산등기법」, 「감정평가 및 감정평가사에 관한 법률」, 「부동산 가격공시에 관한 법률」 및 「동산 · 채권 등의 담보에 관한 법률」) ❺ 회계학 ❻ 영어(영어시험성적 제출로 대체)
제2차 시험	❶ 감정평가실무 ❷ 감정평가이론 ❸ 감정평가 및 보상법규(「감정평가 및 감정평가사에 관한 법률」, 「공익사업을 위한 토지 등의 취득 및 보상에 관한 법률」, 「부동산 가격공시에 관한 법률」)

나. 과목별 시험시간

시험구분	교시	시험과목	입실완료	시험시간	시험방법
제1차 시험	1교시	❶ 민법(총칙, 물권) ❷ 경제학원론 ❸ 부동산학원론	09:00	09:30~11:30(120분)	객관식 5지 택일형
	2교시	❹ 감정평가관계법규 ❺ 회계학	11:50	12:00~13:20(80분)	

제2차 시험	1교시	❶ 감정평가실무	09:00	09:30~11:10(100분)	과목별 4문항 (주관식)
	중식시간 11:10 ~ 12:10(60분)				
	2교시	❷ 감정평가이론	12:10	12:30~14:10(100분)	
	휴식시간 14:10 ~ 14:30(20분)				
	3교시	❸ 감정평가 및 보상법규	14:30	14:40~16:20(100분)	

※ 시험과 관련하여 법률 · 회계처리기준 등을 적용하여 정답을 구하여야 하는 문제는 시험시행일 현재 시행 중인 법률·회계처리기준 등을 적용하여 그 정답을 구하여야 함

※ 회계학 과목의 경우 한국채택국제회계기준(K-IFRS)만 적용하여 출제

다. 출제영역 : 큐넷 감정평가사 홈페이지(www.Q-net.or.kr/site/value) 자료실 게재

응시자격 및 결격사유

가. 응시자격 : 없음

※ 단, 최종 합격자 발표일 기준, 감정평가 및 감정평가사에 관한 법률 제12조의 결격사유에 해당하는 사람 또는 같은 법 제16조 제1항에 따른 처분을 받은 날부터 5년이 지나지 아니한 사람은 시험에 응시할 수 없음

나. 결격사유(감정평가 및 감정평가사에 관한 법률 제12조, 2023.8.10. 시행)

다음 각 호의 어느 하나에 해당하는 사람

1. 파산선고를 받은 사람으로서 복권되지 아니한 사람
2. 금고 이상의 실형을 선고받고 그 집행이 종료(집행이 종료된 것으로 보는 경우를 포함한다)되거나 그 집행이 면제된 날부터 3년이 지나지 아니한 사람
3. 금고 이상의 형의 집행유예를 받고 그 유예기간이 만료된 날부터 1년이 지나지 아니한 사람
4. 금고 이상의 형의 선고유예를 받고 그 선고유예기간 중에 있는 사람
5. 제13조에 따라 감정평가사 자격이 취소된 후 3년이 지나지 아니한 사람. 다만 제6호에 해당하는 사람은 제외한다.
6. 제39조 제1항 제11호 및 제12호에 따라 자격이 취소된 후 5년이 지나지 아니한 사람

합격자 결정

가. 합격자 결정(감정평가 및 감정평가사에 관한 법률 시행령 제10조)

- 제1차 시험

  영어 과목을 제외한 나머지 시험과목에서 과목당 100점을 만점으로 하여 모든 과목 40점 이상이고, 전 과목 평균 60점 이상인 사람

- 제2차 시험
  - 과목당 100점을 만점으로 하여 모든 과목 40점 이상, 전 과목 평균 60점 이상을 득점한 사람
  - 최소합격인원에 미달하는 경우 최소합격인원의 범위에서 모든 과목 40점 이상을 득점한 사람 중에서 전 과목 평균점수가 높은 순으로 합격자를 결정

  ※ 동점자로 인하여 최소합격인원을 초과하는 경우에는 동점자 모두를 합격자로 결정. 이 경우 동점자의 점수는 소수점 이하 둘째 자리까지만 계산하며, 반올림은 하지 아니함

나. 제2차 시험 최소합격인원 결정(감정평가 및 감정평가사에 관한 법률 시행령 제10조)

공인어학성적

가. 제1차 시험 영어 과목은 영어시험성적으로 대체

- 기준점수(감정평가 및 감정평가사에 관한 법률 시행령 별표 2)

시험명	토플		토익	텝스	지텔프	플렉스	토셀	아이엘츠
	PBT	IBT						
일반응시자	530	71	700	340	65 (level-2)	625	640 (Advanced)	4.5 (Overall Band Score)
청각장애인	352	-	350	204	43 (level-2)	375	145 (Advanced)	-

- 제1차 시험 응시원서 접수마감일부터 역산하여 2년이 되는 날 이후에 실시된 시험으로, 제1차 시험 원서 접수 마감일까지 성적발표 및 성적표가 교부된 경우에 한해 인정함

※ 이하 생략(공고문 참조)

CONTENTS
이 책의 차례

PREFACE GUIDE

PART 01 국토의 계획 및 이용에 관한 법률

PART 02 건축법

PART 03 도시 및 주거환경정비법

PART 04 공간정보의 구축 및 관리 등에 관한 법률

PART 05 부동산등기법

PART 06 국유재산법

PART 07 부동산 가격공시에 관한 법률

PART 08 감정평가 및 감정평가사에 관한 법률

CONTENTS
이 책의 차례

PREFACE GUIDE

PART 09 동산·채권 등의 담보에 관한 법률

제 1 편

국토의 계획 및 이용에 관한 법률

제1장 총칙
제2장 광역도시계획
제3장 도시 · 군기본계획
제4장 도시 · 군관리계획
제5장 개발행위의 허가 등
제6장 보칙 및 벌칙

01 총칙

01 국토의 계획 및 이용에 관한 법령상 용어에 관한 설명으로 옳은 것은?

① 광역도시계획은 시·군·구의 관할 구역에 대하여 기본적인 공간구조와 장기발전방향을 제시하는 종합계획이다.

② 지구단위계획은 도시·군계획 수립 대상지역의 전부나 일부를 체계적·계획적으로 관리하기 위하여 수립하는 도시·군관리계획이다.

③ 광역시설이란 전기·가스·수도 등의 공급설비, 통신시설, 하수도시설 등 지하매설물을 공동 수용함으로써 미관의 개선, 도로구조의 보전 및 교통의 원활한 소통을 위하여 지하에 설치하는 시설물을 말한다.

④ 용도구역은 토지의 이용 및 건축물의 용도·건폐율·용적률·높이 등에 대한 용도지역 및 용도지구의 제한을 강화하거나 완화하기 위하여 도시·군관리계획으로 결정하는 지역을 말한다.

⑤ 도시·군계획시설이란 기반시설 중 도시·군기본계획으로 결정된 시설을 말한다.

01 해설

① 광역도시계획은 광역계획권의 장기발전방향을 제시하는 계획을 말한다.

② 지구단위계획은 도시·군계획 수립 대상지역의 일부를 체계적·계획적으로 관리하기 위하여 수립하는 도시·군관리계획이다.

③ 공동구란 전기·가스·수도 등의 공급설비, 통신시설, 하수도시설 등 지하매설물을 공동 수용함으로써 미관의 개선, 도로구조의 보전 및 교통의 원활한 소통을 위하여 지하에 설치하는 시설물을 말한다.

⑤ 도시·군계획시설이란 기반시설 중 도시·군관리계획으로 결정된 시설을 말한다.

정답 01 ④

02 국토의 계획 및 이용에 관한 법령의 내용으로 틀린 것은?

① 도시 · 군계획이란 특별시 · 광역시 · 특별자치시 · 특별자치도 · 시 또는 군(광역시의 관할 구역에 있는 군은 제외)의 관할 구역에 대하여 수립하는 공간구조와 발전방향에 대한 계획으로서 도시 · 군기본계획과 도시 · 군관리계획으로 구분한다.
② 도시 · 군계획시설사업이란 도시 · 군계획시설을 설치 · 정비 또는 개량하는 사업을 말한다.
③ 도시 · 군기본계획은 광역도시계획 수립의 지침이 되는 계획이다.
④ 도시 · 군관리계획을 시행하기 위한 「도시 및 주거환경정비법」에 따른 정비사업은 도시 · 군계획사업에 포함된다.
⑤ 국가계획이란 중앙행정기관이 법률에 따라 수립하거나 국가의 정책적인 목적을 이루기 위하여 수립하는 계획 중 도시 · 군관리계획으로 결정하여야 할 사항이 포함된 계획을 말한다.

03 국토의 계획 및 이용에 관한 법령상 용어에 관한 설명으로 틀린 것은?

① 용도지역이란 토지의 이용 및 건축물의 용도, 건폐율, 용적률, 높이 등을 제한함으로써 토지를 경제적 · 효율적으로 이용하고 공공복리의 증진을 도모하기 위하여 서로 중복되지 아니하게 도시 · 군관리계획으로 결정하는 지역을 말한다.
② 용도지구란 토지의 이용 및 건축물의 용도 · 건폐율 · 용적률 · 높이 등에 대한 용도지역의 제한을 강화하거나 완화하여 적용함으로써 용도지역의 기능을 증진시키고 경관 · 안전 등을 도모하기 위하여 도시 · 군관리계획으로 결정하는 지역을 말한다.
③ 도시 · 군기본계획이란 특별시 · 광역시 · 특별자치시 · 특별자치도 · 시 또는 군의 관할 구역 및 생활권에 대하여 기본적인 공간구조와 장기발전방향을 제시하는 종합계획으로서 도시 · 군관리계획 수립의 지침이 되는 계획을 말한다.
④ 도시 · 군관리계획이란 특별시 · 광역시 · 특별자치시 · 특별자치도 · 시 또는 군의 개발 · 정비 및 보전을 위하여 수립하는 토지이용, 교통, 환경 등에 관한 계획을 말한다.
⑤ 기반시설부담구역이란 개발로 인하여 기반시설이 부족할 것이 예상되나 기반시설의 설치가 곤란한 지역을 대상으로 건폐율 또는 용적률을 강화하여 적용하기 위하여 지정하는 구역을 말한다.

02 해설
③ 도시 · 군기본계획은 도시 · 군관리계획 수립의 지침이 되는 계획이다.

03 해설
⑤ 기반시설부담구역이란 개발밀도관리구역 외의 지역으로서 개발로 인하여 도로, 공원, 녹지 등 대통령령으로 정하는 기반시설의 설치가 필요한 지역을 대상으로 기반시설을 설치하거나 그에 필요한 용지를 확보하게 하기 위하여 지정 · 고시하는 구역을 말한다. 지문은 '개발밀도관리구역'에 대한 설명이다.

정답 02 ③ 03 ⑤

04 **국토의 계획 및 이용에 관한 법령상 도시·군계획의 지위에 관한 설명으로 옳은 것은?**

① 도시·군계획은 특별시·광역시·특별자치시·특별자치도·시 또는 군(광역시의 관할 구역에 있는 군은 제외)의 관할 구역에서 수립되는 다른 법률에 따른 토지의 이용·개발 및 보전에 관한 계획의 기본이 된다.

② 광역도시계획이 수립되어 있는 지역에 대하여 수립하는 도시·군기본계획은 그 광역도시계획에 부합되어야 하며, 도시·군기본계획의 내용이 광역도시계획의 내용과 다를 때에는 도시·군기본계획의 내용이 우선한다.

③ 특별시장·광역시장·특별자치시장·특별자치도지사·시장 또는 군수가 관할 구역에 대하여 다른 법률에 따른 환경·교통·수도·하수도·주택 등에 관한 부문별 계획을 수립할 때에는 도시·군관리계획의 내용에 부합되게 하여야 한다.

④ 도시·군계획이란 광역도시계획과 도시·군기본계획을 말한다.

⑤ 특별시장·광역시장·특별자치시장·특별자치도지사·시장 또는 군수는 도시의 지속 가능하고 균형 있는 발전을 위하여 도시의 지속 가능성을 평가할 수 있다.

04 해설

② 도시·군기본계획의 내용이 광역도시계획의 내용과 다를 때에는 광역도시계획의 내용이 우선한다.

③ 특별시장·광역시장·특별자치시장·특별자치도지사·시장 또는 군수가 관할 구역에 대하여 다른 법률에 따른 환경·교통·수도·하수도·주택 등에 관한 부문별 계획을 수립할 때에는 도시·군기본계획의 내용에 부합되게 하여야 한다.

④ 도시·군계획은 도시·군기본계획과 도시·군관리계획으로 구분한다.

⑤ 국토교통부장관은 도시의 지속 가능하고 균형 있는 발전을 위하여 도시의 지속 가능성을 평가할 수 있다.

정답 04 ①

05 **국토의 계획 및 이용에 관한 법령에서 규정한 국토의 용도 구분 및 용도지역별 관리의무에 관한 설명으로 틀린 것은?**

① 국가나 지방자치단체는 용도지역의 효율적인 이용 및 관리를 위하여 용도지역에 관한 개발·정비 및 보전에 필요한 조치를 마련하여야 한다.

② 도시지역은 인구와 산업이 밀집되어 있거나 밀집이 예상되어 그 지역에 대하여 체계적인 개발·정비·관리·보전 등이 필요한 지역이다.

③ 관리지역은 도시지역의 인구와 산업을 수용하기 위하여 도시지역에 준하여 체계적으로 관리하거나 농림업의 진흥, 자연환경 또는 산림의 보전을 위하여 농림지역 또는 자연환경보전지역에 준하여 관리가 필요한 지역이다.

④ 농림지역은 도시지역에 속하는 「농지법」에 따른 농업진흥지역 또는 「산지관리법」에 따른 보전산지 등으로서 농림업을 진흥시키고 산림을 보전하기 위하여 필요한 지역이다.

⑤ 자연환경보전지역은 자연환경·수자원·해안·생태계·상수원 및 국가유산의 보전과 수산자원의 보호·육성 등을 위하여 필요한 지역이다.

06 **국토의 계획 및 이용에 관한 법령의 내용으로 틀린 것은?**

① 개발밀도관리구역이란 개발로 인하여 기반시설이 부족할 것이 예상되나 기반시설의 설치가 곤란한 지역을 대상으로 건폐율이나 용적률을 강화하여 적용하기 위하여 지정하는 구역을 말한다.

② 기반시설부담구역이란 개발밀도관리구역 외의 지역으로서 개발로 인하여 도로, 공원, 대학 등 기반시설을 설치하기 위하여 지정·고시하는 구역을 말한다.

③ 광역도시계획은 국가계획의 내용에 부합되어야 하며, 광역도시계획의 내용이 국가계획의 내용과 다를 때에는 국가계획의 내용이 우선한다.

④ 도시·군계획의 내용이 국가계획의 내용과 다를 때에는 국가계획의 내용이 우선한다.

⑤ 도시·군기본계획의 내용이 광역도시계획의 내용과 다를 때에는 광역도시계획의 내용이 우선한다.

05 해설

④ 농림지역은 도시지역에 속하지 아니하는 「농지법」에 따른 농업진흥지역 또는 「산지관리법」에 따른 보전산지 등으로서 농림업을 진흥시키고 산림을 보전하기 위하여 필요한 지역이다.

06 해설

② 대학은 기반시설부담구역에서 설치가 필요한 기반시설에 해당하지 않는다.

정답 05 ④ 06 ②

07 **국토의 계획 및 이용에 관한 법령상 용어에 관한 설명으로 옳은 것은?**

① 도시·군계획은 광역도시계획과 도시·군기본계획으로 구분한다.
② 용도구역의 지정 및 변경에 관한 계획은 도시·군기본계획으로 결정한다.
③ 성장관리계획구역의 지정은 도시·군관리계획으로 결정한다.
④ 기반시설은 도시·군계획시설 중 도시·군관리계획으로 결정된 시설을 말한다.
⑤ 「택지개발촉진법」에 따른 택지개발사업은 도시·군계획사업에 포함되지 않는다.

07 해설
① 도시·군계획은 도시·군기본계획과 도시·군관리계획으로 구분한다.
② 용도구역의 지정 및 변경에 관한 계획은 도시·군관리계획으로 결정한다.
③ 성장관리계획구역의 지정은 도시·군관리계획으로 결정하여야 하는 사항에 해당하지 않는다.
④ 도시·군계획시설이란 기반시설 중 도시·군관리계획으로 결정된 시설을 말한다.

정답 07 ⑤

02 광역도시계획

01 국토의 계획 및 이용에 관한 법령상 광역계획권의 지정에 관한 설명으로 틀린 것은?

① 광역계획권이 둘 이상의 시·도의 관할 구역에 걸쳐 있는 경우에는 국토교통부장관이 지정할 수 있다.

② 광역계획권이 도의 관할 구역에 속하여 있는 경우에는 도지사가 지정할 수 있다.

③ 중앙행정기관의 장, 시·도지사, 시장 또는 군수는 국토교통부장관이나 도지사에게 광역계획권의 지정 또는 변경을 요청할 수 있다.

④ 광역계획권은 인접한 둘 이상의 특별시·광역시·특별자치시·특별자치도·시 또는 군의 관할 구역 단위로 지정하여야 하며, 그 관할 구역의 일부만을 광역계획권에 포함시킬 수 없다.

⑤ 국토교통부장관 또는 도지사는 광역계획권을 지정하거나 변경하면 지체 없이 관계 시·도지사, 시장 또는 군수에게 그 사실을 통보하여야 한다.

01 해설

④ 광역계획권은 인접한 둘 이상의 특별시·광역시·특별자치시·특별자치도·시 또는 군의 관할 구역의 전부 또는 일부를 대상으로 지정할 수 있다.

정답 01 ④

02 **국토의 계획 및 이용에 관한 법령상 광역도시계획의 내용에 포함되지 않는 것은?**

① 경관계획에 관한 사항
② 광역시설의 배치・규모・설치에 관한 사항
③ 광역계획권의 지정・변경에 관한 사항
④ 광역계획권의 녹지관리체계와 환경 보전에 관한 사항
⑤ 광역계획권의 교통 및 물류유통체계에 관한 사항

03 **국토의 계획 및 이용에 관한 법령상 광역도시계획의 수립권자에 관한 설명으로 틀린 것은?**

① 광역계획권이 같은 도의 관할 구역에 속하여 있는 경우에는 관할 시장 또는 군수가 공동으로 수립하여야 한다.
② 광역계획권이 둘 이상의 시・도의 관할 구역에 걸쳐 있는 경우에는 관할 시・도지사가 공동으로 수립하여야 한다.
③ 국토교통부장관은 시・도지사가 요청하는 경우와 그 밖에 필요하다고 인정되는 경우에는 관할 시・도지사와 공동으로 광역도시계획을 수립할 수 있다.
④ 광역계획권을 지정한 날부터 3년이 지날 때까지 관할 시・도지사로부터 광역도시계획의 승인신청이 없는 경우에는 국토교통부장관이 수립하여야 한다.
⑤ 시장 또는 군수가 협의를 거쳐 요청하는 경우에는 도지사가 관할 시장 또는 군수와 공동으로 광역도시계획을 수립할 수 있지만, 단독으로 광역도시계획을 수립할 수는 없다.

02 해설

③ 광역계획권의 지정・변경에 관한 사항은 광역도시계획의 내용이 아니다.

> **＊ 광역도시계획의 내용**
> 광역도시계획에는 다음 사항 중 광역계획권의 지정목적을 이루는 데 필요한 사항에 대한 정책방향이 포함되어야 하며, 수립기준 등은 대통령령으로 정하는 바에 따라 국토교통부장관이 정한다.
> 1. 광역계획권의 공간 구조와 기능 분담에 관한 사항
> 2. 광역계획권의 녹지관리체계와 환경 보전에 관한 사항(④)
> 3. 광역시설의 배치・규모・설치에 관한 사항(②)
> 4. 경관계획에 관한 사항(①)
> 5. 그 밖에 광역계획권에 속하는 특별시・광역시・특별자치시・특별자치도・시 또는 군 상호 간의 기능 연계에 관한 다음의 사항
>   • 광역계획권의 교통 및 물류유통체계에 관한 사항(⑤)
>   • 광역계획권의 문화・여가공간 및 방재에 관한 사항

03 해설

⑤ 도지사는 시장 또는 군수가 요청하는 경우와 그 밖에 필요하다고 인정하는 경우에는 관할 시장 또는 군수와 공동으로 광역도시계획을 수립할 수 있으며, 시장 또는 군수가 협의를 거쳐 요청하는 경우에는 단독으로 광역도시계획을 수립할 수 있다.

정답 02 ③ 03 ⑤

04 **국토의 계획 및 이용에 관한 법령상 광역도시계획에 관한 설명으로 틀린 것은?**

① 도지사가 시장 또는 군수의 요청으로 관할 시장 또는 군수와 공동으로 광역도시계획을 수립하는 경우에는 국토교통부장관의 승인을 받지 아니하고 광역도시계획을 수립할 수 있다.
② 광역도시계획은 국민에게는 직접적인 효력이 없는 비구속적 계획이고 행정쟁송의 대상이 되지 않는다.
③ 국토교통부장관, 시・도지사, 시장 또는 군수는 5년마다 관할 구역의 광역도시계획에 대하여 그 타당성 여부를 전반적으로 재검토하여 정비하여야 한다.
④ 광역도시계획에 관한 기초조사로 인하여 손실을 받은 자가 있는 때에는 그 행위자가 속한 행정청이 그 손실을 보상하여야 한다.
⑤ 광역도시계획의 수립기준 등은 대통령령으로 정하는 바에 따라 국토교통부장관이 정한다.

05 **국토의 계획 및 이용에 관한 법령상 광역도시계획의 수립 및 승인절차에 관한 설명으로 틀린 것은?**

① 시・도지사는 광역도시계획을 수립하거나 변경하려면 미리 인구, 경제, 사회, 문화, 토지이용, 환경, 교통, 주택 등을 대통령령으로 정하는 바에 따라 조사하거나 측량하여야 한다.
② 시장 또는 군수는 광역도시계획을 수립하거나 변경하려면 미리 공청회를 열어 주민과 관계 전문가 등으로부터 의견을 들어야 하며, 공청회에서 제시된 의견이 타당하다고 인정하면 광역도시계획에 반영하여야 한다.
③ 광역도시계획의 경미한 변경사항에 대해서는 공청회를 거치지 아니할 수 있다.
④ 시・도지사는 광역도시계획을 수립하려면 국토교통부장관의 승인을 받아야 한다.
⑤ 국토교통부장관이 광역도시계획을 승인하려면 관계 중앙행정기관의 장과 협의한 후 중앙도시계획위원회의 심의를 거쳐야 한다.

04 해설
③ 광역도시계획은 5년마다 타당성 여부를 전반적으로 재검토하는 규정이 없다.

05 해설
③ 광역도시계획을 수립하기 위한 공청회는 경미한 변경이라도 그 절차를 생략할 수 없다.

정답 04 ③ 05 ③

06 **국토의 계획 및 이용에 관한 법령상 광역도시계획의 조정에 관한 설명으로 틀린 것은?**

① 광역도시계획을 공동으로 수립하는 시·도지사는 그 내용에 관하여 서로 협의가 되지 아니하면 공동이나 단독으로 국토교통부장관에게 조정을 신청할 수 있다.
② 국토교통부장관은 단독 또는 공동으로 조정의 신청을 받은 경우에 기한을 정하여 당사자 간에 다시 협의를 하도록 권고할 수 있으며, 기한까지 협의가 이루어지지 아니하는 경우에는 직접 조정할 수 있다.
③ 국토교통부장관은 조정의 신청을 받거나 직접 조정하려는 경우에 중앙도시계획위원회의 심의를 거쳐 광역도시계획의 내용을 조정하여야 한다.
④ 광역도시계획을 공동으로 수립하는 시장 또는 군수는 그 내용에 관하여 서로 협의가 되지 아니하면 공동이나 단독으로 도지사에게 조정을 신청할 수 있다.
⑤ 광역도시계획을 수립하는 자는 조정 결과를 광역도시계획에 반영하여야 한다.

07 **국토의 계획 및 이용에 관한 법령상 광역계획권 및 광역도시계획에 관한 설명으로 옳은 것은?**

① 중앙행정기관의 장은 국토교통부장관에게 광역계획권의 지정 또는 변경을 요청할 수 없다.
② 시장 또는 군수가 광역도시계획을 변경하려면 국토교통부장관의 승인을 받아야 한다.
③ 시·도지사가 협의를 거쳐 요청하는 경우에는 국토교통부장관이 광역도시계획을 단독으로 수립할 수 있다.
④ 국토교통부장관이 광역계획권을 지정하려면 지방도시계획위원회의 심의를 거쳐야 한다.
⑤ 국토교통부장관, 시·도지사, 시장 또는 군수가 기초조사정보체계를 구축한 경우에는 등록된 정보의 현황을 5년마다 확인하고 변동사항을 반영하여야 한다.

06 해설

② 단독으로 조정신청을 받은 경우에만 기한을 정하여 당사자 간에 다시 협의할 것을 권고할 수 있다.

07 해설

① 중앙행정기관의 장은 국토교통부장관에게 광역계획권의 지정 또는 변경을 요청할 수 있다.
② 시장 또는 군수가 광역도시계획을 변경하려면 도지사의 승인을 받아야 한다.
③ 시·도지사가 협의를 거쳐 요청하는 경우에는 국토교통부장관이 광역도시계획을 단독으로 수립할 수 없다.
④ 국토교통부장관이 광역계획권을 지정하려면 중앙도시계획위원회의 심의를 거쳐야 한다.

정답 06 ② 07 ⑤

03 도시 · 군기본계획

01 국토의 계획 및 이용에 관한 법령상 도시 · 군기본계획에 관한 설명으로 틀린 것은?

① 특별시장 · 광역시장 · 특별자치시장 · 특별자치도지사 · 시장 또는 군수는 관할 구역에 대하여 도시 · 군기본계획을 수립하여야 한다.

② 특별시장 · 광역시장 · 특별자치시장 · 특별자치도지사 · 시장 또는 군수는 지역여건상 필요하다고 인정되면 인접한 특별시 · 광역시 · 특별자치시 · 특별자치도 · 시 또는 군의 관할 구역 전부 또는 일부를 포함하여 도시 · 군기본계획을 수립할 수 있다.

③ 특별시장 · 광역시장 · 특별자치시장 · 특별자치도지사 · 시장 또는 군수는 인접한 특별시 · 광역시 · 특별자치시 · 특별자치도 · 시 또는 군의 관할 구역을 포함하여 도시 · 군기본계획을 수립하려면 미리 그 특별시장 · 광역시장 · 특별자치시장 · 특별자치도지사 · 시장 또는 군수와 협의하여야 한다.

④ 수도권에 속하지 아니하고 광역시와 경계를 같이하는 인구 10만명 이하의 시 또는 군의 경우에는 도시 · 군기본계획을 수립하지 아니할 수 있다.

⑤ 관할 구역 전부에 대하여 광역도시계획이 수립되어 있는 시 또는 군으로서 당해 광역도시계획에 도시 · 군기본계획의 내용사항이 모두 포함되어 있는 시 또는 군의 경우에는 도시 · 군기본계획을 수립하지 아니할 수 있다.

01 해설

④ 「수도권정비계획법」의 규정에 의한 수도권에 속하지 아니하고 광역시와 경계를 같이하지 아니한 시 또는 군으로서 인구 10만명 이하인 시 또는 군의 경우에는 도시 · 군기본계획을 수립하지 아니할 수 있다.

정답 01 ④

02 **국토의 계획 및 이용에 관한 법령상 도시·군기본계획에 관한 설명으로 옳은 것은?**

① 국토교통부장관은 특별시장·광역시장·특별자치시장 또는 특별자치도지사의 의견을 들은 후에 도시·군기본계획을 수립할 수 있다.

② 도시·군기본계획은 특별시·광역시·특별자치시·특별자치도·시 또는 군의 관할 구역에 대하여 10년 단위로 수립하는 종합계획이다.

③ 시장 또는 군수가 도시·군기본계획을 수립한 후 3년 이내에 도지사의 승인을 받지 못한 경우에는 도지사가 도시·군기본계획을 수립하여야 한다.

④ 특별시장·광역시장·특별자치시장 또는 특별자치도지사는 도시·군기본계획을 수립하거나 변경하려면 국토교통부장관의 승인을 받아야 한다.

⑤ 시장 또는 군수는 5년마다 관할 구역의 도시·군기본계획에 대하여 타당성을 전반적으로 재검토하여 정비하여야 한다.

02 해설

⑤ 특별시장·광역시장·특별자치시장·특별자치도지사·시장 또는 군수는 5년마다 관할 구역의 도시·군기본계획에 대하여 타당성을 전반적으로 재검토하여 정비하여야 한다.

① 특별시장·광역시장·특별자치시장·특별자치도지사·시장 또는 군수가 관할 구역에 대하여 도시·군기본계획을 수립하여야 하며, 국토교통부장관은 도시·군기본계획의 수립권자가 될 수 없다.

② 도시·군기본계획의 수립기간(10년 단위)에 대해서는 법률에서 명시적 규정을 두고 있지 않다.

③ 도지사는 도시·군기본계획의 수립권자가 될 수 없다.

④ 특별시장·광역시장·특별자치시장 또는 특별자치도지사는 도시·군기본계획을 수립하거나 변경하려면 관계 행정기관의 장과 협의한 후 지방도시계획위원회의 심의를 거쳐 확정한다. 따라서 국토교통부장관의 승인을 받지 아니한다.

정답 02 ⑤

03 **국토의 계획 및 이용에 관한 법령상 도시·군기본계획은 다음에 대한 정책방향이 포함되어야 한다. 해당하지 않는 것은?**

① 공원·녹지에 관한 사항
② 토지의 이용 및 개발에 관한 사항
③ 기반시설의 설치·정비 또는 개량에 관한 계획
④ 지역적 특성 및 계획의 방향·목표에 관한 사항
⑤ 방재·방범 등 안전에 관한 사항

04 **국토의 계획 및 이용에 관한 법령상 도시·군기본계획의 수립기준으로 틀린 것은?**

① 특별시·광역시·특별자치시·특별자치도·시 또는 군의 기본적인 공간구조와 장기발전 방향을 제시하는 토지이용·교통·환경 등에 관한 종합계획이 되도록 할 것
② 계획의 연속성을 유지하도록 하고 구체적이고 상세한 계획이 되도록 할 것
③ 도시·군기본계획을 정비할 때에는 종전의 도시·군기본계획의 내용 중 수정이 필요한 부분만을 발췌하여 보완함으로써 계획의 연속성이 유지되도록 할 것
④ 도시와 농어촌 및 산촌지역의 인구밀도, 토지이용의 특성 및 주변환경 등을 종합적으로 고려하여 지역별로 계획의 상세 정도를 다르게 하되, 기반시설의 배치계획, 토지 용도 등은 도시와 농어촌 및 산촌지역이 서로 연계되도록 할 것
⑤ 도시지역 등에 위치한 개발 가능 토지는 단계별로 시차를 두어 개발되도록 할 것

03 해설
③ 기반시설의 설치·정비 또는 개량에 관한 계획은 도시·군관리계획의 내용이다.

04 해설
② 여건 변화에 탄력적으로 대응할 수 있도록 포괄적·개략적으로 수립하여야 한다.

정답 03 ③ 04 ②

05 국토의 계획 및 이용에 관한 법령상 광역도시계획과 도시·군계획에 관한 설명으로 옳은 것은?

① 광역도시계획은 광역시의 장기발전방향을 제시하는 계획이다.

② 광역도시계획과 도시·군기본계획은 장기발전방향을 제시하는 계획으로서 5년마다 관할 구역의 타당성을 재검토하여 이를 정비하여야 한다.

③ 도시·군관리계획은 특별시·광역시·특별자치시·특별자치도·시 또는 군의 개발·정비 및 보전을 목적으로 수립하는 계획이다.

④ 관할 구역 전부에 대하여 광역도시계획이 수립되어 있는 시 또는 군으로서 당해 광역도시계획에 도시·군기본계획의 내용이 일부 포함되어 있는 시 또는 군은 도시·군기본계획을 수립하지 아니할 수 있다.

⑤ 시장 또는 군수가 도시·군기본계획을 수립하거나 변경하려면 지방도시계획위원회의 심의를 거쳐야 한다.

05 해설

① 광역도시계획은 광역계획권의 장기발전방향을 제시하는 계획을 말한다.

② 5년마다 타당성을 검토하는 계획은 도시·군기본계획과 도시·군관리계획이다. 광역도시계획은 5년마다 타당성을 검토하지 않는다.

④ 다음에 해당하는 시·군은 시 또는 군의 위치, 인구의 규모, 인구 감소율 등을 고려하여 도시·군기본계획을 수립하지 아니할 수 있다.

> 1. 「수도권정비계획법」에 의한 수도권에 속하지 아니하고 광역시와 경계를 같이하지 아니한 시 또는 군으로서 인구 10만명 이하인 시 또는 군
> 2. 관할 구역 전부에 대하여 광역도시계획이 수립되어 있는 시 또는 군으로서 당해 광역도시계획에 도시·군기본계획의 내용이 모두 포함되어 있는 시 또는 군

⑤ 시장 또는 군수가 도시·군기본계획을 수립하거나 변경하려면 기초조사, 공청회, 지방의회 의견을 들어야 하고, 도지사가 도시·군기본계획을 승인하려면 관계 행정기관의 장과 협의한 후 지방도시계획위원회의 심의를 거쳐야 한다.

정답 05 ③

06 국토의 계획 및 이용에 관한 법령상 도시·군기본계획에 관한 설명으로 옳은 것은?

① 도시·군기본계획을 변경하는 경우에는 공청회를 거치지 아니할 수 있다.
② 시장·군수는 관할 구역에 대해서만 도시·군기본계획을 수립할 수 있으며, 인접한 시 또는 군의 관할 구역을 포함하여 계획을 수립할 수 없다.
③ 이해관계자를 포함한 주민은 지구단위계획구역의 변경에 관한 사항에 대하여 도시·군기본계획의 입안을 제안할 수 있다.
④ 특별시장이 도시·군기본계획을 수립하거나 변경하는 경우에는 국토교통부장관의 승인을 받지 않아도 된다.
⑤ 도시·군기본계획의 내용이 광역도시계획의 내용과 다를 때에는 국토교통부장관이 결정한다.

07 국토의 계획 및 이용에 관한 법령상 도시·군기본계획을 수립하지 아니할 수 있는 지방자치단체는? (단, 수도권은 「수도권정비계획법」상의 수도권을 의미함)

① 수도권에 속하는 인구 10만명 이하의 군
② 수도권에서 광역시와 경계를 같이하는 인구 10만명 이하의 시
③ 관할 구역 일부에 대하여 광역도시계획이 수립되어 있는 시로서 광역도시계획에 도시·군기본계획의 내용이 모두 포함되어 있는 시
④ 관할 구역 전부에 대하여 광역도시계획이 수립되어 있는 군으로서 광역도시계획에 도시·군기본계획의 내용이 일부 포함되어 있는 군
⑤ 수도권 외의 지역에서 광역시와 경계를 같이하지 않는 인구 10만명 이하의 시

06 해설

① 공청회는 생략할 수 없다.
② 도시·군기본계획은 인접한 시 또는 군의 관할 구역을 포함하여 계획을 수립할 수 있다.
③ 이해관계자를 포함한 주민은 도시·군기본계획의 입안을 제안할 수 없다.
⑤ 도시·군기본계획의 내용이 광역도시계획의 내용과 다를 때에는 광역도시계획의 내용이 우선한다.

07 해설

⑤ 「수도권정비계획법」에 의한 수도권에 속하지 아니하고 광역시와 경계를 같이하지 아니하는 인구 10만명 이하인 시 또는 군은 도시·군기본계획을 수립하지 아니할 수 있다.

정답 06 ④ 07 ⑤

CHAPTER 04

도시 · 군관리계획

제1절 도시 · 군관리계획

01 국토의 계획 및 이용에 관한 법령상 도시 · 군관리계획에 관한 설명으로 옳은 것은?

① 도시 · 군관리계획은 계획을 수립한 행정청은 물론 일반국민에게 직접 효력이 미치지 않는 비구속적 행정계획이다.

② 도시 · 군기본계획은 광역도시계획과 도시 · 군관리계획에 부합되어야 한다.

③ 도시 · 군관리계획의 수립기준, 도시 · 군관리계획도서 및 계획설명서의 작성기준 · 작성방법 등은 대통령령으로 정하는 바에 따라 시 · 도지사가 정한다.

④ 주민은 도시 · 군계획시설입체복합구역의 지정 및 변경에 관한 사항에 대하여 도시 · 군관리계획을 입안할 수 있는 자에게 도시 · 군관리계획의 입안을 제안할 수 있다.

⑤ 도시 · 군관리계획은 계획의 상세 정도, 기반시설의 종류 등에 대하여 도시 및 농 · 산 · 어촌지역의 인구밀도, 토지이용의 특성 및 주변환경 등을 종합적으로 고려하여 균등하게 입안하여야 한다.

02 국토의 계획 및 이용에 관한 법령상 도시 · 군관리계획으로 결정할 수 있는 내용이 아닌 것은?

① 공원의 설치에 관한 계획

② 도시 · 군계획시설입체복합구역의 지정 또는 변경에 관한 계획

③ 「농지법」에 따른 농업진흥지역 지정에 관한 계획

④ 「도시개발법」에 따른 주거단지조성사업에 관한 계획

⑤ 관리지역에 산업 · 유통개발진흥지구의 지정에 관한 계획

01 해설

① 도시 · 군관리계획은 계획을 수립한 행정청은 물론 일반국민에게 직접 효력이 미치는 구속적 행정계획이다.
② 도시 · 군관리계획은 광역도시계획과 도시 · 군기본계획에 부합되어야 한다.
③ 도시 · 군관리계획의 수립기준, 도시 · 군관리계획도서 및 계획설명서의 작성기준 · 작성방법 등은 대통령령으로 정하는 바에 따라 국토교통부장관이 정한다.
⑤ 도시 · 군관리계획은 계획의 상세 정도, 도시 · 군관리계획으로 결정하여야 하는 기반시설의 종류 등에 대하여 도시 및 농 · 산 · 어촌지역의 인구밀도, 토지이용의 특성 및 주변환경 등을 종합적으로 고려하여 차등을 두어 입안하여야 한다.

02 해설

③ 「농지법」에 따른 농업진흥지역 지정은 도시 · 군관리계획으로 결정하지 않는다.

정답 01 ④ 02 ③

03 국토의 계획 및 이용에 관한 법령상 도시·군관리계획의 내용에 해당하지 않는 것은?

① 복합용도구역의 지정 또는 변경에 관한 계획
② 특정용도제한지구의 변경에 관한 계획
③ 도시혁신구역의 지정 또는 변경에 관한 계획
④ 정비사업에 관한 계획
⑤ 기반시설부담구역 지정에 관한 계획

04 국토의 계획 및 이용에 관한 법령상 도시·군관리계획의 입안에 관한 설명으로 틀린 것은?

① 특별시장·광역시장·특별자치시장·특별자치도지사·시장 또는 군수는 관할 구역에 대하여 도시·군관리계획을 입안하여야 한다.
② 국가계획과 관련된 경우에는 국토교통부장관이 도시·군관리계획을 입안할 수 있다.
③ 둘 이상의 시·도에 걸쳐 지정되는 용도지역·용도지구·용도구역은 도지사가 직접 도시·군관리계획을 입안할 수 있다.
④ 인접한 특별시·광역시·특별자치시·특별자치도·시 또는 군의 관할 구역에 대한 도시·군관리계획은 관계 특별시장·광역시장·특별자치시장·특별자치도지사·시장 또는 군수가 협의하여 공동으로 입안하거나 입안할 자를 정한다.
⑤ 도시·군관리계획을 입안할 때에는 대통령령으로 정하는 바에 따라 도시·군관리계획도서와 이를 보조하는 계획설명서를 작성하여야 한다.

03 해설

⑤ 기반시설부담구역이란 개발밀도관리구역 외의 지역으로서 개발로 인하여 도로, 공원, 녹지 등 대통령령으로 정하는 기반시설의 설치가 필요한 지역을 대상으로 기반시설을 설치하거나 그에 필요한 용지를 확보하게 하기 위하여 특별시장·광역시장·특별자치시장·특별자치도지사·시장 또는 군수가 지정·고시하는 구역을 말한다.

＊ 도시·군관리계획의 내용
1. 용도지역·용도지구의 지정 또는 변경에 관한 계획
2. 개발제한구역·도시자연공원구역·시가화조정구역·수산자원보호구역의 지정 또는 변경에 관한 계획
3. 기반시설의 설치·정비 또는 개량에 관한 계획
4. 도시개발사업이나 정비사업에 관한 계획
5. 지구단위계획구역의 지정 또는 변경에 관한 계획과 지구단위계획
6. 도시혁신구역의 지정 또는 변경에 관한 계획과 도시혁신계획
7. 복합용도구역의 지정 또는 변경에 관한 계획과 복합용도계획
8. 도시·군계획시설복합입체구역의 지정 또는 변경에 관한 계획

04 해설

③ 둘 이상의 시·도에 걸쳐 지정되는 용도지역·용도지구·용도구역은 국토교통부장관이 직접 도시·군관리계획을 입안할 수 있다.

정답 03 ⑤ 04 ③

05 **국토의 계획 및 이용에 관한 법령상 도시 · 군관리계획을 입안하는 경우, 토지적성평가를 실시하지 않아도 되는 경우가 <u>아닌</u> 것은?**

① 개발제한구역 안에 기반시설을 설치하는 경우
② 해당 도시 · 군계획시설의 결정을 해제하려는 경우
③ 해당 지구단위계획구역 안의 나대지 면적이 구역 면적의 2%에 미달하는 경우
④ 도시 · 군관리계획 입안일부터 5년 이내에 토지적성평가를 실시한 지역에 대하여 도시 · 군관리계획을 입안하는 경우
⑤ 해당 지구단위계획구역의 지정 목적이 해당 구역을 정비 또는 관리하고자 하는 경우로서 지구단위계획의 내용에 너비 12m 이상 도로의 설치계획이 있는 경우

05 해설

해당 지구단위계획구역의 지정 목적이 해당 구역을 정비 또는 관리하고자 하는 경우로서 지구단위계획의 내용에 너비 12m 이상 도로의 설치계획이 없는 경우에는 토지적성평가를 실시하지 아니할 수 있다.

＊ 토지적성평가를 실시하지 아니할 수 있는 경우(영 제21조 제2항 제3호)

1. 해당 지구단위계획구역이 도심지(상업지역과 상업지역에 연접한 지역)에 위치하는 경우
2. 해당 지구단위계획구역 안의 나대지 면적이 구역 면적의 2%에 미달하는 경우(③)
3. 해당 지구단위계획구역 또는 도시 · 군계획시설부지가 다른 법률에 따라 지역 · 지구 등으로 지정되거나 개발계획이 수립된 경우
4. 해당 지구단위계획구역의 지정 목적이 해당 구역을 정비 또는 관리하고자 하는 경우로서 지구단위계획의 내용에 너비 12m 이상 도로의 설치계획이 없는 경우
5. 해당 도시 · 군계획시설의 결정을 해제하려는 경우(②)
6. 기존의 용도지구를 폐지하고 지구단위계획을 수립 또는 변경하여 그 용도지구에 따른 건축물이나 그 밖의 시설의 용도 · 종류 및 규모 등의 제한을 그대로 대체하려는 경우
7. 도시 · 군관리계획 입안일부터 5년 이내에 토지적성평가를 실시한 경우(④)
8. 주거지역 · 상업지역 또는 공업지역에 도시 · 군관리계획을 입안하는 경우
9. 법 또는 다른 법령에 따라 조성된 지역에 도시 · 군관리계획을 입안하는 경우
10. 개발제한구역에서 조정 또는 해제된 지역에 대하여 도시 · 군관리계획을 입안하는 경우
11. 개발제한구역 안에 기반시설을 설치하는 경우(①)
12. 「도시개발법」에 따른 도시개발사업의 경우
13. 지구단위계획구역 또는 도시 · 군계획시설부지에서 도시 · 군관리계획을 입안하는 경우

정답 05 ⑤

06 국토의 계획 및 이용에 관한 법령상 도시·군관리계획에 관한 설명으로 옳은 것은?

① 도시·군관리계획결정은 지형도면을 고시한 날의 다음 날부터 효력이 발생한다.
② 국가계획과 연계하여 시가화조정구역의 지정이 필요한 경우, 시·도지사가 직접 그 지정을 도시·군관리계획으로 결정할 수 있다.
③ 도시·군기본계획을 수립한 지역에 대하여는 도시·군관리계획을 입안하지 아니할 수 있다.
④ 도시·군관리계획의 입안을 제안받은 자는 도시·군관리계획의 입안 및 결정에 필요한 비용의 전부를 제안자에게 부담시킬 수 없다.
⑤ 개발제한구역 안에 기반시설을 설치하는 경우에는 도시·군관리계획을 입안할 때 토지적성평가를 실시하지 않아도 된다.

07 국토의 계획 및 이용에 관한 법령상 도시·군관리계획에 관한 설명으로 <u>틀린</u> 것은?

① 개발제한구역 안에 기반시설을 설치하는 경우에는 환경성 검토를 실시하지 아니할 수 있다.
② 주민(이해관계자 포함)은 기반시설의 설치에 관한 사항에 대하여 도시·군관리계획의 입안을 제안할 수 있으며, 입안권자는 제안일부터 45일 이내에 그 도시·군관리계획 입안에의 반영 여부를 제안자에게 통보하여야 한다.
③ 국토교통부장관, 시·도지사, 시장 또는 군수는 도시·군관리계획의 입안을 위한 기초조사의 내용에 환경성검토, 토지적성평가와 재해취약성분석을 포함하여야 한다.
④ 도시·군관리계획에 있어 계획의 상세 정도, 도시·군관리계획으로 결정하여야 하는 기반시설의 종류 등은 지역 여건을 고려하여 차등을 두어 입안하여야 한다.
⑤ 도시·군관리계획은 광역도시계획 및 도시·군기본계획 등에서 제시한 내용을 수용하고 개별 사업계획과의 관계 및 도시의 성장 추세를 고려하여 수립하여야 한다.

06 해설

① 도시·군관리계획의 결정은 지형도면을 고시한 날부터 효력이 발생한다.
② 국가계획과 연계하여 시가화조정구역의 지정이 필요한 경우, 국토교통부장관이 직접 그 지정을 도시·군관리계획으로 결정할 수 있다.
③ 시 또는 군의 위치, 인구의 규모, 인구 감소율 등을 고려하여 대통령령으로 정하는 시 또는 군은 도시·군기본계획을 수립하지 아니할 수 있는 경우는 있어도, 도시·군관리계획의 입안을 생략하는 경우는 없다.
④ 도시·군관리계획의 입안을 제안받은 자는 도시·군관리계획의 입안 및 결정에 필요한 비용의 전부를 제안자와 협의하여 제안자에게 부담시킬 수 있다.

07 해설

① 개발제한구역에 기반시설을 설치하는 경우에는 토지적성평가를 실시하지 아니할 수 있다.

정답 06 ⑤ 07 ①

08 **국토의 계획 및 이용에 관한 법령상 도시 · 군관리계획에 관한 설명으로 옳은 것은?**

① 시장 또는 군수가 입안한 지구단위계획구역의 지정 · 변경에 관한 도시 · 군관리계획은 도지사가 결정한다.

② 공업지역에서 도시 · 군관리계획을 입안하는 경우에는 재해취약성분석을 실시하지 아니할 수 있다.

③ 도시 · 군관리계획의 결정권자가 도시 · 군관리계획을 결정하고자 하는 때에는 미리 지방의회의 의견을 들어야 한다.

④ 도시지역의 축소에 따른 용도지역의 변경을 도시 · 군관리계획으로 입안하는 경우에는 지방의회 의견청취절차를 생략할 수 없다.

⑤ 도시 · 군관리계획은 계획의 상세 정도, 도시 · 군관리계획으로 결정하여야 하는 기반시설의 종류 등에 대하여 도시 및 농 · 산 · 어촌지역의 인구밀도, 토지이용의 특성 및 주변환경 등을 종합적으로 고려하여 차등을 두어 입안하여야 한다.

08 해설

① 시장 또는 군수가 입안한 지구단위계획구역의 지정 · 변경에 관한 도시 · 군관리계획은 시장 또는 군수가 직접 결정한다.

② 공업지역에서 도시 · 군관리계획을 입안하는 경우에는 토지적성평가를 실시하지 아니할 수 있다.

③ 도시 · 군관리계획을 결정할 때에는 관계 행정기관의 장과 협의하고, 도시계획위원회의 심의를 거치면 된다. 지방의회의 의견청취는 입안권자가 거쳐야 하는 입안절차에 해당한다.

④ 도시지역의 축소에 따른 용도지역의 변경을 도시 · 군관리계획으로 입안하는 경우에는 지방의회 의견청취절차를 생략할 수 있다.

정답 08 ⑤

09 국토의 계획 및 이용에 관한 법령상 도시·군관리계획에 관한 설명으로 틀린 것은?

① 개발제한구역의 지정에 관한 도시·군관리계획은 국토교통부장관이 결정한다.

② 입안권자가 주민의 의견을 청취하려는 때에는 지방자치단체의 공보나 2 이상의 일간신문에 게재하고, 해당 지방자치단체의 인터넷 홈페이지 등에 공고해야 하며, 도시·군관리계획안을 14일 이상 일반이 열람할 수 있도록 해야 한다.

③ 국토교통부장관, 시·도지사, 시장 또는 군수는 열람기간 내에 제출된 의견을 도시·군관리계획안에 반영할 것인지 여부를 검토하여 그 결과를 열람기간이 종료된 날부터 30일 이내에 해당 의견을 제출한 자에게 통보해야 한다.

④ 주민은 도시군계획시설입체복합구역의 지정 및 변경에 관한 사항에 대하여 도시·군관리계획의 입안을 제안할 수 있다.

⑤ 도시·군관리계획의 수립기준, 도시·군관리계획도서 및 계획설명서의 작성기준·작성방법 등은 대통령령으로 정하는 바에 따라 국토교통부장관이 정한다.

09 해설

③ 국토교통부장관, 시·도지사, 시장 또는 군수는 열람기간 내에 제출된 의견을 도시·군관리계획안에 반영할 것인지 여부를 검토하여 그 결과를 열람기간이 종료된 날부터 60일 이내에 해당 의견을 제출한 자에게 통보해야 한다.

정답 09 ③

10 **국토의 계획 및 이용에 관한 법령상 주민이 도시·군관리계획의 입안을 제안하는 경우에 관한 설명으로 틀린 것은?**

① 제안서에는 도시·군관리계획도서뿐만 아니라 계획설명서도 첨부하여야 한다.

② 주민은 용도지역의 지정 또는 변경에 관한 사항과 기반시설의 설치·정비 또는 개량에 관한 사항을 제안할 수 있다.

③ 도시·군관리계획의 입안을 제안받은 자는 제안일부터 45일 이내에 도시·군관리계획 입안에의 반영 여부를 제안자에게 통보하여야 한다. 다만, 부득이한 사정이 있는 경우에는 1회에 한하여 30일을 연장할 수 있다.

④ 도시·군관리계획의 입안을 제안하려는 자가 토지소유자의 동의를 받아야 하는 경우 국·공유지는 동의대상 토지 면적에서 제외한다.

⑤ 도시·군관리계획의 입안을 제안받은 자는 제안자와 협의하여 제안된 도시·군관리계획의 입안 및 결정에 필요한 비용의 전부 또는 일부를 제안자에게 부담시킬 수 있다.

10 해설

② 주민은 용도지역의 지정 또는 변경에 관한 사항에 대하여는 입안을 제안할 수 없다.

＊ 도시·군관리계획 입안의 제안

주민(이해관계자를 포함)은 다음의 사항에 대하여 도시·군관리계획을 입안할 수 있는 자에게 도시·군관리계획의 입안을 제안할 수 있다.

1. 기반시설의 설치·정비 또는 개량에 관한 사항
2. 지구단위계획구역의 지정 및 변경과 지구단위계획의 수립 및 변경에 관한 사항
3. 산업·유통개발진흥지구의 지정 및 변경에 관한 사항
4. 용도지구 중 해당 용도지구에 따른 건축물이나 그 밖의 시설의 용도·종류 및 규모 등의 제한을 지구단위계획으로 대체하기 위한 용도지구의 지정 및 변경에 관한 사항
5. 도시·군계획시설입체복합구역의 지정 및 변경과 도시·군계획시설입체복합구역의 건축제한·건폐율·용적률·높이 등에 관한 사항

정답 **10 ②**

11 국토의 계획 및 이용에 관한 법령상 도시·군관리계획의 입안 제안에 관한 설명으로 옳은 것은?

① 지구단위계획구역의 지정 및 변경과 지구단위계획의 수립 및 변경에 관한 사항에 대한 입안을 제안하려는 자는 국·공유지를 제외한 대상 토지 면적의 5분의 4 이상의 동의를 받아야 한다.
② 산업·유통개발진흥지구의 지정을 제안할 수 있는 대상 지역의 면적은 10만m^2 이상이어야 한다.
③ 산업·유통개발진흥지구의 지정에 관한 사항에 대한 입안을 제안하려는 자는 국·공유지를 포함한 대상 토지 면적의 3분의 2 이상의 동의를 받아야 한다.
④ 기반시설의 설치·정비·개량에 관한 사항에 대한 입안을 제안하려는 자는 국·공유지를 제외한 대상 토지 면적의 2분의 1 이상의 동의를 받아야 한다.
⑤ 산업·유통개발진흥지구의 지정을 제안할 수 있는 대상 지역은 지정대상 지역의 전체 면적에서 계획관리지역의 면적이 차지하는 비율이 100분의 50 이상이어야 한다.

12 국토의 계획 및 이용에 관한 법령상 도시·군관리계획결정에 관한 설명으로 틀린 것은?

① 시·도지사는 도시·군관리계획을 결정하려면 관계 행정기관의 장과 미리 협의하여야 하며, 국토교통부장관이 도시·군관리계획을 결정하려면 관계 중앙행정기관의 장과 미리 협의하여야 한다.
② 시·도지사가 지구단위계획을 결정하려면 「건축법」에 따라 시·도에 두는 건축위원회와 도시계획위원회가 공동으로 하는 심의를 거쳐야 한다.
③ 시·도지사는 국토교통부장관이 입안하여 결정한 도시·군관리계획을 변경하거나 그 밖에 대통령령으로 정하는 중요한 사항에 관한 도시·군관리계획을 결정하려면 미리 국토교통부장관과 협의하여야 한다.
④ 「지방자치법」에 따른 서울특별시와 광역시 및 특별자치시를 제외한 인구 50만 이상의 대도시의 경우에는 국토교통부장관이 직접 결정한다.
⑤ 국토교통부장관이나 시·도지사는 국방상 또는 국가안전보장상 기밀을 지켜야 할 필요가 있다고 인정되면(관계 중앙행정기관의 장이 요청할 때만 해당된다) 그 도시·군관리계획의 전부 또는 일부에 대하여 협의와 심의절차를 생략할 수 있다.

11 해설

① 지구단위계획구역의 지정 및 변경과 지구단위계획의 수립 및 변경에 관한 사항에 대한 입안을 제안하려는 자는 국·공유지를 제외한 대상 토지 면적의 3분의 2 이상의 동의를 받아야 한다.
② 산업·유통개발진흥지구의 지정을 제안할 수 있는 대상 지역의 면적은 1만m^2 이상 3만m^2 미만이다.
③ 산업·유통개발진흥지구의 지정에 관한 사항에 대한 입안을 제안하려는 자는 국·공유지를 제외한 대상 토지 면적의 3분의 2 이상의 동의를 받아야 한다.
④ 기반시설의 설치·정비·개량에 관한 사항에 대한 입안을 제안하려는 자는 국·공유지를 제외한 대상 토지 면적의 5분의 4 이상의 동의를 받아야 한다.

12 해설

④ 「지방자치법」에 따른 서울특별시와 광역시 및 특별자치시를 제외한 인구 50만 이상의 대도시의 경우에는 해당 대도시 시장이 직접 결정한다.

정답 11 ⑤ 12 ④

13 **국토의 계획 및 이용에 관한 법령상 주민이 도시·군관리계획의 입안을 제안하려는 경우 요구되는 제안 사항별 토지소유자의 동의요건으로 틀린 것은? (단, 동의대상 토지 면적에서 국·공유지는 제외함)**

① 기반시설의 설치에 관한 사항 : 대상 토지 면적의 5분의 4 이상
② 기반시설의 정비에 관한 사항 : 대상 토지 면적의 3분의 2 이상
③ 지구단위계획구역의 지정과 지구단위계획의 수립에 관한 사항 : 대상 토지 면적의 3분의 2 이상
④ 산업·유통개발진흥지구의 지정에 관한 사항 : 대상 토지 면적의 3분의 2 이상
⑤ 도시·군계획시설입체복합구역의 지정에 관한 사항

14 **국토의 계획 및 이용에 관한 법령상 시·도지사가 도시·군관리계획을 결정하는 경우 건축위원회와 도시계획위원회가 공동으로 하는 심의를 거쳐야 하는 것으로 옳은 것은?**

① 도시자연공원구역의 지정에 관한 사항
② 기반시설의 개량에 관한 사항
③ 개발밀도관리구역의 변경에 관한 사항
④ 지구단위계획으로 대체하는 용도지구 폐지에 관한 사항
⑤ 복합용도지구의 지정에 관한 사항

13 해설

② 주민이 기반시설의 정비에 관한 사항에 대하여 입안을 제안하려면 대상 토지 면적의 5분의 4 이상의 토지소유자의 동의를 받아야 한다.

> *** 토지소유자의 동의(영 제19조의2 제2항)**
> 도시·군관리계획의 입안을 제안하려는 자는 다음의 구분에 따라 토지소유자의 동의를 받아야 한다. 이 경우 동의대상 토지 면적에서 국·공유지는 제외한다.
> 1. 기반시설의 설치·정비 또는 개량에 관한 사항 : 대상 토지 면적의 5분의 4 이상
> 2. 지구단위계획구역의 지정 및 변경과 지구단위계획의 수립 및 변경에 관한 사항 : 대상 토지 면적의 3분의 2 이상
> 3. 개발진흥지구 중 산업·유통개발진흥지구의 지정 및 변경에 관한 사항 : 대상 토지 면적의 3분의 2 이상
> 4. 용도지구 중 해당 용도지구에 따른 건축물이나 그 밖의 시설의 용도·종류 및 규모 등의 제한을 지구단위계획으로 대체하기 위한 용도지구의 지정 및 변경에 관한 사항 : 대상 토지 면적의 3분의 2 이상
> 5. 도시·군계획시설입체복합구역의 지정 및 변경과 도시·군계획시설입체복합구역의 건축제한·건폐율·용적률·높이 등에 관한 사항 : 대상 토지 면적의 5분의 4 이상

14 해설

④ 시·도지사가 지구단위계획(지구단위계획과 지구단위계획구역을 동시에 결정할 때에는 지구단위계획구역의 지정 또는 변경에 관한 사항을 포함할 수 있다)이나 지구단위계획으로 대체하는 용도지구 폐지에 관한 사항을 결정하려면 대통령령으로 정하는 바에 따라 「건축법」에 따라 시·도에 두는 건축위원회와 도시계획위원회가 공동으로 하는 심의를 거쳐야 한다.

정답 13 ② 14 ④

15 국토의 계획 및 이용에 관한 법령상 도시·군관리계획 등에 관한 설명으로 옳은 것은?

① 도시·군관리계획결정은 지형도면을 작성한 날부터 효력이 발생한다.
② 수산자원보호구역의 변경은 국토교통부장관이 도시·군관리계획으로 결정할 수 있다.
③ 시가화조정구역의 지정에 관한 도시·군관리계획결정 당시 승인받은 사업이나 공사에 이미 착수한 자는 허가를 받아 그 사업이나 공사를 계속할 수 있다.
④ 도시·군관리계획의 입안을 제안받은 자는 제안자와 협의하여 제안된 도시·군관리계획의 입안 및 결정에 필요한 비용의 전부 또는 일부를 제안자에게 부담시켜야 한다.
⑤ 도시·군관리계획을 조속히 입안할 필요가 있다고 인정되면 도시·군기본계획을 수립할 때에 도시·군관리계획을 함께 입안할 수 있다.

16 국토의 계획 및 이용에 관한 법령상 도시·군기본계획과 도시·군관리계획에 관한 설명으로 틀린 것은?

① 시장 또는 군수는 도시·군기본계획을 수립하거나 변경하려면 도지사의 승인을 받아야 한다.
② 도시·군기본계획 입안일부터 5년 이내에 재해취약성분석을 실시한 경우에는 재해취약성분석을 하지 아니할 수 있다.
③ 하천·유수지·저수지 등 방재시설의 설치·정비 또는 개량에 관한 계획은 도시·군관리계획에 속한다.
④ 둘 이상의 시·군에 걸쳐 용도지역·용도지구·용도구역을 지정하는 도시·군관리계획은 도지사가 직접 입안할 수 있다.
⑤ 도시·군계획시설부지에서 도시·군관리계획을 입안하는 경우에는 환경성검토를 실시하지 아니할 수 있다.

15 해설

① 도시·군관리계획결정은 지형도면을 고시한 날부터 효력이 발생한다.
② 수산자원보호구역의 변경은 해양수산부장관이 도시·군관리계획으로 결정할 수 있다.
③ 시가화조정구역의 지정에 관한 도시·군관리계획결정 당시 승인받은 사업이나 공사에 이미 착수한 자는 3월 이내에 신고를 하고 그 사업이나 공사를 계속할 수 있다.
④ 도시·군관리계획의 입안을 제안받은 자는 제안자와 협의하여 제안된 도시·군관리계획의 입안 및 결정에 필요한 비용의 전부 또는 일부를 제안자에게 부담시킬 수 있다.

16 해설

⑤ 도시·군계획시설부지에서 도시·군관리계획을 입안하는 경우에는 토지적성평가를 실시하지 아니할 수 있다.

정답 15 ⑤ 16 ⑤

17 **국토의 계획 및 이용에 관한 법령상 지형도면의 작성 및 고시에 관한 설명으로 틀린 것은?**

① 특별시장·광역시장·특별자치시장·특별자치도지사·시장 또는 군수는 도시·군관리계획결정이 고시되면 지적(地籍)이 표시된 지형도에 도시·군관리계획에 관한 사항을 자세히 밝힌 도면을 작성하여야 한다.

② A도 B군수가 지구단위계획구역의 지정 및 변경에 관한 지형도면을 작성하면 A도지사의 승인을 받아야 한다.

③ 지형도면의 승인신청을 받은 도지사는 그 지형도면과 결정·고시된 도시·군관리계획을 대조하여 착오가 없다고 인정되면 30일 이내에 그 지형도면을 승인하여야 한다.

④ 국토교통부장관이나 도지사는 도시·군관리계획을 직접 입안한 경우에는 관계 특별시장·광역시장·특별자치시장·특별자치도지사·시장 또는 군수의 의견을 들어 직접 지형도면을 작성할 수 있다.

⑤ 국토교통부장관, 시·도지사, 시장 또는 군수는 직접 지형도면을 작성하거나 지형도면을 승인한 경우에는 이를 고시하여야 한다.

18 **국토의 계획 및 이용에 관한 법령상 행정계획을 수립하거나 변경하려면 공청회를 열어서 주민과 관계 전문가의 의견을 들어야 하는 경우로 옳은 것은?**

㉠ 광역도시계획	㉡ 지구단위계획
㉢ 도시·군기본계획	㉣ 도시·군관리계획

① ㉠, ㉡　② ㉠, ㉢　③ ㉡, ㉢
④ ㉡, ㉣　⑤ ㉢, ㉣

17 해설
② A도 B군수가 지구단위계획구역의 지정 및 변경에 관한 지형도면을 작성하면 A도지사의 승인을 받지 않아도 된다.

18 해설
② 광역도시계획(㉠)과 도시·군기본계획(㉢)을 수립하거나 변경하려면 공청회를 열어 주민과 관계 전문가로부터 의견을 들어야 한다.

정답 17 ② 18 ②

제 2 절 용도지역 · 용도지구 · 용도구역

19 **국토의 계획 및 이용에 관한 법령상 용도지역 · 용도지구 · 용도구역에 관한 설명으로 옳은 것은?**

① 도시지역 · 관리지역 · 농림지역 또는 자연환경보전지역으로 용도가 지정되지 아니한 지역에 대하여는 용도지역의 용적률의 규정을 적용할 때 자연환경보전지역에 관한 규정을 적용한다.

② 생산녹지지역에는 자연취락지구를 지정할 수 없다.

③ 관리지역에서 「농지법」에 따른 농업진흥지역으로 지정 · 고시된 지역은 자연환경보전지역으로 결정 · 고시된 것으로 본다.

④ 시 · 도지사, 대도시 시장은 보안상 도시의 개발을 제한하기 위하여 필요한 경우에는 도시자연공원구역의 지정 또는 변경을 도시 · 군관리계획으로 결정할 수 있다.

⑤ 관리지역이 세부 용도지역으로 지정되지 아니한 경우, 건폐율의 규정을 적용할 때에 계획관리지역에 관한 규정을 적용한다.

20 **국토의 계획 및 이용에 관한 법령상 용도지역에 관한 설명으로 옳은 것은?**

① 용도지역의 지정 또는 변경은 도시 · 군기본계획으로 결정 · 고시한다.

② 용도지역은 도시지역, 준도시지역, 농림지역 및 자연환경보전지역으로 구분된다.

③ 계획관리지역은 도시지역으로의 편입이 예상되는 지역이나 자연환경을 고려하여 제한적인 이용 · 개발을 하려는 지역으로서 계획적 · 체계적인 관리가 필요한 지역이다.

④ 도시지역은 주거지역, 상업지역, 공업지역, 녹지지역 및 보전지역으로 구분된다.

⑤ 주거지역 중 전용주거지역은 주택의 층수에 따라 제1종, 제2종 및 제3종으로 세분된다.

19 해설

② 생산녹지지역에는 자연취락지구를 지정할 수 있다.

③ 관리지역에서 「농지법」에 따른 농업진흥지역으로 지정 · 고시된 지역은 이 법에 따른 농림지역으로 결정 · 고시된 것으로 본다.

④ 시 · 도지사, 대도시 시장은 도시의 자연환경 및 경관을 보호하고 도시민에게 건전한 여가 · 휴식공간을 제공하기 위하여 도시지역 안의 식생이 양호한 산지(山地)의 개발을 제한할 필요가 있다고 인정하는 경우에는 도시자연공원구역의 지정 또는 변경을 도시 · 군관리계획으로 결정할 수 있다.

⑤ 관리지역이 세분되지 아니한 경우 건폐율에 대하여는 보전관리지역에 관한 규정을 적용한다.

20 해설

① 용도지역의 지정 또는 변경은 도시 · 군관리계획으로 결정 · 고시한다.

② 용도지역은 도시지역 · 관리지역 · 농림지역 · 자연환경보전지역으로 구분된다.

④ 도시지역은 주거지역 · 상업지역 · 공업지역 · 녹지지역으로 구분된다.

⑤ 일반주거지역에 대한 설명이다.

정답 19 ① 20 ③

21 **국토의 계획 및 이용에 관한 법령상 관리지역에 관한 설명으로 틀린 것은?**

① 생산관리지역은 농업·임업·어업 생산 등을 위하여 관리가 필요하나, 주변 용도지역과의 관계 등을 고려할 때 농림지역으로 지정하여 관리하기가 곤란한 지역이다.
② 관리지역 안의 취락을 정비하기 위하여 취락지구로 지정할 수 있다.
③ 보전관리지역에서 건축할 수 있는 건축물은 4층 이하의 범위 안에서 도시·군계획조례로 따로 층수를 정하는 경우에는 그에 따른다.
④ 국토환경보전을 위하여 필요한 경우라도 생산관리지역은 농림지역과 중복하여 지정할 수 없다.
⑤ 관리지역의 산림 중 「산지관리법」에 따라 보전산지로 지정·고시된 지역은 그 고시에서 구분하는 바에 따라 이 법에 따른 자연환경보전지역으로 결정·고시된 것으로 본다.

22 **국토의 계획 및 이용에 관한 법령상 용도지역에 관한 설명으로 옳은 것은?**

① 제1종 일반주거지역 – 단독주택 중심의 양호한 주거환경을 보호하기 위하여 필요한 지역
② 일반상업지역 – 도심·부도심의 업무 및 상업기능의 확충을 위하여 필요한 지역
③ 준공업지역 – 경공업 그 밖의 공업을 수용하되, 주거기능·상업기능 및 업무기능의 보완이 필요한 지역
④ 생산녹지지역 – 도시의 자연환경·경관·산림 및 녹지공간을 보전할 필요가 있는 지역
⑤ 보전관리지역 – 농업·임업·어업 생산 등을 위하여 관리가 필요하나, 주변의 용도지역과의 관계 등을 고려할 때 농림지역으로 지정하여 관리하기가 곤란한 지역

21 해설

⑤ 관리지역의 산림 중 「산지관리법」에 따라 보전산지로 지정·고시된 지역은 그 고시에서 구분하는 바에 따라 이 법에 따른 농림지역 또는 자연환경보전지역으로 결정·고시된 것으로 본다.

22 해설

① 제1종 전용주거지역에 대한 설명이다. 제1종 일반주거지역은 저층주택을 중심으로 편리한 주거환경을 조성하기 위하여 필요한 지역이다.
② 중심상업지역에 대한 설명이다. 일반상업지역은 일반적인 상업기능 및 업무기능을 담당하게 하기 위하여 필요한 지역이다.
④ 보전녹지지역에 대한 설명이다. 생산녹지지역은 주로 농업적 생산을 위하여 개발을 유보할 필요가 있는 지역이다.
⑤ 생산관리지역에 대한 설명이다. 보전관리지역은 자연환경 보호, 산림 보호, 수질오염 방지, 녹지공간 확보 및 생태계 보전 등을 위하여 보전이 필요하나, 주변 용도지역과의 관계 등을 고려할 때 자연환경보전지역으로 지정하여 관리하기가 곤란한 지역이다.

정답 21 ⑤ 22 ③

23 **국토의 계획 및 이용에 관한 법령상 도시지역에 관한 설명으로 틀린 것을 모두 고른 것은?**

> ㉠ 도시지역 중 주거지역에서는 「농지법」에 따른 농지취득자격증명제를 적용하지 아니한다.
> ㉡ 도시지역이 세부 용도지역으로 지정되지 아니한 경우 적용되는 건폐율의 최대한도는 40%이다.
> ㉢ 주로 농업적 생산을 위하여 개발을 유보할 필요가 있는 지역은 보전녹지지역이다.
> ㉣ 「항만법」에 따른 항만구역으로서 도시지역에 연접한 공유수면은 이 법에 따른 도시지역으로 결정·고시된 것으로 본다.

① ㉠, ㉡
② ㉠, ㉣
③ ㉡, ㉢
④ ㉠, ㉡, ㉣
⑤ ㉠, ㉡, ㉢, ㉣

24 **국토의 계획 및 이용에 관한 법령상 공유수면(바다만 해당한다)매립지의 용도지역 지정에 관한 설명으로 틀린 것은?**

① 용도지역이란 도시지역·관리지역·농림지역·자연환경보전지역을 말한다.
② 공유수면의 매립 목적이 그 매립구역과 이웃하고 있는 용도지역의 내용과 같으면 그 매립준공구역은 도시·군관리계획을 입안·결정하여 지정하여야 한다.
③ 공유수면의 매립 목적이 그 매립구역과 이웃하고 있는 용도지역의 내용과 다른 경우, 그 매립구역이 속할 용도지역은 도시·군관리계획결정으로 지정하여야 한다.
④ 공유수면의 매립구역이 둘 이상의 용도지역에 걸쳐 있는 경우, 그 매립구역이 속할 용도지역은 도시·군관리계획결정으로 지정하여야 한다.
⑤ 공유수면의 매립구역이 둘 이상의 용도지역과 이웃하고 있는 경우, 그 매립구역이 속할 용도지역은 도시·군관리계획결정으로 지정하여야 한다.

23 해설

㉡ 도시지역이 세부 용도지역으로 지정되지 아니한 경우 적용되는 건폐율의 최대한도는 20%이다.
㉢ 주로 농업적 생산을 위하여 개발을 유보할 필요가 있는 지역은 생산녹지지역이다.

24 해설

② 공유수면(바다만 해당)의 매립 목적이 그 매립구역과 이웃하고 있는 용도지역의 내용과 같으면 도시·군관리계획의 입안 및 결정절차 없이 그 매립준공구역은 그 매립의 준공인가일부터 이와 이웃하고 있는 용도지역으로 지정된 것으로 본다. 이 경우 관계 특별시장·광역시장·특별자치시장·특별자치도지사·시장 또는 군수는 그 사실을 지체 없이 고시하여야 한다.

정답 23 ③ 24 ②

25 **국토의 계획 및 이용에 관한 법령상 다른 법률에 의하여 지정된 지역이 도시지역으로 결정·고시된 것으로 볼 수 있는 경우에 해당하지 않는 것은?**

① 「항만법」에 따른 항만구역으로서 도시지역에 연접한 공유수면
② 「어촌·어항법」에 따른 어항구역으로서 도시지역에 연접한 공유수면
③ 「산업입지 및 개발에 관한 법률」에 따른 농공단지
④ 「택지개발촉진법」에 따른 택지개발지구
⑤ 「전원개발촉진법」에 따른 전원개발사업구역 및 예정구역(수력발전소 또는 송·변전 설비만을 설치하기 위한 전원개발사업구역 및 예정구역은 제외)

26 **국토의 계획 및 이용에 관한 법령상 용도지역 지정 등이 의제되는 경우에 관한 설명으로 옳은 것은?**

① 「어촌·어항법」에 따른 어항구역은 도시지역으로 결정·고시된 것으로 본다.
② 「전원개발촉진법」에 따른 수력발전소는 도시지역으로 결정·고시된 것으로 본다.
③ 관리지역에서 「농지법」에 따른 농업진흥지역으로 지정·고시된 지역은 자연환경보전지역으로 결정·고시된 것으로 본다.
④ 농림지역에 「택지개발촉진법」에 따른 택지개발지구로 지정·고시되었다가 택지개발사업의 완료로 택지개발지구의 지정이 해제되면 그 지역은 농림지역으로 환원된 것으로 본다.
⑤ 관리지역의 산림 중 「산지관리법」에 따라 보전산지로 지정·고시된 지역은 농림지역 또는 자연환경보전지역으로 결정·고시된 것으로 본다.

25 해설
③ 「산업입지 및 개발에 관한 법률」 규정에 따른 국가산업단지, 일반산업단지 및 도시첨단산업단지는 도시지역으로 결정·고시된 것으로 본다.

26 해설
① 「어촌·어항법」에 따른 어항구역으로서 도시지역에 연접한 공유수면은 도시지역으로 결정·고시된 것으로 본다.
② 「전원개발촉진법」에 따른 수력발전소는 도시지역으로 결정·고시된 것으로 보지 않는다.
③ 관리지역에서 「농지법」에 따른 농업진흥지역으로 지정·고시된 지역은 농림지역으로 결정·고시된 것으로 본다.
④ 농림지역에 「택지개발촉진법」에 따른 택지개발지구로 지정·고시되었다가 택지개발사업의 완료로 택지개발지구의 지정이 해제되더라도 그 지역은 농림지역으로 환원된 것으로 보지 않는다.

정답 25 ③ 26 ⑤

27 **국토의 계획 및 이용에 관한 법령상 제3종 일반주거지역 안에서 도시·군계획조례가 정하는 바에 따라 건축할 수 있는 건축물을 모두 고른 것은?**

㉠ 문화 및 집회시설 중 공연장 ㉡ 방송통신시설 ㉢ 자동차 관련 시설 중 주기장 ㉣ 제2종 근린생활시설 중 안마시술소 ㉤ 의료시설 중 격리병원

① ㉠, ㉡, ㉢
② ㉠, ㉡, ㉣
③ ㉡, ㉢, ㉣
④ ㉡, ㉢, ㉤
⑤ ㉢, ㉣, ㉤

28 **국토의 계획 및 이용에 관한 법령상 아파트를 건축할 수 <u>없는</u> 용도지역으로 옳은 것은? (단, 도시·군계획조례는 고려하지 않음)**

① 일반공업지역
② 제2종 전용주거지역
③ 준주거지역
④ 제3종 일반주거지역
⑤ 준공업지역

27 해설

① 제3종 일반주거지역 안에서는 제2종 근린생활시설 중 안마시술소(㉣)와 의료시설 중 격리병원(㉤)을 건축할 수 없다. 따라서 문화 및 집회시설 중 공연장, 방송통신시설, 자동차 관련 시설 중 주기장은 건축할 수 있다.

28 해설

① 아파트는 제1종 전용주거지역, 제1종 일반주거지역, 전용공업지역, 일반공업지역, 유통상업지역과 녹지지역·관리지역·농림지역 및 자연환경보전지역 안에서 건축이 금지된다.

정답 27 ① 28 ①

29 국토의 계획 및 이용에 관한 법령상 용도지역 안에서 건축물의 건축제한 등이 개별 법률에 의하여야 하는 경우가 있다. 각 경우와 그 근거법률의 연결이 틀린 것은?

① 농림지역 중 농업진흥지역 – 「농지법」
② 자연환경보전지역 중 지정문화유산 – 「문화유산의 보존 및 활용에 관한 법률」
③ 국가산업단지 – 「산업입지 및 개발에 관한 법률」
④ 농림지역 중 초지 – 「초지법」
⑤ 자연환경보전지역 중 공원구역 – 「자연공원법」

30 국토의 계획 및 이용에 관한 법령상 용도지역 안에서 건폐율의 최대한도를 옳게 연결한 것은? (단, 도시·군계획조례로 규정한 사항은 제외)

① 제2종 전용주거지역 – 60% 이하
② 제2종 일반주거지역 – 50% 이하
③ 유통상업지역 – 70% 이하
④ 계획관리지역 – 40% 이하
⑤ 자연환경보전지역 – 40% 이하

29 해설
③ 「산업입지 및 개발에 관한 법률」에 따른 농공단지 안에서는 「산업입지 및 개발에 관한 법률」이 정하는 바에 의한다.

30 해설
① 제2종 전용주거지역 – 50% 이하
② 제2종 일반주거지역 – 60% 이하
③ 유통상업지역 – 80% 이하
⑤ 자연환경보전지역 – 20% 이하

* 용도지역별 건폐율

용도지역 \ 내용		법률	시행령	
도시지역	주거지역	70% 이하	제1종 전용주거지역	50% 이하
			제2종 전용주거지역	50% 이하
			제1종 일반주거지역	60% 이하
			제2종 일반주거지역	60% 이하
			제3종 일반주거지역	50% 이하
			준주거지역	70% 이하
	상업지역	90% 이하	중심상업지역	90% 이하
			일반상업지역	80% 이하
			유통상업지역	80% 이하
			근린상업지역	70% 이하
	공업지역	70% 이하	전용공업지역	70% 이하
			일반공업지역	70% 이하
			준공업지역	70% 이하
	녹지지역	20% 이하	보전녹지지역	20% 이하
			자연녹지지역	20% 이하
			생산녹지지역	20% 이하
관리지역	보전관리지역	20% 이하	20% 이하	
	생산관리지역	20% 이하	20% 이하	
	계획관리지역	40% 이하	40% 이하	
농림지역		20% 이하	20% 이하	
자연환경보전지역		20% 이하	20% 이하	

정답 29 ③ 30 ④

31 **국토의 계획 및 이용에 관한 법령상 도시·군계획조례로 정할 수 있는 건폐율의 최대한도를 연결한 것으로 틀린 것은?**

① 공업지역에 있는 「산업입지 및 개발에 관한 법률」에 따른 국가산업단지 - 80% 이하
② 계획관리지역에 지정된 산업·유통개발진흥지구 - 50% 이하
③ 자연녹지지역에 지정된 개발진흥지구 - 30% 이하
④ 「산업입지 및 개발에 관한 법률」에 따른 농공단지 - 70% 이하
⑤ 수산자원보호구역 - 40% 이하

32 **국토의 계획 및 이용에 관한 법령상 건폐율의 최대한도가 다른 것끼리 연결된 것은? (단, 도시·군계획조례로 규정한 사항은 제외)**

① 제2종 전용주거지역 - 제3종 일반주거지역
② 전용공업지역 - 일반상업지역
③ 보전녹지지역 - 생산관리지역
④ 일반공업지역 - 준공업지역
⑤ 준주거지역 - 근린상업지역

31 해설

② 계획관리지역에 지정된 산업·유통개발진흥지구 - 60% 이하

*** 건폐율의 특례(도시·군계획조례로 정할 수 있는 건폐율)**
1. 취락지구 - 60% 이하(자연취락지구에 한함)
2. 도시지역 외의 지역에 지정된 개발진흥지구 - 40% 이하. 다만, 계획관리지역에 지정된 산업·유통개발진흥지구는 60% 이하
3. 자연녹지지역에 지정된 개발진흥지구 - 30% 이하
4. 수산자원보호구역 - 40% 이하
5. 「자연공원법」에 따른 자연공원 - 60% 이하
6. 「산업입지 및 개발에 관한 법률」에 따른 농공단지 - 70% 이하
7. 공업지역에 있는 「산업입지 및 개발에 관한 법률」에 따른 국가산업단지, 일반산업단지, 도시첨단산업단지 및 준산업단지 - 80% 이하

32 해설

② 전용공업지역 - 70% 이하, 일반상업지역 - 80% 이하

정답 31 ② 32 ②

33 국토의 계획 및 이용에 관한 법령상 도시지역인 A지역이 세부 용도지역으로 지정되지 않은 경우, 이 지역에 적용되는 건폐율의 최대한도(%)는? (단, 조례는 고려하지 않음)

① 20% 이하
② 30% 이하
③ 40% 이하
④ 50% 이하
⑤ 60% 이하

34 다음에서 설명하는 용도지역과 해당 용적률의 최대한도를 옳게 연결한 것은?

> 농업・임업・어업 생산 등을 위하여 관리가 필요하나, 주변 용도지역과의 관계 등을 고려할 때 농림지역으로 지정하여 관리하기가 곤란한 지역

① 보전녹지지역 – 80% 이하
② 생산녹지지역 – 100% 이하
③ 보전관리지역 – 80% 이하
④ 생산관리지역 – 80% 이하
⑤ 계획관리지역 – 100% 이하

35 국토의 계획 및 이용에 관한 법령상 용적률의 최대한도를 옳게 연결한 것은? (단, 도시・군계획조례는 고려하지 않음)

① 준주거지역 – 500% 이하
② 유통상업지역 – 1,300% 이하
③ 일반공업지역 – 400% 이하
④ 생산녹지지역 – 80% 이하
⑤ 계획관리지역 – 80% 이하

33 해설

① 용도지역이 미세분된 도시지역의 경우에는 보전녹지지역의 규정을 적용하므로 건폐율의 최대한도는 20% 이하이다.

34 해설

④ 생산관리지역에 대한 설명이고, 용적률의 최대한도는 80% 이하이다.

35 해설

② 유통상업지역 – 1,100% 이하
③ 일반공업지역 – 350% 이하
④ 생산녹지지역 – 100% 이하
⑤ 계획관리지역 – 100% 이하

정답 33 ① 34 ④ 35 ①

36 **국토의 계획 및 이용에 관한 법령상 건폐율과 용적률의 최대한도를 순서대로 옳게 연결한 것은? (단, 도시·군계획조례는 고려하지 않음)**

① 제3종 일반주거지역 - 60% 이하, 300% 이하
② 근린상업지역 - 70% 이하, 900% 이하
③ 자연녹지지역 - 20% 이하, 80% 이하
④ 생산관리지역 - 40% 이하, 80% 이하
⑤ 농림지역 - 20% 이하, 100% 이하

37 **국토의 계획 및 이용에 관한 법령상 용도지역이 세부 용도지역으로 지정되지 아니한 경우에 관한 설명이다. (　　)에 들어갈 내용이 옳게 연결된 것은?**

> 도시지역 또는 관리지역이 세부 용도지역으로 지정되지 아니한 경우에는 건축물의 건축제한, 건폐율, 용적률을 적용할 때에 해당 용도지역이 도시지역인 경우에는 (㉠)에 관한 규정을 적용하고, 관리지역인 경우에는 (㉡)에 관한 규정을 적용한다.

	㉠	㉡
①	보전녹지지역	보전관리지역
②	보전녹지지역	계획관리지역
③	생산녹지지역	생산관리지역
④	자연녹지지역	계획관리지역
⑤	생산녹지지역	보전관리지역

36 해설

① 제3종 일반주거지역 - 건폐율의 최대한도 50% 이하, 용적률의 최대한도 300% 이하
③ 자연녹지지역 - 건폐율의 최대한도 20% 이하, 용적률의 최대한도 100% 이하
④ 생산관리지역 - 건폐율의 최대한도 20% 이하, 용적률의 최대한도 80% 이하
⑤ 농림지역 - 건폐율의 최대한도 20% 이하, 용적률의 최대한도 80% 이하

37 해설

① 도시지역 또는 관리지역이 세부 용도지역으로 지정되지 아니한 경우에는 건축물의 건축제한, 건폐율, 용적률을 적용할 때에 해당 용도지역이 도시지역인 경우에는 '보전녹지지역'에 관한 규정을 적용하고, 관리지역인 경우에는 '보전관리지역'에 관한 규정을 적용한다.

정답 36 ② 37 ①

38 **국토의 계획 및 이용에 관한 법령상 용도지구에 관한 설명으로 옳은 것은?**

① 용도지구는 토지의 이용 및 건축물의 용도·건폐율 등에 대한 용도지역의 제한을 강화하거나 완화하여 적용하기 위하여 도시·군기본계획으로 결정한다.
② 시·도지사 또는 대도시 시장은 경관지구를 자연경관지구, 수변경관지구, 시가지경관지구로 세분하여 지정할 수 있다.
③ 복합개발진흥지구는 주거기능, 공업기능, 유통·물류기능 및 관광·휴양기능 외의 기능을 중심으로 특정한 목적을 위하여 개발·정비할 필요가 있는 지구를 말한다.
④ 시·도지사 또는 대도시 시장은 지역 여건상 필요하면 시·도 또는 대도시 조례로 법정된 용도지구 외의 용도지구의 지정 또는 변경을 도시·군관리계획으로 결정할 수 있다.
⑤ 특정용도제한지구와 고도지구는 중복하여 지정할 수 없다.

39 **국토의 계획 및 이용에 관한 법령상 일반주거지역에 지정된 복합용도지구에서 허용되는 건축물로 옳은 것은? (단, 조례는 고려하지 않음)**

① 관람장
② 제2종 근린생활시설 중 총포판매소
③ 제2종 근린생활시설 중 안마시술소
④ 장례시설
⑤ 동물 및 식물 관련 시설

38 해설

① 용도지구는 도시·군관리계획으로 결정한다.
② 시·도지사 또는 대도시 시장은 경관지구를 자연경관지구, 시가지경관지구, 특화경관지구로 세분하여 지정할 수 있다.
③ 주거기능, 공업기능, 유통·물류기능 및 관광·휴양기능 외의 기능을 중심으로 특정한 목적을 위하여 개발·정비할 필요가 있는 지구는 특정개발진흥지구에 해당한다.
⑤ 특정용도제한지구와 고도지구는 중복하여 지정할 수 있다.

39 해설

② 일반주거지역에 지정된 복합용도지구에서는 준주거지역에서 허용되는 건축물을 건축할 수 있다. 다만, 제2종 근린생활시설 중 안마시술소(③), 관람장(①), 공장, 위험물 저장 및 처리시설, 동물 및 식물 관련 시설(⑤), 장례시설(④)은 건축할 수 없다.

정답 38 ④ 39 ②

40 국토의 계획 및 이용에 관한 법령상 용도지구의 종류와 그 내용으로 틀린 것은?

① 시가지경관지구 – 지역 내 주거지, 중심지 등 시가지의 경관을 보호 또는 유지하거나 형성하기 위하여 필요한 지구

② 특화경관지구 – 지역 내 주요 수계의 수변 또는 문화적 보존가치가 큰 건축물 주변의 경관 등 특별한 경관을 보호 또는 유지하거나 형성하기 위하여 필요한 지구

③ 역사문화환경보호지구 – 국가유산·전통사찰 등 역사·문화적으로 보존가치가 큰 시설 및 지역의 보호와 보존을 위하여 필요한 지구

④ 집단취락지구 – 녹지지역·관리지역·농림지역 또는 자연환경보전지역 안의 취락을 정비하기 위하여 필요한 지구

⑤ 산업·유통개발진흥지구 – 공업기능 및 유통·물류기능을 중심으로 개발·정비할 필요가 있는 지구

40 해설

④ 녹지지역·관리지역·농림지역 또는 자연환경보전지역 안의 취락을 정비하기 위하여 필요한 지구는 자연취락지구이다.

＊ 용도지구별 지정 목적

용도지구	지정 목적
경관지구	• 자연경관지구 : 산지·구릉지 등 자연경관을 보호하거나 유지하기 위하여 필요한 지구 • 시가지경관지구 : 지역 내 주거지, 중심지 등 시가지의 경관을 보호 또는 유지하거나 형성하기 위하여 필요한 지구 • 특화경관지구 : 지역 내 주요 수계의 수변 또는 문화적 보존가치가 큰 건축물 주변의 경관 등 특별한 경관을 보호 또는 유지하거나 형성하기 위하여 필요한 지구
보호지구	• 역사문화환경보호지구 : 국가유산·전통사찰 등 역사·문화적으로 보존가치가 큰 시설 및 지역의 보호와 보존을 위하여 필요한 지구 • 중요시설물보호지구 : 중요시설물(항만, 공항, 공용시설, 교정시설, 군사시설)의 보호와 기능의 유지 및 증진 등을 위하여 필요한 지구 • 생태계보호지구 : 야생동식물서식처 등 생태적으로 보존가치가 큰 지역의 보호와 보존을 위하여 필요한 지구
개발진흥지구	• 주거개발진흥지구 : 주거기능을 중심으로 개발·정비할 필요가 있는 지구 • 산업·유통개발진흥지구 : 공업기능 및 유통·물류기능을 중심으로 개발·정비할 필요가 있는 지구 • 관광·휴양개발진흥지구 : 관광·휴양기능을 중심으로 개발·정비할 필요가 있는 지구 • 복합개발진흥지구 : 주거기능, 공업기능, 유통·물류기능 및 관광·휴양기능 중 2 이상의 기능을 중심으로 개발·정비할 필요가 있는 지구 • 특정개발진흥지구 : 주거기능, 공업기능, 유통·물류기능 및 관광·휴양기능 외의 기능을 중심으로 특정한 목적을 위하여 개발·정비할 필요가 있는 지구
취락지구	• 자연취락지구 : 녹지지역·관리지역·농림지역 또는 자연환경보전지역 안의 취락을 정비하기 위하여 필요한 지구 • 집단취락지구 : 개발제한구역 안의 취락을 정비하기 위하여 필요한 지구
방재지구	• 시가지방재지구 : 건축물·인구가 밀집되어 있는 지역으로서 시설 개선 등을 통하여 재해 예방이 필요한 지구 • 자연방재지구 : 토지의 이용도가 낮은 해안변, 하천변, 급경사지 주변 등의 지역으로서 건축제한 등을 통하여 재해 예방이 필요한 지구

정답 40 ④

41 **국토의 계획 및 이용에 관한 법령상 복합용도지구의 지정대상으로 옳은 것은?**

① 일반주거지역, 일반공업지역, 계획관리지역
② 전용주거지역, 준공업지역, 생산관리지역
③ 준주거지역, 준공업지역, 계획관리지역
④ 일반주거지역, 일반공업지역, 생산관리지역
⑤ 전용주거지역, 일반공업지역, 보전관리지역

42 **국토의 계획 및 이용에 관한 법령상 용도지구의 세분으로 옳게 연결된 것은?**

① 취락지구 – 자연취락지구, 주거취락지구
② 개발진흥지구 – 주거개발진흥지구, 상업개발진흥지구, 관광·휴양개발진흥지구, 복합개발진흥지구, 특정개발진흥지구
③ 보호지구 – 문화자원보호지구, 중요시설물보호지구, 생태계보호지구
④ 경관지구 – 자연경관지구, 일반경관지구, 특화경관지구
⑤ 방재지구 – 시가지방재지구, 자연방재지구

41 해설

① 시·도지사 또는 대도시 시장은 일반주거지역, 일반공업지역, 계획관리지역에 복합용도지구를 지정할 수 있다.

42 해설

① 취락지구는 자연취락지구, 집단취락지구로 세분된다.
② 개발진흥지구는 주거개발진흥지구, 산업·유통개발진흥지구, 관광·휴양개발진흥지구, 복합개발진흥지구, 특정개발진흥지구로 세분된다.
③ 보호지구는 역사문화환경보호지구, 중요시설물보호지구, 생태계보호지구로 세분된다.
④ 경관지구는 자연경관지구, 시가지경관지구, 특화경관지구로 세분된다.

정답 41 ① 42 ⑤

43 국토의 계획 및 이용에 관한 법령상 용도지구에 관한 설명으로 틀린 것은?

① 용도지구 안에서의 도시·군계획시설에 대하여는 건축물의 용도·종류 및 규모의 제한에 관한 규정을 적용하지 아니한다.

② 방재지구의 지정을 도시·군관리계획으로 결정하는 경우 도시·군관리계획의 내용에는 해당 방재지구의 재해저감대책을 포함하여야 한다.

③ 시·도지사 또는 대도시 시장이 법령에서 정한 용도지구 외의 용도지구를 신설하는 경우, 해당 용도지역 또는 용도구역의 행위제한을 강화하는 용도지구를 신설하여서는 아니 된다.

④ 시·도지사 또는 대도시 시장이 법령에서 정한 용도지구 외의 용도지구를 신설하는 경우, 용도지구 안에서의 행위제한은 용도지구의 지정 목적 달성에 필요한 최소한도에 그치도록 하여야 한다.

⑤ 시·도지사 또는 대도시 시장은 지역 여건상 필요한 때에는 해당 시·도 또는 대도시의 조례로 정하는 바에 따라 특정용도제한지구를 세분하여 지정할 수 있다.

44 국토의 계획 및 이용에 관한 법령상 용도지구에서의 건축제한에 관한 설명으로 옳은 것은?

① 경관지구 안에서는 그 지구의 경관의 보전·관리·형성에 장애가 된다고 인정하여 도시·군관리계획으로 정하는 건축물을 건축할 수 없다.

② 고도지구 안에서 건축물을 신축하는 경우 도시·군계획조례로 정하는 높이를 초과하는 건축물을 건축할 수 없다.

③ 자연취락지구 안에서는 층수가 3층인 제2종 근린생활시설 중 일반음식점을 건축할 수 있다.

④ 자연취락지구 안에서의 건축제한에 관하여는 개발제한구역의 지정 및 관리에 관한 특별조치법령이 정하는 바에 의한다.

⑤ 특정용도제한지구 안에서는 주거기능 및 교육환경을 훼손하거나 청소년 정서에 유해하다고 인정하여 도시·군계획조례가 정하는 건축물을 건축할 수 없다.

43 해설

③ 시·도지사 또는 대도시 시장이 법령에서 정한 용도지구 외의 용도지구를 신설하는 경우, 해당 용도지역 또는 용도구역의 행위제한을 완화하는 용도지구를 신설하여서는 아니 된다.

44 해설

① 경관지구 안에서는 그 지구의 경관의 보전·관리·형성에 장애가 된다고 인정하여 도시·군계획조례가 정하는 건축물을 건축할 수 없다.

② 고도지구 안에서는 도시·군관리계획으로 정하는 높이를 초과하는 건축물을 건축할 수 없다.

③ 자연취락지구 안에서는 층수가 3층인 제2종 근린생활시설 중 일반음식점을 건축할 수 없다.

④ 집단취락지구 안에서의 건축제한에 관하여는 개발제한구역의 지정 및 관리에 관한 특별조치법령이 정하는 바에 의한다.

정답 43 ③ 44 ⑤

45 **국토의 계획 및 이용에 관한 법령상 용도구역에 관한 설명으로 틀린 것은?**

① 시·도지사는 직접 또는 관계 행정기관의 장의 요청을 받아 도시지역과 그 주변지역의 무질서한 시가화를 방지하고 계획적·단계적인 개발을 도모하기 위하여 시가화조정구역의 지정 또는 변경을 도시·군관리계획으로 결정할 수 있다.

② 개발제한구역에서의 행위제한이나 그 밖에 개발제한구역의 관리에 필요한 사항은 따로 법률로 정한다.

③ 국토교통부장관은 도시자연공원구역의 지정 또는 변경을 도시·군관리계획으로 결정할 수 있다.

④ 도시자연공원구역의 행위제한 등 도시자연공원구역의 관리에 필요한 사항은 따로 법률로 정한다.

⑤ 해양수산부장관은 직접 또는 관계 행정기관의 장의 요청을 받아 수산자원을 보호·육성하기 위하여 필요한 공유수면이나 그에 인접한 토지에 대한 수산자원보호구역의 지정 또는 변경을 도시·군관리계획으로 결정할 수 있다.

46 **국토의 계획 및 이용에 관한 법령상 용도구역에 관한 설명으로 옳은 것은?**

① 개발밀도관리구역과 기반시설부담구역은 도시·군관리계획으로 결정하는 용도구역이다.

② 시·도지사는 시가화조정구역에서 해제되는 구역 중 계획적인 개발이 필요한 지역의 전부 또는 일부에 대하여 지구단위계획구역으로 지정할 수 있다.

③ 도시의 무질서한 확산을 방지하고 도시민의 건전한 생활환경의 확보를 위하여 도시자연공원구역을 지정한다.

④ 국방과 관련하여 보안상 도시의 개발을 제한할 필요가 있을 경우, 도시·군관리계획에 의해 시가화조정구역을 지정할 수 있다.

⑤ 시·도지사 또는 대도시 시장은 도시자연공원구역의 지정 또는 변경을 광역도시계획으로 결정할 수 있다.

45 해설

③ 도시자연공원구역 지정은 시·도지사 또는 대도시 시장이 도시·군관리계획으로 결정한다.

46 해설

① 개발밀도관리구역과 기반시설부담구역은 도시·군관리계획으로 결정하는 용도구역에 해당하지 않는다.
③ 도시의 무질서한 확산을 방지하고 도시민의 건전한 생활환경의 확보를 위하여 개발제한구역을 지정한다.
④ 국토교통부장관은 국방부장관의 요청이 있어 보안상 도시의 개발을 제한할 필요가 있다고 인정되면 개발제한구역의 지정 또는 변경을 도시·군관리계획으로 결정할 수 있다.
⑤ 시·도지사 또는 대도시 시장은 도시자연공원구역의 지정 또는 변경을 도시·군관리계획으로 결정할 수 있다.

정답 45 ③ 46 ②

47 국토의 계획 및 이용에 관한 법령상 시가화조정구역에 관한 설명으로 옳은 것은?

① 국방부장관의 요청이 있어 보안상 도시의 개발을 제한할 필요가 있다고 인정되면 시가화조정구역의 지정 또는 변경을 도시·군관리계획으로 결정할 수 있다.
② 시가화유보기간은 10년 이상 20년 이내의 범위에서 도시·군관리계획으로 결정한다.
③ 시가화조정구역에서 도시·군계획사업에 의한 행위가 아닌 경우 모든 개발행위를 허가할 수 없다.
④ 시가화조정구역은 시가화유보기간이 끝나는 날부터 효력을 잃는다.
⑤ 국가계획과 연계하여 시가화조정구역의 지정 또는 변경이 필요한 경우에는 국토교통부장관이 직접 시가화조정구역의 지정 또는 변경을 도시·군관리계획으로 결정할 수 있다.

48 국토의 계획 및 이용에 관한 법령상 도시혁신구역에 관한 설명으로 틀린 것은?

① 다른 법률에서 공간재구조화계획의 결정을 의제하고 있는 경우에도 「국토의 계획 및 이용에 관한 법률」에 따르지 아니하고 도시혁신구역의 지정과 도시혁신계획을 결정할 수 없다.
② 공간재구조화계획 결정권자가 도시혁신구역의 지정을 위한 공간재구조화계획을 결정하기 위하여 관계 행정기관의 장과 협의하는 경우 협의 요청을 받은 기관의 장은 그 요청을 받은 날부터 30일(근무일 기준) 이내에 의견을 회신하여야 한다.
③ 도시혁신구역의 지정 및 변경은과 도시혁신계획은 공간재구조화계획으로 결정한다.
④ 도시혁신구역으로 지정된 지역은 「건축법」에 따른 특별건축구역으로 지정된 것으로 본다.
⑤ 도시혁신구역에 대하여는 「주차장법」에 따른 부설주차장의 설치에 관한 규정에도 불구하고 도시혁신계획으로 따로 정할 수 있다.

47 해설

① 국방부장관의 요청이 있어 보안상 도시의 개발을 제한할 필요가 있다고 인정되면 개발제한구역의 지정 또는 변경을 도시·군관리계획으로 결정할 수 있다.
② 시가화유보기간은 5년 이상 20년 이내의 범위에서 도시·군관리계획으로 결정한다.
③ 시가화조정구역에서 도시·군계획사업에 의한 행위가 아닌 경우 대통령령으로 정하는 행위에 한정하여 특별시장·광역시장·특별자치시장·특별자치도지사·시장 또는 군수의 허가를 받아 그 행위를 할 수 있다.
④ 시가화조정구역의 지정에 관한 도시·군관리계획의 결정은 시가화유보기간이 끝나는 날의 다음 날부터 그 효력을 잃는다.

48 해설

② 공간재구조화계획 결정권자가 도시혁신구역의 지정을 위한 공간재구조화계획을 결정하기 위하여 관계 행정기관의 장과 협의하는 경우 협의 요청을 받은 기관의 장은 그 요청을 받은 날부터 10일(근무일 기준) 이내에 의견을 회신하여야 한다.

정답 47 ⑤ 48 ②

49 **국토의 계획 및 이용에 관한 법령상 하나의 대지가 둘 이상의 용도지역 등(용도지역 · 용도지구 또는 용도구역을 말함)에 걸치는 경우의 행위제한에 관한 설명으로 틀린 것은?**

① 하나의 대지가 둘 이상의 용도지역에 걸치는 경우로서 각 용도지역에 걸치는 부분 중 가장 작은 부분의 규모가 $330m^2$ 이하인 경우에는 전체 대지의 건폐율 및 용적률은 가중평균한 값을 적용한다.

② 하나의 대지가 둘 이상의 용도지역에 걸치는 경우로서 도로변에 띠 모양으로 지정된 상업지역에 걸쳐 있는 토지의 경우에는 $660m^2$ 이하를 기준으로 건폐율 및 용적률에 관한 규정을 적용한다.

③ 하나의 대지가 둘 이상의 용도지역에 걸치는 경우로서 용도지역에 걸치는 부분 중 가장 작은 부분의 규모가 $330m^2$ 이하인 경우 건축제한 등에 관한 사항은 그 대지 중 가장 넓은 면적이 속하는 용도지역 등에 관한 규정을 적용한다.

④ 건축물이 고도지구에 걸치는 경우에는 그 건축물 및 대지의 전부에 대하여 고도지구의 건축물 및 대지 등에 관한 규정을 적용한다.

⑤ 하나의 건축물이 방화지구와 그 밖의 용도지역 등에 걸치는 경우에는 그 건축물 및 대지 전부에 대하여 방화지구의 건축물에 관한 규정을 적용한다.

50 **A시에 소재하는 甲의 대지 $1,000m^2$ 중 $700m^2$는 제3종 일반주거지역에 걸쳐 있고, 나머지 $300m^2$는 일반공업지역에 걸쳐 있을 경우, 이 토지에 건축할 수 있는 최대 연면적으로 옳은 것은? (단, A시의 제3종 일반주거지역의 용적률은 300%이고 일반공업지역에 적용되는 용적률은 250%이며, 그 밖의 다른 조건은 고려하지 않음)**

① $1,650m^2$
② $2,200m^2$
③ $2,500m^2$
④ $2,850m^2$
⑤ $3,200m^2$

49 해설

⑤ 하나의 건축물이 방화지구와 그 밖의 용도지역 등에 걸치는 경우에는 그 건축물 전부에 대하여 방화지구의 건축물에 관한 규정을 적용한다.

50 해설

④ 하나의 대지가 둘 이상의 용도지역에 걸치는 경우로서 각 용도지역에 걸치는 부분 중 가장 작은 부분의 규모가 $330m^2$ 이하인 경우에는 전체 대지의 건폐율 및 용적률은 각 부분이 전체 대지 면적에서 차지하는 비율을 고려하여 가중평균한 값을 적용하므로, 용적률은 $(700 \times 3 + 300 \times 2.5) \div 1,000 \times 100 = 285\%$이다. 용적률 285%란 대지면적의 2.85배가 연면적이 된다는 뜻이므로, 건축 가능한 최대 연면적은 $2,850m^2$이다.

정답 **49** ⑤ **50** ④

제 3 절 기반시설과 도시 · 군계획시설 등

51 **국토의 계획 및 이용에 관한 법령상 기반시설의 종류와 그 해당 시설의 연결이 <u>틀린</u> 것은?**

① 공간시설 – 광장 · 공원 · 녹지 · 유원지 · 공공공지
② 공공 · 문화체육시설 – 학교 · 사회복지시설 · 청소년수련시설
③ 방재시설 – 하천 · 유수지 · 하수도
④ 보건위생시설 – 장사시설 · 도축장 · 종합의료시설
⑤ 환경기초시설 – 폐기물처리 및 재활용시설 · 빗물저장 및 이용시설 · 수질오염방지시설 · 폐차장

52 **국토의 계획 및 이용에 관한 법령상 도시 · 군관리계획으로 결정하지 아니하고 설치할 수 있는 기반시설에 해당하지 <u>않는</u> 것은?**

① 도시지역에 설치하는 폐차장
② 지구단위계획구역에 설치하는 사회복지시설
③ 도시지역에 설치하는 빗물저장 및 이용시설
④ 지구단위계획구역에 설치하는 종합의료시설
⑤ 도시지역에 설치하는 도로

51 해설
③ 하수도는 기반시설 중 환경기초시설에 해당한다.

52 해설
⑤ 도시지역에 설치하는 도로는 도시 · 군관리계획으로 결정하여야 한다.

정답 51 ③ 52 ⑤

53 **국토의 계획 및 이용에 관한 법령상 공동구의 설치 및 관리에 관한 설명으로 틀린 것은?**

① 「도시개발법」에 따른 도시개발구역에서 200만m^2를 초과하는 경우 해당 지역 등에서 개발사업을 시행하는 자는 공동구를 설치하여야 한다.

② 특별시장・광역시장・특별자치시장・특별자치도지사・시장 또는 군수(이하 '공동구관리자'라 함)는 5년마다 해당 공동구의 안전 및 유지관리계획을 수립・시행하여야 한다.

③ 공동구의 설치에 필요한 비용은 공동구 점용예정자가 전부를 부담하되, 그 부담액은 사업시행자와 협의하여 정한다.

④ 공동구가 설치된 경우 가스관과 하수도관은 공동구협의회의 심의를 거쳐 공동구에 수용할 수 있다.

⑤ 공동구의 설치비용을 부담하지 아니한 자가 공동구를 점용하거나 사용하려면 그 공동구를 관리하는 공동구관리자의 허가를 받아야 한다.

54 **국토의 계획 및 이용에 관한 법령상 광역시설에 관한 설명으로 틀린 것은?**

① 광역시설의 설치 및 관리는 도시・군계획시설의 설치・관리의 규정에 따른다.

② 관계 특별시장・광역시장・특별자치시장・특별자치도지사・시장 또는 군수는 협약을 체결하거나 협의회 등을 구성하여 광역시설을 설치・관리할 수 있다.

③ 위 ②의 경우 협약의 체결이나 협의회 등의 구성이 이루어지지 아니하는 경우 그 시 또는 군이 같은 도에 속할 때에는 관할 도지사가 광역시설을 설치・관리할 수 있다.

④ 도로・철도・광장은 광역시설이 될 수 없다.

⑤ 국가계획으로 설치하는 광역시설은 그 광역시설의 설치・관리를 사업 목적 또는 사업종목으로 하여 다른 법률에 따라 설립된 법인이 설치・관리할 수 있다.

53 해설

③ 공동구의 설치에 필요한 비용은 이 법 또는 다른 법률에 특별한 규정이 있는 경우를 제외하고는 공동구 점용예정자와 사업시행자가 부담한다.

54 해설

④ 도로・철도・광장은 광역시설이 될 수 있다.

정답 53 ③ 54 ④

55 **국토의 계획 및 이용에 관한 법령상 단계별 집행계획에 관한 설명으로 틀린 것은? (단, 도시·군관리계획이 의제되는 경우는 제외함)**

① 단계별 집행계획은 원칙적으로 특별시장·광역시장·특별자치시장·특별자치도지사·시장 또는 군수가 수립한다.
② 특별시장·광역시장·특별자치시장·특별자치도지사·시장 또는 군수는 단계별 집행계획을 수립하고자 하는 때에는 미리 관계 행정기관의 장과 협의하여야 하며, 해당 지방의회의 의견을 들어야 한다.
③ 도시·군계획시설결정의 고시일부터 3개월 이내에 단계별 집행계획을 수립하여야 한다.
④ 단계별 집행계획은 제1단계 집행계획과 제2단계 집행계획으로 구분하여 수립한다.
⑤ 단계별 집행계획의 내용에는 설계도서, 자금계획, 시행기간 등이 포함되어야 한다.

56 **국토의 계획 및 이용에 관한 법령상 도시·군계획시설사업의 시행자에 관한 설명으로 틀린 것은?**

① 특별시장·광역시장·특별자치시장·특별자치도지사·시장 또는 군수는 이 법 또는 다른 법률에 특별한 규정이 있는 경우 외에는 관할 구역의 도시·군계획시설사업을 시행한다.
② 「지방공기업법」에 의한 지방공사 및 지방공단이 도시·군계획시설사업의 시행자로 지정을 받으려면 사업대상 토지 면적의 3분의 2 이상에 해당하는 토지를 소유하여야 한다.
③ 국토교통부장관은 국가계획과 관련되거나 그 밖에 특히 필요하다고 인정되는 때에는 관계 특별시장·광역시장·특별자치시장·특별자치도지사·시장 또는 군수의 의견을 들어 직접 도시·군계획시설사업을 시행할 수 있다.
④ 도지사는 광역도시계획과 관련되는 경우 관계 시장 또는 군수의 의견을 들어 직접 사업을 시행할 수 있다.
⑤ 행정청이 아닌 시행자의 처분에 대하여는 그 시행자를 지정한 자에게 행정심판을 제기하여야 한다.

55 해설
⑤ 단계별 집행계획의 내용에는 재원조달계획, 보상계획 등이 포함되어야 한다.

56 해설
② 「지방공기업법」에 의한 지방공사 및 지방공단은 도시·군계획시설사업의 대상인 토지 면적의 3분의 2 이상에 해당하는 토지를 소유하지 않아도 도시·군계획시설사업의 시행자로 지정받을 수 있다.

정답 55 ⑤ 56 ②

57 국토의 계획 및 이용에 관한 법령상 도시·군계획시설사업의 시행 등에 관한 설명으로 틀린 것은?

① 국토교통부장관, 시·도지사 또는 대도시 시장은 기반시설의 설치나 그에 필요한 용지의 확보, 위해 방지, 환경오염 방지, 경관 조성, 조경 등의 조치를 할 것을 조건으로 실시계획을 인가할 수 있다.
② 실시계획에는 사업시행에 필요한 설계도서, 자금계획, 시행기간, 그 밖에 대통령령으로 정하는 사항을 자세히 밝히거나 첨부하여야 한다.
③ 지방자치단체가 직접 시행하는 경우에는 이행보증금을 예치하지 않아도 된다.
④ 「학교시설사업 촉진법」에 따른 학교시설의 변경인 경우에는 실시계획 변경인가를 받아야 한다.
⑤ 국토교통부장관, 시·도지사 또는 대도시 시장은 실시계획을 인가하려면 미리 그 사실을 공고하고, 관계 서류의 사본을 14일 이상 일반이 열람할 수 있도록 하여야 한다.

58 국토의 계획 및 이용에 관한 법령상 도시·군계획시설사업에 관한 설명으로 틀린 것은?

① 실시계획의 고시가 있은 때에는 「공익사업을 위한 토지 등의 취득 및 보상에 관한 법률」에 따른 사업 인정 및 그 고시가 있었던 것으로 본다.
② 도시·군계획시설사업을 분할 시행하는 때에는 분할된 지역별로 실시계획을 작성할 수 있다.
③ 사업구역경계의 변경이 없는 범위 안에서 행하는 건축물의 연면적 10% 미만을 변경하는 경우에는 실시계획 변경인가를 받아야 한다.
④ 도시·군계획시설사업의 시행자는 도시·군계획시설사업을 시행하기 위하여 필요하면 등기소나 그 밖의 관계 행정기관의 장에게 필요한 서류의 열람 또는 복사나 그 등본 또는 초본의 발급을 무료로 청구할 수 있다.
⑤ 행정청인 시행자는 이해관계인의 주소 또는 거소(居所)가 불분명하여 서류를 송달할 수 없는 경우, 그 서류의 송달을 갈음하여 그 내용을 공시할 수 있다.

57 해설

④ 「학교시설사업 촉진법」에 따른 학교시설의 변경인 경우에는 실시계획 변경인가를 받지 않아도 된다.

58 해설

③ 사업구역경계의 변경이 없는 범위 안에서 행하는 건축물의 연면적 10% 미만을 변경하는 경우에는 실시계획 변경인가를 받을 필요가 없다.

정답 57 ④ 58 ③

59 국토의 계획 및 이용에 관한 법령상 도시·군계획시설사업의 시행자에 관한 설명으로 틀린 것은?

① 도시·군계획시설사업의 시행자는 도시·군계획시설사업을 효율적으로 추진하기 위하여 필요하다고 인정되면 사업시행대상 지역을 둘 이상으로 분할하여 도시·군계획시설사업을 시행할 수 있다.

② 국토교통부장관이 지정한 시행자는 도시·군계획시설사업 실시계획에 대해 국토교통부장관의 인가를 받아야 한다.

③ 도시·군계획시설사업의 시행자는 도시·군계획시설사업에 필요한 토지 등을 수용하거나 사용할 수 있다.

④ 도시·군계획시설사업의 시행자는 사업시행을 위하여 특히 필요하다고 인정되는 때에는 도시·군계획시설에 인접한 토지나 건축물을 수용할 수 있다.

⑤ 재결신청은 「공익사업을 위한 토지 등의 취득 및 보상에 관한 법률」에도 불구하고 실시계획에서 정한 도시·군계획시설사업의 시행기간에 하여야 한다.

59 해설

④ 도시·군계획시설사업의 시행자는 사업시행을 위하여 특히 필요하다고 인정되는 때에는 도시·군계획시설에 인접한 토지나 건축물을 일시 사용할 수 있다.

정답 59 ④

60 **국토의 계획 및 이용에 관한 법령상 도시·군계획시설부지에서의 매수청구에 관한 설명으로 옳은 것은?**

① 매수의무자는 매수청구를 받은 날부터 2년 이내에 매수 여부를 결정하여 토지소유자에게 알려야 한다.

② 매수의무자는 매수하기로 결정한 토지를 매수결정을 알린 날부터 6개월 이내에 매수하여야 한다.

③ 매수의무자는 특별시장·광역시장·특별자치시장·특별자치도지사·시장 또는 군수로 한정된다.

④ 매수의무자가 매수하는 때에는 현금이나 도시·군계획시설채권 중 임의로 선택하여 지급할 수 있다.

⑤ 매수의무자가 매수하지 아니하기로 결정한 경우, 매수청구를 한 토지의 소유자는 개발행위허가를 받아 3층 이하의 한의원을 건축할 수 있다.

60 해설

① 매수의무자는 매수청구를 받은 날부터 6개월 이내에 매수 여부를 결정하여 토지소유자에게 알려야 한다.

② 매수의무자는 매수하기로 결정한 토지를 매수결정을 알린 날부터 2년 이내에 매수하여야 한다.

③ 매수의무자는 특별시장·광역시장·특별자치시장·특별자치도지사·시장 또는 군수로 한정되지 않고, 사업시행자나 도시·군계획시설을 설치하거나 관리하여야 할 의무가 있는 자가 있는 경우에는 그 의무가 있는 자도 매수의무자가 될 수 있다.

④ 매수청구된 토지의 매수대금은 현금으로 지급하는 것이 원칙이다. 단, 매수의무자가 지방자치단체인 경우로서 토지소유자가 원하는 경우에는 도시·군계획시설채권을 발행하여 매수할 수 있다.

정답 **60** ⑤

61 **국토의 계획 및 이용에 관한 법령상 도시·군계획시설부지의 매수청구에 관한 설명으로 틀린 것은?**

① 매수청구대상은 도시·군계획시설결정의 고시일부터 10년 이내에 사업이 시행되지 아니한 도시·군계획시설부지로서 지목이 대(垈)인 토지이다.
② 매수의무자가 지방자치단체인 경우로서 토지소유자가 원하는 경우에는 도시·군계획시설채권을 발행할 수 있다.
③ 도시·군계획시설채권의 발행절차 및 그 밖의 필요한 사항에 관하여 이 법에 특별한 규정이 있는 경우를 제외하고는 「지방재정법」에서 정하는 바에 따른다.
④ 지방자치단체인 매수의무자는 비업무용 토지로서 매수대금이 2천만원을 초과하여 그 초과하는 금액을 지급하는 경우에 도시·군계획시설채권을 발행하여 지급할 수 있다.
⑤ 매수청구된 토지의 매수가격·매수절차 등에 관하여 이 법에 특별한 규정이 있는 경우를 제외하고는 「공익사업을 위한 토지 등의 취득 및 보상에 관한 법률」의 규정을 준용한다.

62 **국토의 계획 및 이용에 관한 법령상 도시·군계획시설사업이 시행되지 아니한 도시·군계획시설에 관한 설명으로 옳은 것은?**

① 건축물·정착물이 있는 토지의 지목이 대(垈)가 아니더라도 법령에서 정한 기한 내에 도시·군계획시설사업이 시행되지 아니한 경우 매수청구를 할 수 있다.
② 도시·군계획시설부지의 매수의무자는 매수결정을 알린 날부터 6개월 이내에 토지를 매수하여야 한다.
③ 매수청구에 대해 매수의무자가 매수하지 아니하기로 결정한 경우, 매수청구자는 자신의 토지에 층수가 3층인 안마원을 건축할 수 있다.
④ 매수청구된 토지의 매수가격은 공시지가로 한다.
⑤ 도시·군계획시설의 결정·고시일부터 10년이 지날 때까지 그 사업이 시행되지 아니한 경우, 그 고시일부터 10년이 되는 날의 다음 날에 도시·군계획시설결정의 효력을 잃는다.

61 해설

④ 지방자치단체인 매수의무자는 비업무용 토지로서 매수대금이 3천만원을 초과하여 그 초과하는 금액을 지급하는 경우에 도시·군계획시설채권을 발행할 수 있다.

62 해설

① 매수청구의 대상은 지목이 대(垈)인 경우에 한한다.
② 매수하기로 결정한 토지는 매수결정을 알린 날부터 2년 이내에 매수하여야 한다.
④ 매수청구된 토지의 매수가격·매수절차 등에 관하여 이 법에 특별한 규정이 있는 경우를 제외하고는 「공익사업을 위한 토지 등의 취득 및 보상에 관한 법률」의 규정을 준용한다.
⑤ 도시·군계획시설의 결정·고시일부터 20년이 지날 때까지 그 시설의 설치에 관한 도시·군계획시설사업이 시행되지 아니한 경우, 그 고시일부터 20년이 되는 날의 다음 날에 도시·군계획시설결정의 효력을 잃는다.

정답 61 ④ 62 ③

63 **국토의 계획 및 이용에 관한 법령상 도시·군계획시설부지의 매수청구에 관한 설명으로 틀린 것은?**

① 토지소유자가 원하는 경우로서 매수의무자가 지방자치단체인 경우에는 도시·군계획시설채권을 발행하여 지급할 수 있다.

② 매수청구대상이 되는 토지가 비업무용 토지로서 매수의무자가 지방자치단체인 경우에는 매수대금이 3천만원을 초과하는 경우, 모든 금액에 대하여 도시·군계획시설채권을 발행하여 지급할 수 있다.

③ 도시·군계획시설채권의 상환기간은 10년 이내로 하며, 구체적인 상환기간은 조례로 정한다.

④ 도시·군계획시설채권 발행절차 및 그 밖에 필요한 사항에 관하여 「국토의 계획 및 이용에 관한 법률」에 특별한 규정이 없으면 「지방재정법」이 정하는 바에 의한다.

⑤ 매수청구된 토지의 매수가격에 관하여 「국토의 계획 및 이용에 관한 법률」에 특별한 규정이 있는 경우 외에는 「공익사업을 위한 토지 등의 취득 및 보상에 관한 법률」을 준용한다.

64 **국토의 계획 및 이용에 관한 법령상 도시·군계획시설에 관한 설명으로 옳은 것은? (단, 도시·군관리계획이 의제되는 경우는 제외함)**

① 도시·군계획시설부지에 대한 매수청구의 대상은 지목이 대(垈)인 토지에 한정되며, 그 토지에 있는 건축물은 포함되지 않는다.

② 용도지역 안에서의 건축물의 용도·종류 및 규모의 제한에 대한 규정은 도시·군계획시설에 대해서도 적용된다.

③ 「공공주택 특별법」에 따른 공공주택지구의 규모가 300만m^{2}인 경우, 해당 구역의 개발사업 시행자는 공동구를 설치하여야 한다.

④ 도시·군계획시설부지에서 도시·군관리계획을 입안하는 경우에는 그 계획의 입안을 위한 환경성검토를 실시하지 아니할 수 있다.

⑤ 도시·군계획시설사업의 시행자가 행정청인 경우, 시행자의 처분에 대해서는 행정심판을 제기할 수 없다.

63 해설

② 매수청구대상이 되는 토지가 비업무용 토지로서 매수의무자가 지방자치단체인 경우에는 매수대금이 3천만원을 초과하는 경우, 그 초과하는 금액에 대하여 도시·군계획시설채권을 발행하여 지급할 수 있다.

64 해설

① 도시·군계획시설부지에서의 매수청구의 대상은 토지에 있는 건축물과 정착물을 포함한다.

② 용도지역·용도지구 안에서의 도시·군계획시설에 대하여는 용도지역·용도지구 안에서의 건축제한에 관한 규정을 적용하지 아니한다.

④ 도시·군계획시설부지에서 도시·군관리계획을 입안하는 경우에는 그 계획의 입안을 위한 토지적성평가를 실시하지 아니할 수 있다.

⑤ 도시·군계획시설사업의 시행자가 행정청인 경우, 시행자의 처분에 대하여 행정심판을 제기할 수 있다.

정답 63 ② 64 ③

65 국토의 계획 및 이용에 관한 법령상 도시·군계획시설사업에 관한 설명으로 옳은 것은?

① 행정청인 도시·군계획시설사업의 시행자가 도시·군계획시설사업에 의하여 새로 공공시설을 설치한 경우, 새로 설치된 공공시설은 그 시설을 관리할 관리청에 유상으로 귀속된다.

② 도시·군계획시설결정의 고시일부터 20년이 지날 때까지 그 시설의 설치에 관한 도시·군계획시설사업이 시행되지 아니하는 경우, 그 도시·군계획시설결정은 그 고시일부터 20년이 되는 날에 효력을 잃는다.

③ 도시·군관리계획결정을 고시한 경우 사업에 필요한 국·공유지는 그 도시·군관리계획으로 정해진 목적 외의 목적으로 양도할 수 없고, 처분제한을 위반한 행위는 무효로 한다.

④ 같은 도의 관할 구역에 속하는 둘 이상의 시·군에 걸쳐 시행되는 사업의 시행자를 정함에 있어 관계 시장·군수 간의 협의가 성립되지 않는 경우에는 관할 도지사가 사업을 시행한다.

⑤ 도지사가 시행한 도시·군계획시설사업으로 그 도에 속하지 않는 군이 현저히 이익을 받는 경우, 해당 도지사와 군수 간의 비용부담에 관한 협의가 성립되지 아니하는 때에는 기획재정부장관이 결정하는 바에 따른다.

65 해설

① 행정청인 도시·군계획시설사업의 시행자가 도시·군계획시설사업에 의하여 새로 공공시설을 설치한 경우, 새로 설치된 공공시설은 그 시설을 관리할 관리청에 무상으로 귀속된다.

② 도시·군계획시설결정의 고시일부터 20년이 지날 때까지 그 시설의 설치에 관한 도시·군계획시설사업이 시행되지 아니하는 경우, 그 도시·군계획시설결정은 그 고시일부터 20년이 되는 날의 다음 날에 효력을 잃는다.

④ 같은 도의 관할 구역에 속하는 둘 이상의 시·군에 걸쳐 시행되는 사업의 시행자를 정함에 있어 관계 시장·군수 간의 협의가 성립되지 않는 경우에는 관할 도지사가 시행자를 지정한다.

⑤ 도지사가 시행한 도시·군계획시설사업으로 그 도에 속하지 않는 군이 현저히 이익을 받는 경우, 해당 도지사와 군수 간의 비용부담에 관한 협의가 성립되지 아니하는 때에는 행정안전부장관이 결정하는 바에 따른다.

정답 65 ③

제 4 절 지구단위계획구역과 지구단위계획

66 **국토의 계획 및 이용에 관한 법령상 지구단위계획구역에 관한 설명으로 옳은 것은?**

① 용도지구로 지정된 지역에 대하여는 지구단위계획구역을 지정할 수 없다.
② 택지개발지구에서 사업이 끝난 후 5년이 지난 지역은 지구단위계획구역으로 지정하여야 한다.
③ 지구단위계획구역의 결정은 도시・군관리계획으로 하여야 하나, 지구단위계획의 결정은 그러하지 아니하다.
④ 주민은 도시・군관리계획 입안권자에게 지구단위계획의 변경에 관한 도시・군관리계획의 입안을 제안할 수 없다.
⑤ 도시자연공원구역에서 해제되는 구역의 전부 또는 일부에 대하여 지구단위계획구역을 지정할 수 있다.

67 **국토의 계획 및 이용에 관한 법령상 지구단위계획구역으로 지정할 수 있는 지역에 해당하지 않는 것은?**

① 도시개발구역
② 정비구역
③ 세 개 이상의 노선이 교차하는 대중교통 결절지로부터 2km 이내에 위치한 지역
④ 택지개발지구
⑤ 개발제한구역에서 해제되는 구역

66 해설

① 용도지구로 지정된 지역에 대하여는 지구단위계획구역을 지정할 수 있다.
② 택지개발지구에서 사업이 끝난 후 10년이 지난 지역은 지구단위계획구역으로 지정하여야 한다.
③ 지구단위계획구역과 지구단위계획의 결정은 도시・군관리계획으로 하여야 한다.
④ 주민은 도시・군관리계획 입안권자에게 지구단위계획의 변경에 관한 도시・군관리계획의 입안을 제안할 수 있다.

67 해설

③ 일반주거지역, 준주거지역, 준공업지역 및 상업지역에서 낙후된 도심 기능을 회복하거나 도시균형발전을 위한 중심지 육성이 필요한 경우로서 세 개 이상의 노선이 교차하는 대중교통 결절지로부터 1km 이내에 위치한 지역의 전부 또는 일부에 대하여 지구단위계획구역으로 지정할 수 있다.

정답 66 ⑤ 67 ③

68 **국토의 계획 및 이용에 관한 법령상 지구단위계획구역의 지정에 관한 설명으로 옳은 것은?**

① 지구단위계획구역은 국토교통부장관, 시·도지사, 시장 또는 군수가 도시·군관리계획으로 지정한다.

② 「주택법」에 따른 대지조성사업지구는 그 일부에 대하여만 지구단위계획구역으로 지정할 수 있다.

③ 「도시개발법」에 따른 도시개발구역에서 시행되는 사업이 끝난 후 10년이 지난 지역은 지구단위계획구역으로 지정하여야 한다.

④ 녹지지역에서 공업지역으로 변경되는 면적이 20만m^2이면 지구단위계획구역으로 지정하여야 한다.

⑤ 지구단위계획구역의 지정에 관한 도시·군관리계획결정의 고시일부터 3년 이내에 그 지구단위계획구역에 관한 지구단위계획이 결정·고시되지 아니하면 그 3년이 되는 날에 도시·군관리계획결정은 효력을 잃는다.

69 **국토의 계획 및 이용에 관한 법령상 지구단위계획구역 및 지구단위계획에 관한 설명으로 <u>틀린</u> 것은?**

① 도시지역에 개발진흥지구를 지정하고 당해 지구를 지구단위계획구역으로 지정한 경우에는 지구단위계획으로 「건축법」에 따라 제한된 건축물 높이의 120% 이내에서 높이제한을 완화하여 적용할 수 있다.

② 준주거지역에서 낙후된 도심기능을 회복하기 위하여 필요한 경우로서 「역세권의 개발 및 이용에 관한 법률」에 따른 역세권개발구역으로 지정된 지역은 지구단위계획구역으로 지정하여야 한다.

③ 지구단위계획의 수립기준은 국토교통부장관이 정한다.

④ 도시지역 외의 지역으로서 용도지구를 폐지하고 그 용도지구에서의 행위제한 등을 지구단위계획으로 대체하려는 지역은 지구단위계획구역으로 지정될 수 있다.

⑤ 「관광진흥법」에 따라 지정된 관광특구의 전부에 대하여 지구단위계획구역을 지정할 수 있다.

68 해설

② 「주택법」에 따른 대지조성사업지구는 그 전부 또는 일부에 대하여 지구단위계획구역으로 지정할 수 있다.
③ 도시개발구역에서 시행되는 사업이 끝난 후 10년이 지난 지역은 의무적 지정대상지역에 해당하지 않는다.
④ 녹지지역에서 공업지역으로 변경되는 면적이 30만m^2 이상이면 지구단위계획구역으로 지정하여야 한다.
⑤ 3년이 되는 날의 다음 날에 도시·군관리계획결정은 효력을 잃는다.

69 해설

② 준주거지역에서 낙후된 도심기능을 회복하기 위하여 필요한 경우로서 「역세권의 개발 및 이용에 관한 법률」에 따른 역세권개발구역으로 지정된 지역은 지구단위계획구역을 지정할 수 있다.

정답 **68** ① **69** ②

70 국토의 계획 및 이용에 관한 법령상 지구단위계획구역과 지구단위계획에 관한 설명으로 틀린 것은?

① 시장 또는 군수가 입안한 지구단위계획의 수립・변경에 관한 도시・군관리계획은 해당 시장 또는 군수가 직접 결정한다.

② 생산관리지역에 주거개발진흥지구가 지정된 경우에 해당 지구를 체계적・계획적으로 개발하기 위하여 이를 지구단위계획구역으로 지정할 수 있다.

③ 계획관리지역 안의 개발진흥지구에 지정된 지구단위계획구역에서는 건축물의 용도・종류 및 규모 등을 완화하여 적용할 경우 아파트 및 연립주택은 허용된다.

④ 시장 또는 군수는 「도시 및 주거환경정비법」에 따른 정비구역의 전부 또는 일부에 대하여 지구단위계획구역을 지정할 수 있다.

⑤ 환경관리계획 또는 경관계획에 관한 사항은 지구단위계획의 내용에 포함될 수 있다.

70 해설

② 생산관리지역에 주거개발진흥지구가 지정된 경우에 해당 지구를 체계적・계획적으로 개발하기 위하여 이를 지구단위계획구역으로 지정할 수 없다.

*** 개발진흥지구의 지정요건**

개발진흥지구가 다음의 지역에 위치할 것(도시지역 외의 지역에 지구단위계획구역을 지정할 수 있는 요건)

1. 주거개발진흥지구, 복합개발진흥지구(주거기능이 포함된 경우에 한함) 및 특정개발진흥지구 ⇨ 계획관리지역
2. 산업・유통개발진흥지구 및 복합개발진흥지구(주거기능이 포함되지 않은 경우에 한함) ⇨ 계획관리지역・생산관리지역 또는 농림지역
3. 관광・휴양개발진흥지구 ⇨ 도시지역 외의 지역

정답 70 ②

71 국토의 계획 및 이용에 관한 법령상 지구단위계획에 관한 설명으로 옳은 것은?

① 지구단위계획은 도시·군계획 수립대상 지역의 일부에 대하여 토지이용을 합리화하기 위하여 도시·군기본계획으로 결정한다.

② 목욕장을 불허하고 있는 지구단위계획구역이라 하더라도 일반상업지역인 경우에는 목욕장을 건축할 수 있다.

③ 용도지역을 변경하는 지구단위계획에는 건축물의 용도제한이 포함되어야 한다.

④ 지구단위계획구역은 계획관리지역에 한하여 지정할 수 있다.

⑤ 지구단위계획구역의 지정권자는 국토교통부장관, 시·도지사, 시장 또는 군수이며, 지정 이후 1년 이내에 지구단위계획이 결정·고시되어야 한다.

72 국토의 계획 및 이용에 관한 법령상의 지구단위계획에 관한 설명으로 틀린 것은?

① 역세권의 체계적·계획적 개발이 필요한 지역에 지정된 지구단위계획구역 내 준주거지역에서는 지구단위계획으로 「건축법」에 따른 채광(採光) 등의 확보를 위한 건축물의 높이제한을 200% 이내의 범위에서 완화하여 적용할 수 있다.

② 지구단위계획에 의해 제2종 일반주거지역을 준주거지역으로 변경할 수 있다.

③ 도시지역 내 지구단위계획구역의 지정이 차 없는 거리를 조성하고자 하는 경우 지구단위계획으로 「주차장법」에 따른 부설주차장 설치기준을 100%까지 완화하여 적용할 수 있다.

④ 생산관리지역에 지정된 특정개발진흥지구는 지구단위계획을 수립하여 개발할 수 있다.

⑤ 도시지역 내에 지정하는 지구단위계획구역에 대해서는 당해 용도지역 및 용도지구에 적용되는 건폐율의 150% 및 용적률의 200%를 각각 초과할 수 없다.

71 해설

① 지구단위계획은 도시·군계획 수립대상 지역의 일부에 대하여 토지이용을 합리화하기 위하여 도시·군관리계획으로 결정한다.

② 목욕장을 불허하고 있는 지구단위계획구역에서는 일반상업지역인 경우라도 목욕장을 건축할 수 없다.

④ 지구단위계획구역은 계획관리지역에 한하여 지정할 수 있는 것은 아니다.

⑤ 지구단위계획구역의 지정권자는 국토교통부장관, 시·도지사, 시장 또는 군수이며, 지정에 관한 도시·군관리계획결정의 고시일부터 3년 이내에 지구단위계획이 결정·고시되어야 한다.

72 해설

④ 특정개발진흥지구는 계획관리지역에 지정된 경우에 지구단위계획을 수립하여 개발할 수 있다.

정답 71 ③ 72 ④

73 **국토의 계획 및 이용에 관한 법령상 지구단위계획에 의무적으로 포함되어야 하는 사항으로 규정되어 있지 않은 것은? (단, 기존의 용도지구를 폐지하고 그 용도지구에서의 건축물이나 그 밖의 시설의 용도·종류 및 규모 등의 제한을 대체하는 사항은 아님)**

① 건축물의 건폐율 또는 용적률
② 기반시설의 배치와 규모
③ 건축물 높이의 최고한도 또는 최저한도
④ 건축물의 용도제한
⑤ 건축물의 배치·형태·색채 또는 건축선에 관한 계획

74 **국토의 계획 및 이용에 관한 법령상 지구단위계획구역 등의 실효규정이다. ( )에 들어갈 내용을 바르게 나열한 것은?**

> • 지구단위계획구역의 지정에 관한 도시·군관리계획결정의 고시일부터 (㉠) 이내에 그 지구단위계획구역에 관한 지구단위계획이 결정·고시되지 아니하면 그 (㉠)이 되는 날의 다음 날에 그 지구단위계획구역의 지정에 관한 도시·군관리계획결정은 효력을 잃는다.
> • 지구단위계획(주민이 입안을 제안한 것에 한정)에 관한 도시·군관리계획결정의 고시일부터 (㉡) 이내에 이 법 또는 다른 법률에 따라 허가·인가·승인 등을 받아 사업이나 공사에 착수하지 아니하면 그 (㉡)이 된 날의 다음 날에 그 지구단위계획에 관한 도시·군관리계획결정은 효력을 잃는다.

	㉠	㉡
①	1년	3년
②	3년	3년
③	3년	5년
④	5년	3년
⑤	5년	5년

73 해설

⑤ 건축물의 배치·형태·색채 또는 건축선에 관한 계획은 지구단위계획의 필수적 포함사항이 아니다.

> *** 지구단위계획에 의무적으로 포함되어야 하는 사항**
> 1. 대통령령으로 정하는 기반시설의 배치와 규모
> 2. 건축물의 용도제한, 건축물의 건폐율 또는 용적률, 건축물 높이의 최고한도 또는 최저한도

74 해설

• 지구단위계획구역의 지정에 관한 도시·군관리계획결정의 고시일부터 '3년' 이내에 그 지구단위계획구역에 관한 지구단위계획이 결정·고시되지 아니하면 그 '3년'이 되는 날의 다음 날에 그 지구단위계획구역의 지정에 관한 도시·군관리계획결정은 효력을 잃는다.
• 지구단위계획(주민이 입안을 제안한 것에 한정)에 관한 도시·군관리계획결정의 고시일부터 '5년' 이내에 이 법 또는 다른 법률에 따라 허가·인가·승인 등을 받아 사업이나 공사에 착수하지 아니하면 그 '5년'이 된 날의 다음 날에 그 지구단위계획에 관한 도시·군관리계획결정은 효력을 잃는다.

정답 **73** ⑤ **74** ③

05 개발행위의 허가 등

01 국토의 계획 및 이용에 관한 법령상 개발행위허가에 관한 설명으로 옳은 것은?

① 「도시개발법」에 따른 도시개발사업에 의해 건축물을 건축하는 경우에는 개발행위허가를 받아야 한다.

② 도시・군계획사업에 의하지 않는 개발행위로서 주거지역 내 면적 9,000m²의 토지형질변경을 하는 경우에는 허가를 요하지 아니한다.

③ 개발행위허가의 대상인 토지가 2 이상의 용도지역에 걸치는 경우, 개발행위허가의 규모를 적용할 때에는 가장 큰 규모의 용도지역에 대한 규정을 적용한다.

④ 지구단위계획구역으로 지정된 지역으로서 도시・군관리계획상 특히 필요하다고 인정하는 지역에 대해서는 최장 3년의 기간 동안 개발행위허가를 제한할 수 있다.

⑤ 토석의 채취에 대하여 개발행위허가를 받은 자가 개발행위를 마치면 준공검사를 받아야 한다.

01 해설

① 「도시개발법」에 따른 도시개발사업에 의해 건축물을 건축하는 경우에는 허가를 받지 않아도 된다.

② 도시・군계획사업에 의하지 않는 개발행위로서 주거지역 내 면적 9,000m²의 토지형질변경을 하는 경우에는 허가를 받아야 한다.

③ 개발행위허가의 대상인 토지가 2 이상의 용도지역에 걸치는 경우, 개발행위허가의 규모를 적용할 때에는 각각의 용도지역에 대한 규정을 적용한다.

④ 지구단위계획구역으로 지정된 지역으로서 도시・군관리계획상 특히 필요하다고 인정하는 지역에 대해서는 최장 5년의 기간 동안 개발행위허가를 제한할 수 있다.

정답 01 ⑤

02 **국토의 계획 및 이용에 관한 법령상 개발행위허가에 관한 설명으로 옳은 것은?**

① 재해복구나 재난수습을 위한 응급조치는 개발행위허가를 받아야 한다.

② 공업지역·관리지역·농림지역 안에서 개발행위허가를 받아 할 수 있는 토지의 형질변경 면적은 $50,000m^2$ 미만이다.

③ 특별시장·광역시장·특별자치시장·특별자치도지사·시장 또는 군수는 개발행위허가를 하려면 그 개발행위가 도시·군계획사업의 시행에 지장을 주는지에 관하여 해당 지역에서 시행되는 도시·군계획사업의 시행자의 의견을 들어야 한다.

④ 토지의 일부를 공공용지 또는 공용지로 하기 위한 토지의 분할은 개발행위허가를 받아야 한다.

⑤ 특별시장·광역시장·특별자치시장·특별자치도지사·시장 또는 군수는 개발행위허가를 받지 아니하고 개발행위를 하는 자에게는 그 토지의 원상회복을 명할 수 없다.

03 **국토의 계획 및 이용에 관한 법령상 개발행위허가 시 개발행위 규모의 제한을 받는 경우 용도지역별 허용되는 토지형질변경 면적으로 옳은 것은?** ☆ 제35회 기출

① 자연환경보전지역 : 5천 제곱미터 미만

② 자연녹지지역 : 3만 제곱미터 미만

③ 공업지역 : 1만 제곱미터 미만

④ 생산녹지지역 : 5천 제곱미터 미만

⑤ 주거지역 : 3만 제곱미터 미만

02 해설

① 재해복구나 재난수습을 위한 응급조치는 허가를 받지 아니하고 할 수 있다.

② 공업지역·관리지역·농림지역 안에서 개발행위허가를 받아 할 수 있는 형질변경 면적은 $30,000m^2$ 미만이다.

④ 토지의 일부를 공공용지 또는 공용지로 하기 위한 토지의 분할은 개발행위허가를 받지 않아도 된다.

⑤ 특별시장·광역시장·특별자치시장·특별자치도지사·시장 또는 군수는 개발행위허가를 받지 아니하고 개발행위를 하는 자에게는 그 토지의 원상회복을 명할 수 있다.

03 해설

②, ④, ⑤ 자연녹지지역, 생산녹지지역, 주거지역은 1만 제곱미터 미만이다.

③ 공업지역은 3만 제곱미터 미만이다.

정답 02 ③ 03 ①

04 **국토의 계획 및 이용에 관한 법령상 허가대상 개발행위가 아닌 것은?**

① 「건축법」에 따른 건축물의 건축
② 도시·군계획사업으로 공유수면을 매립하는 행위
③ 토지의 형질변경을 목적으로 하지 아니하는 토석의 채취
④ 건축물이 없는 대지에서 「건축법」에 따른 분할제한면적 미만으로의 토지분할
⑤ 녹지지역 안에서 건축물의 울타리 안(적법한 절차에 의하여 조성된 대지에 한함)에 위치하지 아니한 토지에 물건을 1개월 이상 쌓아놓는 행위

04 해설

② 도시·군계획사업으로 공유수면을 매립하는 행위는 허가대상 개발행위가 아니다.

＊ 허가대상 개발행위

허가대상 개발행위는 다음과 같다. 다만, 도시·군계획사업(다른 법률에 따라 도시·군계획사업을 의제한 사업을 포함)에 의하는 경우에는 그러하지 아니하다.

1. 건축물의 건축 또는 공작물(인공을 가하여 제작한 시설물)의 설치
2. 토지의 형질변경(경작을 위한 토지의 형질변경은 제외) : 절토(땅깎기)·성토(흙쌓기)·정지(땅고르기)·포장 등의 방법으로 토지의 형상을 변경하는 행위와 공유수면의 매립
3. 토석의 채취 : 흙·모래·자갈·바위 등의 토석을 채취하는 행위(토지의 형질변경을 목적으로 하는 것은 제외)
4. 다음 어느 하나에 해당하는 토지의 분할(「건축법」에 따른 건축물이 있는 대지는 제외)
   - 녹지지역·관리지역·농림지역 및 자연환경보전지역 안에서 관계 법령에 따른 허가·인가 등을 받지 아니하고 행하는 토지의 분할
   - 「건축법」에 따른 분할제한면적 미만으로의 토지의 분할
   - 관계 법령에 의한 허가·인가 등을 받지 아니하고 행하는 너비 5m 이하로의 토지의 분할
5. 물건을 쌓아놓는 행위 : 녹지지역·관리지역 또는 자연환경보전지역 안에서 건축물의 울타리 안(적법한 절차에 의하여 조성된 대지에 한함)에 위치하지 아니한 토지에 물건을 1개월 이상 쌓아놓는 행위

정답 04 ②

05 국토의 계획 및 이용에 관한 법령상 개발행위허가에 관한 설명으로 틀린 것은?

① 개발행위를 하고자 하는 자는 해당 개발행위에 따른 기반시설의 설치 또는 그에 필요한 용지의 확보, 위해 방지, 환경오염 방지, 경관, 조경 등에 관한 계획서를 첨부한 신청서를 개발행위허가권자에게 제출하여야 한다.

② 위 ①의 경우, 개발밀도관리구역 안에서는 기반시설의 설치 또는 그에 필요한 용지의 확보에 관한 계획서를 제출하지 아니한다.

③ 허가권자가 개발행위허가를 하려면 공청회를 열어 주민과 관계 전문가 등으로부터 의견을 들어야 한다.

④ 허가권자는 개발행위허가의 신청에 대하여 특별한 사유가 없으면 15일 이내에 허가 또는 불허가의 처분을 하여야 한다.

⑤ 성장관리계획을 수립한 지역에서는 토석채취량이 3만m^3 이상이라 하더라도 도시계획위원회의 심의를 거치지 아니하고 허가를 할 수 있다.

06 국토의 계획 및 이용에 관한 법령상 개발행위허가에 관한 설명으로 틀린 것은?

① 허가권자가 개발행위허가를 하는 경우에는 그 개발행위에 따른 기반시설의 설치 또는 그에 필요한 용지의 확보, 위해 방지, 환경오염 방지, 경관, 조경 등에 관한 조치를 할 것을 조건으로 개발행위허가를 할 수 있다.

② 허가권자가 개발행위허가에 조건을 붙이려는 때에는 미리 개발행위허가를 신청한 자의 의견을 들어야 한다.

③ 개발행위허가를 받은 사항으로서 부지면적 또는 연면적을 5% 범위에서 축소하는 경우에는 별도의 변경허가를 받을 필요가 없다.

④ 국가 또는 지방자치단체가 시행하는 개발행위의 경우에는 이행보증금을 예치하지 않아도 된다.

⑤ 토지분할에 대하여 개발행위허가를 받은 자가 개발행위를 마치면 준공검사를 받아야 한다.

05 해설

③ 개발행위가 도시·군계획사업의 시행에 지장을 주는지의 여부에 관하여 해당 지역에서 시행되는 도시·군계획사업의 시행자의 의견을 들어야 한다.

06 해설

⑤ 토지분할과 물건을 쌓아놓는 행위는 준공검사의 대상이 아니다.

정답 05 ③ 06 ⑤

07 국토의 계획 및 이용에 관한 법령상 개발행위허가의 제한에 관한 설명으로 옳은 것은?

① 시장 또는 군수는 도시·군관리계획상 특히 필요하다고 인정되는 지역에 대하여는 중앙도시계획위원회의 심의를 거쳐 개발행위허가를 제한할 수 있다.

② 개발행위허가는 한 차례만 3년 이내의 기간 동안 제한기간을 연장할 수 있다.

③ 생산관리지역에서는 도시계획위원회의 심의를 통하여 개발행위허가의 기준을 강화 또는 완화하여 적용할 수 있다.

④ 국토교통부장관은 기반시설부담구역으로 지정된 지역에 대해서는 최장 7년까지 개발행위허가를 제한할 수 있다.

⑤ 도시·군관리계획을 수립하고 있는 지역으로서 도시·군관리계획이 결정될 경우 용도지역의 변경이 예상되고, 그에 따라 개발행위허가의 기준이 크게 달라질 것으로 예상되는 지역은 최장 3년까지 개발행위허가를 제한할 수 있다.

07 해설

① 시장 또는 군수는 도시·군관리계획상 특히 필요하다고 인정되는 지역에 대하여는 지방도시계획위원회의 심의를 거쳐 개발행위허가를 제한할 수 있다.

② 개발행위허가는 한 차례만 2년 이내의 기간 동안 제한기간을 연장할 수 있다.

④ 국토교통부장관은 기반시설부담구역으로 지정된 지역에 대해서는 최장 5년까지 개발행위허가를 제한할 수 있다.

⑤ 도시·군관리계획을 수립하고 있는 지역으로서 도시·군관리계획이 결정될 경우 용도지역·용도지구 또는 용도구역의 변경이 예상되고, 그에 따라 개발행위허가의 기준이 크게 달라질 것으로 예상되는 지역은 최장 5년까지 개발행위허가를 제한할 수 있다.

정답 07 ③

08 국토의 계획 및 이용에 관한 법령상 개발행위허가의 기준으로 틀린 것은?

① 개발행위를 원활하게 수행하기 위한 자금조달계획이 적합할 것
② 주변지역의 토지이용실태 또는 토지이용계획, 건축물의 높이, 토지의 경사도, 수목의 상태, 물의 배수, 하천·호소·습지의 배수 등 주변환경이나 경관과 조화를 이룰 것
③ 도시·군관리계획 및 성장관리계획의 내용에 어긋나지 아니할 것
④ 용도지역별 특성을 고려하여 대통령령으로 정하는 개발행위의 규모에 적합할 것
⑤ 해당 개발행위에 따른 기반시설의 설치나 그에 필요한 용지 확보계획이 적절할 것

08 해설

① 개발행위를 원활하게 수행하기 위한 자금조달계획은 개발행위허가의 기준이 아니다.

＊ 개발행위허가의 기준
특별시장·광역시장·특별자치시장·특별자치도지사·시장 또는 군수는 개발행위허가의 신청내용이 다음의 기준에 적합한 경우에 한하여 개발행위허가를 하여야 한다.

1. 용도지역별 특성을 고려하여 대통령령으로 정하는 다음의 개발행위(토지의 형질변경 면적)의 규모에 적합할 것
   - 5천m^2 미만 : 보전녹지지역, 자연환경보전지역
   - 1만m^2 미만 : 주거지역, 상업지역, 자연녹지지역, 생산녹지지역
   - 3만m^2 미만 : 관리지역, 농림지역, 공업지역
2. 도시·군관리계획 및 성장관리계획의 내용에 어긋나지 아니할 것
3. 도시·군계획사업의 시행에 지장이 없을 것
4. 주변지역의 토지이용실태 또는 토지이용계획, 건축물의 높이, 토지의 경사도, 수목의 상태, 물의 배수, 하천·호소·습지의 배수 등 주변환경이나 경관과 조화를 이룰 것
5. 해당 개발행위에 따른 기반시설의 설치나 그에 필요한 용지의 확보계획이 적절할 것

정답 08 ①

09 국토의 계획 및 이용에 관한 법령상 개발행위에 따른 공공시설 등의 귀속에 관한 설명으로 옳은 것은?

① 개발행위허가를 받은 자가 행정청인 경우, 개발행위허가를 받은 자가 새로 공공시설을 설치한 때에는 「국유재산법」 및 「공유재산 및 물품 관리법」의 규정에도 불구하고 새로 설치된 공공시설은 그 시설을 관리할 관리청에 무상으로 귀속된다.

② 개발행위허가를 받은 자가 행정청이 아닌 경우, 개발행위허가를 받은 자가 새로 설치한 공공시설은 그 시설을 관리할 관리청에 유상으로 귀속된다.

③ 공공시설의 관리청이 불분명한 경우 도로에 대하여는 행정안전부장관을 관리청으로 본다.

④ 행정청이 아닌 자가 개발행위허가를 받아 새로 공공시설을 설치한 경우, 종래의 공공시설은 개발행위허가를 받은 자에게 전부 무상으로 귀속된다.

⑤ 개발행위허가를 받은 자가 행정청인 경우, 개발행위허가를 받은 자는 그에게 귀속된 공공시설의 처분으로 인한 수익금을 도시·군계획사업 외의 목적으로 사용할 수 있다.

09 해설

② 개발행위허가를 받은 자가 행정청이 아닌 경우, 개발행위허가를 받은 자가 새로 설치한 공공시설은 그 시설을 관리할 관리청에 무상으로 귀속된다.

③ 공공시설의 관리청이 불분명한 경우 도로에 대하여는 국토교통부장관을 관리청으로 본다.

④ 행정청인 자가 개발행위허가를 받아 새로 공공시설을 설치한 경우, 종래의 공공시설은 개발행위허가를 받은 자에게 무상으로 귀속된다.

⑤ 개발행위허가를 받은 자가 행정청인 경우, 개발행위허가를 받은 자는 그에게 귀속된 공공시설의 처분으로 인한 수익금을 도시·군계획사업 외의 목적으로 사용하여서는 아니 된다.

정답 09 ①

10 **국토의 계획 및 이용에 관한 법령상 성장관리계획구역 및 성장관리계획에 관한 설명으로 틀린 것은?**

① 특별시장・광역시장・특별자치시장・특별자치도지사・시장 또는 군수는 녹지지역 중 주변지역과 연계하여 체계적인 관리가 필요한 지역의 전부 또는 일부에 대하여 성장관리계획구역을 지정할 수 있다.

② 성장관리계획구역 내 계획관리지역에서는 125% 이하의 범위에서 성장관리계획으로 정하는 바에 따라 조례로 정하는 비율까지 용적률을 완화하여 적용할 수 있다.

③ 성장관리계획구역 내 생산관리지역에서는 50% 이하의 범위에서 성장관리계획으로 정하는 바에 따라 조례로 정하는 비율까지 건폐율을 완화하여 적용할 수 있다.

④ 특별시장・광역시장・특별자치시장・특별자치도지사・시장 또는 군수는 5년마다 관할 구역 내 수립된 성장관리계획에 대하여 대통령령으로 정하는 바에 따라 그 타당성 여부를 전반적으로 재검토하여 정비하여야 한다.

⑤ 성장관리계획구역에서 개발행위 또는 건축물의 용도변경을 하려면 그 성장관리계획에 맞게 하여야 한다.

11 **국토의 계획 및 이용에 관한 법령상 광역시의 개발밀도관리구역에 관한 설명으로 옳은 것은?**

① 광역시장은 개발밀도관리구역을 지정할 때에는 도시・군관리계획의 결정으로 하여야 한다.

② 광역시장은 주거지역・상업지역・공업지역에서의 개발행위로 인하여 기반시설이 부족할 것으로 예상되는 지역 중 기반시설의 설치가 곤란한 지역을 대상으로 개발밀도관리구역으로 지정할 수 있다.

③ 개발밀도관리구역에서는 해당 용도지역에 적용되는 건폐율의 최대한도의 50% 범위에서 건폐율을 강화하여 적용한다.

④ 광역시장은 개발밀도관리구역의 지정기준, 개발밀도관리구역의 관리 등에 관하여 필요한 사항을 개발밀도관리계획으로 수립하여 이를 시행하여야 한다.

⑤ 광역시장이 개발밀도관리구역을 지정하거나 변경한 때에는 별도의 고시를 요하지 않는다.

10 해설

③ 성장관리계획구역 내 생산관리지역에서는 30% 이하의 범위에서 성장관리계획으로 정하는 바에 따라 조례로 정하는 비율까지 건폐율을 완화하여 적용할 수 있다.

11 해설

① 개발밀도관리구역은 특별시장・광역시장・특별자치시장・특별자치도지사・시장 또는 군수가 해당 지역의 기반시설의 용량을 고려하여 지정하는 구역에 해당하며, 도시・군관리계획의 결정으로 지정하는 구역이 아니다.

③ 용적률의 최대한도의 50% 범위에서 용적률을 강화하여 적용한다.

④ 개발밀도관리계획은 수립하지 않는다.

⑤ 광역시장이 개발밀도관리구역을 지정하거나 변경한 때에는 지방자치단체의 공보에 게재하는 방법에 의하여 고시하여야 한다.

정답 10 ③ 11 ②

12 국토의 계획 및 이용에 관한 법령상 개발밀도관리구역 지정기준에 관한 설명으로 틀린 것은?

① 개발밀도관리구역의 지정기준, 개발밀도관리구역의 관리 등에 관하여 필요한 사항은 국토교통부장관이 정한다.

② 향후 2년 이내에 해당 지역의 하수발생량이 하수시설의 시설용량을 초과할 것으로 예상되는 지역은 개발밀도관리구역으로 지정할 수 있다.

③ 향후 3년 이내에 해당 지역의 학생 수가 학교수용능력을 30% 이상 초과할 것으로 예상되는 지역은 개발밀도관리구역으로 지정할 수 있다.

④ 개발밀도관리구역의 경계는 도로・하천, 그 밖에 특색 있는 지형지물을 이용하거나 용도지역의 경계선을 따라 설정하는 등 경계선이 분명하게 구분되도록 하여야 한다.

⑤ 개발밀도관리구역 안의 기반시설의 변화를 주기적으로 검토하여 용적률을 강화 또는 완화하거나 개발밀도관리구역을 해제하는 등 필요한 조치를 취하도록 하여야 한다.

13 국토의 계획 및 이용에 관한 법령상 개발밀도관리구역에 관한 설명으로 옳은 것은?

① 개발밀도관리구역에서는 해당 용도지역에 적용되는 용적률의 최대한도의 50% 범위에서 용적률을 강화하여 적용한다.

② 개발밀도관리구역에 대하여는 기반시설의 변화가 있는 경우, 이를 즉시 검토하여 그 구역의 해제 등 필요한 조치를 취하여야 한다.

③ 개발밀도관리구역의 명칭 변경에 대하여는 지방도시계획위원회의 심의를 요하지 아니한다.

④ 공업지역에서의 개발행위로 인하여 기반시설의 수용능력이 부족할 것으로 예상되는 지역 중 기반시설의 설치가 곤란한 지역은 개발밀도관리구역으로 지정될 수 없다.

⑤ 시장 또는 군수는 개발밀도관리구역을 지정하려면 주민의 의견을 들어야 하며, 지방도시계획위원회의 심의를 거쳐야 한다.

12 해설

③ 향후 2년 이내에 해당 지역의 학생 수가 학교수용능력을 20% 이상 초과할 것으로 예상되는 지역은 개발밀도관리구역으로 지정할 수 있다.

13 해설

② 개발밀도관리구역 안의 기반시설의 변화를 주기적으로 검토하여 용적률을 강화 또는 완화하거나 개발밀도관리구역을 해제하는 등 필요한 조치를 취하여야 한다.
③ 지방도시계획위원회의 심의를 거쳐야 한다.
④ 특별시장・광역시장・특별자치시장・특별자치도지사・시장 또는 군수는 주거지역・상업지역・공업지역에서 개발행위로 인하여 기반시설이 부족할 것으로 예상되는 지역 중 기반시설의 설치가 곤란한 지역을 개발밀도관리구역으로 지정할 수 있다.
⑤ 시장 또는 군수가 개발밀도관리구역을 지정하려는 경우에는 지방도시계획위원회의 심의를 거쳐야 하며, 주민의 의견을 들어야 하는 절차는 없다.

정답 12 ③ 13 ①

14 **국토의 계획 및 이용에 관한 법령상 기반시설부담구역에 관한 설명으로 옳은 것은?**

① 기반시설부담구역은 개발밀도관리구역과 중복하여 지정할 수 있다.

② 기반시설부담구역은 기반시설이 적절하게 배치될 수 있는 규모로서 최소 30만m^2 이상의 규모가 되도록 지정하여야 한다.

③ 해당 지역의 전년도 개발행위허가 건수가 전전년도 개발행위허가 건수보다 10% 이상 증가한 지역은 기반시설부담구역으로 지정하여야 한다.

④ 녹지와 폐기물처리 및 재활용시설은 기반시설부담구역에 설치가 필요한 기반시설에 해당한다.

⑤ 기반시설부담구역의 지정·고시일부터 2년이 되는 날까지 기반시설설치계획을 수립하지 아니하면 그 2년이 되는 날에 기반시설부담구역의 지정은 해제된 것으로 본다.

14 해설

① 기반시설부담구역은 개발밀도관리구역과 중복하여 지정할 수 없다.

② 기반시설부담구역은 기반시설이 적절하게 배치될 수 있는 규모로서 최소 10만m^2 이상의 규모가 되도록 지정하여야 한다.

③ 해당 지역의 전년도 개발행위허가 건수가 전전년도 개발행위허가 건수보다 20% 이상 증가한 지역은 기반시설부담구역으로 지정하여야 한다.

⑤ 기반시설부담구역의 지정·고시일부터 1년이 되는 날까지 기반시설설치계획을 수립하지 아니하면 그 1년이 되는 날의 다음 날에 기반시설부담구역의 지정은 해제된 것으로 본다.

정답 14 ④

15 **국토의 계획 및 이용에 관한 법령상 기반시설부담구역의 지정대상이 될 수 없는 지역은?**

① 이 법 또는 다른 법령의 제정·개정으로 인하여 행위제한이 완화되거나 해제되는 지역
② 이 법 또는 다른 법령에 따라 지정된 용도지역 등이 변경되거나 해제되어 행위제한이 완화되는 지역
③ 해당 지역의 전년도 개발행위허가 건수가 전전년도 개발행위허가 건수보다 20% 이상 증가한 지역
④ 해당 지역의 전년도 인구증가율이 그 지역이 속하는 특별시·광역시·시 또는 군(광역시의 관할 구역에 있는 군은 제외)의 전년도 인구증가율보다 20% 이상 높은 지역
⑤ 상업지역에서의 개발행위로 인하여 기반시설(도시·군계획시설을 포함)의 처리·공급 또는 수용능력이 부족할 것으로 예상되는 지역 중 기반시설의 설치가 곤란한 지역

15 해설

⑤ 상업지역에서의 개발행위로 인하여 기반시설(도시·군계획시설을 포함)의 처리·공급 또는 수용능력이 부족할 것으로 예상되는 지역 중 기반시설의 설치가 곤란한 지역은 개발밀도관리구역의 지정대상이다.

*** 기반시설부담구역의 지정대상지역**

1. 이 법 또는 다른 법령의 제정·개정으로 인하여 행위제한이 완화되거나 해제되는 지역(①)
2. 이 법 또는 다른 법령에 따라 지정된 용도지역 등이 변경되거나 해제되어 행위제한이 완화되는 지역(②)
3. 특별시장·광역시장·특별자치시장·특별자치도지사·시장 또는 군수가 기반시설의 설치가 필요하다고 인정하는 지역으로서 다음의 어느 하나에 해당하는 지역
   - 해당 지역의 전년도 개발행위허가 건수가 전전년도 개발행위허가 건수보다 20% 이상 증가한 지역(③)
   - 해당 지역의 전년도 인구증가율이 그 지역이 속하는 특별시·광역시·특별자치시·특별자치도·시 또는 군(광역시의 관할 구역에 있는 군은 제외)의 전년도 인구증가율보다 20% 이상 높은 지역(④)

정답 15 ⑤

16 **국토의 계획 및 이용에 관한 법령상 기반시설부담구역에서의 기반시설설치비용에 관한 설명으로 틀린 것은?**

① 기반시설설치비용이란 단독주택 및 숙박시설 등 대통령령으로 정하는 시설의 신축·증축행위로 인하여 유발되는 기반시설을 설치하거나 그에 필요한 용지를 확보하기 위하여 부과·징수하는 금액을 말한다.

② 기반시설설치비용의 부과대상은 단독주택 및 숙박시설 등 대통령령으로 정하는 시설로서 200m^2(기존 건축물의 연면적을 포함)를 초과하는 건축물의 신축·증축행위로 한다.

③ 특별시장·광역시장·특별자치시장·특별자치도지사·시장 또는 군수는 기반시설부담구역을 지정하면 기반시설설치계획을 수립하여야 하며, 이를 도시·군관리계획에 반영하여야 한다.

④ 기반시설설치비용을 산정하는 경우 민간 개발사업자가 부담하는 부담률은 원칙적으로 100분의 25로 한다.

⑤ 납부의무자가 기반시설을 설치하거나 그에 필요한 용지를 확보한 경우에는 기반시설설치비용에서 감면한다.

17 **국토의 계획 및 이용에 관한 법령상 기반시설부담구역 및 기반시설설치비용에 관한 설명으로 틀린 것은?**

① 기반시설부담구역 내에서 「주택법」에 따른 리모델링을 하는 건축물은 기반시설설치비용의 부과대상이 아니다.

② 기존 건축물을 철거하고 신축하는 건축행위가 기반시설설치비용의 부과대상이 되는 경우에는 기존 건축물의 건축 연면적을 초과하는 건축행위만 부과대상으로 한다.

③ 기반시설설치비용은 건축허가를 받은 날부터 2개월 이내에 납부하여야 한다.

④ 「고등교육법」에 따른 대학은 기반시설부담구역에 설치가 필요한 기반시설에 해당하지 않는다.

⑤ 기반시설설치비용의 관리 및 운용을 위하여 기반시설부담구역별로 특별회계가 설치되어야 한다.

16 해설

④ 민간 개발사업자가 부담하는 부담률은 원칙적으로 100분의 20으로 하며 특별시장·광역시장·특별자치시장·특별자치도지사·시장 또는 군수가 건물의 규모, 지역 특성 등을 고려하여 100분의 25의 범위에서 부담률을 가감할 수 있다.

17 해설

③ 특별시장·광역시장·특별자치시장·특별자치도지사·시장 또는 군수는 납부의무자가 건축허가를 받은 날부터 2개월 이내에 기반시설설치비용을 부과하여야 하고, 납부의무자는 납부기일의 연기 또는 분할납부가 인정되지 않는 한 사용승인(준공검사 등 사용승인이 의제되는 경우에는 그 준공검사)신청 시까지 기반시설설치비용을 내야 한다.

정답 16 ④ 17 ③

18 **국토의 계획 및 이용에 관한 법령상 건축물별 기반시설유발계수가 다음 중 가장 큰 것은?**

① 공동주택　　② 문화 및 집회시설
③ 제1종 근린생활시설　　④ 숙박시설
⑤ 의료시설

19 **국토의 계획 및 이용에 관한 법령상 기반시설부담구역에서 기반시설설치비용의 산정에 사용되는 건축물별 기반시설유발계수가 낮은 것부터 나열한 것은?**

㉠ 노래연습장	㉡ 종교시설
㉢ 판매시설	㉣ 관광휴게시설

① ㉡ - ㉢ - ㉠ - ㉣　　② ㉢ - ㉠ - ㉣ - ㉡
③ ㉢ - ㉡ - ㉠ - ㉣　　④ ㉣ - ㉠ - ㉡ - ㉢
⑤ ㉣ - ㉢ - ㉡ - ㉠

18 해설

① 공동주택 : 0.7
② 문화 및 집회시설 : 1.4
③ 제1종 근린생활시설 : 1.3
④ 숙박시설 : 1.0
⑤ 의료시설 : 0.9
따라서 기반시설유발계수가 가장 큰 것은 문화 및 집회시설이다.

19 해설

㉢ 판매시설 : 1.3
㉡ 종교시설 : 1.4
㉠ 노래연습장(제2종 근린생활시설) : 1.6
㉣ 관광휴게시설 : 1.9
따라서 기반시설유발계수를 낮은 것부터 나열하면 ㉢ - ㉡ - ㉠ - ㉣이 된다.

정답 18 ② 19 ③

20 **국토의 계획 및 이용에 관한 법령상 개발밀도관리구역과 기반시설부담구역에 관한 설명으로 틀린 것은?**

① 동일한 지역에 대해 기반시설부담구역과 개발밀도관리구역을 중복하여 지정할 수 없다.

② 광역시장이 개발밀도관리구역을 지정하려면 지방도시계획위원회의 심의를 거쳐 국토교통부장관의 승인을 받아야 한다.

③ 주거지역에서의 개발행위로 기반시설의 용량이 부족할 것으로 예상되는 지역 중 기반시설의 설치가 곤란한 지역으로서, 향후 2년 이내에 해당 지역의 학생 수가 학교수용능력을 20% 이상 초과할 것으로 예상되는 지역은 개발밀도관리구역으로 지정될 수 있다.

④ 개발밀도관리구역에서는 해당 용도지역에 적용되는 용적률의 최대한도의 50% 범위에서 용적률을 강화하여 적용한다.

⑤ 계획관리지역에서 제2종 일반주거지역으로 변경되는 지역은 기반시설부담구역으로 지정하여야 한다.

20 해설

② 광역시장이 개발밀도관리구역을 지정하려면 지방도시계획위원회의 심의는 거쳐야 하나, 국토교통부장관의 승인은 받지 않아도 된다.

정답 20 ②

06 보칙 및 벌칙

01 **국토의 계획 및 이용에 관한 법령상 도시계획위원회의 심의를 거쳐야 하는 경우로 명시되어 있지 않은 것은?**

① 국토교통부장관이 개발행위허가를 제한하려는 경우
② 도지사가 도시·군기본계획을 승인하려는 경우
③ 특별시장이 성장관리계획구역을 지정하려는 경우
④ 군수가 기반시설부담구역을 지정하려는 경우
⑤ 광역시장이 단계별 집행계획을 수립하려는 경우

02 **국토의 계획 및 이용에 관한 법령상 도시·군계획시설사업에 관한 측량을 위하여 행하는 토지에의 출입 등에 관한 설명으로 옳은 것은?**

① 행정청인 도시·군계획시설사업의 시행자는 상급행정청의 승인을 받아 타인의 토지에 출입할 수 있다.
② 타인의 토지를 일시 사용하고자 하는 자는 토지를 사용하고자 하는 날의 7일 전까지 그 토지의 소유자·점유자 또는 관리인에게 알려야 한다.
③ 타인의 토지에의 출입으로 손실이 발생한 경우, 그 행위자가 직접 그 손실을 보상하여야 한다.
④ 타인의 토지를 재료적치장 또는 임시통로로 일시 사용하거나 나무·흙·돌, 그 밖의 장애물을 변경 또는 제거하고자 하는 자는 토지의 소유자·점유자 또는 관리인의 동의를 받아야 한다.
⑤ 허가를 받지 아니하고 타인의 토지에 출입한 자에 대하여는 1년 이하의 징역 또는 1천만원 이하의 벌금에 처한다.

01 해설

⑤ 광역시장이 단계별 집행계획을 수립하려는 경우에는 관계 행정기관의 장과 협의하여야 하며, 해당 지방의회의 의견을 들어야 한다. 따라서 도시계획위원회의 심의를 거치지 않아도 된다.

02 해설

① 행정청인 도시·군계획시설사업의 시행자는 허가나 승인 등의 절차 없이 타인의 토지에 출입할 수 있다.
② 타인의 토지를 일시 사용하고자 하는 자는 토지를 사용하고자 하는 날의 3일 전까지 그 토지의 소유자·점유자 또는 관리인에게 알려야 한다.
③ 타인의 토지에의 출입으로 손실이 발생한 경우, 그 행위자가 속한 행정청이 그 손실을 보상하여야 한다.
⑤ 허가를 받지 아니하고 타인의 토지에 출입한 자에 대하여는 1천만원 이하의 과태료에 처한다.

정답 01 ⑤ 02 ④

03 **국토의 계획 및 이용에 관한 법령상 토지에의 출입 등에 관한 설명으로 틀린 것은?**

① 타인토지의 출입 등으로 인하여 손실을 입은 자가 있으면 그 행위자가 속한 행정청이나 도시・군계획시설사업의 시행자가 그 손실을 보상하여야 한다.

② 타인의 토지에 출입하려는 자는 출입하려는 날의 7일 전까지 그 토지의 소유자・점유자 또는 관리인에게 그 일시와 장소를 알려야 한다.

③ 일출 전이나 일몰 후에는 그 토지소유자의 승낙 없이 택지나 담장 또는 울타리로 둘러싸인 타인의 토지에 출입할 수 없다.

④ 토지의 점유자는 정당한 사유 없이 토지에의 출입 등의 행위를 방해하거나 거부하지 못한다.

⑤ 토지에 출입하려는 자는 그 권한을 표시하는 증표와 허가증을 지니고 이를 관계인에게 내보여야 한다.

04 **국토의 계획 및 이용에 관한 법령상 시범도시에 관한 설명으로 틀린 것은?**

① 국토교통부장관은 도시의 경제・사회・문화적인 특성을 살려 개성 있고 지속 가능한 발전을 촉진하기 위하여 필요하면 직접 시범도시(시범지구나 시범단지를 포함)를 지정할 수 있다.

② 시・도지사는 국토교통부장관에게 시범도시의 지정을 요청하고자 하는 때에는 미리 설문조사・열람 등을 통하여 주민의 의견을 들은 후 관계 지방자치단체의 장의 의견을 들어야 한다.

③ 국토교통부장관, 관계 중앙행정기관의 장 또는 시・도지사는 시범도시에 대하여 예산 및 인력을 지원할 수 있다.

④ 국토교통부장관, 관계 중앙행정기관의 장은 시범도시에 대하여 시범도시사업계획의 수립에 소요되는 비용의 50% 이하의 범위에서 보조 또는 융자를 할 수 있다.

⑤ 국토교통부장관이 직접 시범도시를 지정함에 있어서 그 대상이 되는 도시를 공모할 경우, 시장 또는 군수는 공모에 응모할 수 있다.

03 해설

③ 일출 전이나 일몰 후에는 그 토지점유자의 승낙 없이 택지나 담장 또는 울타리로 둘러싸인 타인의 토지에 출입할 수 없다.

04 해설

④ 국토교통부장관, 관계 중앙행정기관의 장은 시범도시에 대하여 시범도시사업계획의 수립에 소요되는 비용의 80% 이하의 범위에서 보조 또는 융자를 할 수 있다.

정답 03 ③ 04 ④

05 **국토의 계획 및 이용에 관한 법령상 도시계획위원회에 관한 설명으로 옳은 것은?** ☆ 제31회 기출

① 시・도도시계획위원회는 위원장 및 부위원장 각 1명을 포함한 20명 이상 25명 이하의 위원으로 구성한다.

② 시・도도시계획위원회의 위원장과 부위원장은 위원 중에서 해당 시・도지사가 임명 또는 위촉한다

③ 중앙도시계획위원회의 회의는 재적위원 과반수의 출석으로 개의하고, 출석위원 과반수의 찬성으로 의결한다.

④ 시・군・구도시계획위원회는 분과위원회를 둘 수 없다.

⑤ 중앙도시계획위원회의 회의록은 심의 종결 후 3개월 이내에 공개요청이 있는 경우 원본을 제공하여야 한다.

06 **국토의 계획 및 이용에 관한 법령상 국토교통부장관, 시・도지사, 시장・군수 또는 구청장이 처분을 하고자 하는 때에 청문을 실시하여야 하는 경우로 옳은 것은?**

① 기반시설부담구역 지정의 취소

② 개발밀도관리구역 지정의 취소

③ 지구단위계획구역 지정의 취소

④ 광역도시계획 승인의 취소

⑤ 실시계획인가의 취소

05 해설

① 시・도도시계획위원회는 위원장 및 부위원장 각 1명을 포함한 25명 이상 30명 이하의 위원으로 구성한다.

② 시・도도시계획위원회의 위원장은 위원 중에서 해당 시・도지사가 임명 또는 위촉하며, 부위원장은 위원 중에서 호선한다.

④ 시・군・구도시계획위원회는 분과위원회를 둘 수 있다.

⑤ 중앙도시계획위원회의 회의록은 심의 종결 후 6개월이 지난 후에는 공개요청이 있는 경우 회의록의 공개는 열람 또는 사본을 제공하는 방법으로 공개하여야 한다.

06 해설

⑤ 국토교통부장관, 시・도지사, 시장・군수 또는 구청장은 다음에 해당하는 처분을 하려면 청문을 하여야 한다.

1. 개발행위허가의 취소 2. 도시・군계획시설사업의 시행자 지정의 취소 3. 실시계획인가의 취소

정답 05 ③ 06 ⑤

07 **국토의 계획 및 이용에 관한 법령상 2년 이하의 징역 또는 2천만원 이하의 벌금 부과대상이 아닌 것은?**

① 지구단위계획에 맞지 아니하게 건축물을 건축하거나 용도를 변경한 자
② 개발행위허가를 받지 아니하거나 부정한 방법으로 허가를 받아 개발행위를 한 자
③ 도시·군관리계획의 결정이 없이 기반시설을 설치한 자
④ 용도지역 안에서의 건축물 및 그 밖의 시설의 용도·종류 및 규모 등의 제한을 위반하여 건축물을 건축한 자
⑤ 공동구에 수용하여야 하는 시설을 공동구에 수용하지 아니한 자

08 **국토의 계획 및 이용에 관한 법령상 과태료 부과 대상에 해당하는 것은?** ☆ 제32회 기출

① 도시·군관리계획의 결정이 없이 기반시설을 설치한 자
② 공동구에 수용하여야 하는 시설을 공동구에 수용하지 아니한 자
③ 정당한 사유 없이 지가의 동향 및 토지거래의 상황에 관한 조사를 방해한 자
④ 지구단위계획에 맞지 아니하게 건축물을 건축하거나 용도를 변경한 자
⑤ 기반시설설치비용을 면탈·경감하게 할 목적으로 거짓 자료를 제출한 자

07 해설

② 개발행위허가를 받지 아니하거나 부정한 방법으로 허가를 받아 개발행위를 한 자는 3년 이하의 징역 또는 3천만원 이하의 벌금에 처한다.

08 해설

① 도시·군관리계획의 결정이 없이 기반시설을 설치한 자는 2년 이하의 징역이나 2천만원 이하의 벌금에 처한다.
② 공동구에 수용하여야 하는 시설을 공동구에 수용하지 아니한 자는 2년 이하의 징역이나 2천만원 이하의 벌금에 처한다.
③ 정당한 사유 없이 지가의 동향 및 토지거래의 상황에 관한 조사를 방해한 자는 1천만원 이하 과태료에 처한다.
④ 지구단위계획에 맞지 아니하게 건축물을 건축하거나 용도를 변경한 자는 2년 이하의 징역이나 2천만원 이하의 벌금에 처한다.
⑤ 기반시설설치비용을 면탈·경감하게 할 목적으로 거짓 자료를 제출한 자는 3년 이하의 징역 또는 기반시설설치비용의 3배 이하에 상당하는 벌금에 처한다.

정답 **07** ② **08** ③

제 2 편

건축법

제1장 총칙
제2장 건축물의 건축 등
제3장 건축물의 대지와 도로
제4장 건축물의 구조 및 재료
제5장 지역 및 지구 안의 건축물
제6장 특별건축구역, 건축협정, 결합건축, 벌칙

CHAPTER

01 총칙

01 **건축법령상 용어에 관한 설명으로 옳은 것은?**

① 주요구조부란 내력벽, 사이 기둥, 바닥, 보, 지붕틀 및 주계단을 말한다.
② 고층건축물이란 층수가 30층 이상이고 높이가 120m 이상인 건축물을 말한다.
③ 도로란 보행과 자동차 통행이 가능한 너비 4m 이상의 도로로서 예정도로는 제외한다.
④ 지하층이란 건축물의 바닥이 지표면 아래에 있는 층으로서 바닥에서 지표면까지 평균 높이가 해당 층 높이의 3분의 1 이상인 것을 말한다.
⑤ 결합건축이란 용적률을 개별 대지마다 적용하지 아니하고, 2개 이상의 대지를 대상으로 통합적용하여 건축물을 건축하는 것을 말한다.

02 **건축법령상 용어에 관한 설명으로 틀린 것은?**

① 내력벽 벽면적을 $30m^2$ 이상 변경하는 경우에는 대수선에 해당한다.
② 층수가 25층이며 높이가 120m인 건축물은 고층건축물에 해당한다.
③ 지하나 고가(高架)의 공작물에 설치하는 사무소는 건축물에 해당하지 않는다.
④ 기둥과 기둥 사이의 거리가 20m 이상인 건축물은 특수구조건축물에 해당한다.
⑤ 리모델링이란 건축물의 노후화를 억제하거나 기능 향상 등을 위하여 대수선하거나 일부 증축 또는 개축하는 행위를 말한다.

01 해설

① 주요구조부란 내력벽(耐力壁), 기둥, 바닥, 보, 지붕틀 및 주계단(主階段)을 말한다. 다만, 사이 기둥, 최하층 바닥, 작은 보, 차양, 옥외 계단, 그 밖에 이와 유사한 것으로 건축물의 구조상 중요하지 아니한 부분은 제외한다.
② 고층건축물이란 층수가 30층 이상이거나 높이가 120m 이상인 건축물을 말한다.
③ 도로란 보행과 자동차 통행이 가능한 너비 4m 이상의 도로로서 예정도로를 포함한다.
④ 지하층이란 건축물의 바닥이 지표면 아래에 있는 층으로서 바닥에서 지표면까지 평균 높이가 해당 층 높이의 2분의 1 이상인 것을 말한다.

02 해설

③ 지하나 고가(高架)의 공작물에 설치하는 사무소는 건축물에 해당한다.

정답 01 ⑤ 02 ③

03 건축법령상 '주요구조부'에 해당하는 것만을 모두 고른 것은?

㉠ 작은 보	㉡ 주계단
㉢ 사이 기둥	㉣ 최하층 바닥

① ㉡
② ㉠, ㉢
③ ㉢, ㉣
④ ㉠, ㉡, ㉣
⑤ ㉠, ㉡, ㉢, ㉣

04 건축법령상 지하층에 관한 설명으로 옳은 것은?

① 지하층은 건축물의 층수에 산입한다.
② 지하층의 면적은 용적률을 산정할 때에는 연면적에 포함한다.
③ 건축협정의 인가를 받은 건축협정구역에서 연접한 대지에 대하여는 지하층의 설치에 관한 규정을 개별 건축물마다 적용하지 아니하고 건축협정구역을 대상으로 통합하여 적용할 수 있다.
④ 지하층의 바닥으로부터 지표면까지의 높이가 다른 경우에는 가장 높은 높이를 기준으로 해서 지하층 여부를 판단한다.
⑤ 바닥에서 지표면까지의 평균 높이가 3m이고 해당 층 높이가 5m인 경우에는 지하층에 해당하지 않는다.

03 해설

① 주요구조부란 내력벽(耐力壁), 기둥, 바닥, 보, 지붕틀 및 주계단(主階段)을 말한다. 다만, 사이 기둥, 최하층 바닥, 작은 보, 차양, 옥외 계단, 그 밖에 이와 유사한 것으로 건축물의 구조상 중요하지 아니한 부분은 제외한다. 따라서 ㉠ 작은 보, ㉢ 사이 기둥, ㉣ 최하층 바닥은 주요구조부에 해당하지 않는다.

04 해설

① 지하층은 건축물의 층수에 산입하지 아니한다.
② 지하층의 바닥면적은 용적률을 산정할 때에는 연면적에서 제외한다.
④ 지하층의 바닥으로부터 지표면까지의 높이가 다른 경우에는 가중평균한 높이의 수평면을 지표면으로 본다.
⑤ 바닥에서 지표면까지의 평균 높이가 3m이고 해당 층 높이가 5m인 경우에는 지하층에 해당한다.

정답 03 ① 04 ③

05 건축법령상 다중이용 건축물에 해당하는 것은?

① 종교시설로 사용하는 바닥면적의 합계가 4,000m^2인 6층의 교회
② 문화 및 집회시설로 사용하는 바닥면적의 합계가 5,000m^2인 10층의 동물원
③ 교육연구시설로 사용하는 바닥면적의 합계가 5,000m^2인 15층의 도서관
④ 의료시설로 사용하는 바닥면적의 합계가 4,000m^2인 17층의 종합병원
⑤ 문화 및 집회시설로 사용하는 바닥면적의 합계가 5,000m^2인 2층의 식물원

06 건축법령상 다중이용 건축물에 해당하는 용도가 <u>아닌</u> 것은? (단, 16층 이상의 건축물은 제외하고, 해당 용도로 쓰는 바닥면적의 합계는 5천m^2 이상임)

① 관광숙박시설
② 판매시설
③ 운수시설 중 여객용 시설
④ 업무시설
⑤ 의료시설 중 종합병원

05 해설

④ 다중이용 건축물은 바닥면적의 합계가 5,000m^2 이상이거나 16층 이상이어야 한다. 따라서 17층의 종합병원은 다중이용 건축물에 해당한다.
① 바닥면적의 합계가 5,000m^2 이하이고 16층 이하이므로 다중이용 건축물에 해당하지 않는다.
②⑤ 동물원, 식물원은 다중이용 건축물에서 제외된다.
③ 바닥면적의 합계가 5,000m^2인 교육연구시설은 다중이용 건축물에 해당하지 않는다.

＊ 다중이용 건축물

1. 다음의 어느 하나에 해당하는 용도로 쓰는 바닥면적의 합계가 5,000m^2 이상인 건축물
   - 문화 및 집회시설(동물원 및 식물원은 제외)
   - 종교시설
   - 판매시설
   - 운수시설 중 여객용 시설
   - 의료시설 중 종합병원
   - 숙박시설 중 관광숙박시설
2. 16층 이상인 건축물

06 해설

④ 다중이용 건축물은 문화 및 집회시설(동물원 및 식물원은 제외), 종교시설, 판매시설, 운수시설 중 여객용 시설, 의료시설 중 종합병원, 숙박시설 중 관광숙박시설 + 해당 용도로 쓰는 바닥면적의 합계가 5,000m^2 이상인 건축물을 말한다. 따라서 업무시설은 다중이용 건축물에 해당하지 않는다.

정답 05 ④ 06 ④

07 다음 건축물 중 「건축법」의 적용을 받는 것은?

① 「자연유산의 보존 및 활용에 관한 법률」에 따라 지정된 명승
② 철도의 선로 부지에 있는 플랫폼
③ 고가의 공작물에 설치하는 점포
④ 고속도로통행료 징수시설
⑤ 「하천법」에 따른 하천구역 내의 수문조작실

08 건축법령상 하나 이상의 필지의 일부를 하나의 대지로 할 수 있는 경우가 아닌 것은?

① 사용승인을 신청할 때 둘 이상의 필지를 하나의 필지로 합칠 것을 조건으로 건축허가를 하는 경우
② 하나 이상의 필지의 일부에 대하여 도시·군계획시설이 고시된 경우
③ 하나 이상의 필지의 일부에 대하여 「농지법」에 따른 농지전용허가를 받은 경우
④ 하나 이상의 필지의 일부에 대하여 「산지관리법」에 따른 산지전용허가를 받은 경우
⑤ 하나 이상의 필지의 일부에 대하여 「국토의 계획 및 이용에 관한 법률」에 따라 개발행위허가를 받은 경우

07 해설

③ 지하나 고가의 공작물에 설치하는 점포는 「건축법」의 적용을 받는 건축물에 해당한다.

＊「건축법」이 적용되는 건축물과 적용되지 않는 건축물

1. 「건축법」이 적용되는 건축물
   ⓐ 토지에 정착하는 공작물 중 지붕과 기둥 또는 벽이 있는 것과 이에 딸린 시설물
   ⓑ 지하 또는 고가의 공작물에 설치하는 사무소·공연장·점포·창고
2. 「건축법」을 적용하지 아니하는 건축물
   ⓐ 「문화유산의 보존 및 활용에 관한 법률」에 따른 지정문화유산이나 임시지정문화유산 또는 「자연유산의 보존 및 활용에 관한 법률」에 따라 지정된 천연기념물등이나 임시지정천연기념물, 임시지정명승, 임시지정시·도자연유산, 임시자연유산자료
   ⓑ 철도나 궤도의 선로 부지에 있는 다음의 시설
   - 운전보안시설
   - 철도 선로의 위나 아래를 가로지르는 보행시설
   - 플랫폼
   - 해당 철도 또는 궤도사업용 급수·급탄 및 급유 시설

   ⓒ 고속도로 통행료 징수시설
   ⓓ 컨테이너를 이용한 간이창고(「산업집적활성화 및 공장설립에 관한 법률」에 따른 공장의 용도로만 사용되는 건축물의 대지에 설치하는 것으로서 이동이 쉬운 것만 해당)
   ⓔ 「하천법」에 따른 하천구역 내의 수문조작실

08 해설

① 사용승인을 신청할 때 필지를 나눌 것을 조건으로 건축허가를 하는 경우, 그 필지가 나누어지는 토지의 일부를 하나의 대지로 볼 수 있다.

정답 07 ③ 08 ①

09 **건축법령상 대지를 조성하기 위하여 건축물과 분리하여 공작물을 축조하려는 경우, 특별자치시장・특별자치도지사 또는 시장・군수・구청장에게 신고하여야 하는 공작물에 해당하는 것은? (단, 공용건축물에 대한 특례는 고려하지 않음)**

① 상업지역에 설치하는 높이 5m의 통신용 철탑
② 높이 2m의 옹벽
③ 높이 6m의 굴뚝
④ 바닥면적 $40m^2$의 지하대피호
⑤ 높이 3m의 장식탑

10 **건축법령상 건축 등에 관한 설명으로 틀린 것은?**

① 건축물이 없는 대지에 새로 건축물을 축조하는 것(부속건축물만 있는 대지에 새로 주된 건축물을 축조하는 것을 포함)은 신축이다.
② 기존 건축물이 있는 대지에서 건축물의 건축면적, 연면적, 층수 또는 높이를 늘리는 것은 대수선이다.
③ 기존 건축물의 전부 또는 일부(내력벽・기둥・보・지붕틀 중 셋 이상이 포함되는 경우를 말함)를 해체하고 그 대지에 종전과 같은 규모의 범위에서 건축물을 다시 축조하는 것은 개축이다.
④ 건축물이 천재지변이나 그 밖의 재해로 멸실된 경우, 그 대지에 연면적 합계, 동수, 층수, 높이가 모두 종전 규모 이하로 다시 축조하는 것은 재축이다.
⑤ 건축물의 주요구조부를 해체하지 아니하고 같은 대지의 다른 위치로 옮기는 것은 이전이다.

09 해설

① 상업지역에 설치하는 통신용 철탑은 높이가 6m를 넘어야 한다.
② 옹벽은 높이가 2m를 넘어야 한다.
③ 굴뚝은 높이가 6m를 넘어야 한다.
⑤ 장식탑은 높이가 4m를 넘어야 한다.

＊ 신고대상 공작물
1. 높이 2m를 넘는 옹벽 또는 담장
2. 높이 4m를 넘는 광고탑・광고판
3. 높이 4m를 넘는 장식탑, 기념탑, 첨탑
4. 높이 6m를 넘는 굴뚝, 골프연습장 등의 운동시설을 위한 철탑과 주거지역・상업지역에 설치하는 통신용 철탑
5. 높이 8m를 넘는 고가수조
6. 높이 8m(위험방지를 위한 난간의 높이는 제외) 이하의 기계식 주차장 및 철골조립식 주차장(바닥면적이 조립식이 아닌 것을 포함)으로서 외벽이 없는 것
7. 바닥면적 $30m^2$를 넘는 지하대피호
8. 높이 5m를 넘는 「신에너지 및 재생에너지 개발・이용・보급 촉진법」에 따른 태양에너지를 이용하는 발전설비

10 해설

② 기존 건축물이 있는 대지에서 건축물의 건축면적, 연면적, 층수 또는 높이를 늘리는 것은 증축이다.

정답 09 ④ 10 ②

11 **건축법령상 건축에 관한 용어의 설명으로 옳은 것은?**

① 기존 건축물의 높이를 높이는 행위는 개축에 해당한다.
② 건축면적 $200m^2$의 부속건축물만 있는 대지에 새로 건축면적 $400m^2$의 주택을 축조한 행위는 증축에 해당한다.
③ 건축면적 $100m^2$인 주택 전부를 해체하고 건축면적 $300m^2$인 주택을 새로 축조한 행위는 신축에 해당한다.
④ 건축물이 천재지변이나 그 밖의 재해로 멸실된 경우, 종전과 같은 규모의 범위에서 다시 축조한 행위는 증축에 해당한다.
⑤ 건축물의 주요구조부를 해체하지 아니하고 다른 대지로 위치를 옮긴 행위는 이전에 해당한다.

12 **건축법령상 증축 · 개축 · 재축에 해당하지 아니하는 것으로서 대수선에 해당하는 것은?**

① 사이 기둥을 세 개 이상 증설하거나 해체하는 것
② 피난계단을 증설 또는 해체하거나 수선 또는 변경하는 것
③ 내력벽의 벽면적을 $20m^2$ 수선하거나 변경하는 것
④ 보를 두 개 수선하거나 변경하는 것
⑤ 차양을 증설 또는 해체하거나 수선 또는 변경하는 것

11 해설

① 기존 건축물의 높이를 높이는 행위는 증축에 해당한다.
② 부속건축물만 있는 대지에 새로 주된 건축물을 축조한 행위는 신축에 해당한다.
④ 건축물이 천재지변이나 그 밖의 재해로 멸실된 경우, 그 대지에 연면적 합계, 동수, 층수, 높이를 모두 종전 규모 이하로 다시 축조하는 것은 재축에 해당한다.
⑤ 건축물의 주요구조부를 해체하지 아니하고 같은 대지의 다른 위치로 옮긴 행위는 이전에 해당한다.

12 해설

② 피난계단을 증설 또는 해체하거나 수선 또는 변경하는 것은 대수선에 해당한다.

＊ 대수선
대수선이란 건축물의 기둥, 보, 내력벽, 주계단 등의 구조나 외부형태를 수선·변경하거나 증설하는 다음의 어느 하나에 해당하는 것으로서, 증축 · 개축 또는 재축에 해당하지 아니하는 것을 말한다.
1. 내력벽을 증설 또는 해체하거나 내력벽의 벽면적을 $30m^2$ 이상 수선 또는 변경하는 것
2. 기둥을 증설 또는 해체하거나 기둥을 세 개 이상 수선 또는 변경하는 것
3. 보를 증설 또는 해체하거나 보를 세 개 이상 수선 또는 변경하는 것
4. 지붕틀(한옥의 경우에는 지붕틀의 범위에서 서까래는 제외)을 증설 또는 해체하거나 지붕틀을 세 개 이상 수선 또는 변경하는 것
5. 방화벽 또는 방화구획을 위한 바닥 또는 벽을 증설 또는 해체하거나 수선 또는 변경하는 것
6. 주계단 · 피난계단 또는 특별피난계단을 증설 또는 해체하거나 수선 또는 변경하는 것
7. 다가구주택의 가구 간 경계벽 또는 다세대주택의 세대 간 경계벽을 증설 또는 해체하거나 수선 또는 변경하는 것
8. 건축물의 외벽에 사용하는 마감재료를 증설 또는 해체하거나 벽면적 $30m^2$ 이상을 수선 또는 변경하는 것

정답 11 ③ 12 ②

13 **건축법령상 대수선에 해당하지 않는 것은?**

① 내력벽을 증설 또는 해체하거나 그 벽면적을 30m^2 이상 수선 또는 변경하는 것
② 기둥을 증설 또는 해체하거나 세 개 이상 수선 또는 변경하는 것
③ 주계단·피난계단 또는 특별피난계단을 증설 또는 해체하거나 수선 또는 변경하는 것
④ 보 3개를 증설하여 건축물의 연면적을 늘리는 것
⑤ 방화벽 또는 방화구획을 위한 바닥 또는 벽을 증설 또는 해체하거나 수선 또는 변경하는 것

14 **건축법령상 건축물의 용도와 종류를 옳게 연결한 것은?**

① 동물 및 식물 관련 시설 – 동물원·식물원·도축장
② 제1종 근린생활시설 – 치과의원·안마원·안마시술소
③ 위락시설 – 노래연습장·무도장
④ 관광휴게시설 – 야외극장·야외음악당
⑤ 운수시설 – 철도시설·물류터미널

15 **건축법령상 건축물의 종류와 그 용도가 바르게 연결된 것은?**

① 유스호스텔 – 숙박시설
② 주유소 – 위험물저장 및 처리시설
③ 유치원 – 노유자시설
④ 일반음식점·기원 – 제1종 근린생활시설
⑤ 카지노영업소 – 운동시설

13 해설
④ 보 3개를 증설하여 건축물의 연면적을 늘리는 것은 증축에 해당한다.

14 해설
① 동물원·식물원은 문화 및 집회시설에 해당한다.
② 안마시술소는 제2종 근린생활시설에 해당한다.
③ 노래연습장은 제2종 근린생활시설에 해당한다.
⑤ 물류터미널은 창고시설에 해당한다.

15 해설
① 유스호스텔 – 수련시설
③ 유치원 – 교육연구기설
④ 일반음식점·기원 – 제2종 근린생활시설
⑤ 카지노영업소 – 위락시설

정답 13 ④ 14 ④ 15 ②

16 건축법령상 제1종 근린생활시설에 해당하는 것은? (단, 같은 건축물에 해당 용도로 쓰는 바닥면적의 합계는 400m^2임)

① 골프연습장　② 다중생활시설　③ 동물병원
④ 독서실　⑤ 마을공동작업소

17 건축법령상 건축물의 시설군과 용도를 연결한 것으로 <u>틀린</u> 것은?

① 산업 등의 시설군 - 자원순환 관련 시설
② 주거업무시설군 - 교정 및 군사시설
③ 영업시설군 - 위락시설
④ 교육 및 복지시설군 - 야영장시설
⑤ 문화 및 집회시설군 - 관광휴게시설

16 해설

① 바닥면적의 합계가 500m^2 미만인 골프연습장은 제2종 근린생활시설에 해당한다.
② 바닥면적의 합계가 500m^2 미만인 다중생활시설은 제2종 근린생활시설에 해당한다.
③ 바닥면적의 합계가 300m^2 이상인 동물병원은 제2종 근린생활시설에 해당한다.
④ 독서실은 제2종 근린생활시설에 해당한다.

17 해설

③ 위락시설은 문화 및 집회시설군에 해당한다.

* 시설군과 세부 용도
1. 자동차 관련 시설군
   • 자동차 관련 시설
2. 산업 등의 시설군
   • 운수시설
   • 창고시설
   • 공장
   • 위험물저장 및 처리시설
   • 자원순환 관련 시설
   • 묘지 관련 시설
   • 장례시설
3. 전기통신시설군
   • 방송통신시설
   • 발전시설
4. 문화 및 집회시설군
   • 문화 및 집회시설
   • 종교시설
   • 위락시설
   • 관광휴게시설
5. 영업시설군
   • 판매시설
   • 운동시설
   • 숙박시설
   • 제2종 근린생활시설 중 다중생활시설
6. 교육 및 복지시설군
   • 의료시설
   • 교육연구시설
   • 노유자시설
   • 수련시설
   • 야영장시설
7. 근린생활시설군
   • 제1종 근린생활시설
   • 제2종 근린생활시설(다중생활시설은 제외)
8. 주거업무시설군
   • 단독주택
   • 공동주택
   • 업무시설
   • 교정 및 군사시설
9. 그 밖의 시설군
   • 동물 및 식물 관련 시설

정답 16 ⑤　17 ③

18 **건축법령상 건축물의 용도를 변경하고자 하는 경우, 특별자치시장 · 특별자치도지사 또는 시장 · 군수 · 구청장의 허가를 받아야 하는 행위로 옳은 것은?**

① 판매시설을 수련시설로 변경하는 행위
② 종교시설을 창고시설로 변경하는 행위
③ 노유자시설을 제1종 근린생활시설로 변경하는 행위
④ 운동시설을 업무시설로 변경하는 행위
⑤ 공장을 장례시설로 변경하는 행위

19 **건축법령상 특별시에서 건축물의 용도를 변경하고자 하는 경우에 관한 설명으로 옳은 것은?**

① 자원순환 관련 시설을 묘지 관련 시설로 용도변경하는 경우 관할 구청장에게 건축물대장 기재내용의 변경을 신청하여야 한다.
② 발전시설을 공장으로 용도변경하는 경우 특별시장의 허가를 받아야 한다.
③ 운동시설을 수련시설로 용도변경하는 경우 관할 구청장의 허가를 받아야 한다.
④ 숙박시설을 종교시설로 용도변경하는 경우 특별시장에게 신고하여야 한다.
⑤ 업무시설을 교육연구시설로 용도변경하는 경우 특별시장에게 건축물대장 기재내용의 변경을 신청하여야 한다.

18 해설

② 종교시설을 창고시설로 변경하는 행위는 상위군에 해당하는 용도변경에 해당하여 허가사항이다.
① 판매시설을 수련시설로 변경하는 행위는 신고하여야 한다.
③ 노유자시설을 제1종 근린생활시설로 변경하는 행위는 신고하여야 한다.
④ 운동시설을 업무시설로 변경하는 행위는 신고하여야 한다.
⑤ 공장을 장례시설로 변경하는 행위는 건축물대장 기재내용 변경신청대상이다.

19 해설

② 발전시설을 공장으로 용도변경하는 경우에는 관할 구청장의 허가를 받아야 한다.
③ 운동시설을 수련시설로 용도변경하는 경우에는 관할 구청장에게 신고하여야 한다.
④ 숙박시설을 종교시설로 용도변경하는 경우에는 관할 구청장의 허가를 받아야 한다.
⑤ 업무시설을 교육연구시설로 용도변경하는 경우에는 관할 구청장의 허가를 받아야 한다.

정답 **18** ② **19** ①

20 건축법령상 사용승인을 받은 건축물의 용도변경이 허가대상인 경우만을 모두 고른 것은?

	용도변경 전	용도변경 후
㉠	판매시설	창고시설
㉡	숙박시설	위락시설
㉢	장례시설	종교시설
㉣	의료시설	교육연구시설
㉤	제1종 근린생활시설	업무시설

① ㉠, ㉡
② ㉠, ㉢
③ ㉡, ㉣
④ ㉢, ㉤
⑤ ㉣, ㉤

21 건축법령상 「건축법」이 전면적으로 적용되는 대상지역이 아닌 것은?

① 도시지역 중 전용주거지역
② 도시지역 중 중심상업지역
③ 도시지역 외의 지역에 지정된 지구단위계획구역
④ 면에 속하는 자연환경보전지역(지구단위계획구역이 아님)
⑤ 동 또는 읍의 지역(섬인 경우 인구가 500명 이상인 지역에 한함)

20 해설

㉠ 판매시설에서 창고시설로의 용도변경은 허가대상이다.
㉡ 숙박시설에서 위락시설로의 용도변경은 허가대상이다.
㉢ 장례시설에서 종교시설로의 용도변경은 신고대상이다.
㉣ 의료시설에서 교육연구시설로의 용도변경은 기재내용 변경신청대상이다.
㉤ 제1종 근린생활시설에서 업무시설로의 용도변경은 신고대상이다.

21 해설

④ 면에 속하는 자연환경보전지역은 「건축법」을 전면적으로 적용하는 대상지역이 아니다.

> * 「건축법」의 전부를 적용하는 지역
> 1. 도시지역
> 2. 도시지역 외의 지역에 지정된 지구단위계획구역
> 3. 동 또는 읍에 속하는 지역(섬의 경우 인구가 500명 이상인 경우에 한함)

정답 20 ① 21 ④

22 **건축법령상 도시지역, 도시지역 외의 지역에 지정된 지구단위계획구역, 동 또는 읍에 속하는 지역을 제외한 지역에서도 적용되는 내용으로 옳은 것은?**

① 대지와 도로와의 관계
② 도로의 지정·폐지 또는 변경
③ 건축물의 높이제한
④ 건축선의 지정 및 건축선에 의한 건축제한
⑤ 방화지구 안의 건축물

22 해설
③ 건축물의 높이제한의 규정은 전면적 적용대상지역 외의 지역에서도 적용된다.

정답 22 ③

02 건축물의 건축 등

01 건축법령상 건축허가의 사전결정에 관한 설명으로 <u>틀린</u> 것은?

① 건축허가대상 건축물을 건축하려는 자는 건축허가를 신청하기 전에 허가권자에게 그 건축물을 해당 대지에 건축하는 것이 건축법이나 관계 법령에서 허용되는지 여부에 대한 사전결정을 신청할 수 있다.

② 사전결정을 신청하는 자는 건축위원회 심의와 「도시교통정비 촉진법」에 따른 교통영향평가서의 검토를 동시에 신청할 수 있다.

③ 허가권자는 사전결정이 신청된 건축물의 대지면적이 「환경영향평가법」에 따른 소규모 환경영향평가 대상사업인 경우 환경부장관이나 지방환경관서의 장과 협의를 하여야 한다.

④ 허가권자는 사전결정신청을 받으면 입지, 건축물의 규모, 용도 등을 사전결정한 후 사전결정신청자에게 알려야 한다.

⑤ 사전결정신청자는 사전결정을 통지받은 날부터 1년 이내에 건축허가를 신청하여야 하며, 이 기간에 건축허가를 신청하지 아니하면 사전결정의 효력이 상실된다.

01 해설

⑤ 사전결정신청자는 사전결정을 통지받은 날부터 2년 이내에 건축허가를 신청하여야 하며, 이 기간에 건축허가를 신청하지 아니하면 사전결정의 효력이 상실된다.

정답 01 ⑤

02 **건축법령상 사전결정 통지를 받은 경우에는 다음의 허가를 받거나 신고 또는 협의를 한 것으로 본다. 이에 해당하지 않는 것은?**

① 「국토의 계획 및 이용에 관한 법률」에 따른 개발행위허가
② 「도로법」에 따른 도로점용허가
③ 「산지관리법」에 따른 도시지역 안의 보전산지에 대한 산지전용허가
④ 「농지법」에 따른 농지전용허가와 농지전용신고
⑤ 「하천법」에 따른 하천점용허가

03 **건축법령상 건축허가에 관한 설명으로 옳은 것은?**

① 고속도로 통행료 징수시설을 대수선하려는 자는 특별자치시장・특별자치도지사 또는 시장・군수・구청장의 허가를 받아야 한다.
② 층수가 21층 이상인 공장을 광역시에 건축하려면 광역시장의 허가를 받아야 한다.
③ 허가를 받은 날부터 착공기간 이내에 공사에 착수하였으나 공사의 완료가 불가능하다고 인정되는 경우에는 허가를 취소할 수 있다.
④ 건축허가나 건축물의 착공을 제한하는 경우 제한기간은 2년 이내로 한다. 다만, 2회에 한하여 1년 이내의 범위에서 제한기간을 연장할 수 있다.
⑤ 허가권자는 위락시설이나 숙박시설에 해당하는 건축물의 경우 건축물의 용도・규모 또는 형태가 주거환경이나 교육환경 등 주변환경을 고려할 때 부적합하다고 인정되는 경우 건축위원회의 심의를 거쳐 건축허가를 하지 아니할 수 있다.

02 해설

② 「도로법」에 따른 도로점용허가는 사전결정 통지를 받은 경우에 의제되는 사항이 아니다.

> *** 사전결정 통지의 효과**
> 사전결정 통지를 받은 경우에는 다음의 허가를 받거나 신고 또는 협의를 한 것으로 본다.
> 1. 「국토의 계획 및 이용에 관한 법률」에 따른 개발행위허가
> 2. 「산지관리법」에 따른 산지전용허가와 산지전용신고, 같은 법에 따른 산지일시사용허가・신고. 다만, 보전산지인 경우에는 도시지역만 해당된다.
> 3. 「농지법」에 따른 농지전용허가・신고 및 협의
> 4. 「하천법」에 따른 하천점용허가

03 해설

① 고속도로 통행료 징수시설을 대수선하려는 자는 특별자치시장・특별자치도지사 또는 시장・군수・구청장의 허가를 받지 않아도 된다.
② 공장은 광역시장의 허가대상에서 제외된다.
③ 허가를 받은 날부터 착공기간 이내에 공사에 착수하였으나 공사의 완료가 불가능하다고 인정되는 경우에는 허가를 취소하여야 한다.
④ 건축허가나 건축물의 착공을 제한하는 경우 제한기간은 2년 이내로 한다. 다만, 1회에 한하여 1년 이내의 범위에서 제한기간을 연장할 수 있다.

정답 02 ② 03 ⑤

04 **甲은 A광역시 B구에서 10층의 연면적 합계가 4만m^2인 허가대상 건축물을 신축하려고 한다. 건축법령상 이에 관한 설명으로 옳은 것은? (단, 건축법령상 특례규정은 고려하지 않음)**

① 甲은 A광역시장에게 건축허가를 받아야 한다.

② 甲이 건축허가를 받은 경우에도 해당 대지를 조성하기 위해 높이 5m의 옹벽을 축조하려면 따로 공작물 축조신고를 하여야 한다.

③ 甲이 건축허가를 받은 이후에 공사감리자를 변경하는 경우에는 B구청장에게 허가를 받아야 한다.

④ 甲이 건축허가를 받은 경우에도 B구청장은 지역계획에 특히 필요하다고 인정하면 甲의 건축물의 착공을 제한할 수 있다.

⑤ 공사감리자는 필요하다고 인정하면 공사시공자에게 상세시공도면을 작성하도록 요청할 수 있다.

04 해설

① 甲은 B구청장에게 건축허가를 받아야 한다.

② 甲이 건축허가를 받은 경우에는 해당 대지를 조성하기 위해 높이 5m의 옹벽을 축조하기 위해 따로 공작물 축조신고를 하지 않아도 된다. 건축허가를 받으면 공작물의 축조신고를 한 것으로 의제되기 때문이다.

③ 甲이 건축허가를 받은 이후에 공사시공자를 변경하는 경우에는 B구청장에게 신고하여야 한다.

④ 甲이 건축허가를 받은 경우에도 A광역시장은 지역계획에 특히 필요하다고 인정하면 甲의 건축물의 착공을 제한할 수 있다. 구청장은 건축허가나 착공을 제한할 수 없다.

정답 04 ⑤

05 건축법령상 건축허가를 받으려는 자가 해당 대지의 소유권을 확보하지 않아도 되는 경우만을 모두 고른 것은?

㉠ 분양을 목적으로 하지 아니하는 공동주택의 건축주가 그 대지를 사용할 수 있는 권원을 확보한 경우
㉡ 건축주가 집합건물의 공용부분을 변경하기 위하여 「집합건물의 소유 및 관리에 관한 법률」 제15조 제1항에 따른 결의가 있었음을 증명한 경우
㉢ 건축하려는 대지에 포함된 국유지에 대하여 허가권자가 해당 토지의 관리청이 해당 토지를 건축주에게 매각할 것을 확인한 경우

① ㉠　　② ㉡
③ ㉠, ㉢　　④ ㉡, ㉢
⑤ ㉠, ㉡, ㉢

05 해설
⑤ 건축허가를 받으려는 자가 해당 대지의 소유권을 확보하지 않아도 되는 경우는 다음과 같다.

1. 건축주가 대지의 소유권을 확보하지 못하였으나 그 대지를 사용할 수 있는 권원을 확보한 경우(㉠). 다만, 분양을 목적으로 하는 공동주택은 제외한다.
2. 건축주가 집합건물의 공용부분을 변경하기 위하여 「집합건물의 소유 및 관리에 관한 법률」 제15조 제1항에 따른 결의가 있었음을 증명한 경우(㉡)
3. 건축하려는 대지에 포함된 국유지 또는 공유지에 대하여 허가권자가 해당 토지의 관리청이 해당 토지를 건축주에게 매각하거나 양여할 것을 확인한 경우(㉢)
4. 건축주가 건축물의 노후화 또는 구조안전 문제 등 대통령령으로 정하는 사유로 건축물을 신축·개축·재축 및 리모델링을 하기 위하여 건축물 및 해당 대지의 공유자 수의 100분의 80 이상의 동의를 얻고 동의한 공유자의 지분 합계가 전체 지분의 100분의 80 이상인 경우
5. 건축주가 건축허가를 받아 주택과 주택 외의 시설을 동일 건축물로 건축하기 위하여 「주택법」 제21조를 준용한 대지 소유 등의 권리관계를 증명한 경우. 다만, 「주택법」 제15조 제1항 각 호 외의 부분 본문에 따른 대통령령으로 정하는 호수 이상으로 건설·공급하는 경우에 한정한다.
6. 건축주가 집합건물을 재건축하기 위하여 「집합건물의 소유 및 관리에 관한 법률」 제47조에 따른 결의가 있었음을 증명한 경우

정답 05 ⑤

06 **건축법령상 시장·군수가 건축허가를 하기 위해 도지사의 사전승인을 받아야 하는 건축물로 옳은 것은?**

① 층수가 21층 이상인 창고
② 연면적의 합계가 10만m^2 이상인 공장
③ 자연환경을 보호하기 위하여 도지사가 지정·공고한 구역에 건축하는 연면적의 합계가 800m^2이고 2층인 일반음식점
④ 주거환경을 보호하기 위하여 도지사가 지정·공고한 구역에 건축하는 연면적의 합계가 500m^2이고 2층인 카지노 영업소
⑤ 교육환경을 보호하기 위하여 도지사가 지정·공고한 구역에 건축하는 일반업무시설

07 **건축법령상 건축허가의 제한에 관한 설명으로 틀린 것은?**

① 국토교통부장관은 국토관리를 위하여 특히 필요하다고 인정하면 허가권자의 건축허가를 제한할 수 있다.
② 건축허가나 건축물의 착공을 제한하는 경우 제한기간은 2년 이내로 하며, 이를 연장할 수 없다.
③ 특별시장·광역시장·도지사는 지역계획이나 도시·군계획에 특히 필요하다고 인정하면 시장·군수·구청장의 건축허가를 제한할 수 있다.
④ 환경부장관은 환경보전을 위하여 특히 필요하다고 인정하면 국토교통부장관에게 건축허가의 제한을 요청할 수 있다.
⑤ 국토교통부장관이나 특별시장·광역시장·도지사는 건축허가나 건축물의 착공을 제한하는 경우 제한 목적·기간 등을 상세하게 정하여 허가권자에게 통보하여야 하며, 통보를 받은 허가권자는 지체 없이 이를 공고하여야 한다.

06 해설

④ 주거환경이나 교육환경 등 주변 환경을 보호하기 위하여 필요하다고 인정하여 도지사가 지정·공고한 구역에 건축하는 위락시설 및 숙박시설에 해당하는 건축물은 도지사의 사전승인을 받아야 한다.

07 해설

② 건축허가나 건축물의 착공을 제한하는 경우 제한기간은 2년 이내로 한다. 다만, 1회에 한하여 1년 이내의 범위에서 제한기간을 연장할 수 있다.

정답 06 ④ 07 ②

08 **건축법령상 건축허가 제한에 관한 설명으로 틀린 것은?**

① 국방, 국가유산의 보존 또는 국민경제를 위하여 특히 필요한 경우 주무부장관은 허가권자의 건축허가를 제한할 수 있다.

② 지역계획을 위하여 특히 필요한 경우 특별시장은 관할 구청장의 건축허가를 제한할 수 있다.

③ 건축허가를 제한하는 경우 건축허가 제한기간은 2년 이내로 하며, 1회에 한하여 1년 이내의 범위에서 제한기간을 연장할 수 있다.

④ 도지사가 건축허가를 제한하는 경우에는 「토지이용규제 기본법」에 따라 주민의견을 청취한 후 건축위원회의 심의를 거쳐야 한다.

⑤ 국토교통부장관은 광역시장의 건축허가 제한내용이 지나치다고 인정하면 해제를 명할 수 있다.

08 해설

① 국방, 국가유산의 보존·환경보전 또는 국민경제를 위하여 특히 필요한 경우 주무부장관은 허가권자의 건축허가를 제한할 수 없고, 국토교통부장관에게 건축허가의 제한을 요청할 수 있다.

정답 08 ①

09 건축법령상 허가대상 건축물이라 하더라도 건축신고를 하면 건축허가를 받은 것으로 보는 경우를 모두 고른 것은?

> ㉠ 연면적이 150m²이고 2층인 건축물의 대수선
> ㉡ 연면적이 250m²이고 3층인 건축물의 기둥을 4개 수선하는 것
> ㉢ 연면적이 200m²이고 3층인 건축물의 내력벽의 면적을 50m² 수선하는 것
> ㉣ 연면적의 합계가 150m²인 건축물의 신축
> ㉤ 연면적의 합계가 300m²인 건축물의 높이를 5m 증축하는 것

① ㉠
② ㉠, ㉡
③ ㉠, ㉡, ㉢
④ ㉡, ㉢, ㉣
⑤ ㉢, ㉣, ㉤

09 해설

㉠ 연면적이 150m²이고 2층인 건축물의 대수선은 신고대상이다.
㉡ 연면적이 250m²이고 3층인 건축물의 기둥을 4개 수선하는 것은 신고대상이다.
㉢ 연면적이 200m²이고 3층인 건축물의 내력벽의 면적을 50m² 수선하는 것은 신고대상이다.
㉣ 연면적의 합계가 150m²인 건축물을 신축하는 경우에는 허가를 받아야 한다.
㉤ 건축물의 높이를 5m 증축하는 경우에는 허가를 받아야 한다.

＊ 건축법령상 건축신고대상

1. 바닥면적의 합계가 85m² 이내의 증축·개축 또는 재축. 다만, 3층 이상 건축물인 경우에는 증축·개축 또는 재축하려는 부분의 바닥면적의 합계가 건축물 연면적의 10분의 1 이내인 경우로 한정한다.
2. 관리지역, 농림지역 또는 자연환경보전지역에서 연면적이 200m² 미만이고 3층 미만인 건축물의 건축. 다만, 지구단위계획구역, 방재지구, 붕괴위험지역에서의 건축은 제외한다.
3. 연면적이 200m² 미만이고 3층 미만인 건축물의 대수선
4. 주요구조부의 해체가 없는 등 다음의 어느 하나에 해당하는 대수선
   - 내력벽의 면적을 30m² 이상 수선하는 것
   - 기둥을 세 개 이상 수선하는 것
   - 보를 세 개 이상 수선하는 것
   - 지붕틀을 세 개 이상 수선하는 것
   - 방화벽 또는 방화구획을 위한 바닥 또는 벽을 수선하는 것
   - 주계단·피난계단 또는 특별피난계단을 수선하는 것
5. 다음의 어느 하나에 해당하는 건축물의 건축
   - 연면적의 합계가 100m² 이하인 건축물
   - 건축물의 높이를 3m 이하의 범위에서 증축하는 건축물
   - 표준설계도서에 따라 건축하는 건축물로서 그 용도 및 규모가 주위환경이나 미관에 지장이 없다고 인정하여 건축조례로 정하는 건축물
   - 「국토의 계획 및 이용에 관한 법률」 제36조 제1항 제1호 다목에 따른 공업지역, 같은 법 제51조 제3항에 따른 지구단위계획구역(같은 법 시행령 제48조 제10호에 따른 산업·유통형만 해당한다) 및 「산업입지 및 개발에 관한 법률」에 따른 산업단지에서 건축하는 2층 이하인 건축물로서 연면적 합계 500제곱미터 이하인 공장(별표 1 제4호 너목에 따른 제조업소 등 물품의 제조·가공을 위한 시설을 포함한다)
   - 농업이나 수산업을 영위하기 위하여 읍·면지역(특별자치시장, 특별자치도지사, 시장 또는 군수가 지역계획 또는 도시·군계획에 지장이 있다고 지정·공고한 구역은 제외)에서 건축하는 연면적 200m² 이하인 창고 및 연면적 400m² 이하인 축사·작물재배사, 종묘배양시설, 화초 및 분재 등의 온실

정답 09 ③

10 건축법령상 건축신고대상이 되는 경우로 옳은 것은?

① 2층인 건축물의 바닥면적의 합계가 90m^2인 증축
② 연면적의 합계가 100m^2인 건축물의 신축
③ 건축물의 높이를 4m 증축하는 건축물
④ 공업지역에 건축하는 3층 건축물로서 연면적의 합계가 500m^2인 공장
⑤ 연면적이 250m^2이고 3층인 건축물의 기둥 해체

11 건축법령상 건축허가와 건축신고에 관한 설명으로 옳은 것은?

① 시장・군수는 연면적의 합계가 10만m^2 이상인 공장의 건축을 허가하려면 미리 도지사의 승인을 받아야 한다.
② 허가권자는 착공신고 전에 경매 또는 공매 등으로 건축주가 대지의 소유권을 상실한 때부터 6개월이 지난 이후 공사의 착수가 불가능하다고 판단되는 경우에는 허가를 취소할 수 있다.
③ 교육감이 교육환경의 개선을 위하여 특히 필요하다고 인정하여 요청하면 국토교통부장관은 허가를 받은 건축물의 착공을 제한할 수 있다.
④ 건축신고를 한 자가 신고일부터 1년 이내에 공사에 착수하지 아니하면 그 신고의 효력은 없어진다.
⑤ 특별시장・광역시장・도지사가 시장・군수・구청장의 건축허가 또는 건축물의 착공을 제한하는 경우에는 국토교통부장관의 승인을 받아야 한다.

10 해설
② 연면적의 합계가 100m^2인 건축물의 신축은 신고대상이다.

11 해설
① 공장은 도지사의 사전승인대상이 아니다.
② 허가권자는 착공신고 전에 경매 또는 공매 등으로 건축주가 대지의 소유권을 상실한 때부터 6개월이 지난 이후 공사의 착수가 불가능하다고 판단되는 경우에는 허가를 취소하여야 한다.
③ 교육감은 국토교통부장관에게 건축허가의 제한을 요청할 수 없다.
⑤ 특별시장・광역시장・도지사가 시장・군수・구청장의 건축허가 또는 건축물의 착공을 제한하는 경우에는 즉시 국토교통부장관에게 보고하여야 한다.

정답 10 ② 11 ④

12 건축법령상 건축허가 및 건축신고에 관한 설명으로 틀린 것은?

① 수질을 보호하기 위하여 도지사가 지정·공고한 구역에 시장·군수가 3층의 무도학원의 건축을 허가하기 위해서는 도지사의 사전승인을 받아야 한다.

② 숙박시설에 해당하는 건축물의 건축을 허가하는 경우 건축물의 용도·규모 또는 형태가 주거환경이나 교육환경 등 주변 환경을 고려할 때 부적합하다고 인정되면 건축위원회의 심의를 거쳐 건축허가를 하지 않을 수 있다.

③ 특별시장·광역시장·도지사는 시장·군수·구청장의 건축허가를 제한한 경우 즉시 국토교통부장관에게 보고하여야 한다.

④ 연면적이 180m^{2}이고 2층인 건축물의 대수선은 건축신고의 대상이다.

⑤ 건축신고를 하였더라도 공사에 필요한 규모로 공사용 가설건축물의 축조가 필요한 경우에는 별도로 가설건축물 축조신고를 하여야 한다.

13 건축법령상 안전영향평가에 관한 설명으로 옳지 않은 것은?

☆ 제33회 기출

① 허가권자는 초고층 건축물에 대하여 건축허가를 하기 전에 안전영향평가를 안전영향평가기관에 의뢰하여 실시하여야 한다.

② 안전영향평가는 건축물의 구조 지반 및 풍(風)환경 등이 건축물의 구조안전과 인접 대지의 안전에 미치는 영향 등을 평가하는 것이다.

③ 안전영향평가 결과는 건축위원회의 심의를 거쳐 확정한다.

④ 안전영향평가의 대상에는 하나의 건축물이 연면적 10만제곱미터 이상이면서 16층 이상인 경우도 포함된다.

⑤ 안전영향평가를 실시하여야 하는 건축물이 다른 법률에 따라 구조안전과 인접 대지의 안전에 미치는 영향 등을 평가받은 경우에는 안전영향평가의 모든 항목을 평가받은 것으로 본다.

12 해설

⑤ 건축신고를 한 경우에는 공사용 가설건축물의 축조신고를 한 것으로 의제되기 때문에 공사에 필요한 규모로 공사용 가설건축물의 축조가 필요한 경우에는 별도로 가설건축물의 축조신고를 하지 않아도 된다.

13 해설

⑤ 안전영향평가를 실시하여야 하는 건축물이 다른 법률에 따라 구조안전과 인접 대지의 안전에 미치는 영향 등을 평가받은 경우에는 안전영향평가의 해당 항목을 평가받은 것으로 본다.

정답 12 ⑤ 13 ⑤

14 **건축법령상 건축공사현장 안전관리예치금에 관한 설명으로 틀린 것은?**

① 건축허가를 받은 자는 건축물의 건축공사를 중단하고 장기간 공사현장을 방치할 경우, 공사현장의 미관개선과 안전관리 등 필요한 조치를 하여야 한다.

② 허가권자는 연면적이 1,000m^2 이상으로서 지방자치단체의 조례로 정하는 건축물은 건축공사비 1%의 범위에서 안전관리예치금을 예치하게 할 수 있다.

③ 「지방공기업법」에 따라 건축사업을 수행하기 위하여 설립된 지방공사도 안전관리예치금을 예치하여야 한다.

④ 허가권자는 공사현장이 방치되어 도시미관을 저해하고 안전을 위해한다고 판단되면 건축허가를 받은 자에게 건축물 공사현장의 미관과 안전관리를 위한 개선을 명할 수 있다.

⑤ 안전관리를 위한 개선명령을 이행하지 않는 경우 허가권자는 대집행을 할 수 있으며, 이 경우 건축주가 예치한 안전관리예치금을 행정대집행에 필요한 비용에 사용할 수 있다.

15 **건축법령상 가설건축물의 건축에 관한 설명으로 틀린 것은?**

① 도시・군계획시설 또는 도시・군계획시설예정지에서 가설건축물을 건축하는 경우에는 특별자치시장・특별자치도지사 또는 시장・군수・구청장의 허가를 받아야 한다.

② 특별자치시장・특별자치도지사 또는 시장・군수・구청장은 가설건축물의 존치기간 만료일 30일 전까지 해당 가설건축물의 건축주에게 존치기간 만료일을 알려야 한다.

③ 전시를 위한 견본주택은 축조신고대상에 해당한다.

④ 신고하여야 하는 가설건축물의 존치기간은 3년 이내로 한다.

⑤ 존치기간을 연장하려는 허가대상 가설건축물의 건축주는 존치기간 만료일 7일 전까지 특별자치시장・특별자치도지사 또는 시장・군수・구청장에게 허가를 신청하여야 한다.

14 해설

③ 「한국토지주택공사법」에 따라 설립된 한국토지주택공사와 「지방공기업법」에 따라 건축사업을 수행하기 위하여 설립된 지방공사는 안전관리예치금의 예치대상에서 제외된다.

15 해설

⑤ 존치기간을 연장하려는 허가대상 가설건축물의 건축주는 존치기간 만료일 14일 전까지 특별자치시장・특별자치도지사 또는 시장・군수・구청장에게 허가를 신청하여야 한다.

정답 14 ③ 15 ⑤

16 **건축법령상 도시·군계획시설예정지에 건축하는 3층 이하의 가설건축물에 관한 설명으로 틀린 것은? (단, 조례는 고려하지 않음)**

① 가설건축물은 철근콘크리트조 또는 철골철근콘크리트조가 아니어야 한다.
② 가설건축물은 공동주택·판매시설·운수시설 등으로서 분양을 목적으로 하는 건축물이 아니어야 한다.
③ 가설건축물은 전기·수도·가스 등 새로운 간선 공급설비의 설치를 필요로 하는 것이 아니어야 한다.
④ 가설건축물의 존치기간은 2년 이내이어야 한다.
⑤ 가설건축물은 도시·군계획예정도로에도 건축할 수 있다.

17 **건축법령상 사용승인에 관한 설명으로 옳은 것은?**

① 건축주가 건축물의 건축공사를 완료한 후 그 건축물을 사용하려면 공사감리자가 작성한 감리완료보고서와 공사완료도서를 첨부하여 감리자에게 사용승인을 신청하여야 한다.
② 허가권자는 사용승인신청을 받은 경우 15일 이내에 검사를 실시하고, 검사에 합격된 건축물에 대하여는 사용승인서를 내주어야 한다.
③ 허가권자가 사용승인서 교부기간 내에 사용승인서를 교부하지 아니한 경우에도 건축주는 사용승인을 받은 후가 아니면 건축물을 사용할 수 없다.
④ 건축주가 사용승인을 받은 경우에는 「하수도법」에 따른 배수설비(排水設備)의 준공검사를 받은 것으로 본다.
⑤ 임시사용승인의 기간은 1년 이내로 한다. 다만, 허가권자는 대형 건축물 또는 암반공사 등으로 인하여 공사기간이 긴 건축물에 대하여는 그 기간을 연장할 수 있다.

16 해설
④ 가설건축물의 존치기간은 3년 이내이어야 한다.

> **＊ 허가대상 가설건축물의 요건**
> 1. 철근콘크리트조 또는 철골철근콘크리트조가 아닐 것
> 2. 존치기간은 3년 이내일 것. 다만, 도시·군계획사업이 시행될 때까지 그 기간을 연장할 수 있다.
> 3. 전기·수도·가스 등 새로운 간선 공급설비의 설치를 필요로 하지 아니할 것
> 4. 공동주택·판매시설·운수시설 등으로서 분양을 목적으로 건축하는 건축물이 아닐 것

17 해설
① 건축주가 건축물의 건축공사를 완료한 후 그 건축물을 사용하려면 공사감리자가 작성한 감리완료보고서와 공사완료도서를 첨부하여 허가권자에게 사용승인을 신청하여야 한다.
② 허가권자는 사용승인신청을 받은 경우 7일 이내에 검사를 실시하고, 검사에 합격된 건축물에 대하여는 사용승인서를 내주어야 한다.
③ 허가권자가 사용승인서 교부기간 내에 사용승인서를 교부하지 아니한 경우 건축주는 사용승인을 받지 아니하고도 건축물을 사용할 수 있다.
⑤ 임시사용승인의 기간은 2년 이내로 한다.

정답 16 ④ 17 ④

03 건축물의 대지와 도로

01 건축법령상 대지와 도로에 관한 설명으로 옳은 것은?

① 건축물의 대지는 4m 이상을 도로(자동차만의 통행에 사용되는 것은 제외)에 접하여야 한다.
② 광장, 공원, 유원지 등 건축이 금지되고 공중의 통행에 지장이 없는 공지로서 허가권자가 인정한 것의 경우에는 건축물의 대지는 2m 이상을 도로에 접하여야 한다.
③ 막다른 도로의 길이가 30m인 경우 그 소요 너비는 2m 이상이어야 한다.
④ 공장의 주변에 허가권자가 인정한 공지인 광장이 있는 경우, 연면적의 합계가 1,000m^2인 공장의 대지는 도로에 2m 이상 접하여야 한다.
⑤ 연면적의 합계가 2,000m^2(공장인 경우에는 3,000m^2) 이상인 건축물(축사, 작물재배사, 건축조례로 정하는 규모의 건축물은 제외)의 대지는 너비 6m 이상의 도로에 4m 이상 접하여야 한다.

01 해설

① 건축물의 대지는 2m 이상을 도로(자동차만의 통행에 사용되는 것은 제외)에 접하여야 한다.
② 광장, 공원, 유원지 등 건축이 금지되고 공중의 통행에 지장이 없는 공지로서 허가권자가 인정한 것의 경우에는 건축물의 대지는 2m 이상을 도로에 접하지 않아도 된다.
③ 막다른 도로의 길이가 30m인 경우 그 소요 너비는 3m 이상이어야 한다.

막다른 도로의 길이	도로의 너비
10m 미만	2m 이상
10m 이상 35m 미만	3m 이상
35m 이상	6m 이상(도시지역이 아닌 읍·면에서는 4m 이상)

④ 공장의 주변에 허가권자가 인정한 공지인 광장이 있는 경우, 연면적의 합계가 1,000m^2인 공장의 대지는 도로에 2m 이상 접하지 않아도 된다.

정답 01 ⑤

02 건축법령상 대지의 안전에 관한 설명으로 틀린 것은?

① 배수에 지장이 없는 대지는 이와 인접한 도로면보다 낮아서는 아니 된다.
② 습한 토지, 물이 나올 우려가 많은 토지, 쓰레기 그 밖에 이와 유사한 것으로 매립된 토지에 건축물을 건축하는 경우에는 성토(盛土), 지반 개량 등 필요한 조치를 하여야 한다.
③ 대지에는 빗물과 오수를 배출하거나 처리하기 위하여 필요한 하수관, 하수구, 저수탱크, 그 밖에 이와 유사한 시설을 하여야 한다.
④ 성토 또는 절토하는 부분의 경사도가 1 : 1.5 이상으로서 높이가 1m 이상인 부분에는 옹벽을 설치하여야 한다.
⑤ 손궤의 우려가 있는 토지에 대지를 조성하려면 설치한 옹벽의 외벽면에는 옹벽의 지지 또는 배수를 위한 시설 외의 구조물이 밖으로 튀어 나오지 아니하게 하여야 한다.

03 건축법령상 건축물의 대지에 조경을 하지 않아도 되는 건축물에 해당하는 것을 모두 고른 것은? (단, 건축협정은 고려하지 않음)

㉠ 면적 5,000m^2 미만인 대지에 건축하는 공장 ㉡ 상업지역에 건축하는 연면적의 합계가 1,500m^2 미만인 물류시설 ㉢ 연면적 합계가 2,000m^{2}인 축사

① ㉠
② ㉡
③ ㉠, ㉡
④ ㉠, ㉢
⑤ ㉠, ㉡, ㉢

02 해설

① 대지의 배수에 지장이 없거나 건축물의 용도상 방습이 필요 없는 경우에는 대지는 인접한 도로면보다 낮아도 된다.

03 해설

④ 면적 5,000m^2 미만인 대지에 건축하는 공장(㉠), 연면적 합계가 2,000m^{2}인 축사(㉢)는 조경 등의 조치를 하지 아니할 수 있다. 상업지역에 건축하는 연면적 합계가 1,500m^2 미만인 물류시설(㉡)은 조경 등의 조치를 하여야 한다.

정답 02 ① 03 ④

04 **건축법령상 $200m^2$ 이상인 대지에 건축물을 건축하는 경우, 건축주가 조경 등의 조치를 아니할 수 있는 사유에 해당하지 않는 것은?**

① 녹지지역에 건축하는 건축물

② 연면적의 합계가 $1,500m^2$ 미만인 공장

③ 지구단위계획구역으로 지정된 보전관리지역에 건축하는 단독주택

④ 대지에 염분이 함유되어 있는 경우

⑤ 도시·군계획시설에 건축하는 가설건축물

04 해설

③ 지구단위계획구역으로 지정된 보전관리지역에 건축하는 단독주택은 조경 등의 조치를 하여야 한다.

*** 조경 등의 조치를 하지 아니할 수 있는 사유**

다음에 해당하는 건축물에 대해서는 조경 등의 조치를 하지 아니할 수 있다.

1. 녹지지역에 건축하는 건축물
2. 면적 $5,000m^2$ 미만인 대지에 건축하는 공장
3. 연면적의 합계가 $1,500m^2$ 미만인 공장
4. 「산업집적활성화 및 공장설립에 관한 법률」에 따른 산업단지의 공장
5. 대지에 염분이 함유되어 있는 경우 또는 건축물 용도의 특성상 조경 등의 조치를 하기가 곤란하거나 조경 등의 조치를 하는 것이 불합리한 경우로서 건축조례로 정하는 건축물
6. 축사
7. 도시·군계획시설 및 도시·군계획시설예정지에 건축하는 가설건축물
8. 연면적의 합계가 $1,500m^2$ 미만인 물류시설(주거지역 또는 상업지역에 건축하는 것은 제외)로서 국토교통부령이 정하는 것
9. 「국토의 계획 및 이용에 관한 법률」에 따라 지정된 자연환경보전지역·농림지역 또는 관리지역(지구단위계획구역으로 지정된 지역 제외)의 건축물
10. 다음의 어느 하나에 해당하는 건축물 중 건축조례로 정하는 건축물
    - 「관광진흥법」에 따른 관광지 또는 관광단지에 설치하는 관광시설
    - 「관광진흥법 시행령」에 따른 전문휴양업의 시설 또는 종합휴양업의 시설
    - 「국토의 계획 및 이용에 관한 법률 시행령」에 따른 관광·휴양형 지구단위계획구역에 설치하는 관광시설
    - 「체육시설의 설치·이용에 관한 법률 시행령」 별표 1에 따른 골프장

정답 04 ③

05 건축법령상 공개공지 또는 공개공간(이하 '공개공지등'이라 함)을 확보하여야 하는 지역이 아닌 것은?

① 일반공업지역
② 유통상업지역
③ 근린상업지역
④ 일반주거지역
⑤ 준주거지역

06 「건축법」상의 공개공지등에 관한 설명으로 옳은 것은?

① 공개공지등의 면적은 건축면적의 100분의 10 이하의 범위에서 건축조례로 정한다.
② 공개공지등을 설치하는 경우 건폐율의 1.2배 이하의 범위에서 완화하여 적용할 수 있다.
③ 조경면적을 공개공지등의 면적으로 할 수 있지만, 필로티의 구조로 설치할 수는 없다.
④ 상업지역에 바닥면적의 합계가 5,000m^2 이상인 업무시설을 건축하는 건축주는 대지에 공개공지등을 확보하여야 한다.
⑤ 공개공지등에는 연간 90일 이내의 기간 동안 건축조례로 정하는 바에 따라 주민들을 위한 문화행사를 열거나 판촉활동을 할 수 있다.

05 해설

① 공개공지 또는 공개공간을 설치하여야 하는 용도지역은 다음과 같다.

> 1. 일반주거지역(④), 준주거지역(⑤)
> 2. 상업지역(②, ③)
> 3. 준공업지역
> 4. 특별자치시장・특별자치도지사 또는 시장・군수・구청장이 도시화의 가능성이 크거나 노후 산업단지의 정비가 필요하다고 인정하여 지정・공고하는 지역

06 해설

① 공개공지등의 면적은 대지면적의 100분의 10 이하의 범위에서 건축조례로 정한다.
② 용적률 및 건축물 높이제한은 1.2배 이하의 범위에서 완화하여 적용할 수 있다. 건폐율은 완화하여 적용할 수 있지만, 1.2배 이하의 범위에서 완화하여 적용하는 규정은 없다.
③ 공개공지는 필로티의 구조로 설치할 수 있다.
⑤ 공개공지등에는 연간 60일 이내의 기간 동안 건축조례로 정하는 바에 따라 주민들을 위한 문화행사를 열거나 판촉활동을 할 수 있다.

정답 05 ① 06 ④

07 **건축법령상 공개공지등을 확보하여야 하는 건축물이 아닌 것은?(단, 건축물의 용도로 쓰는 바닥면적의 합계는 5천 제곱미터 이상이며, 건축법령상 특례 및 조례는 고려하지 않음)**

① 문화 및 집회시설
② 판매시설(농수산물유통시설은 제외)
③ 종교시설
④ 숙박시설
⑤ 위락시설

08 **건축법령상 대지의 조경 및 공개공지등의 설치에 관한 설명으로 틀린 것은? (단, 「건축법」 제73조에 따른 적용특례 및 조례는 고려하지 않음)**

① 도시・군계획시설에서 건축하는 연면적의 합계가 1,500m^2 이상인 가설건축물에 대하여는 조경 등의 조치를 하지 아니할 수 있다.
② 면적 5,000m^2 미만인 대지에 건축하는 공장에 대하여는 조경 등의 조치를 하지 아니할 수 있다.
③ 녹지지역에 건축하는 창고에 대하여는 조경 등의 조치를 하지 아니할 수 있다.
④ 상업지역의 건축물에 설치하는 공개공지등의 면적은 건축면적의 100분의 10 이하의 범위에서 건축조례로 정한다.
⑤ 대지에 공개공지 등을 확보하여야 하는 건축물의 경우 공개공지등을 설치하는 때에는 건축물의 높이제한의 1.2배 이하의 범위에서 완화하여 적용한다.

07 해설

⑤ 공개공지등을 확보하여야 하는 건축물은 다음과 같다.

1. 바닥면적의 합계가 5,000m^2 이상인 문화 및 집회시설, 종교시설, 판매시설(「농수산물유통 및 가격안정에 관한 법률」에 따른 농수산물유통시설은 제외), 운수시설(여객용 시설만 해당), 업무시설 및 숙박시설
2. 그 밖에 다중이 이용하는 시설로서 건축조례로 정하는 건축물

08 해설

④ 상업지역의 건축물에 설치하는 공개공지등의 면적은 대지면적의 100분의 10 이하의 범위에서 건축조례로 정한다.

정답 07 ⑤ 08 ④

09 건축법령상 도로의 지정·폐지 또는 변경에 관한 설명으로 틀린 것은?

① 허가권자는 도로의 위치를 지정·공고하려면 국토교통부령으로 정하는 바에 따라 그 도로에 대한 이해관계인의 동의를 받아야 한다.

② 이해관계인이 해외에 거주하는 등 이해관계인의 동의를 받기가 곤란하다고 허가권자가 인정하는 경우에는 건축위원회의 심의를 거쳐 도로의 위치를 지정·공고할 수 있다.

③ 주민이 오랫동안 통행로로 이용하고 있는 사실상의 통로로서 해당 지방자치단체의 조례로 정하는 것인 경우에는 건축위원회의 심의를 거쳐 도로의 위치를 지정·공고할 수 있다.

④ 시장·군수·구청장이 도로의 위치를 지정·공고하려면 특별시장·광역시장·도지사의 승인을 받아야 한다.

⑤ 허가권자는 지정한 도로를 폐지하거나 변경하려면 그 도로에 대한 이해관계인의 동의를 받아야 한다.

10 건축법령상 대지와 도로에 관한 설명으로 틀린 것은? (단, 「건축법」상 적용 제외 규정 및 건축협정에 대한 특례는 고려하지 않음)

① 건축물의 주변에 허가권자가 인정한 공원이 있는 경우에는 건축물의 대지가 도로에 2m 이상 접하지 않아도 된다.

② 연면적의 합계가 $3,000m^2$인 작물재배사의 대지는 너비 6m 이상의 도로에 4m 이상 접하지 않아도 된다.

③ 면적 $5,000m^2$ 미만인 대지에 공장을 건축하는 건축주는 대지에 조경 등의 조치를 하지 아니할 수 있다.

④ 주민이 오랫동안 통행로로 이용하고 있는 사실상의 통로로서 해당 지방자치단체의 조례로 정한 경우의 「건축법」상 도로는 이해관계인의 동의를 받지 아니하고 건축위원회의 심의를 거쳐 그 도로를 폐지할 수 있다.

⑤ 도로면으로부터 높이 4.5m 이하에 있는 창문은 열고 닫을 때 건축선의 수직면을 넘지 아니하는 구조로 하여야 한다.

09 해설

④ 시장·군수·구청장이 도로의 위치를 지정·공고하려면 특별시장·광역시장·도지사의 승인을 받는 것이 아니라 이해관계인의 동의를 받아야 한다.

10 해설

④ 허가권자가 지정한 도로를 변경하거나 폐지하려면 반드시 이해관계인의 동의를 받아야 한다.

정답 09 ④ 10 ④

11 건축법령상 건축선에 관한 설명으로 틀린 것은?

① 건축선이란 도로와 대지와의 관계에 있어서 도로와 접한 부분에 건축물을 건축할 수 있는 선을 말한다.

② 건축선은 원칙적으로 대지와 도로의 경계선으로 한다.

③ 소요 너비에 못 미치는 도로 양쪽에 대지가 있는 경우에는 도로의 양측 경계선에서 소요 너비의 2분의 1을 후퇴한 선을 건축선으로 한다.

④ 소요 너비에 못 미치는 도로의 건축선은 도로의 반대쪽에 경사지·하천 등이 있는 경우에는 그 경사지 등이 있는 쪽 도로 경계선에서 소요 너비에 해당하는 수평거리를 후퇴한 선을 건축선으로 한다.

⑤ 시장·군수·구청장은 시가지 안에서 건축물의 위치나 환경을 정비하기 위하여 필요하다고 인정하면 도시지역에는 4m 이내의 범위에서 건축선을 따로 지정할 수 있다.

12 건축법령상 대지 A의 건축선을 고려한 대지면적은? (단, 도로는 보행과 자동차 통행이 가능한 통과도로로서 법률상 도로이며, 대지 A는 도시지역임)

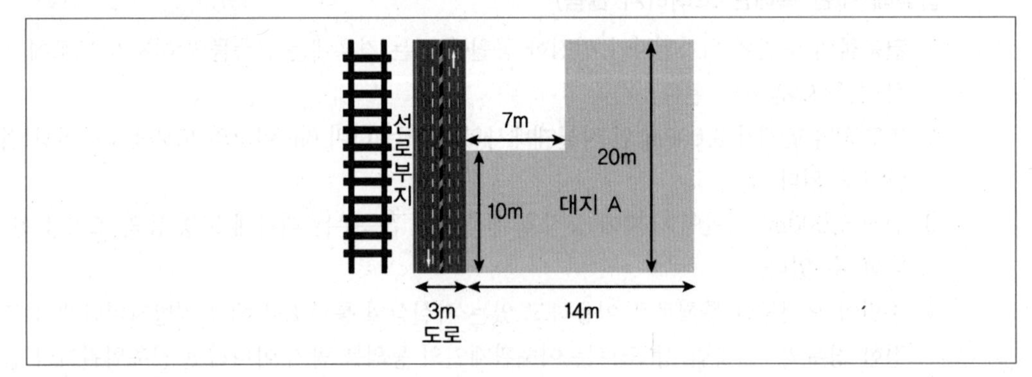

① $170m^2$　　② $180m^2$

③ $200m^2$　　④ $205m^2$

⑤ $210m^2$

11 해설

③ 소요 너비에 못 미치는 너비의 도로인 경우에는 그 중심선으로부터 그 소요 너비의 2분의 1의 수평거리만큼 물러난 선을 건축선으로 한다.

12 해설

③ 소요 너비에 못 미치는 도로로서 도로 반대쪽에 선로부지가 있으므로 선로부지가 있는 쪽의 도로경계선에서 소요 너비에 해당하는 수평거리의 선을 건축선으로 한다. 따라서 대지 A쪽으로 1m를 후퇴하여 건축선이 정해지므로 대지면적은 (7m × 10m) + (13m × 10m) = $200m^2$가 된다.

정답 11 ③ 12 ③

13 **甲은 대지에 높이 4m, 연면적의 합계가 90m^{2}인 건축물을 신축하려 한다. 건축법령상 건축규제에 위반되는 것은? (단, 조례는 고려하지 않음)**

① 甲은 건축을 위해 건축신고를 하였다.
② 甲의 대지는 인접한 도로면보다 낮으나, 대지의 배수에 지장이 없고 건축물의 용도상 방습의 필요가 없다.
③ 甲은 공개공지 또는 공개공간을 확보하지 않았다.
④ 甲의 대지는 보행과 자동차 통행이 가능한 도로에 3m 접하고 있다.
⑤ 甲의 건축물은 창문을 열었을 때 건축선의 수직면을 넘어서는 구조로 되어 있다.

14 **건축법령상 건축선과 건축선에 따른 건축제한에 관한 설명으로 옳은 것은?**

① 담장의 지표 위 부분은 건축선의 수직면을 넘어서 건축할 수 있다.
② 도로면으로부터 5m의 높이에 있는 창문은 열고 닫을 때라도 건축선의 수직면을 넘지 아니하는 구조로 하여야 한다.
③ 지표(地表) 아래 부분은 도지사의 승인을 받아야 건축선의 수직면을 넘을 수 있다.
④ 토지소유자가 신청한 경우에도 허가권자는 지정한 도로를 폐지하거나 변경하려면 그 도로에 대한 이해관계인의 동의를 받아야 한다.
⑤ 도로의 반대쪽에 경사지, 하천, 철도, 선로부지, 그 밖에 이와 유사한 것이 있는 경우에는 도로 중심선으로부터 소요 너비 2분의 1의 수평거리만큼 물러난 선을 건축선으로 한다.

13 해설

⑤ 甲의 건축물은 높이가 4.5m 이하에 해당하므로 창문을 열었을 때 건축선의 수직면을 넘어서는 아니 된다.

14 해설

① 건축물과 담장은 건축선의 수직면(垂直面)을 넘어서는 건축할 수 없다.
② 도로면으로부터 높이 4.5m 이하에 있는 출입구, 창문, 그 밖에 이와 유사한 구조물은 열고 닫을 때 건축선의 수직면을 넘지 아니하는 구조로 하여야 한다.
③ 지표 아래 부분은 도지사의 승인을 받지 않아도 건축선의 수직면을 넘을 수 있다.
⑤ 도로의 반대쪽에 경사지, 하천, 철도, 선로부지, 그 밖에 이와 유사한 것이 있는 경우에는 그 경사지 등이 있는 쪽의 도로경계선에서 소요 너비에 해당하는 수평거리의 선을 건축선으로 한다.

정답 **13** ⑤ **14** ④

04 건축물의 구조 및 재료

01 **건축법령상 건축물의 피난시설에 관한 설명으로 틀린 것은?**

① 건축물의 2층에 있는 출입 가능한 노대(露臺)의 주위에는 높이 1.2m 이상의 난간을 설치하여야 한다.

② 바닥면적의 합계가 3,000m^2 이상인 공연장을 지하층에 설치하는 경우에는 지하층과 피난층 사이에 천장이 개방된 외부 공간을 설치하여야 한다.

③ 5층 이상의 층이 문화 및 집회시설(전시장 및 동·식물원은 제외), 종교시설, 판매시설, 장례시설 또는 위락시설 중 주점영업의 용도에 쓰이는 경우에는 피난의 용도로 쓸 수 있는 광장을 옥상에 설치하여야 한다.

④ 건축물의 높이가 250m인 건축물에는 피난층 또는 지상으로 통하는 직통계단과 직접 연결되는 피난안전구역을 지상층으로부터 최대 30개 층마다 1개소 이상 설치하여야 한다.

⑤ 층수가 12층인 건축물로서 10층 이상인 층의 바닥면적의 합계가 9,000m^2인 건축물의 옥상에는 헬리포트를 설치하여야 한다.

01 해설

⑤ 층수가 11층 이상인 건축물로서 11층 이상인 층의 바닥면적의 합계가 1만m^2 이상인 건축물의 옥상(건축물의 지붕을 평지붕으로 하는 경우)에는 헬리포트를 설치하거나 헬리콥터를 통하여 인명 등을 구조할 수 있는 공간을 확보하여야 한다.

정답 01 ⑤

02 **건축법령상 구조안전 확인 건축물 중 건축주가 착공신고 시 구조안전 확인서류를 제출하여야 하는 건축물이 <u>아닌</u> 것은? (단, 「건축법」상 적용 제외 및 특례는 고려하지 않음)**

① 연립주택
② 처마높이가 9m인 건축물
③ 건축물의 높이가 12m인 건축물
④ 연면적이 300m²인 4층의 목구조 건축물
⑤ 다가구주택

03 **건축법령상 건축물의 가구·세대등 간 소음 방지를 위한 경계벽을 설치하여야 하는 경우가 <u>아닌</u> 것은?**

① 숙박시설의 객실 간
② 공동주택 중 기숙사의 침실 간
③ 교육연구시설 중 학교의 교실 간
④ 업무시설 중 오피스텔
⑤ 의료시설의 병실 간

02 해설

③ 건축주가 착공신고 시 구조안전 확인서류를 제출하여야 하는 건축물(표준설계도서에 따라 건축하는 건축물은 제외)은 다음과 같다.

1. 층수가 2층(주요구조부인 기둥과 보를 설치하는 건축물로서 그 기둥과 보가 목재인 목구조 건축물의 경우에는 3층) 이상인 건축물(④)
2. 연면적이 200m²(목구조 건축물의 경우에는 500m²) 이상인 건축물(④). 다만, 창고, 축사, 작물 재배사는 제외한다.
3. 높이가 13m 이상인 건축물
4. 처마높이가 9m 이상인 건축물(②)
5. 기둥과 기둥 사이의 거리가 10m 이상인 건축물
6. 건축물의 용도 및 규모를 고려한 중요도가 높은 건축물로서 국토교통부령으로 정하는 건축물
7. 국가적 문화유산으로 보존할 가치가 있는 건축물로서 국토교통부령으로 정하는 것
8. 단독주택(⑤) 및 공동주택(①)

03 해설

④ 소음 방지를 위하여 일정한 기준에 따라 경계벽을 설치하여야 하는 경우는 다음과 같다.

1. 단독주택 중 다가구주택의 각 가구 간 또는 공동주택(기숙사는 제외)의 각 세대 간 경계벽(거실·침실 등의 용도로 쓰지 아니하는 발코니 부분은 제외)
2. 공동주택 중 기숙사의 침실(②), 의료시설의 병실(⑤), 교육연구시설 중 학교의 교실(③) 또는 숙박시설의 객실(①) 간 경계벽
3. 제1종 근린생활시설 중 산후조리원의 다음의 어느 하나에 해당하는 경계벽
   - 임산부실 간 경계벽
   - 신생아실 간 경계벽
   - 임산부실과 신생아실 간 경계벽
4. 제2종 근린생활시설 중 다중생활시설의 호실 간 경계벽
5. 노유자시설 중 「노인복지법」에 따른 노인복지주택의 각 세대 간 경계벽
6. 노유자시설 중 노인요양시설의 호실 간 경계벽

정답 02 ③ 03 ④

04 **건축법령상 피난층 또는 지상으로 통하는 직통계단을 2개소 이상 설치하여야 하는 건축물은? (단, 각 시설이 위치한 층은 피난층이 아님)**

① 거실의 바닥면적의 합계가 200m^{2}인 노인복지시설이 2층에 있는 건축물
② 거실의 바닥면적의 합계가 150m^{2}인 독서실이 3층에 있는 건축물
③ 거실의 바닥면적의 합계가 200m^{2}인 지하층에 공연장이 있는 건축물
④ 거실의 바닥면적의 합계가 150m^{2}인 지하층에 주점이 있는 건축물
⑤ 업무시설 중 오피스텔의 용도로 쓰는 층으로서 그 층의 해당 용도로 쓰는 거실의 바닥면적의 합계가 200m^{2}인 건축물

05 **건축법령상 준초고층 건축물의 피난안전구역에 관한 조문의 일부이다. (   )에 들어갈 내용을 옳게 연결한 것은?**

> 준초고층 건축물에는 피난층 또는 지상으로 통하는 직통계단과 직접 연결되는 피난안전구역을 해당 건축물 전체 층수의 (㉠) 에 해당하는 층으로부터 상하 (㉡)개 층 이내에 (㉢) 개소 이상 설치하여야 한다. 다만, 국토교통부령으로 정하는 기준에 따라 피난층 또는 지상으로 통하는 직통계단을 설치하는 경우에는 그러하지 아니하다.

	㉠	㉡	㉢
①	2분의 1	3	1
②	2분의 1	5	1
③	3분의 1	5	2
④	4분의 1	10	2
⑤	5분의 1	2	1

04 해설

③ 건축법령상 피난층 또는 지상으로 통하는 직통계단을 2개소 이상 설치하여야 하는 건축물은 다음과 같다.

> 1. 거실의 바닥면적의 합계가 200m^2 이상인 노인복지시설이 3층 이상에 있는 건축물
> 2. 거실의 바닥면적의 합계가 200m^2 이상인 독서실이 3층 이상에 있는 건축물
> 3. 거실의 바닥면적의 합계가 200m^2 이상인 지하층에 주점이 있는 건축물
> 4. 업무시설 중 오피스텔의 용도로 쓰는 층으로서 그 층의 해당 용도로 쓰는 거실의 바닥면적의 합계가 300m^2 이상인 건축물

05 해설

② 준초고층 건축물에는 피난층 또는 지상으로 통하는 직통계단과 직접 연결되는 피난안전구역을 해당 건축물 전체 층수의 '2분의 1'에 해당하는 층으로부터 상하 '5'개 층 이내에 '1'개소 이상 설치하여야 한다. 다만, 국토교통부령으로 정하는 기준에 따라 피난층 또는 지상으로 통하는 직통계단을 설치하는 경우에는 그러하지 아니하다.

정답 04 ③ 05 ②

06 **건축법령상 국토교통부장관이 고시하는 범죄예방기준에 따라 건축하여야 하는 건축물이 아닌 것은?**

① 교육연구시설 중 연구소
② 업무시설 중 오피스텔
③ 숙박시설 중 다중생활시설
④ 문화 및 집회시설(동·식물원은 제외)
⑤ 다가구주택, 아파트, 연립주택 및 다세대주택

06 해설

① 범죄예방기준에 따라 건축하여야 하는 건축물은 다음과 같다.

> 1. 다가구주택, 아파트, 연립주택 및 다세대주택(⑤)
> 2. 제1종 근린생활시설 중 일용품을 판매하는 소매점
> 3. 제2종 근린생활시설 중 다중생활시설
> 4. 문화 및 집회시설(동·식물원은 제외)(④)
> 5. 교육연구시설(연구소 및 도서관은 제외)
> 6. 노유자시설
> 7. 수련시설
> 8. 업무시설 중 오피스텔(②)
> 9. 숙박시설 중 다중생활시설(③)

정답 06 ①

CHAPTER 05

지역 및 지구 안의 건축물

01 1,000m^2의 대지가 그림과 같이 각 지역 · 지구에 걸치는 경우, 건축법령상 건축물 및 대지에 적용되는 규정으로 옳은 것은? (단, 빗금친 면은 대지, 검은 면은 건축물이며, 조례는 고려하지 않음)

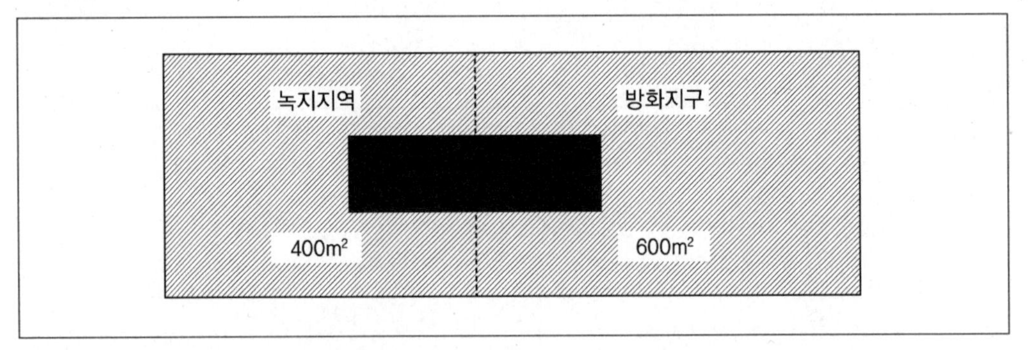

① 건축물 : 전부 방화지구에 관한 규정
대지 : 전부 방화지구에 관한 규정

② 건축물 : 전부 녹지지역에 관한 규정
대지 : 대지의 각 부분이 속한 지역 · 지구에 관한 규정

③ 건축물 : 전부 녹지지역에 관한 규정
대지 : 전부 방화지구에 관한 규정

④ 건축물 : 전부 방화지구에 관한 규정
대지 : 대지의 각 부분이 속한 지역 · 지구에 관한 규정

⑤ 건축물 : 전부 녹지지역에 관한 규정
대지 : 전부 녹지지역에 관한 규정

01 해설

- 건축물 : 방화지구에 걸치는 경우에는 그 건축물 전부에 대하여 방화지구의 건축물에 관한 규정을 적용한다.
- 대지 : 녹지지역과 그 밖의 지역 · 지구 또는 구역에 걸치는 경우에는 각 지역 · 지구 또는 구역 안의 건축물과 대지에 관한 「건축법」의 규정을 적용한다.

정답 01 ④

02 건축법령상 건폐율 및 용적률에 관한 설명으로 틀린 것은?

① 용적률은 대지면적에 대한 연면적의 비율이다.

② 용적률을 산정할 경우 연면적에는 지하층의 면적은 포함되지 않는다.

③ 「건축법」의 규정을 통하여 「국토의 계획 및 이용에 관한 법률」상 건폐율의 최대한도를 강화하여 적용하거나 완화하여 적용할 수 있다.

④ 도시지역에서 건축물이 있는 대지를 분할하는 경우에는 건폐율 기준에 못 미치게 분할할 수 없다.

⑤ 하나의 대지에 건축물이 둘 이상 있는 경우 용적률의 제한은 건축물별로 각각 적용한다.

03 건축법령상 1,000m²의 대지에 건축한 다음 건축물의 용적률은 얼마인가? (단, 제시된 조건 외에 다른 조건은 고려하지 않음)

- 하나의 건축물로서 지하 2개 층, 지상 7개 층으로 구성되어 있으며, 지붕은 평지붕임
- 건축면적은 350m²이고, 지하층 포함 각 층의 바닥면적은 320m²로 동일함
- 지하 2층은 전부 주차장, 지하 1층은 전부 제2종 근린생활시설로 사용됨
- 지상 7개 층은 전부 수련시설로 사용됨

① 215% ② 224%

③ 245% ④ 288%

⑤ 320%

02 해설

⑤ 하나의 대지에 건축물이 둘 이상 있는 경우 용적률의 제한은 건축물별로 각각 적용하는 것이 아니라, 건축물의 연면적의 합계로 산정하여 적용한다.

03 해설

- 용적률 = 연면적 ÷ 대지면적 × 100%이다.
- 연면적은 하나의 건축물 각 층의 바닥면적의 합계로 하되, 용적률을 산정할 때에는 지하층의 면적, 지상층의 주차용으로 쓰는 면적, 초고층 건축물과 준초고층 건축물에 설치하는 피난안전구역의 면적, 건축물의 경사지붕 아래에 설치하는 대피공간의 면적은 연면적에서 제외한다. 그러므로 연면적 = 320m² × 7 = 2,240m²이다.
- 따라서 용적률 = 2,240m² ÷ 1,000m² × 100% = 224%가 된다.

정답 02 ⑤ 03 ②

04 **건축법령상 건축물이 있는 대지는 조례로 정하는 면적에 못 미치게 분할할 수 없다. 조례의 기준이 되는 용도지역별 최소 분할면적기준으로 옳은 것은? (단, 적용 제외는 고려하지 않음)**

① 자연환경보전지역 – $100m^2$
② 준주거지역 – $150m^2$
③ 근린상업지역 – $150m^2$
④ 전용공업지역 – $660m^2$
⑤ 보전녹지지역 – $100m^2$

05 **건축법령상 건축물 바닥면적의 산정방법에 관한 설명으로 옳은 것은?**

① 벽·기둥의 구획이 없는 건축물은 그 지붕 끝부분으로부터 수평거리 1.5m를 후퇴한 선으로 둘러싸인 수평투영면적으로 한다.
② 승강기탑은 바닥면적에 산입한다.
③ 필로티 부분은 공중의 통행 또는 주차에 전용되는 경우에는 바닥면적에 산입한다.
④ 공동주택으로서 지상층에 설치한 조경시설은 바닥면적에 산입한다.
⑤ 건축물의 노대의 바닥은 난간 등의 설치 여부에 관계없이 노대의 면적에서 노대가 접한 가장 긴 외벽에 접한 길이에 1.5m를 곱한 값을 뺀 면적을 바닥면적에 산입한다.

04 해설

③ 건축물이 있는 대지의 분할제한 면적은 다음과 같다.

• 주거지역 – $60m^2$	• 상업지역 – $150m^2$
• 공업지역 – $150m^2$	• 녹지지역 – $200m^2$
• 기타지역 – $60m^2$	

05 해설

① 벽·기둥의 구획이 없는 건축물은 그 지붕 끝부분으로부터 수평거리 1m를 후퇴한 선으로 둘러싸인 수평투영면적으로 한다.
② 승강기탑은 바닥면적에 산입하지 아니한다.
③ 필로티 부분은 공중의 통행 또는 주차에 전용되는 경우에는 바닥면적에 산입하지 아니한다.
④ 공동주택으로서 지상층에 설치한 조경시설은 바닥면적에 산입하지 아니한다.

정답 **04** ③ **05** ⑤

06 건축법령상 건축물의 면적 등의 산정방법으로 옳은 것은?

① 음식물쓰레기, 의류 등의 수거시설인 생활폐기물 보관시설의 면적은 건축면적에 산입한다.
② 지하층에 설치한 기계실, 전기실의 면적은 용적률을 산정할 때 연면적에 산입한다.
③ 건축물 지상층에 일반인이나 차량이 통행할 수 있도록 설치한 보행통로나 차량통로는 건축면적에 산입하지 아니한다.
④ 건축물의 층고는 방의 바닥구조체 윗면으로부터 위층 바닥구조체의 아랫면까지의 높이로 한다.
⑤ 건축물이 부분에 따라 그 층수가 다른 경우에는 그중 가장 많은 층수와 가장 적은 층수를 평균하여 반올림한 수를 그 건축물의 층수로 본다.

07 건축법령상 건축물의 면적·높이 등의 산정방법에 관한 설명으로 틀린 것은?

① 건축물이 부분에 따라 그 층수가 다른 경우에는 그중 가장 많은 층수를 그 건축물의 층수로 본다.
② 필로티의 부분은 그 부분이 공중의 통행이나 차량의 통행 또는 주차에 전용되는 경우에는 바닥면적에 산입하지 아니한다.
③ 지상층의 주차용(해당 건축물의 부속용도인 경우에 한함)으로 사용되는 면적은 용적률을 산정할 때에 연면적에서 제외한다.
④ 초고층 건축물에 설치하는 피난안전구역의 면적은 용적률을 산정할 때에 연면적에 포함한다.
⑤ 층의 구분이 명확하지 아니한 건축물은 그 건축물의 높이 4m마다 하나의 층으로 보고 그 층수를 산정한다.

06 해설

① 생활폐기물 보관시설의 면적은 건축면적에 산입하지 아니한다.
② 지하층에 설치한 기계실, 전기실의 면적은 용적률을 산정할 때 연면적에서 제외한다.
④ 건축물의 층고는 방의 바닥구조체 윗면으로부터 위층 바닥구조체의 윗면까지의 높이로 한다.
⑤ 건축물이 부분에 따라 그 층수가 다른 경우에는 그중 가장 많은 층수를 그 건축물의 층수로 본다.

07 해설

④ 용적률을 산정할 때에 초고층 건축물에 설치하는 피난안전구역의 면적은 연면적에서 제외한다.

정답 06 ③ 07 ④

08 **건축법령상 건축물의 면적 및 높이 등의 산정방법에 관한 설명으로 틀린 것은?**

① 경사진 형태의 지붕의 경우로서 층고가 1.7m인 다락은 바닥면적에 산입한다.

② 사용승인을 받은 후 15년 이상이 된 건축물을 리모델링하는 경우로서 열의 손실 방지를 위하여 외벽에 부가하여 마감재를 설치하는 부분은 바닥면적에 산입하지 아니한다.

③ 건축물의 경사지붕 아래에 설치하는 대피공간의 면적은 용적률을 산정할 때에 연면적에서 제외한다.

④ 공동주택으로서 지상층에 설치한 기계실의 면적은 바닥면적에 산입하지 아니한다.

⑤ 지하주차장의 경사로는 건축면적에 산입하지 아니한다.

09 **건축법령상 건축물의 면적, 층수 등의 산정방법에 관한 설명으로 틀린 것은?**

① 지표면으로부터 1m 이하에 있는 부분은 건축면적에 산입하지 아니한다.

② 건축물의 1층이 차량의 주차에 전용(專用)되는 필로티인 경우, 그 면적은 바닥면적에 산입하지 아니한다.

③ 태양열을 주된 에너지원으로 하는 주택의 건축물의 건축면적은 건축물의 외벽 중 내측 내력벽의 중심선을 기준으로 한다.

④ 건축물의 노대 등의 바닥은 전체가 바닥면적에 산입된다.

⑤ 승강기탑, 계단탑, 장식탑은 바닥면적에 산입하지 아니한다.

08 해설

① 경사진 형태의 지붕의 경우로서 층고가 1.8m 이하인 다락은 바닥면적에 산입하지 아니한다.

09 해설

④ 건축물의 노대 등의 바닥은 난간 등의 설치 여부에 관계없이 노대 등의 면적(외벽의 중심선으로부터 노대 등의 끝부분까지의 면적)에서 노대 등이 접한 가장 긴 외벽에 접한 길이에 1.5m를 곱한 값을 뺀 면적을 바닥면적에 산입한다.

정답 08 ① 09 ④

10 건축법령상 건축물의 면적 등의 산정방법에 관한 설명으로 옳은 것은?

① 건축물의 옥상에 설치되는 승강기탑, 계단탑, 망루, 장식탑, 옥탑 등으로서 그 수평투영면적의 합계가 해당 건축면적의 8분의 1(「주택법」에 따른 공동주택 중 전용면적이 85m^2 이하인 경우에는 6분의 1) 이하인 경우로서 그 부분의 높이가 12m를 넘는 경우에는 그 넘는 부분만 해당 건축물의 높이에 산입한다.

② 층고가 3m인 다락은 바닥면적에 산입하지 아니한다.

③ 필로티의 부분은 그 부분이 공중의 통행이나 차량의 통행 또는 주차에 전용되는 경우에는 바닥면적에 산입하지 않지만, 공동주택의 경우에는 이를 바닥면적에 산입한다.

④ 벽・기둥의 구획이 없는 건축물의 바닥면적은 그 지붕 끝부분으로부터 수평거리 2m를 후퇴한 선으로 둘러싸인 수평투영면적으로 한다.

⑤ 공동주택으로서 지상층에서 설치한 기계실, 전기실, 어린이놀이터, 조경시설의 면적은 바닥면적에 산입한다.

10 해설

② 층고가 3m인 다락은 바닥면적에 산입한다.

③ 필로티의 부분은 그 부분이 공중의 통행이나 차량의 통행 또는 주차에 전용되는 경우와 공동주택의 경우에는 바닥면적에 산입하지 아니한다.

④ 벽・기둥의 구획이 없는 건축물의 바닥면적은 그 지붕 끝부분으로부터 수평거리 1m를 후퇴한 선으로 둘러싸인 수평투영면적으로 한다.

⑤ 공동주택으로서 지상층에서 설치한 기계실, 전기실, 어린이놀이터, 조경시설의 면적은 바닥면적에 산입하지 아니한다.

정답 10 ①

11 건축법령상 다음의 예시에서 규정하고 있는 건축물의 높이로 옳은 것은?

> • 건축물의 용도 : 일반업무시설
> • 건축면적 : 560m^2
> • 층고가 4m인 6층의 건축물
> • 옥상에 설치된 높이 6m인 장식탑의 수평투영면적 60m^2

① 18m
② 24m
③ 28m
④ 30m
⑤ 36m

12 건축법령상 건축물의 높이제한에 관한 설명으로 옳은 것은?

① 중심상업지역에 건축하는 공동주택으로서 하나의 대지에 두 동(棟) 이상을 건축하는 경우에는 채광의 확보를 위한 높이제한이 적용된다.
② 전용주거지역과 준주거지역 안에서 건축하는 건축물에 대하여는 일조의 확보를 위한 높이제한이 적용된다.
③ 시장・군수・구청장은 건축물의 용도 및 형태에 관계 없이 같은 가로구역(도로로 둘러싸인 일단의 지역)에서는 건축물의 높이를 동일하게 적용하여야 한다.
④ 3층 이하로서 높이가 12m 이하인 건축물에는 지방자치단체의 조례로 정하는 바에 따라 일조 등의 확보를 위한 높이제한에 관한 규정을 적용하지 아니할 수 있다.
⑤ 광역시장은 도시의 관리를 위하여 필요하면 가로구역별 건축물의 높이를 광역시의 조례로 정할 수 있다.

11 해설

• 건축면적의 1/8은 560m^2 × 1/8 = 70m^{2}가 된다.
• 옥상에 설치된 높이 6m인 장식탑의 수평투영면적이 60m^{2}이기 때문에 건축면적의 1/8 이하에 해당한다. 따라서 옥상에 설치된 높이 6m인 장식탑의 높이는 건축물의 높이에서 제외하여야 한다.
• 따라서 층고가 4m인 6층의 건축물의 높이는 24m가 된다.

12 해설

① 일반상업지역과 중심상업지역에 건축하는 공동주택의 경우에는 채광의 확보를 위한 높이제한이 적용되지 않는다.
② 전용주거지역과 일반주거지역 안에서 건축하는 건축물에 대하여는 일조의 확보를 위한 높이제한이 적용된다.
③ 허가권자는 같은 가로구역(도로로 둘러싸인 일단의 지역)에서 건축물의 용도 및 형태에 따라 건축물의 높이를 다르게 정할 수 있다.
④ 2층 이하로서 높이가 8m 이하인 건축물에는 지방자치단체의 조례로 정하는 바에 따라 일조 등의 확보를 위한 높이 제한에 관한 규정을 적용하지 아니할 수 있다.

정답 11 ② 12 ⑤

13 **건축법령상 일조 등의 확보를 위한 높이제한을 적용받는 건축물로 옳은 것은?**

① 자연녹지지역에 건축하는 단독주택
② 전용주거지역에 건축하는 한의원
③ 중심상업지역에 건축하는 연립주택
④ 준주거지역에 건축하는 단독주택
⑤ 일반상업지역에 건축하는 아파트

13 해설

② 일조 등의 확보를 위한 높이제한이 적용되는 지역은 다음과 같다.

- 전용주거지역과 일반주거지역에 건축하는 건축물
- 중심상업지역과 일반상업지역을 제외한 지역에 건축하는 공동주택

정답 13 ②

CHAPTER 06

특별건축구역, 건축협정, 결합건축, 벌칙

01 건축법령상 특별건축구역에 관한 설명으로 옳은 것은?

① 국토교통부장관은 「도시개발법」에 따른 도시개발구역에는 특별건축구역을 지정할 수 없다.
② 시·도지사는 「자연공원법」에 따른 자연공원에는 특별건축구역을 지정할 수 있다.
③ 특별건축구역 지정신청이 접수된 경우 국토교통부장관은 지정신청을 받은 날부터 15일 이내에 중앙건축위원회의 심의를 거쳐야 한다.
④ 특별건축구역에서는 「주차장법」에 따른 부설주차장의 설치에 관한 규정을 개별 건축물마다 적용하지 아니하고 특별건축구역 전부 또는 일부를 대상으로 통합하여 적용할 수 있다.
⑤ 특별건축구역을 지정하는 경우 「국토의 계획 및 이용에 관한 법률」에 따른 용도지역의 지정이 있는 것으로 본다.

02 건축법령상 국가가 특별건축구역에 건축하는 건축물에 대해서는 다음의 규정을 적용하지 아니할 수 있다. 이에 해당하지 않는 것은?

① 대지의 분할제한
② 대지의 조경
③ 대지 안의 공지
④ 용적률
⑤ 건축물의 높이제한

01 해설

① 국토교통부장관은 「도시개발법」에 따른 도시개발구역에는 특별건축구역을 지정할 수 있다.
② 시·도지사는 「자연공원법」에 따른 자연공원에는 특별건축구역을 지정할 수 없다.
③ 국토교통부장관은 지정신청을 받은 날부터 30일 이내에 중앙건축위원회의 심의를 거쳐야 한다.
⑤ 특별건축구역을 지정하거나 변경한 경우에는 「국토의 계획 및 이용에 관한 법률」에 따라 도시·군관리계획의 결정(용도지역·지구·구역의 지정 및 변경은 제외)이 있는 것으로 본다.

02 해설

① 특별건축구역에 건축하는 건축물에 대하여는 다음의 규정을 적용하지 않을 수 있다.

- 대지의 조경(②)
- 건축물의 건폐율
- 건축물의 용적률(④)
- 대지 안의 공지(③)
- 건축물의 높이제한(⑤)
- 일조 등의 확보를 위한 건축물의 높이제한
- 「주택법」 제35조(주택건설기준 등) 중 대통령령으로 정하는 규정

정답 01 ④ 02 ①

03 **건축법령상 건축협정에 관한 설명으로 틀린 것은? (단, 조례는 고려하지 않음)**

① 해당 지역의 토지 또는 건축물의 소유자 등은 전원의 합의로 건축협정을 체결할 수 있다.
② 건축협정 체결대상 토지가 둘 이상의 시·군·구에 걸치는 경우 건축협정체결 대상 토지 면적의 과반이 속하는 건축협정인가권자에게 인가를 신청할 수 있다.
③ 건축협정서에는 건축협정 위반 시 제재에 관한 사항이 명시되어야 한다.
④ 건축협정을 폐지하려면 협정체결자 전원의 동의를 받아 건축협정인가권자의 인가를 받아야 한다.
⑤ 건축협정 인가권자는 건축협정을 인가하였을 때에는 지방자치단체의 공보에 그 내용을 공고하여야 한다.

04 **건축법령상 건축협정에 관한 설명으로 옳은 것은?**

① 건축물의 소유자 등은 과반수의 동의로 건축물의 리모델링에 관한 건축협정을 체결할 수 있다.
② 건축협정에 따른 특례를 적용하여 착공신고를 한 경우에는 착공신고를 한 날부터 10년이 지난 후에 건축협정의 폐지 인가를 신청할 수 있다.
③ 건축협정을 인가받은 경우에도 「경관법」에 따른 경관협정의 인가를 별도로 받아야 한다.
④ 건축협정에서 달리 정하지 않는 한, 건축협정이 공고된 후 건축협정구역에 있는 토지나 건축물 등에 관한 권리를 협정체결자인 소유자 등으로부터 이전받거나 설정받은 자는 협정체결자로서의 지위를 승계한다.
⑤ 건축협정의 인가를 받은 건축협정구역에서 연접한 대지에 대하여 용적률에 관한 규정을 개별 건축물마다 적용하지 아니하고 건축협정구역을 대상으로 통합하여 적용할 수 있다.

03 해설

④ 건축협정을 폐지하려는 경우에는 협정체결자 과반수의 동의를 받아 건축협정인가권자의 인가를 받아야 한다.

04 해설

① 건축물의 소유자 등은 전원의 합의로 건축물의 리모델링에 관한 건축협정을 체결할 수 있다.
② 건축협정에 따른 특례를 적용하여 착공신고를 한 경우에는 착공신고를 한 날부터 20년이 지난 후에 건축협정의 폐지 인가를 신청할 수 있다.
③ 건축협정을 인가받은 경우에는 「경관법」에 따른 경관협정의 인가를 받은 것으로 본다.
⑤ 건축협정의 인가를 받은 건축협정구역에서 연접한 대지에 대하여 용적률에 관한 규정은 개별 건축물마다 적용하지 아니하고 건축협정구역을 대상으로 통합하여 적용할 수 없다.

정답 **03** ④ **04** ④

05 건축법령상 건축협정의 인가를 받은 건축협정구역에서 연접한 대지에 대하여 관계 법령의 규정을 개별 건축물마다 적용하지 아니하고 건축협정구역을 대상으로 통합하여 적용할 수 있는 것만을 모두 고른 것은?

㉠ 대지의 조경 ㉡ 건폐율 ㉢ 지하층의 설치 ㉣ 「주차장법」 제19조에 따른 부설주차장의 설치 ㉤ 「하수도법」 제34조에 따른 개인하수처리시설의 설치

① ㉠, ㉡, ㉣
② ㉠, ㉡, ㉢, ㉤
③ ㉠, ㉢, ㉣, ㉤
④ ㉡, ㉢, ㉣, ㉤
⑤ ㉠, ㉡, ㉢, ㉣, ㉤

05 해설

⑤ 건축협정의 인가를 받은 건축협정구역에서 연접한 대지에 대하여는 다음의 관계 법령의 규정을 개별 건축물마다 적용하지 아니하고 건축협정구역의 전부 또는 일부를 대상으로 통합하여 적용할 수 있다.

1. 대지의 조경(㉠) 2. 대지와 도로와의 관계 3. 지하층의 설치(㉢) 4. 건폐율(㉡) 5. 「주차장법」 제19조에 따른 부설주차장의 설치(㉣) 6. 「하수도법」 제34조에 따른 개인하수처리시설의 설치(㉤)

정답 05 ⑤

06 건축법령상 결합건축대상지역으로 지정할 수 있는 지역이 아닌 것은?

① 「국토의 계획 및 이용에 관한 법률」에 따라 지정된 상업지역
② 「역세권의 개발 및 이용에 관한 법률」에 따라 지정된 역세권개발구역
③ 「도시 및 주거환경정비법」에 따른 정비구역 중 재개발사업의 시행을 위한 구역
④ 특별건축구역
⑤ 리모델링 활성화구역

07 건축법령상 결합건축에 관한 설명으로 틀린 것은?

① 도시재생활성화지역에서 대지 간의 최단거리가 100m 이내의 범위에서 대통령령으로 정하는 범위에 있는 2개의 대지의 건축주가 서로 합의한 경우 2개의 대지를 대상으로 결합건축을 할 수 있다.
② 허가권자는 「국토의 계획 및 이용에 관한 법률」에 따른 도시・군계획사업에 편입된 대지가 있는 경우에는 결합건축을 포함한 건축허가를 아니할 수 있다.
③ 결합건축대상 대지가 둘 이상의 대지에 걸치는 경우 대상 토지면적의 과반이 속하는 허가권자에게 허가를 신청할 수 있다.
④ 결합건축협정서에 따른 협정체결 유지기간은 최소 40년으로 한다.
⑤ 결합건축협정서를 폐지하려는 경우에는 결합건축협정체결자 전원이 동의하여 허가권자에게 신고하여야 한다.

06 해설

③ 「도시 및 주거환경정비법」에 따라 지정된 정비구역 중 재개발사업의 시행을 위한 구역은 결합건축대상지역으로 지정할 수 없다.

＊ 결합건축대상지역으로 지정할 수 있는 지역
1. 「국토의 계획 및 이용에 관한 법률」에 따라 지정된 상업지역
2. 「역세권의 개발 및 이용에 관한 법률」에 따라 지정된 역세권개발구역
3. 「도시 및 주거환경정비법」에 따른 정비구역 중 주거환경개선사업의 시행을 위한 구역
4. 건축협정구역
5. 특별건축구역
6. 리모델링 활성화구역
7. 「도시재생 활성화 및 지원에 관한 특별법」에 따른 도시재생활성화지역
8. 「한옥 등 건축자산의 진흥에 관한 법률」에 따른 건축자산진흥구역

07 해설

④ 결합건축협정서에 따른 협정체결 유지기간은 최소 30년으로 한다.

정답 06 ③ 07 ④

08 **건축법령상 이행강제금에 관한 설명으로 틀린 것은? (단, 적용 제외는 고려하지 않음)**

① 허가권자는 시정명령을 받은 후 시정기간 내에 시정명령을 이행하지 아니한 경우 최초의 시정명령이 있었던 날을 기준으로 하여 1년에 2회 이내의 범위에서 이행강제금을 부과·징수할 수 있다.

② 연면적이 $60m^2$ 이하인 주거용 건축물의 경우에는 이행강제금 부과금액의 2분의 1의 범위에서 해당 지방자치단체의 조례로 정하는 금액을 부과한다.

③ 허가권자는 축사 등 농업용 시설로서 $500m^2$(「수도권정비계획법」에 따른 수도권 외의 지역에서는 $1,000m^2$) 이하인 경우에는 5분의 1을 감경할 수 있다.

④ 허가권자는 영리 목적을 위한 위반이나 상습적 위반의 경우에는 이행강제금 부과금액의 100분의 50의 범위에서 해당 지방자치단체의 조례로 정하는 바에 따라 가중하여야 한다.

⑤ 허가권자는 시정명령을 받은 자가 이를 이행하면 새로운 이행강제금의 부과는 즉시 중지하되, 이미 부과된 이행강제금은 징수하여야 한다.

09 **건축법령상 이행강제금을 산정하기 위하여 위반내용에 따라 곱하는 비율을 높은 순서대로 나열한 것은? (단, 조례는 고려하지 않음)**

㉠ 용적률을 초과하여 건축한 경우 ㉡ 허가를 받지 아니하고 건축한 경우 ㉢ 신고를 하지 아니하고 건축한 경우 ㉣ 건폐율을 초과하여 건축한 경우

① ㉠ - ㉡ - ㉣ - ㉢
② ㉠ - ㉣ - ㉢ - ㉡
③ ㉡ - ㉠ - ㉣ - ㉢
④ ㉣ - ㉠ - ㉡ - ㉢
⑤ ㉣ - ㉢ - ㉡ - ㉠

08 해설

④ 허가권자는 영리 목적을 위한 위반이나 상습적 위반의 경우에는 이행강제금 부과금액의 100분의 100의 범위에서 해당 지방자치단체의 조례로 정하는 바에 따라 가중하여야 한다.

09 해설

③ 이행강제금을 산정하기 위하여 위반내용에 따라 곱하는 비율은 다음과 같다.

㉠ 용적률을 초과하여 건축한 경우 : 100분의 90 ㉡ 허가를 받지 아니하고 건축한 경우 : 100분의 100 ㉢ 신고를 하지 아니하고 건축한 경우 : 100분의 70 ㉣ 건폐율을 초과하여 건축한 경우 : 100분의 80

따라서 이행강제금을 산정하기 위하여 위반내용에 따라 곱하는 비율을 높은 순서대로 나열하면 ㉡ - ㉠ - ㉣ - ㉢이 된다.

정답 08 ④ 09 ③

10 **건축법령상 건축 등과 관련된 분쟁으로서 건축분쟁전문위원회의 조정 및 재정의 대상이 되지 않는 것은? (단, 「건설산업기본법」 제69조에 따른 조정의 대상이 되는 분쟁은 제외함)**

① '건축주'와 '건축시공자' 간의 분쟁
② '관계전문기술자'와 '해당 건축물의 건축으로 피해를 입은 인근주민' 간의 분쟁
③ '해당 건축물의 건축으로 피해를 입은 인근주민' 간의 분쟁
④ '건축주'와 '건축신고수리자' 간의 분쟁
⑤ '공사시공자'와 '공사감리자' 간의 분쟁

11 **건축법령상 건축분쟁전문위원회(이하 '분쟁위원회'라 함)에 관한 설명으로 틀린 것은?**

① 분쟁위원회는 위원장과 부위원장 각 1명을 포함한 15명 이내의 위원으로 구성한다.
② 분쟁위원회의 위원장과 부위원장은 위원 중에서 국토교통부장관이 위촉한다.
③ 공무원이 아닌 위원의 임기는 3년으로 하되, 연임할 수 있으며, 보궐위원의 임기는 전임자의 남은 임기로 한다.
④ 분쟁위원회의 회의는 재적위원 과반수의 출석으로 열고 출석위원 과반수의 찬성으로 의결한다.
⑤ 건설공사나 건설업에 대한 학식이 풍부한 자로서 그 분야에 10년 이상 종사한 자는 분쟁위원회의 위원이 될 수 있다.

10 해설

④ 건축분쟁전문위원회의 조정 및 재정의 대상은 다음과 같다.

- 건축관계자와 해당 건축물의 건축 등으로 피해를 입은 인근주민 간의 분쟁
- 관계전문기술자와 인근주민 간의 분쟁(②)
- 건축관계자와 관계전문기술자 간의 분쟁
- 건축관계자 간의 분쟁(①, ⑤)
- 인근주민 간의 분쟁(③)
- 관계전문기술자 간의 분쟁

11 해설

⑤ 건설공사나 건설업에 대한 학식이 풍부한 자로서 그 분야에 15년 이상 종사한 자는 분쟁위원회의 위원이 될 수 있다.

정답 10 ④ 11 ⑤

12 **건축법령상 조정 및 재정에 관한 설명으로 옳지 않은 것은?** ☆ 제34회 기출

① 조정 및 재정을 하기 위하여 국토교통부에 건축분쟁전문위원회를 둔다.
② 부득이한 사정으로 연장되지 않는 한 건축분쟁전문위원회는 당사자의 조정신청을 받으면 60일 이내에 절차를 마쳐야 한다.
③ 조정안을 제시받은 당사자는 제시를 받은 날부터 30일 이내에 수락 여부를 조정위원회에 알려야 한다.
④ 조정위원회는 필요하다고 인정하면 당사자나 참고인을 조정위원회에 출석하게 하여 의견을 들을 수 있다.
⑤ 건축분쟁전문위원회는 재정신청이 된 사건을 조정에 회부하는 것이 적합하다고 인정하면 직권으로 직접 조정할 수 있다.

12 해설
③ 조정안을 제시받은 당사자는 제시를 받은 날부터 15일 이내에 수락 여부를 조정위원회에 알려야 한다.

정답 12 ③

제 3 편

도시 및 주거환경정비법

CHAPTER 01

총칙

01 **도시 및 주거환경정비법령상의 용어 및 내용에 관한 설명으로 옳은 것은?**

① 주민이 공동으로 사용하는 공동작업장, 공원, 공용주차장 등은 공동이용시설이다.

② 재건축사업에서 토지등소유자는 정비구역에 위치한 토지 또는 건축물 소유자 또는 그 지상권자를 말한다.

③ 토지주택공사등이란 「한국토지주택공사법」에 따라 설립된 한국토지주택공사 또는 「지방공기업법」에 따른 지방공사 또는 한국자산관리공사를 말한다.

④ 주거환경개선사업에서 토지등소유자는 정비구역에 위치한 토지 또는 건축물 소유자 또는 그 지상권자를 말한다.

⑤ 재개발사업에서 토지등소유자는 정비구역에 위치한 토지 또는 건축물의 소유자와 임차권자이다.

02 **도시 및 주거환경정비법령상 다음의 정의에 해당하는 정비사업으로 옳은 것은?**

정비기반시설이 열악하고 노후·불량건축물이 밀집한 지역에서 주거환경을 개선하거나 상업지역·공업지역 등에서 도시기능의 회복 및 상권활성화 등을 위하여 도시환경을 개선하기 위한 사업

① 주거환경개선사업 ② 재건축사업 ③ 공공재건축사업
④ 재개발사업 ⑤ 공공재개발사업

01 해설

① 주민이 공동으로 사용하는 놀이터·마을회관·공동작업장, 그 밖에 대통령령이 정하는 시설이 공동이용시설이다. 공원, 공용주차장은 정비기반시설에 해당한다.

② 재건축사업의 토지등소유자는 정비구역에 소재한 건축물 및 그 부속토지의 소유자이며, 지상권자는 포함되지 않는다.

③ 토지주택공사등이란 「한국토지주택공사법」에 따라 설립된 한국토지주택공사 또는 「지방공기업법」에 따라 주택사업을 수행하기 위하여 설립된 지방공사를 말한다.

⑤ 재개발사업의 경우 토지등소유자는 정비구역에 위치한 토지 또는 건축물의 소유자 또는 그 지상권자이다.

02 해설

④ 정비기반시설이 열악하고 노후·불량건축물이 밀집한 지역에서 주거환경을 개선하거나 상업지역·공업지역 등에서 도시기능의 회복 및 상권활성화 등을 위하여 도시환경을 개선하기 위한 사업은 재개발사업에 해당한다.

정답 01 ④ 02 ④

03 도시 및 주거환경정비법령상 공공재건축사업에 관한 규정 내용이다. (　　)에 들어갈 숫자를 바르게 나열한 것은?

> • 시장 · 군수등 또는 토지주택공사등(조합과 공동으로 시행하는 경우를 포함)이 재건축사업의 시행자나 재건축사업의 대행자일 것
> • 종전의 용적률, 토지면적, 기반시설 현황 등을 고려하여 공공재건축사업을 추진하는 단지의 종전 세대수의 (　　)에 해당하는 세대수 이상을 건설 · 공급할 것

① 100분의 120　　② 100분의 130
③ 100분의 140　　④ 100분의 150
⑤ 100분의 160

04 도시 및 주거환경정비법령상 용어의 정의에 관한 설명으로 틀린 것은?

① 「주택법」에 따른 사업계획승인을 받아 주택 및 부대시설 · 복리시설을 건설한 일단의 토지는 주택단지에 해당한다.
② 재건축사업은 조합 또는 토지등소유자가 시행하거나 시장 · 군수등, 토지주택공사등, 건설업자 또는 등록사업자와 공동으로 시행할 수 있다.
③ 건축물이 훼손되거나 일부가 멸실되어 붕괴, 그 밖의 안전사고의 우려가 있는 건축물은 노후 · 불량건축물에 해당한다.
④ 재건축사업은 정비기반시설은 양호하나 노후 · 불량건축물에 해당하는 공동주택이 밀집한 지역에서 주거환경을 개선하기 위하여 시행하는 사업이다.
⑤ 주거환경개선사업은 도시저소득 주민이 집단거주하는 지역으로서 정비기반시설이 극히 열악하고 노후 · 불량건축물이 과도하게 밀집한 지역의 주거환경을 개선하거나 단독주택 및 다세대주택이 밀집한 지역에서 정비기반시설과 공동이용시설 확충을 통하여 주거환경을 보전 · 정비 · 개량하기 위한 사업을 말한다.

03 해설

⑤ 공공재건축사업 : 시장 · 군수등 또는 토지주택공사등(조합과 공동으로 시행하는 경우를 포함)이 재건축사업의 시행자나 재건축사업의 대행자일 것 + 종전의 용적률, 토지면적, 기반시설 현황 등을 고려하여 공공재건축사업을 추진하는 단지의 종전 세대수의 '100분의 160'에 해당하는 세대수 이상을 건설 · 공급할 것

04 해설

② 재건축사업은 토지등소유자가 사업을 시행할 수 없다.

정답 03 ⑤　04 ②

05 도시 및 주거환경정비법령상 정비기반시설에 해당하지 않는 것은? (단, 주거환경개선사업을 위하여 지정 · 고시된 정비구역이 아님)

① 공동작업장
② 하천
③ 공공공지
④ 공용주차장
⑤ 공원

06 도시 및 주거환경정비법령상 주민이 공동으로 사용하는 시설로서 공동이용시설에 해당하지 않는 것은? (단, 조례는 고려하지 않으며, 각 시설은 단독주택, 공동주택 및 제1종 근린생활시설에 해당하지 않음)

① 마을회관
② 구거(溝渠 : 도랑)
③ 탁아소
④ 놀이터
⑤ 어린이집

07 도시 및 주거환경정비법령상 재개발사업을 조합이 시행하는 경우, 조합의 구성원이 될 수 있는 자는?

① 정비구역 밖에 위치한 토지의 소유권자
② 정비구역 안에 위치한 건축물의 전세권자
③ 정비구역 안에 위치한 토지의 지상권자
④ 정비구역 안에 위치한 건축물의 임차권자
⑤ 정비구역 안에 위치한 토지의 지역권자

05 해설
① 공동작업장은 정비기반시설에 해당하지 않고, 공동이용시설에 해당한다.

06 해설
② 구거(溝渠 : 도랑)는 공동이용시설에 해당하지 않고, 정비기반시설에 해당한다.

07 해설
③ 정비사업의 조합원은 토지등소유자로 한다. 재개발사업의 경우 토지등소유자는 정비구역에 위치한 토지 또는 건축물의 소유자 또는 그 지상권자이다.

정답 05 ① 06 ② 07 ③

CHAPTER 02 기본계획의 수립 및 정비구역의 지정

01 도시 및 주거환경정비법령상 도시·주거환경정비기본계획(이하 '기본계획'이라 함)에 관한 설명으로 틀린 것은?

① 대도시의 시장이 아닌 시장은 기본계획의 내용 중 공동이용시설에 대한 설치계획을 변경하는 경우에는 도지사의 승인을 받아야 한다.
② 기본계획을 수립 또는 변경하고자 하는 때에는 14일 이상 주민에게 공람하고 지방의회의 의견을 들어야 한다.
③ 대도시의 시장은 지방도시계획위원회의 심의를 거치기 전에 관계 행정기관의 장과 협의하여야 한다.
④ 기본계획을 수립한 때에는 지체 없이 해당 지방자치단체의 공보에 고시하여야 한다.
⑤ 기본계획의 작성방법은 국토교통부장관이 정한다.

02 도시 및 주거환경정비법령상 도시·주거환경정비기본계획(이하 '기본계획'이라 함)에 관한 설명이다. (   )에 들어갈 내용을 순서대로 나열한 것은?

> (   )은(는) 기본계획을 (   ) 단위로 수립하여야 하며, (   )마다 타당성을 검토하여 그 결과를 기본계획에 반영하여야 한다. 다만, 도지사가 대도시가 아닌 시로서 기본계획을 수립할 필요가 없다고 인정하는 시에 대하여는 기본계획을 수립하지 아니할 수 있다.

① 특별시장·광역시장·특별자치시장·특별자치도지사·시장 또는 군수, 10년, 5년
② 시장·군수 또는 구청장, 10년, 5년
③ 특별시장·광역시장·특별자치시장·특별자치도지사 또는 시장, 10년, 5년
④ 시장·군수 또는 구청장, 5년, 1년
⑤ 특별시장·광역시장·특별자치시장·특별자치도지사 또는 도지사, 5년, 5년

01 해설
① 대도시의 시장이 아닌 시장은 기본계획의 내용 중 공동이용시설에 대한 설치계획을 변경하는 경우에는 도지사의 승인을 받지 않아도 된다. 공동이용시설에 대한 설치계획을 변경하는 경우는 경미한 변경에 해당하기 때문이다.

02 해설
③ '특별시장·광역시장·특별자치시장·특별자치도지사 또는 시장'은 기본계획을 '10년' 단위로 수립하여야 하며, '5년'마다 타당성을 검토하여 그 결과를 기본계획에 반영하여야 한다. 다만, 도지사가 대도시가 아닌 시로서 기본계획을 수립할 필요가 없다고 인정하는 시에 대하여는 기본계획을 수립하지 아니할 수 있다.

정답 01 ① 02 ③

03 도시 및 주거환경정비법령상 기본계획에 관한 설명으로 틀린 것은?

① 특별시장·광역시장·특별자치시장·특별자치도지사 또는 시장은 기본계획을 10년 단위로 수립하여야 한다.

② 기본계획의 내용에는 정비구역으로 지정할 예정인 구역의 개략적 범위 등이 포함된다.

③ 특별시장·광역시장·특별자치시장·특별자치도지사 또는 시장은 기본계획에 대하여 5년마다 타당성을 검토하여 그 결과를 기본계획에 반영하여야 한다.

④ 대도시 시장이 기본계획을 수립하려면 도지사의 승인을 받아야 한다.

⑤ 시장은 기본계획을 고시한 때에는 국토교통부령으로 정하는 방법 및 절차에 따라 국토교통부장관에게 보고하여야 한다.

04 도시 및 주거환경정비법령상 국토교통부장관은 도시 및 주거환경을 개선하기 위하여 10년마다 기본방침을 정하고, 5년마다 타당성을 검토하여 그 결과를 기본방침에 반영하여야 한다. 다음 중 기본방침에 포함되는 사항이 아닌 것은?

① 도시 및 주거환경정비를 위한 국가정책방향

② 단계별 정비사업 추진계획

③ 도시·주거환경정비기본계획의 수립방향

④ 노후·불량 주거지 조사 및 개선계획의 수립

⑤ 도시 및 주거환경 개선에 필요한 재정지원계획

03 해설

④ 대도시의 시장이 아닌 시장이 기본계획을 수립 또는 변경하려면 도지사의 승인을 받아야 한다.

04 해설

② 단계별 정비사업 추진계획은 기본방침에 포함되는 사항이 아니라 도시·주거환경정비기본계획에 포함되어야 하는 사항이다.

> * 기본방침에 포함되는 사항은 다음과 같다.
> 1. 도시 및 주거환경정비를 위한 국가정책방향
> 2. 도시·주거환경정비기본계획의 수립방향
> 3. 노후·불량 주거지 조사 및 개선계획의 수립
> 4. 도시 및 주거환경 개선에 필요한 재정지원계획

정답 03 ④ 04 ②

05 도시 및 주거환경정비법령상 재건축사업의 안전진단에 관한 설명으로 옳은 것은?

① 안전진단의 실시를 요청하려면 정비예정구역에 위치한 건축물 및 그 부속토지의 소유자 3분의 2 이상의 동의를 받아야 한다.

② 주택의 구조안전상 사용금지가 필요하다고 정비계획의 입안권자가 인정할 때에는 안전진단을 실시하여야 한다.

③ 「국토안전관리원법」에 따른 국토안전관리원은 재건축사업의 안전진단을 할 수 있다.

④ 천재지변 등으로 주택이 붕괴되어 신속히 재건축을 추진할 필요가 있다고 정비계획의 입안권자가 인정할 때에는 안전진단을 실시하여야 한다.

⑤ 정비계획의 입안권자는 안전진단에 드는 비용을 해당 안전진단의 실시를 요청하는 자에게 부담하게 할 수 없다.

06 도시 및 주거환경정비법령상 재건축사업의 안전진단에 관한 설명으로 틀린 것은?

① 정비계획의 입안권자는 단계별 정비사업추진계획에 따른 재건축사업의 정비예정구역별 정비계획의 수립시기가 도래한 때에 안전진단을 실시하여야 한다.

② 진입도로 등 기반시설 설치를 위하여 불가피하게 정비구역에 포함된 것으로 정비계획의 입안권자가 인정하는 주택단지의 건축물은 안전진단대상에서 제외할 수 있다.

③ 정비계획의 입안권자는 현지조사 등을 통하여 해당 건축물의 구조안전성, 건축마감, 설비노후도 및 주거환경 적합성 등을 심사하여 안전진단 실시 여부를 결정하여야 한다.

④ 시·도지사는 필요한 경우 「과학기술분야 및 정부출연기관 등의 설립운영 및 육성에 관한 법률」에 따른 한국건설기술연구원에 안전진단 결과의 적정성에 대한 검토를 의뢰할 수 있다.

⑤ 특별자치시장은 정비계획의 입안 여부를 결정한 경우에는 지체 없이 국토교통부장관에게 안전진단결과보고서를 제출하여야 한다.

05 해설

① 안전진단의 실시를 요청하려면 정비예정구역에 위치한 건축물 및 그 부속토지의 소유자 10분의 1 이상의 동의를 받아야 한다.

② 주택의 구조안전상 사용금지가 필요하다고 정비계획의 입안권자가 인정할 때에는 안전진단을 실시하지 아니할 수 있다.

④ 천재지변 등으로 주택이 붕괴되어 신속히 재건축을 추진할 필요가 있다고 정비계획의 입안권자가 인정할 때에는 안전진단을 실시하지 아니할 수 있다.

⑤ 정비계획의 입안권자는 안전진단에 드는 비용을 해당 안전진단의 실시를 요청하는 자에게 부담하게 할 수 있다.

06 해설

⑤ 정비계획의 입안권자(특별자치시장 및 특별자치도지사는 제외)는 정비계획의 입안 여부를 결정한 경우에는 지체 없이 특별시장·광역시장·도지사에게 결정내용과 해당 안전진단결과보고서를 제출하여야 한다.

정답 05 ③ 06 ⑤

07 도시 및 주거환경정비법령상 재개발사업이 다음에 해당하는 경우, 정비구역의 지정권자는 정비구역 등의 지정을 해제하여야 한다. (　　)에 들어갈 내용을 바르게 나열한 것은?

> • 토지등소유자가 시행하는 재개발사업으로서 토지등소유자가 정비구역으로 지정・고시된 날부터 (㉠)이 되는 날까지 사업시행계획인가를 신청하지 아니하는 경우
> • 재개발사업을 조합이 시행하는 경우로서 추진위원회가 추진위원회 승인일부터 (㉡)이 되는 날까지 조합설립인가를 신청하지 아니하는 경우
> • 재개발사업을 조합이 시행하는 경우로서 토지등소유자가 정비구역으로 지정・고시된 날부터 (㉢)이 되는 날까지 추진위원회의 승인을 신청하지 아니하는 경우

	㉠	㉡	㉢
①	3년	2년	2년
②	4년	2년	2년
③	5년	2년	2년
④	5년	2년	3년
⑤	5년	3년	2년

④ 5년 2년 3년

08 도시 및 주거환경정비법령상 정비구역에서의 행위제한에 관한 설명으로 틀린 것은?

① 이동이 쉽지 아니한 물건을 1개월 이상 쌓아놓는 행위는 시장・군수등의 허가를 받아야 한다.
② 시장・군수등은 개발행위에 대한 허가를 하고자 하는 경우로서 사업시행자가 있는 때에는 미리 그 사업시행자의 의견을 들어야 한다.
③ 허가를 받아야 하는 행위로서 정비구역의 지정・고시 당시 이미 관계 법령에 따라 행위허가를 받아 공사에 착수한 자는 정비구역이 지정・고시된 날부터 30일 이내에 시장・군수등에게 신고한 후 이를 계속 시행할 수 있다.
④ 정비구역에서 개발행위허가를 받은 경우에는 「국토의 계획 및 이용에 관한 법률」에 따라 개발행위허가를 받은 것으로 본다.
⑤ 허가받은 사항을 변경하고자 하는 때에는 시장・군수등에게 신고하여야 한다.

07 해설

③ 정비구역의 해제사유는 다음과 같다.

> • 토지등소유자가 시행하는 재개발사업으로서 토지등소유자가 정비구역으로 지정・고시된 날부터 '5년'이 되는 날까지 사업시행계획인가를 신청하지 아니하는 경우
> • 재개발사업을 조합이 시행하는 경우로서 추진위원회가 추진위원회 승인일부터 '2년'이 되는 날까지 조합설립인가를 신청하지 아니하는 경우
> • 재개발사업을 조합이 시행하는 경우로서 토지등소유자가 정비구역으로 지정・고시된 날부터 '2년'이 되는 날까지 추진위원회의 승인을 신청하지 아니하는 경우

08 해설

⑤ 허가받은 사항을 변경하고자 하는 때에도 시장・군수등의 허가를 받아야 한다.

정답 07 ③ 08 ⑤

09 **도시 및 주거환경정비법령상 정비구역에서의 행위 중 시장·군수등의 허가를 받아야 하는 것을 모두 고른 것은? (단, 재해복구 또는 재난수습과 관련 없는 행위임)**

> ㉠ 가설건축물의 건축
> ㉡ 죽목의 벌채
> ㉢ 공유수면의 매립
> ㉣ 이동이 쉽지 아니한 물건을 1개월 이상 쌓아놓는 행위
> ㉤ 토지의 합병

① ㉠, ㉡
② ㉡, ㉢, ㉣
③ ㉢, ㉣, ㉤
④ ㉠, ㉡, ㉢, ㉣
⑤ ㉡, ㉢, ㉣, ㉤

09 해설

④ 토지의 합병(㉤)은 정비구역에서 허가를 받아야 하는 행위에 해당하지 않는다.

> *** 허가대상 개발행위**
> 1. 건축물의 건축 등 : 「건축법」에 따른 건축물(가설건축물을 포함)의 건축 또는 용도변경
> 2. 공작물의 설치 : 인공을 가하여 제작한 시설물(「건축법」에 따른 건축물은 제외)의 설치
> 3. 토지의 형질변경 : 절토(땅깎기)·성토(흙쌓기)·정지(땅고르기)·포장 등의 방법으로 토지의 형상을 변경하는 행위, 토지의 굴착 또는 공유수면의 매립
> 4. 토석의 채취 : 흙·모래·자갈·바위 등의 토석을 채취하는 행위(다만, 토지의 형질변경을 목적으로 하는 것은 위 3.에 따름)
> 5. 토지분할
> 6. 물건을 쌓아놓는 행위 : 이동이 쉽지 아니한 물건을 1개월 이상 쌓아놓는 행위
> 7. 죽목의 벌채 및 식재

정답 09 ④

10 도시 및 주거환경정비법령상 정비구역에서 시장 · 군수등의 허가를 받아야 하는 행위는? (단, 「국토의 계획 및 이용에 관한 법률」에 따른 개발행위허가의 대상이 아님)

① 정비구역에 존치하기로 결정된 대지에 물건을 쌓아놓는 행위
② 정비구역의 개발에 지장을 주지 아니하고 자연경관을 손상하지 아니하는 범위에서의 토석의 채취
③ 경작을 위한 토지의 형질변경
④ 농산물의 생산에 직접 이용되는 종묘배양장의 설치
⑤ 경작지에서의 관상용 죽목의 임시식재

10 해설

⑤ 경작지에서의 관상용 죽목의 임시식재는 시장 · 군수등의 허가를 받아야 한다.

＊ 허용사항

다음의 어느 하나에 해당하는 행위는 정비구역에서 허가를 받지 아니하고 이를 할 수 있다.

1. 재해복구 또는 재난수습에 필요한 응급조치를 위한 행위
2. 기존 건축물의 붕괴 등 안전사고의 우려가 있는 경우 해당 건축물에 대한 안전조치를 위한 행위
3. 농림수산물의 생산에 직접 이용되는 것으로서 국토교통부령으로 정하는 간이공작물의 설치(비닐하우스, 버섯재배사, 종묘배양장, 퇴비장, 탈곡장 등)
4. 경작을 위한 토지의 형질변경
5. 정비구역의 개발에 지장을 주지 아니하고 자연경관을 손상하지 아니하는 범위에서의 토석의 채취
6. 정비구역에 존치하기로 결정된 대지에 물건을 쌓아놓는 행위
7. 관상용 죽목의 임시식재(경작지에서의 임시식재는 제외)

정답 10 ⑤

정비사업의 시행

제1절 시행자 및 사업시행계획

01 도시 및 주거환경정비법령상 조문의 일부이다. 다음 (   )에 들어갈 내용을 옳게 연결한 것은?

> 재건축사업은 정비구역에서 인가받은 관리처분계획에 따라 주택, 부대시설·복리시설 및 오피스텔(「건축법」 제2조 제2항에 따른 오피스텔)을 건설하여 공급하는 방법으로 한다. 이 경우 오피스텔을 건설하여 공급하는 경우에는 「국토의 계획 및 이용에 관한 법률」에 따른 (㉠)에서만 건설할 수 있다. 이 경우 오피스텔의 연면적은 전체 건축물 연면적의 (㉡) 이하이어야 한다.

	㉠	㉡
①	준주거지역 및 일반공업지역	100분의 10
②	준주거지역 및 상업지역	100분의 20
③	준공업지역 및 상업지역	100분의 30
④	준주거지역 및 준공업지역	100분의 10
⑤	준주거지역 및 상업지역	100분의 30

01 해설

⑤ 재건축사업은 정비구역에서 인가받은 관리처분계획에 따라 주택, 부대시설·복리시설 및 오피스텔(「건축법」 제2조 제2항에 따른 오피스텔)을 건설하여 공급하는 방법으로 한다. 이 경우 오피스텔을 건설하여 공급하는 경우에는 「국토의 계획 및 이용에 관한 법률」에 따른 '준주거지역 및 상업지역'에서만 건설할 수 있다. 이 경우 오피스텔의 연면적은 전체 건축물 연면적의 '100분의 30' 이하이어야 한다.

정답 01 ⑤

02 도시 및 주거환경정비법령상 정비사업의 시행방법으로 옳은 것만을 모두 고른 것은?

> ㉠ 재건축사업 : 사업시행자가 환지로 공급하는 방법
> ㉡ 주거환경개선사업 : 사업시행자가 정비구역에서 인가받은 관리처분계획에 따라 주택, 부대시설·복리시설 및 오피스텔을 건설하여 공급하는 방법
> ㉢ 재개발사업 : 정비구역에서 인가받은 관리처분계획에 따라 건축물을 건설하여 공급하는 방법

① ㉠
② ㉡
③ ㉢
④ ㉠, ㉢
⑤ ㉡, ㉢

03 도시 및 주거환경정비법령상 정비사업의 시행자가 될 수 없는 자는?

① 광역시장
② 토지등소유자
③ 시장·군수
④ 지방공사
⑤ 한국토지주택공사

02 해설
㉠ 재건축사업은 환지로 공급하는 방법으로 사업을 시행할 수 없다.
㉡ 사업시행자가 정비구역에서 인가받은 관리처분계획에 따라 주택, 부대시설·복리시설 및 오피스텔을 건설하여 공급하는 방법을 시행할 수 있는 사업은 재건축사업에 해당한다.

03 해설
① 광역시장은 정비사업의 시행자가 될 수 없다.

정답 02 ③ 03 ①

04 도시 및 주거환경정비법령상 다음 ( )에 들어갈 내용을 순서대로 나열한 것은? (단, 사업시행자가 정비구역의 전부 또는 일부를 수용하여 주택을 건설한 후 토지등소유자에게 우선 공급하는 방법으로 하는 경우를 전제로 함)

> 주거환경개선사업은 정비계획의 입안을 위한 공람 공고일 현재 해당 정비예정구역의 토지 또는 건축물의 소유자 또는 지상권자의 (㉠) 이상의 동의와 세입자 세대수 (㉡)의 동의를 각각 받아 시장·군수등이 직접 시행하거나 토지주택공사등을 사업시행자로 지정하여 이를 시행하게 할 수 있다. 다만, 세입자의 세대수가 토지등소유자의 (㉢) 이하인 경우 등 대통령령으로 정하는 사유가 있는 경우에는 세입자의 동의절차를 거치지 아니할 수 있다.

	㉠	㉡	㉢
①	2분의 1	과반수	2분의 1
②	2분의 1	3분의 2	3분의 1
③	3분의 2	과반수	2분의 1
④	3분의 2	과반수	3분의 1
⑤	3분의 2	3분의 1	5분의 1

04 해설

③ 주거환경개선사업은 정비계획의 입안을 위한 공람 공고일 현재 해당 정비예정구역의 토지 또는 건축물의 소유자 또는 지상권자의 '3분의 2' 이상의 동의와 세입자 세대수 '과반수'의 동의를 각각 받아 시장·군수등이 직접 시행하거나 토지주택공사등을 사업시행자로 지정하여 이를 시행하게 할 수 있다. 다만, 세입자의 세대수가 토지등소유자의 '2분의 1' 이하인 경우 등 대통령령으로 정하는 사유가 있는 경우에는 세입자의 동의절차를 거치지 아니할 수 있다.

정답 04 ③

05 도시 및 주거환경정비법령상 정비사업의 시행에 관한 설명으로 틀린 것은?

① 재개발사업은 조합이 이를 시행하거나 조합이 조합원 과반수의 동의를 받아 시장·군수등 또는 토지주택공사등과 공동으로 시행할 수 있다.
② 재건축사업은 조합이 조합원 과반수의 동의를 받아 건설업자 또는 등록사업자와 공동으로 시행할 수 있다.
③ 재건축사업의 시행자는 선정된 시공자와 공사에 관한 계약을 체결할 때에는 기존 건축물의 철거공사에 관한 사항을 포함하여야 한다.
④ 재개발사업은 사업시행자가 '정비구역에서 인가받은 관리처분계획에 따라 건축물을 건설하여 공급하는 방법' 및 '환지로 공급하는 방법'을 혼용할 수 있다.
⑤ 조합은 조합설립인가를 받은 후 건설업자 또는 등록사업자를 시공자로 선정하여야 한다.

06 도시 및 주거환경정비법령상 정비사업의 시행에 관한 설명으로 옳은 것은?

① 추진위원회의 구성승인 후 시장·군수등이 토지주택공사등을 사업시행자로 지정·고시한 때에는 그 고시일의 다음 날에 추진위원회의 구성 승인은 취소된 것으로 본다.
② 시장·군수등이 아닌 사업대행자는 사업시행자에게 재산상의 부담을 가하는 행위를 하고자 하는 때에는 미리 사업시행자의 동의를 받아야 한다.
③ 토지등소유자가 재개발사업을 시행하는 경우에는 경쟁입찰의 방법으로 시공자를 선정하여야 한다.
④ 조합원의 수가 100명 이하인 조합은 조합설립인가를 받은 후 조합 총회에서 국토교통부장관이 정하는 경쟁입찰의 방법으로 시공자를 선정하여야 한다.
⑤ 주민대표회의는 위원장을 포함하여 5명 이상 20명 이하로 구성한다.

05 해설

④ 재개발사업은 사업시행자가 정비구역에서 인가받은 관리처분계획에 따라 건축물을 건설하여 공급하거나 환지로 공급하는 방법으로 하며, 혼용할 수는 없다.

06 해설

② 시장·군수등이 아닌 사업대행자는 사업시행자에게 재산상 부담을 주는 행위를 하려는 때에는 미리 시장·군수등의 승인을 받아야 한다.
③ 토지등소유자가 재개발사업을 시행하는 경우에는 사업시행계획인가를 받은 후 규약으로 정하는 바에 따라 건설업자 또는 등록사업자를 시공자로 선정하여야 한다.
④ 조합은 조합설립인가를 받은 후 조합 총회에서 경쟁입찰 또는 수의계약(2회 이상 경쟁입찰이 유찰된 경우로 한정)의 방법으로 건설업자 또는 등록사업자를 시공자로 선정하여야 한다. 다만, 조합원이 100명 이하인 정비사업은 조합 총회에서 정관으로 정하는 바에 따라 선정할 수 있다.
⑤ 주민대표회의는 위원장을 포함하여 5명 이상 25명 이하로 구성한다.

정답 05 ④ 06 ①

07 **도시 및 주거환경정비법령상 재개발사업을 시장·군수등이 직접 정비사업을 시행하거나 토지주택공사등을 사업시행자로 지정하여 정비사업을 시행하게 할 수 있는 사유가 아닌 것은?**

① 천재지변, 그 밖의 불가피한 사유로 긴급하게 정비사업을 시행할 필요가 있다고 인정하는 때
② 정비계획에서 정한 정비사업시행 예정일부터 3년 이내에 사업시행계획인가를 신청하지 아니하거나 사업시행계획인가를 신청한 내용이 위법 또는 부당하다고 인정하는 때
③ 지방자치단체의 장이 시행하는 「국토의 계획 및 이용에 관한 법률」에 따른 도시·군계획사업과 병행하여 정비사업을 시행할 필요가 있다고 인정하는 때
④ 해당 정비구역 안의 국·공유지 면적이 전체 토지 면적의 2분의 1 이상으로서 토지등소유자의 과반수가 시장·군수등 또는 토지주택공사등을 사업시행자로 지정하는 것에 동의하는 때
⑤ 해당 정비구역 안의 토지 면적 2분의 1 이상의 토지소유자와 토지등소유자의 3분의 2 이상에 해당하는 자가 시장·군수등 또는 토지주택공사등을 사업시행자로 지정할 것을 요청하는 때

07 해설

② 정비계획에서 정한 정비사업시행 예정일부터 2년 이내에 사업시행계획인가를 신청하지 아니하거나 사업시행계획인가를 신청한 내용이 위법 또는 부당하다고 인정하는 때에 재개발사업을 시장·군수등이 직접 정비사업을 시행하거나 토지주택공사등을 시행자로 지정하여 정비사업을 시행하게 할 수 있다.

＊ 시장·군수등 또는 토지주택공사등의 재개발사업시행 가능사유

재개발사업을 시장·군수등 또는 토지주택공사등이 시행할 수 있는 사유는 다음과 같다.

1. 천재지변, 「재난 및 안전관리 기본법」 또는 「시설물의 안전 및 유지관리에 관한 특별법」에 따른 사용제한·사용금지, 그 밖의 불가피한 사유로 긴급하게 정비사업을 시행할 필요가 있다고 인정하는 때
2. 정비계획에서 정한 정비사업시행 예정일부터 2년 이내에 사업시행계획인가를 신청하지 아니하거나 사업시행계획인가를 신청한 내용이 위법 또는 부당하다고 인정하는 때(재건축사업의 경우는 제외)
3. 추진위원회가 시장·군수등의 구성승인을 받은 날부터 3년 이내에 조합설립인가를 신청하지 아니하거나 조합이 조합설립인가를 받은 날부터 3년 이내에 사업시행계획인가를 신청하지 아니한 때
4. 지방자치단체의 장이 시행하는 「국토의 계획 및 이용에 관한 법률」에 따른 도시·군계획사업과 병행하여 정비사업을 시행할 필요가 있다고 인정하는 때
5. 순환정비방식으로 정비사업을 시행할 필요가 있다고 인정하는 때
6. 사업시행계획인가가 취소된 때
7. 해당 정비구역의 국·공유지 면적 또는 국·공유지와 토지주택공사등이 소유한 토지를 합한 면적이 전체 토지 면적의 2분의 1 이상으로서 토지등소유자의 과반수가 시장·군수등 또는 토지주택공사등을 사업시행자로 지정하는 것에 동의하는 때
8. 해당 정비구역의 토지 면적 2분의 1 이상의 토지소유자와 토지등소유자의 3분의 2 이상에 해당하는 자가 시장·군수등 또는 토지주택공사등을 사업시행자로 지정할 것을 요청하는 때

정답 07 ②

08 **도시 및 주거환경정비법령상 정비사업의 시행에 관한 설명으로 틀린 것은?**

① 정비사업의 사업대행자는 사업시행자에게 청구할 수 있는 보수에 대한 권리로써 사업시행자에게 귀속될 건축물을 압류할 수 있다.

② 사업시행자는 선정된 시공자와 공사에 관한 계약을 체결할 때에는 기존 건축물의 철거 공사에 관한 사항을 포함시켜야 한다.

③ 주거환경개선사업의 사업시행자가 임시거주시설의 설치 등을 위하여 지방자치단체의 건축물을 일시 사용하고자 신청한 경우, 그 지방자치단체는 사용신청 이전에 사용계획이 확정된 경우라도 이를 거절할 수 없다.

④ 재개발사업에서 지정개발자의 정비사업비 예치금은 청산금의 지급이 완료된 때에 반환한다.

⑤ 재개발사업은 토지등소유자가 20인 미만인 경우에는 토지등소유자가 시행하거나 토지등소유자의 과반수의 동의를 받아 신탁업자, 한국부동산원과 공동으로 사업을 시행할 수 있다.

09 **도시 및 주거환경정비법령상 재건축사업에 관한 설명으로 옳은 것은?**

① 재건축사업이라 함은 정비기반시설은 열악하고 노후·불량건축물이 밀집한 지역에서 주거환경을 개선하기 위하여 시행하는 사업을 말한다.

② 재건축사업의 경우 토지등소유자는 정비구역에 위치한 건축물 및 그 부속토지의 소유자를 말한다.

③ 재건축사업의 토지등소유자는 의무적으로 조합원이 된다.

④ 재건축사업은 정비구역에서 토지 등을 수용하여 주택을 건설한 후 토지등소유자에게 우선 공급하는 방법으로 사업을 시행할 수 있다.

⑤ 재건축사업의 추진위원회가 조합을 설립하려면 주택단지가 아닌 지역이 정비구역에 포함된 때에는 주택단지가 아닌 지역의 토지 면적의 4분의 3 이상의 토지소유자의 동의를 받아야 한다.

08 해설

③ 주거환경개선사업의 사업시행자가 임시거주시설의 설치 등을 위하여 지방자치단체의 건축물을 일시 사용하고자 신청한 경우, 그 지방자치단체는 사용신청 이전에 사용계획이 확정된 경우에는 이를 거절할 수 있다.

09 해설

① 재건축사업은 정비기반시설이 양호한 지역을 대상으로 사업을 시행한다.

③ 재건축사업의 토지등소유자가 의무적으로 조합원이 되는 것은 아니고, 재건축사업에 동의한 자에 한하여 조합원이 된다.

④ 재건축사업은 수용방법으로는 사업을 시행할 수 없고, 인가받은 관리처분계획에 따라 주택, 부대시설·복리시설 및 오피스텔을 건설하여 공급하는 방법으로 사업을 시행하여야 한다.

⑤ 재건축사업의 추진위원회가 조합을 설립하려면 주택단지가 아닌 지역이 정비구역에 포함된 때에는 주택단지가 아닌 지역의 토지 또는 건축물 소유자의 4분의 3 이상 및 토지 면적의 3분의 2 이상의 토지소유자의 동의를 받아야 한다.

정답 08 ③ 09 ②

10 **도시 및 주거환경정비법령상 정비사업을 시행하는 절차를 순서에 따라 옳게 나열한 것은?**

㉠ 사업시행계획 수립 및 인가 ㉡ 정비계획 수립 및 정비구역 지정 ㉢ 도시·주거환경정비기본계획 수립 ㉣ 준공인가 ㉤ 관리처분계획 인가

① ㉠ - ㉢ - ㉡ - ㉤ - ㉣
② ㉡ - ㉢ - ㉠ - ㉤ - ㉣
③ ㉢ - ㉠ - ㉤ - ㉡ - ㉣
④ ㉢ - ㉡ - ㉠ - ㉤ - ㉣
⑤ ㉢ - ㉡ - ㉤ - ㉠ - ㉣

11 **도시 및 주거환경정비법령상 조합설립추진위원회가 수행할 수 있는 업무가 아닌 것은?**

① 조합의 설립을 위한 창립총회의 개최
② 설계자의 선정 및 변경
③ 개략적인 정비사업시행계획서의 작성
④ 재건축사업의 안전진단신청에 관한 업무
⑤ 토지등소유자의 동의서의 접수

10 해설
④ 도시·주거환경정비기본계획 수립(㉢) - 정비계획 수립 및 정비구역 지정(㉡) - 사업시행계획 수립 및 인가(㉠) - 관리처분계획 인가(㉤) - 준공인가(㉣)의 순서이다.

11 해설
④ 재건축사업의 안전진단신청에 관한 업무는 추진위원회에서 수행하는 업무사항에 해당하지 않는다.

정답 10 ④ 11 ④

12 **도시 및 주거환경정비법령상 조합설립추진위원회(이하 '추진위원회'라 함)에 관한 설명으로 틀린 것은?**

① 조합을 설립하려는 경우에는 정비구역 지정·고시 후 토지등소유자 과반수의 동의를 받아 위원장을 포함한 5명 이상의 위원으로 조합설립을 위한 추진위원회를 구성하여 시장·군수등의 승인을 받아야 한다.

② 추진위원회는 추진위원회를 대표하는 추진위원장 1명과 이사를 두어야 한다.

③ 추진위원회는 조합설립 동의를 받은 후 조합설립인가신청 전에 조합설립을 위한 창립총회를 개최하여야 한다.

④ 창립총회는 추진위원장의 직권 또는 토지등소유자 5분의 1 이상의 요구로 추진위원장이 소집한다.

⑤ 추진위원회는 추진위원회가 행한 업무를 총회에 보고하여야 하며, 추진위원회가 행한 업무와 관련된 권리와 의무는 조합이 포괄 승계한다.

13 **도시 및 주거환경정비법령상 추진위원회와 정비사업조합에 관한 설명으로 틀린 것은?**

① 추진위원회의 구성원은 위원장을 포함한 5명 이상의 위원으로 한다.

② 추진위원회의 조합설립을 위한 토지등소유자의 동의는 구두로는 할 수 없다.

③ 조합원은 토지등소유자(재건축사업의 경우에는 재건축사업에 동의한 자만 해당)로 하되, 토지의 소유권이 여러 명의 공유에 속하는 때에는 그 여러 명을 대표하는 1인을 조합원으로 본다.

④ 재개발사업의 추진위원회가 조합을 설립하려면 토지등소유자의 4분의 3 이상 및 토지 면적의 2분의 1 이상의 토지소유자의 동의를 받아 시장·군수등의 인가를 받아야 한다.

⑤ 재건축사업의 추진위원회가 조합을 설립하려는 때에는 주택단지의 공동주택의 각 동별 구분소유자의 과반수의 동의와 주택단지의 전체 구분소유자의 5분의 4 이상 및 토지 면적의 4분의 3 이상의 토지소유자의 동의를 받아 시장·군수등의 인가를 받아야 한다.

12 해설

② 추진위원회는 추진위원회를 대표하는 추진위원장 1명과 감사를 두어야 한다.

13 해설

⑤ 재건축사업의 추진위원회가 조합을 설립하려는 때에는 주택단지의 공동주택의 각 동별 구분소유자의 과반수의 동의와 주택단지의 전체 구분소유자의 4분의 3 이상 및 토지 면적의 4분의 3 이상의 토지소유자의 동의를 받아 시장·군수등의 인가를 받아야 한다.

정답 12 ② 13 ⑤

14 **도시 및 주거환경정비법령상 조합을 설립하는 경우, 토지등소유자의 동의자 수 산정방법으로 틀린 것은?**

① 주거환경개선사업의 경우 1필지의 토지 또는 하나의 건축물을 여럿이서 공유할 때에는 그 여럿을 대표하는 1인을 토지등소유자로 산정한다.

② 재개발사업의 경우 토지에 지상권이 설정되어 있는 경우 토지의 소유자와 해당 토지의 지상권자를 각각 토지등소유자로 산정한다.

③ 주거환경개선사업의 경우 1인이 다수 필지의 토지 또는 다수의 건축물을 소유하고 있는 경우에는 필지나 건축물의 수에 관계없이 토지등소유자를 1인으로 산정한다.

④ 국·공유지에 대해서는 그 재산관리청 각각을 토지등소유자로 산정한다.

⑤ 재건축사업의 경우 1인이 둘 이상의 소유권 또는 구분소유권을 소유하고 있는 경우에는 소유권 또는 구분소유권의 수에 관계없이 토지등소유자를 1인으로 산정한다.

14 해설

② 토지에 지상권이 설정되어 있는 경우 토지의 소유자와 해당 토지의 지상권자를 대표하는 1인을 토지등소유자로 산정한다.

정답 **14** ②

15 도시 및 주거환경정비법령상 재개발사업을 시행하기 위하여 조합을 설립하고자 할 때, 다음 표의 예시에서 산정되는 토지등소유자의 수로 옳은 것은?

지번	토지소유자	건축물소유자	지상권자
1	A	H	
2	B		D
3	F	G	
4	A	A	

① 3명
② 4명
③ 5명
④ 6명
⑤ 7명

15 해설

③ 지번1은 A와 H 각각 1명, 지번2의 경우 B, D 중 1명, 지번3의 경우 F와 G 각각 1명, 지번4는 0명이다. 따라서 조합원은 모두 5명이다.

＊ 토지등소유자 산정방법

1. 주거환경개선사업, 재개발사업의 경우에는 다음의 기준에 따라 산정한다.
   - 1필지의 토지 또는 하나의 건축물을 여럿이서 공유할 때에는 그 여럿을 대표하는 1인을 토지등소유자로 산정할 것
   - 토지에 지상권이 설정되어 있는 경우 토지의 소유자와 해당 토지의 지상권자를 대표하는 1인을 토지등소유자로 산정할 것
   - 1인이 다수 필지의 토지 또는 다수의 건축물을 소유하고 있는 경우에는 필지나 건축물의 수에 관계없이 토지등소유자를 1인으로 산정할 것. 다만, 재개발사업으로서 토지등소유자가 재개발사업을 시행하는 경우 토지등소유자가 정비구역 지정 후에 정비사업을 목적으로 취득한 토지 또는 건축물에 대해서는 정비구역 지정 당시의 토지 또는 건축물의 소유자를 토지등소유자의 수에 포함하여 산정하되, 이 경우 동의 여부는 이를 취득한 토지등소유자에 따를 것
   - 둘 이상의 토지 또는 건축물을 소유한 공유자가 동일한 경우에는 그 공유자 여럿을 대표하는 1인을 토지등록소유자로 산정할 것
2. 재건축사업의 경우에는 다음의 기준에 따를 것
   - 소유권 또는 구분소유권을 여럿이서 공유하는 경우에는 그 여럿을 대표하는 1인을 토지등소유자로 산정할 것
   - 1인이 둘 이상의 소유권 또는 구분소유권을 소유하고 있는 경우에는 소유권 또는 구분소유권의 수에 관계없이 토지등소유자를 1인으로 산정할 것
   - 둘 이상의 소유권 또는 구분소유권을 소유한 공유자가 동일한 경우에는 그 공유자 여럿을 대표하는 1인을 토지등소유자로 할 것
3. 추진위원회의 구성 또는 조합의 설립에 동의한 자로부터 토지 또는 건축물을 취득한 자는 추진위원회의 구성 또는 조합의 설립에 동의한 것으로 볼 것
4. 토지등기부등본·건물등기부등본·토지대장 및 건축물관리대장에 소유자로 등재될 당시 주민등록번호의 기록이 없고 기록된 주소가 현재 주소와 상이한 경우로서 소재가 확인되지 아니한 자는 토지등소유자의 수 또는 공유자 수에서 제외할 것
5. 국·공유지에 대해서는 그 재산관리청 각각을 토지등소유자로 산정할 것

정답 15 ③

16 도시 및 주거환경정비법령상 재개발사업 조합의 설립을 위한 동의자 수 산정 시, 다음에서 산정되는 토지등소유자의 수는? (단, 권리관계는 제시된 것만 고려하며, 토지는 정비구역 안에 소재함)

- A, B 2인이 공유한 1필지 토지에 하나의 주택을 단독 소유한 C
- 4필지의 나대지를 단독 소유한 D
- 1필지의 나대지를 단독 소유한 E와 그 나대지에 대한 지상권자 F

① 4명 ② 5명
③ 6명 ④ 7명
⑤ 8명

17 도시 및 주거환경정비법령상의 정비사업조합에 관한 설명으로 옳은 것은?

① 당연퇴임된 조합임원이 퇴임 전에 관여한 행위는 그 효력을 잃는다.
② 토지 또는 건축물의 소유권과 지상권이 여러 명의 공유에 속하는 때에는 그 여러 명을 모두 조합원으로 본다.
③ 조합임원은 같은 목적의 정비사업을 하는 다른 조합의 임원 또는 직원을 겸할 수 있다.
④ 조합설립인가를 받은 경우에는 따로 등기를 하지 않아도 조합이 성립된다.
⑤ 토지등소유자의 수가 100인을 초과하는 경우에는 이사의 수를 5명 이상으로 한다.

16 해설
- A, B 2인이 공유한 1필지 토지에 하나의 주택을 단독 소유한 C = 2명
- 4필지의 나대지를 단독 소유한 D = 1명
- 1필지의 나대지를 단독 소유한 E와 그 나대지에 대한 지상권자 F = 1명

따라서 모두 4명이다.

17 해설
① 당연퇴임된 조합임원이 퇴임 전에 관여한 행위는 그 효력을 잃지 않는다.
② 토지 또는 건축물의 소유권과 지상권이 여러 명의 공유에 속하는 때에는 그 여러 명을 대표하는 1명을 조합원으로 본다.
③ 조합임원은 같은 목적의 정비사업을 하는 다른 조합의 임원 또는 직원을 겸할 수 없다.
④ 조합은 조합설립의 인가를 받은 날부터 30일 이내에 주된 사무소의 소재지에서 대통령령이 정하는 사항을 등기하는 때에 성립한다.

정답 16 ① 17 ⑤

18 **도시 및 주거환경정비법령상 조합에 관한 설명으로 옳은 것은?**

① 「도시 및 주거환경정비법」을 위반하여 벌금 100만원 이상의 형을 선고받고 10년이 지나지 아니한 자는 조합원이 될 수 없다.
② 조합이 조합원의 자격에 관한 정관을 변경하려면 총회를 개최하여 조합원 과반수의 찬성으로 시장·군수등의 인가를 받아야 한다.
③ 「주택법」에 따른 투기과열지구로 지정된 지역에서 재건축사업을 시행하는 경우, 조합설립인가 후 해당 정비사업의 건축물 또는 토지를 상속으로 양수한 자는 조합원이 될 수 없다.
④ 총회를 소집하려는 자는 총회가 개최되기 7일 전까지 회의목적·안건·일시 및 장소와 서면의결권의 행사기간 및 장소 등 서면의결권 행사에 필요한 사항을 정하여 조합원에게 통지하여야 한다.
⑤ 조합장을 포함한 이사와 감사는 대의원이 될 수 없다.

19 **도시 및 주거환경정비법령상 조합의 정관을 변경하기 위하여 조합원 3분의 2 이상의 찬성이 필요한 사항이 아닌 것은?**

① 조합임원의 수 및 업무의 범위
② 조합원의 제명에 관한 사항
③ 정비구역의 위치 및 면적
④ 정비사업비의 부담시기 및 절차
⑤ 시공자·설계자의 선정 및 계약서에 포함될 내용

18 해설

① 「도시 및 주거환경정비법」을 위반하여 벌금 100만원 이상의 형을 선고받고 10년이 지나지 아니한 자는 조합의 임원이 될 수 없다.
② 조합이 조합원의 자격에 관한 정관을 변경하려면 총회를 개최하여 조합원 3분의 2 이상의 찬성으로 시장·군수등의 인가를 받아야 한다.
③ 「주택법」 규정에 따른 투기과열지구로 지정된 지역에서 재건축사업을 시행하는 경우, 조합설립인가 후 해당 정비사업의 건축물 또는 토지를 상속으로 양수한 자는 조합원이 될 수 있다.
⑤ 조합장을 제외한 이사와 감사는 대의원이 될 수 없다.

19 해설

① 조합임원의 수 및 업무의 범위를 변경하려면 조합원 과반수의 찬성으로 한다.
②③④⑤ 조합원의 자격, 조합원의 제명·탈퇴 및 교체, 정비구역의 위치 및 면적, 조합의 비용부담 및 조합의 회계, 정비사업비의 부담 시기 및 절차 또는 시공자·설계자의 선정 및 계약서에 포함될 내용의 경우에는 조합원 3분의 2 이상의 찬성으로 한다.

정답 18 ④ 19 ①

20 도시 및 주거환경정비법령상 조합임원에 관한 설명으로 옳은 것은?

① 조합임원의 임기는 3년 이하의 범위에서 정관으로 정하되, 연임할 수 없다.
② 조합임원은 조합원 5분의 1 이상의 요구로 소집된 총회에서 조합원 과반수의 출석과 출석 조합원 과반수의 동의를 받아 해임할 수 있다.
③ 조합임원이 결격사유에 해당하게 되거나 선임 당시 그에 해당하는 자이었음이 판명된 때에는 당연퇴임하며, 퇴임된 임원이 퇴임 전에 관여한 행위는 그 효력을 잃지 아니한다.
④ 조합장의 자기를 위한 조합과의 계약이나 소송에 관하여는 이사가 조합을 대표한다.
⑤ 조합임원은 같은 목적의 정비사업을 하는 다른 조합의 임원 또는 직원을 겸할 수 있다.

21 도시 및 주거환경정비법령상 조합의 설립에 관한 설명으로 ( )에 들어갈 내용을 바르게 나열한 것은?

• 재건축사업의 추진위원회가 조합을 설립하려면 주택단지의 공동주택의 각 동별 구분소유자의 (㉠) 동의와 주택단지의 전체 구분소유자의 4분의 3 이상 및 토지 면적의 (㉡) 이상의 토지소유자의 동의를 받아 시장·군수등의 인가를 받아야 한다.
• 재건축사업의 추진위원회가 조합을 설립하려면 주택단지가 아닌 지역이 정비구역에 포함된 때에는 주택단지가 아닌 지역의 토지 또는 건축물 소유자의 (㉡) 이상 및 토지 면적의 3분의 2 이상의 토지소유자의 동의를 받아 시장·군수등의 인가를 받아야 한다.

	㉠	㉡		㉠	㉡
①	과반수	3분의 2	②	과반수	4분의 3
③	3분의 2	4분의 1	④	3분의 2	4분의 3
⑤	4분의 3	4분의 2			

20 해설

① 조합임원의 임기는 3년 이하의 범위에서 정관으로 정하되, 연임할 수 있다.
② 조합임원은 조합원 10분의 1 이상의 요구로 소집된 총회에서 조합원 과반수의 출석과 출석 조합원 과반수의 동의를 받아 해임할 수 있다.
④ 조합장의 자기를 위한 조합과의 계약이나 소송에 관하여는 감사가 조합을 대표한다.
⑤ 조합임원은 같은 목적의 정비사업을 하는 다른 조합의 임원 또는 직원을 겸할 수 없다.

21 해설

• 재건축사업의 추진위원회가 조합을 설립하려면 주택단지의 공동주택의 각 동(복리시설의 경우에는 주택단지의 복리시설 전체를 하나의 동으로 봄)별 구분소유자의 '과반수' 동의(공동주택의 각 동별 구분소유자가 5 이하인 경우는 제외)와 주택단지의 전체 구분소유자의 4분의 3 이상 및 토지 면적의 '4분의 3' 이상의 토지소유자의 동의를 받아 시장·군수등의 인가를 받아야 한다.
• 재건축사업의 추진위원회가 조합을 설립하려면 주택단지가 아닌 지역이 정비구역에 포함된 때에는 주택단지가 아닌 지역의 토지 또는 건축물 소유자의 '4분의 3' 이상 및 토지 면적의 3분의 2 이상의 토지소유자의 동의를 받아 시장·군수등의 인가를 받아야 한다.

정답 20 ③ 21 ②

22 **도시 및 주거환경정비법령상 대의원회에서 대행할 수 없고 총회의 의결을 거쳐야 하는 사항이 아닌 것은?**

① 임기 중 궐위된 이사의 보궐선임
② 자금의 차입과 그 방법·이율 및 상환방법
③ 정관의 변경에 관한 사항
④ 조합임원의 선임 및 해임
⑤ 정비사업전문관리업자의 선정 및 변경

23 **도시 및 주거환경정비법령상 대의원회에 관한 설명으로 틀린 것은?**

① 대의원은 조합원 중에서 선출하며, 대의원회 의장은 조합장이 된다.
② 조합의 감사는 대의원회에서 해임될 수 있다.
③ 조합의 합병 또는 해산(사업 완료로 인한 해산의 경우는 제외)에 관한 사항은 대의원회에서 총회의 권한을 대행할 수 없다.
④ 대의원회는 재적대의원 과반수의 출석과 출석대의원 과반수의 찬성으로 의결한다. 다만, 그 이상의 범위에서 정관이 달리 정하는 경우에는 그에 따른다.
⑤ 조합의 이사는 조합의 대의원을 겸할 수 없다.

22 해설
① 임기 중 궐위된 이사의 보궐선임에 관한 사항은 대의원회에서 총회의 권한을 대행할 수 있다.

23 해설
② 조합의 감사는 대의원회에서 해임될 수 없다.

정답 22 ① 23 ②

24 **도시 및 주거환경정비법령상 주민대표회의에 관한 설명으로 틀린 것은?**

① 토지등소유자가 시장·군수등 또는 토지주택공사등의 사업시행을 원하는 경우에는 정비구역 지정·고시 후 주민대표회의를 구성하여야 한다.
② 주민대표회의는 위원장을 포함하여 5명 이상 25명 이하로 구성한다.
③ 주민대표회의에는 위원장과 부위원장 각 1명과, 1명 이상 5명 이하의 감사를 둔다.
④ 주민대표회의는 토지등소유자의 과반수의 동의를 받아 구성하며, 시장·군수등의 승인을 받아야 한다.
⑤ 세입자(상가세입자를 포함)는 사업시행자가 건축물의 철거에 관하여 시행규정을 정하는 때에 의견을 제시할 수 있다.

25 **도시 및 주거환경정비법령상 사업시행계획에 관한 설명으로 옳은 것은?**

① 토지등소유자가 재개발사업을 시행하려는 경우에는 사업시행계획인가를 신청하기 전에 사업시행계획서에 대하여 토지등소유자의 4분의 3 이상 및 토지 면적의 3분의 2 이상의 토지소유자의 동의를 받아야 한다.
② 사업시행계획서에는 사업시행기간 동안 정비구역 내 가로등 설치, 폐쇄회로 텔레비전 설치 등 범죄예방대책이 포함되어야 한다.
③ 시장·군수등은 사업시행계획인가를 하거나 사업시행계획서를 작성하려는 경우에는 대통령령으로 정하는 방법 및 절차에 따라 관계 서류의 사본을 30일 이상 일반인이 공람할 수 있게 하여야 한다.
④ 시장·군수등은 재개발사업의 사업시행계획인가를 하는 경우 해당 정비사업의 사업시행자가 지정개발자인 때에는 정비사업비의 100분의 30을 예치하게 할 수 있다.
⑤ 사업시행자는 일부 건축물의 존치 또는 리모델링에 관한 내용이 포함된 사업시행계획서를 작성하여 사업시행계획인가를 신청할 수 없다.

24 해설

③ 주민대표회의에는 위원장과 부위원장 각 1명과, 1명 이상 3명 이하의 감사를 둔다.

25 해설

① 토지등소유자가 재개발사업을 시행하려는 경우에는 사업시행계획인가를 신청하기 전에 사업시행계획서에 대하여 토지등소유자의 4분의 3 이상 및 토지 면적의 2분의 1 이상의 토지소유자의 동의를 받아야 한다.
③ 시장·군수등은 사업시행계획인가를 하거나 사업시행계획서를 작성하려는 경우에는 대통령령으로 정하는 방법 및 절차에 따라 관계 서류의 사본을 14일 이상 일반인이 공람할 수 있게 하여야 한다.
④ 시장·군수등이 재개발사업의 사업시행계획인가를 하는 경우 해당 정비사업의 사업시행자가 지정개발자(지정개발자가 토지등소유자인 경우로 한정)인 때에는 정비사업비의 100분의 20의 범위에서 시·도 조례로 정하는 금액을 예치하게 할 수 있다.
⑤ 사업시행자는 일부 건축물의 존치 또는 리모델링에 관한 내용이 포함된 사업시행계획서를 작성하여 사업시행계획인가의 신청을 할 수 있다.

정답 24 ③ 25 ②

26 **도시 및 주거환경정비법령상 재개발사업의 사업시행자가 작성하여야 하는 사업시행계획서에 포함되어야 하는 사항이 아닌 것은? (단, 조례는 고려하지 않음)**

① 토지이용계획(건축물배치계획을 포함)
② 정비기반시설 및 공동이용시설의 설치계획
③ 분양대상자별 분양예정인 건축물의 추산액
④ 세입자의 주거 및 이주대책
⑤ 임시거주시설을 포함한 주민이주대책

26 해설

③ 분양대상자별 분양예정인 건축물의 추산액은 사업시행계획에 포함되어야 하는 사항이 아니고, 관리처분계획의 내용에 포함되어야 하는 사항이다.

*** 사업시행계획서에 포함되어야 할 내용**
1. 토지이용계획(건축물배치계획을 포함)
2. 정비기반시설 및 공동이용시설의 설치계획
3. 임시거주시설을 포함한 주민이주대책
4. 세입자의 주거 및 이주대책
5. 사업시행기간 동안 정비구역 내 가로등 설치, 폐쇄회로 텔레비전 설치 등 범죄예방대책
6. 임대주택의 건설계획(재건축사업의 경우는 제외)
7. 국민주택규모 주택의 건설계획(주거환경개선사업의 경우는 제외)
8. 공공지원민간임대주택 또는 임대관리 위탁주택의 건설계획(필요한 경우로 한정)
9. 건축물의 높이 및 용적률 등에 관한 건축계획
10. 정비사업의 시행과정에서 발생하는 폐기물의 처리계획
11. 교육시설의 교육환경 보호에 관한 계획(정비구역부터 200m 이내에 교육시설이 설치되어 있는 경우로 한정)
12. 정비사업비
13. 그 밖에 사업시행을 위한 사항으로서 대통령령으로 정하는 바에 따라 시・도조례로 정하는 사항

정답 26 ③

27 도시 및 주거환경정비법령상 다음 (   )에 들어갈 내용으로 옳은 것은?

> 사업시행자는 (   )의 시행으로 철거되는 주택의 소유자 또는 세입자에게 해당 정비구역 안과 밖에 위치한 임대주택 등의 시설에 임시로 거주하게 하거나 주택자금의 융자알선 등 임시거주에 상응하는 조치를 하여야 한다.

① 주거환경개선사업 및 재개발사업
② 재개발사업 및 재건축사업
③ 주거환경관리사업
④ 재건축사업
⑤ 주거환경개선사업 및 재건축사업

28 도시 및 주거환경정비법령상 사업시행계획 등에 관한 설명으로 틀린 것은?

① 사업시행자는 사업시행계획서에 정관 등과 그 밖에 국토교통부령으로 정하는 서류를 첨부하여 시장・군수등에게 제출하고 사업시행계획인가를 받아야 한다.
② 지정개발자가 정비사업을 시행하려는 경우에는 사업시행계획인가를 신청하기 전에 토지등소유자의 과반수의 동의 및 토지 면적의 2분의 1 이상의 토지소유자의 동의를 받아야 한다.
③ 사업시행자가 사업시행계획인가를 받은 후 대지면적을 10%의 범위에서 변경하는 경우 시장・군수등에게 인가를 받아야 한다.
④ 인가받은 사업시행계획 중 건축물이 아닌 부대・복리시설의 위치를 변경하고자 하는 경우에는 변경인가를 받아야 한다.
⑤ 시장・군수등은 사업시행계획인가를 하려는 경우 정비구역부터 200m 이내에 교육시설이 설치되어 있을 때에는 해당 지방자치단체의 교육감 또는 교육장과 협의하여야 한다.

27 해설

① 사업시행자는 '주거환경개선사업 및 재개발사업'의 시행으로 철거되는 주택의 소유자 또는 세입자에게 해당 정비구역 안과 밖에 위치한 임대주택 등의 시설에 임시로 거주하게 하거나 주택자금의 융자알선 등 임시거주에 상응하는 조치를 하여야 한다.

28 해설

③ 사업시행자가 사업시행계획인가를 받은 후 대지면적을 10%의 범위에서 변경하는 경우 시장・군수등에게 신고하여야 한다.

정답 27 ① 28 ③

29 **도시 및 주거환경정비법령상 정비사업시행을 위한 조치 등에 관한 설명으로 틀린 것은?**

① 주거환경개선사업에 따른 건축허가를 받는 때에는 「주택도시기금법」의 국민주택채권 매입에 관한 규정을 적용하지 아니한다.

② 사업시행자는 재개발사업의 시행으로 철거되는 주택의 소유자 또는 세입자에게 해당 정비구역 안과 밖에 위치한 임대주택 등의 시설에 임시로 거주하게 하거나 주택자금의 융자를 알선하는 등 임시거주에 상응하는 조치를 하여야 한다.

③ 지방자치단체는 시행자로부터 위 ②의 임시거주시설에 필요한 토지의 사용신청을 받은 경우, 제3자에게 이미 사용허가를 한 경우라도 그 사용신청을 거절할 수 없다.

④ 정비사업의 시행으로 인하여 전세권의 설정 목적을 달성할 수 없는 때에는 그 권리자는 계약을 해지할 수 있다.

⑤ 재건축사업을 시행하는 경우 조합설립인가일 현재 조합원 전체의 공동소유인 토지 또는 건축물은 조합 소유의 토지 또는 건축물로 본다.

29 해설

③ 지방자치단체는 시행자로부터 임시거주시설에 필요한 토지의 사용신청을 받은 경우, 제3자에게 이미 사용허가를 한 경우에는 그 사용신청을 거절할 수 있다.

정답 29 ③

제 2 절 관리처분계획 및 소유권이전

30 도시 및 주거환경정비법령상 분양신청에 관한 설명으로 틀린 것은?

① 사업시행자는 사업시행계획인가의 고시가 있은 날부터 120일 이내에 분양신청기간을 토지등소유자에게 통지하고 일간신문에 공고하여야 한다.

② 분양신청기간은 통지한 날부터 30일 이상 60일 이내로 하여야 한다.

③ 대지 또는 건축물에 대한 분양을 받으려는 토지등소유자는 분양신청기간에 사업시행자에게 대지 또는 건축물에 대한 분양신청을 하여야 한다.

④ 사업시행자는 분양신청기간 종료 이전에 분양신청을 철회한 경우에는 관리처분계획이 인가·고시된 다음 날부터 30일 이내에 손실보상에 관한 협의를 하여야 한다.

⑤ 사업시행자는 손실보상에 관한 협의가 성립되지 아니하면 그 기간의 만료일 다음 날부터 60일 이내에 수용재결을 신청하거나 매도청구소송을 제기하여야 한다.

31 도시 및 주거환경정비법령상 관리처분계획에 관한 설명으로 옳은 것은?

① 재개발사업의 관리처분은 정비구역의 지상권자에 대한 분양을 포함하여야 한다.

② 사업시행자는 분양신청을 받은 후 잔여분이 있는 경우에는 정관 등 또는 사업시행계획으로 정하는 목적을 위하여 그 잔여분을 보류지(건축물을 포함)로 정하거나 조합원 외의 자에게 분양할 수 있다.

③ 관리처분계획을 수립하는 경우 정비구역의 지정은 소유권이전고시가 있은 날에 해제된 것으로 본다.

④ 사업시행자는 관리처분계획의 인가를 신청하기 전에 관계 서류의 사본을 14일 이상 토지등소유자에게 공람하게 하고 의견을 들어야 한다.

⑤ 주거환경개선사업의 사업시행자는 관리처분계획에 따라 공동이용시설을 새로 설치하여야 한다.

30 해설

④ 사업시행자는 분양신청기간 종료 이전에 분양신청을 철회한 경우에는 관리처분계획이 인가·고시된 다음 날부터 90일 이내에 손실보상에 관한 협의를 하여야 한다.

31 해설

① 재개발사업의 관리처분은 정비구역 안의 지상권자에 대한 분양은 제외한다.

③ 관리처분계획을 수립하는 경우 정비구역의 지정은 소유권이전고시가 있은 날의 다음 날에 해제된 것으로 본다.

④ 사업시행자는 관리처분계획의 인가를 신청하기 전에 관계 서류의 사본을 30일 이상 토지등소유자에게 공람하게 하고 의견을 들어야 한다.

⑤ 주거환경개선사업의 사업시행자는 사업시행계획에 따라 공동이용시설을 새로 설치하여야 한다.

정답 30 ④ 31 ②

32 **도시 및 주거환경정비법령상 관리처분계획에 관한 설명으로 옳은 것은? (다만, 투기과열지구 또는 조정대상지역은 제외함)**

① 사업시행자는 토지등소유자가 분양신청을 하지 아니한 경우에 토지·건축물 또는 그 밖의 권리에 대하여 경매처분한다.
② 사업시행자는 기존 건축물을 철거한 후에 관리처분계획을 수립하여 인가를 받아야 한다.
③ 과밀억제권역에 위치하지 아니한 재건축사업의 토지등소유자에게는 1세대가 1 이상의 주택을 소유한 경우에 1주택을 공급한다.
④ 재건축사업의 사업시행자는 관리처분계획을 수립하여 시장·군수등의 인가를 받아야 하며, 해당 관리처분계획을 중지하는 경우에는 시장·군수등에게 신고하여야 한다.
⑤ 관리처분계획에는 분양대상자의 종전 토지 또는 건축물에 대한 소유권 외의 권리명세가 포함되어야 한다.

33 **도시 및 주거환경정비법령상 관리처분계획에 관한 설명으로 틀린 것은?**

① 분양설계에 관한 계획은 분양신청기간이 만료되는 날을 기준으로 하여 수립한다.
② 지나치게 넓은 토지 또는 건축물에 대하여 필요한 경우에는 이를 감소시켜 대지 또는 건축물이 적정 규모가 되도록 한다.
③ 정비구역 지정 후 분할된 토지를 취득한 자에 대하여 현금으로 청산할 수 없다.
④ 근로자숙소·기숙사 용도로 주택을 소유하고 있는 토지등소유자에게는 소유한 주택 수만큼 주택을 공급할 수 있다.
⑤ 재건축사업의 경우 법령상 관리처분의 기준은 조합이 조합원 전원의 동의를 받아 따로 정할 수 있다.

32 해설

① 분양신청을 하지 아니한 경우에는 관리처분계획이 인가·고시된 다음 날부터 90일 이내에 손실보상에 관한 협의를 하여야 한다.
② 사업시행자는 분양신청기간이 종료된 때에는 기존 건축물을 철거하기 전에 분양신청의 현황을 기초로 관리처분계획을 수립하여 시장·군수등의 인가를 받아야 한다.
③ 과밀억제권역에 위치하지 아니한 재건축사업의 토지등소유자에 대하여는 소유한 주택 수만큼 공급할 수 있다. 다만, 투기과열지구 또는 「주택법」에 따라 지정된 조정대상지역에서 사업시행계획인가를 신청하는 재건축사업의 토지등소유자는 제외한다.
④ 재건축사업의 사업시행자는 관리처분계획을 수립하여 시장·군수등의 인가를 받아야 하며, 해당 관리처분계획을 중지하는 경우에도 시장·군수등에게 인가를 받아야 한다.

33 해설

③ 정비구역 지정 후 분할된 토지를 취득한 자에 대하여 현금으로 청산할 수 있다.

정답 32 ⑤ 33 ③

34 **도시 및 주거환경정비법령상 재건축사업의 관리처분계획에 관한 설명으로 틀린 것은?**

① 사업시행으로 조성된 대지는 관리처분계획에 따라 처분 또는 관리하여야 한다.

② 사업시행자는 폐공가의 밀집으로 범죄발생의 우려가 있는 경우, 기존 건축물의 소유자의 동의 및 시장・군수등의 허가를 받아 해당 건축물을 철거할 수 있다.

③ 관리처분계획의 인가・고시가 있은 때에는 종전의 토지의 임차권자는 사업시행자의 동의를 받더라도 소유권의 이전고시가 있는 날까지 종전의 토지를 사용할 수 없다.

④ 주택분양에 따른 권리를 포기하는 토지등소유자에게 임대주택을 공급함에 따라 관리처분계획을 변경하는 경우에는 총회의 의결을 거치지 않아도 된다.

⑤ 매도청구에 대한 판결에 따라 관리처분계획을 변경하는 경우에는 시장・군수등에게 신고하여야 한다.

35 **도시 및 주거환경정비법령상 사업시행자가 인가받은 관리처분계획을 변경하는 경우 시장・군수등에게 신고를 하여야 하는 경우에 해당하지 않는 것은?**

① 사업시행자의 변동에 따른 권리・의무의 변동이 있는 경우로서 분양설계의 변경을 수반하는 경우

② 주택분양에 관한 권리를 포기하는 토지등소유자에 대한 임대주택의 공급에 따라 관리처분계획을 변경하는 경우

③ 매도청구에 대한 판결에 따라 관리처분계획을 변경하는 경우

④ 정관 및 사업시행계획인가의 변경에 따라 관리처분계획을 변경하는 경우

⑤ 계산착오・오기・누락 등에 따른 조서의 단순정정인 경우로서 불이익을 받는 자가 없는 경우

34 해설

③ 관리처분계획의 인가・고시가 있은 때에는 종전의 토지의 임차권자는 사업시행자의 동의를 받은 경우에는 이전의 고시가 있는 날까지 종전의 토지를 사용할 수 있다.

35 해설

① 사업시행자의 변동에 따른 권리・의무의 변동이 있는 경우로서 분양설계의 변경을 수반하지 아니하는 경우에는 시장・군수등에게 신고를 하여야 한다.

정답 34 ③ 35 ①

36 **도시 및 주거환경정비법령상 관리처분계획의 작성기준에 관한 설명으로 틀린 것은?**

① 종전의 토지 또는 건축물의 면적·이용상황·환경, 그 밖의 사항을 종합적으로 고려하여 대지 또는 건축물이 균형 있게 분양신청자에게 배분되고 합리적으로 이용되도록 한다.

② 너무 좁은 토지 또는 건축물이나 정비구역 지정 후 분할된 토지를 취득한 자에 대하여는 현금으로 청산할 수 있다.

③ 재해 또는 위생상의 위해를 방지하기 위하여 토지의 규모를 조정할 특별한 필요가 있는 때에는 관리처분계획으로 건축물의 일부와 그 건축물이 있는 대지의 공유지분을 교부할 수 있다.

④ 분양설계에 관한 계획은 사업시행계획인가 고시가 있는 날을 기준으로 하여 수립한다.

⑤ 지나치게 좁거나 넓은 토지 또는 건축물에 대하여 필요한 경우에는 이를 증가하거나 감소시켜 대지 또는 건축물이 적정 규모가 되도록 한다.

37 **도시 및 주거환경정비법령상 관리처분계획에 관한 설명으로 틀린 것은?**

① 같은 세대에 속하지 아니하는 3명이 1토지를 공유한 경우에는 1주택만 공급한다.

② 분양신청기간의 연장은 20일의 범위에서 한 차례만 연장할 수 있다.

③ 사업시행자는 분양신청을 받은 후 잔여분이 있는 경우에는 정관 또는 사업시행계획으로 정하는 목적을 위하여 보류지(건축물을 포함)로 정할 수 있다.

④ 지분형 주택의 공동 소유기간은 소유권을 취득한 날부터 10년의 범위에서 사업시행자가 정하는 기간으로 한다.

⑤ 시·도지사는 정비구역에서 바닥면적이 $50m^2$인 사실상 주거를 위하여 사용하는 건축물을 소유한 자로서 토지를 소유하지 아니한 자의 요청이 있는 경우에는 인수한 임대주택의 일부를 「주택법」에 따른 토지임대부 분양주택으로 전환하여 공급하여야 한다.

36 해설

④ 분양설계에 관한 계획은 분양신청기간이 만료되는 날을 기준으로 하여 수립한다.

37 해설

⑤ 시·도지사는 정비구역에서 바닥면적이 $40m^2$ 미만인 사실상 주거를 위하여 사용하는 건축물을 소유한 자로서 토지를 소유하지 아니한 자의 요청이 있는 경우에는 인수한 임대주택의 일부를 「주택법」에 따른 토지임대부 분양주택으로 전환하여 공급하여야 한다.

정답 36 ④ 37 ⑤

38 도시 및 주거환경정비법령상 관리처분계획에 관한 설명으로 틀린 것은?

① 재개발사업의 시행자는 관리처분계획을 수립하여 시장 · 군수등의 인가를 받아야 하며, 관리처분계획을 중지 또는 폐지하고자 하는 경우에는 신고하여야 한다.
② 재건축사업의 경우 관리처분은 조합이 조합원 전원의 동의를 받아 그 기준을 따로 정하는 경우에는 그에 따른다.
③ 시장 · 군수 등은 관리처분계획의 타당성 검증을 요청하는 경우에는 관리처분계획인가의 신청을 받은 날부터 60일 이내에 인가 여부를 결정하여 사업시행자에게 통보하여야 한다.
④ 주거환경개선사업의 관리처분은 정비구역의 지상권자에 대한 분양을 제외한다.
⑤ 시장 · 군수등은 관리처분계획을 인가하는 때에는 그 내용을 해당 지방자치단체의 공보에 고시하여야 한다.

39 도시 및 주거환경정비법령상 관리처분계획의 내용에 포함되지 않는 것은?

① 세입자별 손실보상을 위한 권리명세 및 그 평가액
② 분양대상자별 분양예정인 대지 또는 건축물의 추산액
③ 건축물의 높이 및 용적률 등에 관한 건축계획
④ 정비사업비의 추산액 및 그에 따른 조합원 분담규모 및 분담시기
⑤ 분양대상자의 종전 토지 또는 건축물에 관한 소유권 외의 권리명세

38 해설

① 재개발사업의 시행자는 관리처분계획을 수립하여 시장 · 군수등의 인가를 받아야 하며, 관리처분계획을 중지 또는 폐지하고자 하는 경우에도 인가를 받아야 한다.

39 해설

③ 건축물의 높이 및 용적률 등에 관한 건축계획은 사업시행계획에 포함되는 내용이다.

＊ 관리처분계획의 내용

1. 분양설계
2. 분양대상자의 주소 및 성명
3. 분양대상자별 분양예정인 대지 또는 건축물의 추산액(임대관리 위탁주택에 관한 내용을 포함)
4. 일반 분양분, 공공지원민간임대주택, 임대주택, 그 밖에 부대시설 · 복리시설 등 보류지 등의 명세와 추산방법. 다만, 공공지원민간임대주택의 경우에는 임대사업자의 성명 및 주소(법인인 경우에는 법인의 명칭 및 소재지와 대표자의 성명 및 주소)를 포함한다.
5. 분양대상자별 종전의 토지 또는 건축물 명세 및 사업시행계획인가 고시가 있은 날을 기준으로 한 가격(사업시행계획인가 전에 철거된 건축물은 시장 · 군수등에게 허가를 받은 날을 기준으로 한 가격)
6. 정비사업비의 추산액(재건축사업의 경우에는 「재건축초과이익 환수에 관한 법률」에 따른 재건축부담금에 관한 사항을 포함) 및 그에 따른 조합원 분담규모 및 분담시기
7. 분양대상자의 종전 토지 또는 건축물에 관한 소유권 외의 권리명세
8. 세입자별 손실보상을 위한 권리명세 및 그 평가액

정답 38 ① 39 ③

40 **도시 및 주거환경정비법령상 관리처분계획의 수립기준에 관한 조문의 일부이다. 다음 (　)에 들어갈 내용을 바르게 나열한 것은?**

> 분양대상자별 종전의 토지 또는 건축물의 명세 및 사업시행계획인가 고시가 있은 날을 기준으로 한 가격의 범위 또는 종전 주택의 주거전용면적의 범위에서 (㉠)을 공급할 수 있고, 이 중 1주택은 주거전용면적을 (㉡)m^2 이하로 한다. 다만, (㉡)m^2 이하로 공급받은 1주택은 소유권이전고시일 다음 날부터 (㉢)이 지나기 전에는 주택을 전매(매매·증여나 그 밖에 권리의 변동을 수반하는 모든 행위를 포함하되 상속의 경우는 제외)하거나 전매를 알선할 수 없다.

	㉠	㉡	㉢
①	2주택	60	3년
②	2주택	85	3년
③	3주택	60	5년
④	3주택	85	3년
⑤	3주택	85	5년

41 **도시 및 주거환경정비법령상 A시 B구역 재개발사업의 사업시행자가 관리처분계획을 작성하기 위하여 종전의 토지가격을 ㉠ <u>사업시행계획인가 고시일을 기준으로 한 가격</u>으로 ㉡ <u>조합총회의 의결로 선정·계약한</u> ㉢ <u>4인의 감정평가법인등이 평가한 금액을 산술평균</u>하여 산정하였다. ㉠, ㉡, ㉢ 중 옳은 내용을 모두 고른 것은?**

① ㉠　　② ㉠, ㉡　　③ ㉠, ㉢
④ ㉡, ㉢　　⑤ ㉠, ㉡, ㉢

40 해설

① 분양대상자별 종전의 토지 또는 건축물의 명세 및 사업시행계획인가 고시가 있은 날을 기준으로 한 가격의 범위 또는 종전 주택의 주거전용면적의 범위에서 '2주택'을 공급할 수 있고, 이 중 1주택은 주거전용면적을 '60m^2' 이하로 한다. 다만, '60m^2' 이하로 공급받은 1주택은 소유권이전고시일 다음 날부터 '3년'이 지나기 전에는 주택을 전매(매매·증여나 그 밖에 권리의 변동을 수반하는 모든 행위를 포함하되 상속의 경우는 제외)하거나 전매를 알선할 수 없다.

41 해설

③ 재개발사업의 경우 분양대상자별 종전의 토지가격은 ㉠ <u>사업시행계획인가의 고시가 있은 날을 기준으로 한 가격</u>으로 ㉡ <u>시장·군수등이 선정·계약한</u> ㉢ <u>2인 이상의 감정평가법인등이 평가한 금액을 산술평균</u>하여 산정한다. 따라서 ㉠㉢은 옳은 내용이고, ㉡은 틀린 내용이다.

정답 40 ① 41 ③

42 **도시 및 주거환경정비법령상 정비구역에 있는 전세권자 등 용익권자를 보호하기 위한 조치에 관한 설명으로 틀린 것은?**

① 정비사업의 시행으로 인하여 지상권·전세권 또는 임차권의 설정 목적을 달성할 수 없는 때에는 그 권리자는 계약을 해지할 수 있다.

② 계약을 해지할 수 있는 자가 가지는 전세금·보증금, 그 밖의 계약상의 금전의 반환청구권은 사업시행자에게 이를 행사할 수 있다.

③ 금전의 반환청구권의 행사에 따라 해당 금전을 지급한 사업시행자는 해당 토지등소유자에게 구상할 수 있다.

④ 사업시행자는 구상이 되지 아니하는 때에는 해당 토지등소유자에게 귀속될 대지 또는 건축물을 압류할 수 있으며, 이 경우 압류한 권리는 저당권과 동일한 효력을 가진다.

⑤ 관리처분계획인가를 받은 경우 지상권·전세권설정계약 또는 임대차계약의 계약기간에 대하여는 「민법」, 「주택임대차보호법」, 「상가건물 임대차보호법」의 규정을 적용한다.

43 **도시 및 주거환경정비법령상 주택의 공급에 관한 설명으로 틀린 것은?**

① 지분형 주택의 규모는 주거전용면적 $60m^2$ 이하인 주택으로 한정한다.

② 국토교통부장관은 조합이 요청하는 경우 재개발사업의 시행으로 건설된 임대주택을 인수하여야 한다.

③ 조합이 재개발사업의 시행으로 건설된 임대주택의 인수를 요청하는 경우, 토지주택공사등이 우선하여 인수하여야 한다.

④ 국토교통부장관은 면적이 $90m^2$ 미만의 토지를 소유한 자로서 건축물을 소유하지 아니한 자의 요청이 있는 경우에는 인수한 임대주택의 일부를 「주택법」에 따른 토지임대부 분양주택으로 전환하여 공급하여야 한다.

⑤ 사업시행자는 정비사업의 시행으로 임대주택을 건설하는 경우, 공급대상자에게 주택을 공급하고 남은 주택에 대하여 공급대상자 외의 자에게 공급할 수 있다.

42 해설

⑤ 관리처분계획의 인가를 받은 경우 지상권·전세권설정계약 또는 임대차계약의 계약기간에 대하여는 「민법」, 「주택임대차보호법」, 「상가건물 임대차보호법」의 규정을 적용하지 아니한다.

43 해설

③ 조합이 재개발사업의 시행으로 건설된 임대주택의 인수를 요청하는 경우, 시·도지사 또는 시장, 군수, 구청장이 우선하여 인수하여야 하며, 시·도지사 또는 시장, 군수, 구청장이 예산·관리인력의 부족 등 부득이한 사정으로 인수하기 어려운 경우에는 국토교통부장관에게 토지주택공사등을 인수자로 지정할 것을 요청할 수 있다.

정답 42 ⑤ 43 ③

44 도시 및 주거환경정비법령상 소유권이전고시에 관한 설명으로 틀린 것은?

① 사업시행자는 공사완료고시가 있은 때에는 지체 없이 대지확정측량을 하고 토지의 분할절차를 거쳐 관리처분계획에 정한 사항을 분양을 받을 자에게 통지하고 대지 또는 건축물의 소유권을 이전하여야 한다.

② 사업시행자는 대지 및 건축물의 소유권을 이전하려는 때에는 그 내용을 해당 지방자치단체의 공보에 고시한 후 이를 시장·군수등에게 보고하여야 한다.

③ 대지 또는 건축물을 분양받을 자는 소유권이전의 등기가 있은 날에 그 대지 또는 건축물에 대한 소유권을 취득한다.

④ 정비사업에 의하여 건축물을 분양받을 자에게 소유권을 이전한 경우 종전의 건축물에 설정된 저당권 등 등기된 권리는 소유권을 이전받은 건축물에 설정된 것으로 본다.

⑤ 정비사업의 효율적인 추진을 위하여 필요한 경우에는 해당 정비사업에 관한 공사가 전부 완료되기 전이라도 완공된 부분은 준공인가를 받아 대지 또는 건축물별로 분양받을 자에게 소유권을 이전할 수 있다.

45 도시 및 주거환경정비법령상 청산금에 관한 설명으로 틀린 것은?

① 사업시행자는 소유권이전의 고시가 있은 후에 그 차액에 상당하는 금액을 분양받은 자로부터 징수하거나 분양받은 자에게 지급하여야 한다.

② 정관 등에서 분할징수 및 분할지급에 대하여 정하고 있거나 총회의 의결을 거쳐 따로 정한 경우에는 관리처분계획인가 후부터 소유권이전의 고시일까지 일정기간별로 분할징수하거나 분할지급할 수 있다.

③ 시장·군수등이 아닌 사업시행자는 시장·군수등에게 청산금의 징수를 위탁할 수 있다.

④ 청산금을 지급받을 권리 또는 이를 징수할 권리는 소유권이전의 고시일부터 5년간 이를 행사하지 아니하면 소멸한다.

⑤ 정비사업을 시행하는 지역 안의 토지 또는 건축물에 저당권을 설정한 권리자는 소유자가 지급받을 청산금에 대하여 청산금을 지급하기 전에 압류절차를 거쳐 저당권을 행사할 수 있다.

44 해설

③ 대지 또는 건축물을 분양받을 자는 소유권이전고시가 있은 날의 다음 날에 그 대지 또는 건축물에 대한 소유권을 취득한다.

45 해설

④ 청산금을 지급받을 권리 또는 이를 징수할 권리는 소유권이전고시일의 다음 날로부터 5년간 이를 행사하지 아니하면 소멸한다.

정답 44 ③ 45 ④

46 **도시 및 주거환경정비법령상 정비사업의 공사완료 및 청산금에 관한 설명으로 옳은 것은?**

① 종전에 소유하고 있던 토지의 가격과 분양받은 대지의 가격은 그 토지의 규모・위치・용도・이용상황・정비사업비 등을 참작하여 평가하여야 한다.

② 정비사업의 시행자가 시장・군수등인 경우에는 정비사업에 관한 공사를 완료한 때에 준공인가를 받아야 한다.

③ 시장・군수등은 준공인가 이전에는 입주예정자에게 완공된 건축물을 사용할 수 있도록 사업시행자에게 허가할 수 없다.

④ 건축물을 분양받을 자는 사업시행자가 소유권이전에 관한 내용을 공보에 고시한 날에 건축물에 대한 소유권을 취득한다.

⑤ 한국토지주택공사인 사업시행자가 「한국토지주택공사법」에 따라 준공인가 처리결과를 통보한 경우에도 별도로 시장・군수등의 준공인가를 받아야 한다.

47 **도시 및 주거환경정비법령상 비용부담 등에 관한 설명으로 옳지 않은 것은?** ☆ 제29회 기출

① 정비사업비는 도시 및 주거환경 정비법 또는 다른 법령에 특별한 규정이 있는 경우를 제외하고는 사업시행자가 부담한다.

② 사업시행자는 토지등소유자로부터 정비사업 비용과 정비사업의 시행과정에서 발생한 수입의 차액을 부과금으로 부과・징수할 수 있다.

③ 시장・군수 등이 아닌 사업시행자는 부담금 또는 연체료를 체납하는 자가 있는 때에는 시장・군수 등에게 그 부과 징수를 위탁할 수 있다.

④ 국가는 시장・군수 등이 아닌 사업시행자가 시행하는 정비사업에 소요되는 비용의 일부에 대해 융자를 알선할 수 없다.

⑤ 정비구역 안의 국・공유재산은 정비사업 외의 목적으로 매각하거나 양도할 수 없다.

46 해설

② 시장・군수등이 아닌 사업시행자는 정비사업에 관한 공사를 완료한 때에는 대통령령이 정하는 방법 및 절차에 의하여 시장・군수등의 준공인가를 받아야 한다.

③ 시장・군수등은 준공인가를 하기 전이라도 완공된 건축물이 사용에 지장이 없는 등 대통령령이 정하는 기준에 적합한 경우에는 입주예정자가 완공된 건축물을 사용할 수 있도록 사업시행자에게 허가할 수 있다.

④ 대지 또는 건축물을 분양받을 자는 소유권이전고시가 있은 날의 다음 날에 그 대지 또는 건축물에 대한 소유권을 취득한다.

⑤ 사업시행자(공동시행자인 경우를 포함)가 한국토지주택공사인 경우로서 「한국토지주택공사법」에 따라 준공인가 처리결과를 시장・군수등에게 통보한 경우에는 준공인가를 받지 않아도 된다.

47 해설

④ 국가 또는 지방자치단체는 시장 군수 등이 아닌 사업시행자가 시행하는 정비사업에 드는 비용의 일부를 보조 또는 융자하거나 융자를 알선할 수 있다.

정답 46 ① 47 ④

합격까지 박문각

제 4 편

공간정보의 구축 및 관리 등에 관한 법률

CHAPTER 01

총칙

01 공간정보 구축 및 관리에 관한 법령의 입법 목적에 관한 설명으로 올바른 것은?

☆ 제16회 기출

① 토지의 이용 개발 보전을 위한 공공복리의 증진
② 각 필지로 구획하여 국토의 균형발전 도모
③ 국토의 효율적인 관리 및 국민의 소유권 보호에 기여
④ 토지의 소유권 조사 및 개별공시지가 조사 등록
⑤ 도시개발을 위한 용도지역, 지구의 지정

02 공간정보 구축 및 관리 등에 관한 법령상 용어에 관한 설명으로 옳지 않은 것은?

☆ 제28회 기출

① 지적측량은 지적확정측량 및 지적재조사측량을 포함한다.
② 필지를 구획하는 선의 굴곡점으로서 지적도에 도해 형태로 등록하는 점은 경계점에 해당한다.
③ 지적공부는 지적측량 등을 통하여 조사된 토지의 표시와 해당 토지의 소유자 등을 기록한 대장 및 도면을 말한다.
④ 축척변경은 지적도에 등록된 경계점의 정밀도를 높이기 위하여 작은 축척을 큰 축척으로 변경하여 등록하는 것을 말한다.
⑤ 등록전환은 토지대장 및 지적도에 등록된 임야를 임야대장 및 임야도에 옮겨 등록하는 것을 말한다.

01 해설

③ 법 제1조에 의한 공간정보 구축 및 관리에 관한 법률의 입법 목적은 국토의 효율적인 관리와 국민의 소유권 보호에 기여함을 목적으로 한다.

02 해설

⑤ 등록전환은 임야대장 및 임야도에 등록된 임야를 토지대장 및 지적도에 옮겨 등록하는 것을 말한다.

정답 01 ③ 02 ⑤

03 공간정보 구축 및 관리에 관한 법령상 양입지(주된 지목의 토지에 편입되어 1필지로 획정되는 종된 토지)의 요건을 갖춘 토지는 어느 것인가?

☆ 제19회 기출

① 4,500㎡인 과수원 안의 300㎡의 대
② 10,000㎡의 학교용지에 접속되어 원예실습장으로 사용되는 400㎡의 밭
③ 1,800㎡의 논 안의 210㎡의 유지
④ 3,000㎡의 양어장에 접속되어 양어장의 편의를 위한 250㎡의 구거
⑤ 5,000㎡의 창고용지에 접속하여 있는 350㎡의 도로

04 공간정보의 구축 및 관리 등에 관한 법령상 용어에 관한 설명으로 옳지 않은 것은?

☆ 제32회 기출

① 공공측량과 지적측량은 일반측량에 해당한다.
② 연속지적도는 측량에 활용할 수 없는 도면이다.
③ 토지의 이동이란 토지의 표시를 새로 정하거나 변경 또는 말소하는 것을 말한다.
④ 지방자치법에 따라 자치구가 아닌 구를 두는 시의 시장은 지적소관청에 해당하지 않는다.
⑤ 도시개발법에 따른 도시개발사업이 끝나 토지의 표시를 새로 정하기 위하여 실시하는 지적측량은 지적확정측량에 해당한다.

03 해설

④ 다음의 경우에는 주된 용도에 편입되지 않고, 별개의 필지로 확정되어야 한다.

- 종된 용도의 토지의 지목이 대인 경우
- 종된 용도의 토지의 면적이 330㎡를 초과하는 경우
- 종된 용도의 토지의 면적이 주된 용도의 토지면적의 10%를 초과하는 경우

04 해설

① 일반측량이란 기본측량·공공측량·지적측량 외의 측량을 말한다.

정답 03 ④ 04 ①

05 **공간정보 구축 및 관리 등에 관한 법령상 용어의 정의에 관한 내용으로 옳지 않은 것은?**

☆ 제34회 기출

① 자치구가 아닌 구의 구청장은 지적소관청이 될 수 있다.
② 지목이란 토지의 주된 용도에 따라 토지의 종류를 구분하여 지적공부에 등록한 것을 말한다.
③ 경계란 필지별로 경계점 들을 직선으로 연결하여 지적공부에 등록한 선을 말한다.
④ 등록전환이란 지적공부에 등록되어 있지 아니한 토지를 지적공부에 등록하는 것을 말한다.
⑤ 축척변경이란 지적도에 등록된 경계점의 정밀도를 높이기 위하여 작은 축척을 큰 축척으로 변경하여 등록하는 것을 말한다.

05 해설

④ 등록전환이란 임야대장 및 임야도에 등록된 토지를 토지대장 및 지적도에 옮겨 등록하는 것을 말한다.

정답 05 ④

CHAPTER 02 측량

01 **공간정보 구축 및 관리에 관한 법령상 지적측량을 하여야 하는 경우에 해당하지 <u>않는</u> 것은? (단, 측량의 필요성은 인정되고 도시개발사업 등의 시행지역이 아님)** ☆ 제23회 기출

① 지적공부를 복구하는 경우
② 토지를 등록 전환하는 경우
③ 축척을 변경하는 경우
④ 토지를 합병하는 경우
⑤ 경계점을 지상에 복원하는 경우

02 **공간정보 구축 및 관리에 관한 법령상 지적측량에 의하여 경계점 및 좌표를 결정하는 경우가 <u>아닌</u> 것은?** ☆ 제20회 기출

① 신규등록을 위한 경계점 및 좌표의 결정
② 등록전환을 위한 경계점 및 좌표의 결정
③ 분할을 위한 경계점 및 작표의 결정
④ 합병을 위한 경계점 및 좌표의 결정
⑤ 축척변경을 위한 경계점 및 좌표의 결정

01 해설
④ 토지를 합병하는 경우는 지적측량의 대상이 아니다.

02 해설
④ 토지를 합병하는 경우는 지적측량의 대상이 아니다.

정답 01 ④ 02 ④

03 **공간정보 구축 및 관리에 관한 법령상 지적측량에 대한 적부 재심사 청구사항을 심의·의결하기 위하여 정부 중앙부처에 설치된 기구로서 맞는 것은?** ☆ 제17회 기출

① 중앙지적위원회
② 축척변경위원회
③ 토지이동조사위원회
④ 중앙토지수용위원회
⑤ 지적측량적부심사위원회

04 **공간정보 구축 및 관리에 관한 법령상 지적측량 손해배상책임의 보장에 관한 설명으로 옳지 않은 것은?** ☆ 제21회 기출

① 지적측량업자는 지적측량업 등록을 신청한 날로부터 10일 이내에 보증설정을 하여야 한다.
② 지적측량업자의 보장 기간이 10년 이상이고, 보증금액은 1억원 이상이어야 한다.
③ 한국국토정보공사의 보증금액은 20억원 이상이어야 한다.
④ 지적측량업자는 보증을 설정하고 지적측량업을 등록한 시·도지사 대도시 시장에게 제출하여야 한다.
⑤ 보증 설정을 한 지적측량수행자는 보증기간의 만료로 인하여 다시 보증설정을 하려는 경우에는 그 보증기간 만료일까지 다시 보증 설정을 하고 등록한 시·도지사 대도시 시장에게 제출하여야 한다.

03 해설
① 중앙지적위원회는 다음의 사항을 심의·의결하기 위하여 국토교통부에 둔다.

> ① 지적 관련 정책개발 및 업무개선 등에 관한 업무
> ② 지적측량기술의 연구·개발 및 보급에 관한 사항
> ③ 지적측량적부심사에 대한 재심사
> ④ 지적기술자의 양성에 관한 사항
> ⑤ 지적기술자의 업무정지처분 및 징계요구에 관한 사항

04 해설
① 등록증을 발급받은 날부터 10일 이내에 보증보험을 가입하여야 한다.

정답 03 ① 04 ①

CHAPTER

03 지적(地籍)

제1절 토지의 조사 및 등록

01 **공간정보 구축 및 관리에 관한 법령상 토지의 등록에 관한 설명으로 옳지 않은 것은?**

☆ 제28회 기출

① 국토교통부장관은 모든 토지에 대하여 필지별로 소재·지번·지목·면적·경계 또는 좌표 등을 조사·측량하여 지적공부에 등록하여야 한다.
② 지번은 지적소관청이 지번부여지역별로 차례대로 부여한다.
③ 지적공부에 등록하는 경계 또는 좌표는 토지의 이동이 있을 때에는 토지소유자의 신청이 없는 경우 지적소관청이 직권으로 조사·측량하여 결정할 수 없다.
④ 물을 상시적으로 이용하지 않고 약초를 주로 재배하는 토지의 지목은 전이다.
⑤ 지목은 필지마다 하나의 지목을 설정하여야 한다.

02 **공간정보 구축 및 관리 등에 관한 법령상 지적에 관한 설명으로 옳지 않은 것은?**

☆ 제34회 기출

① 지번은 지적소관청이 지번 부여지역별로 차례대로 부여한다.
② 면적의 단위는 제곱미터로 한다.
③ 지적도면의 번호는 경계점 좌표등록부에 등록하여야 할 사항에 속한다.
④ 토지소유자는 신규등록할 토지가 있으면 그 사유가 발생한 날부터 90일 이내에 지적소관청에 신규등록을 신청하여야 한다.
⑤ 행정구역의 명칭이 변경되었으면 지적공부에 등록된 토지의 소재는 새로운 행정구역의 명칭으로 변경된 것으로 본다.

01 해설
③ 지적공부에 등록하는 경계 또는 좌표는 토지의 이동이 있을 때에는 토지소유자의 신청이 없으면 지적소관청이 직권으로 조사·측량하여 결정할 수 있다.

02 해설
④ 토지소유자는 신규등록할 토지가 있으면 그 사유가 발생한 날부터 60일 이내에 지적소관청에 신규등록을 신청하여야 한다.

정답 01 ③ 02 ④

03 공간정보 구축 및 관리 등에 관한 법령상 토지의 조사·등록 등에 관한 내용이다. (   )에 들어갈 사항으로 옳은 것은? ☆ 공인중개사 제23회 기출

> (㉠)은(는) (㉡)에 대하여 필지별로 소재·지번·지목·면적·경계 또는 좌표 등을 조사·측량하여 지적공부에 등록하여야 한다. 지적공부에 등록하는 지번·지목·면적·경계 또는 좌표는 (㉢)이 있을 때 토지소유자의 신청을 받아 (㉣)이 결정한다.

① ㉠ : 지적소관청, ㉡ : 모든 토지, ㉢ : 토지의 이동, ㉣ : 국토교통부장관
② ㉠ : 지적측량수행자, ㉡ : 관리 토지, ㉢ : 토지의 이동, ㉣ : 국토교통부장관
③ ㉠ : 지적측량수행자, ㉡ : 모든 토지, ㉢ : 토지의 이동, ㉣ : 지적소관청
④ ㉠ : 국토교통부장관, ㉡ : 관리 토지, ㉢ : 토지의 이동, ㉣ : 지적소관청
⑤ ㉠ : 국토교통부장관, ㉡ : 모든 토지, ㉢ : 토지의 이동, ㉣ : 지적소관청

04 토지의 이동이 있을 때 토지소유자의 신청이 없어 지적소관청이 토지의 이동현황을 직권으로 조사·측량하여 토지의 지번·지목·면적·경계 또는 좌표를 결정하기 위해 수립하는 계획은? ☆ 제32회 기출

① 토지이동현황 조사계획
② 토지조사계획
③ 토지등록계획
④ 토지조사·측량계획
⑤ 토지조사등록계획

03 해설
(㉠ 국토교통부장관)은(는) (㉡ 모든 토지)에 대하여 필지별로 소재·지번·지목·면적·경계 또는 좌표 등을 조사·측량하여 지적공부에 등록하여야 한다. 지적공부에 등록하는 지번·지목·면적·경계 또는 좌표는 (㉢ 토지의 이동)이 있을 때 토지소유자의 신청을 받아 (㉣ 지적소관청)이 결정한다.

04 해설
지적소관청은 토지의 이동현황을 직권으로 조사·측량하여 토지의 지번·지목·면적·경계 또는 좌표를 결정하려는 때에는 토지이동현황 조사계획을 수립하여야 한다.

정답 03 ⑤ 04 ①

05 **공간정보 구축 및 관리 등에 관한 법령상 토지의 조사·등록 등에 관한 설명이다. (   )에 들어갈 내용으로 옳은 것은?**

☆ 공인중개사 제32회 기출

> 지적소관청은 토지의 이동현황을 직권으로 조사·측량하여 토지의 지번·지목·면적·경계 또는 좌표를 결정하려는 때에는 토지이동현황 조사계획을 수립하여야 한다. 이 경우 토지이동현황 조사계획은 (㉠)별로 수립하되, 부득이한 사유가 있는 때에는 (㉡)별로 수립할 수 있다.

① ㉠ : 읍·면·동, ㉡ : 시·군·구
② ㉠ : 시·군·구, ㉡ : 시·도
③ ㉠ : 시·군·구, ㉡ : 읍·면·동
④ ㉠ : 읍·면·동, ㉡ : 시·도
⑤ ㉠ : 시·도, ㉡ : 시·군·구

05 해설

지적소관청은 토지의 이동현황을 직권으로 조사·측량하여 토지의 지번·지목·면적·경계 또는 좌표를 결정하려는 때에는 토지이동현황 조사계획을 수립하여야 한다. 이 경우 토지이동현황 조사계획은 (㉠ 시·군·구)별로 수립하되, 부득이한 사유가 있는 때에는 (㉡ 읍·면·동)별로 수립할 수 있다.

정답 05 ③

제2절 지번

06 **공간정보 구축 및 관리에 관한 법령상 지번의 구성 및 부여에 관한 설명으로 옳은 것은?**

☆ 제23회 기출

① 경계점좌표등록부에는 지번을 등록하지 아니한다.
② 여러 필지로 되어 있는 토지를 등록전환할 경우에는 그 지번부여지역의 최종 본번의 다음 순번부터 본번으로 하여 순차적으로 지번을 부여할 수 있다.
③ 도시개발사업의 시행지역의 지번은 그 사업의 준공 이전에 부여하여야 한다.
④ 지번은 북동에서 남서로 순차적으로 부여한다.
⑤ 지적소관청이 지번부여지역 전부의 지번을 변경할 경우에는 국토교통부장관의 승인을 받고 일부의 지번을 변경할 경우에는 시·도지사나 대도시 시장의 승인을 받아야 한다.

07 **공간정보 구축 및 관리 등에 관한 법령상 지번의 구성과 부여 방법에 관한 설명으로 옳지 않은 것은?**

☆ 제27회 기출

① 지번은 북서에서 남동으로 순차적으로 부여야 한다.
② 토지소유자가 합병 전의 필지에 주거·사무실 등의 건축물이 있어서 그 건축물이 위치한 지번을 합병 후의 지번으로 신청한 경우에도 합병대상 지번 중 선순위의 지번으로 부여하여야 한다.
③ 분할의 경우에는 분할 후의 필지 중 주거·사무실 등의 건축물이 있는 필지에 대해서는 분할 전의 지번을 우선하여 부여하여야 한다.
④ 지번은 아라비아 숫자로 표기하되, 임야대장 및 임야도에 등록하는 토지의 지번은 숫자 앞에 "산"자를 붙인다.
⑤ 신규등록 및 등록전환의 경우에 대상 토지가 여러 필지로 되어 있는 경우에는 그 지번부여지역의 최종 본번의 다음 순번부터 본번으로 하여 순차적으로 지번을 부여할 수 있다.

06 해설

① 소재와 지번은 모든 지적공부에 등록한다.
③ 지적소관청은 도시개발사업이 준공되기 전에 사업시행자가 지번부여 신청을 하면 지번을 부여할 수 있으며, 도시개발사업 등이 준공되기 전에 지번을 부여하는 때에는 사업계획도에 따르되, 지정확정측량이 실시된 지역의 지번부여방법에 따라 지번을 부여하여야 한다.
④ 지번은 북서에서 남동으로 순차적으로 부여한다.
⑤ 지적소관청은 시·도지사 또는 대도시 시장의 승인을 받아 지번을 변경할 수 있다.

07 해설

② 토지소유자가 합병 전의 필지에 주거·사무실 등의 건축물이 있어서 그 건축물이 위치한 지번을 합병 후의 지번으로 신청한 경우에는 그 지번을 합병 후의 지번으로 부여하여야 한다.

정답 06 ② 07 ②

08 공간정보 구축 및 관리 등에 관한 법령상 지번의 부여 등에 관한 설명으로 옳지 않은 것은?

☆ 제29회 기출

① 지번은 지적소관청이 지번부여지역별로 차례대로 부여한다.
② 지번은 북서에서 남동으로 순차적으로 부여한다.
③ 지번변경 승인신청을 받은 승인권자는 지번변경 사유 등을 심사한 후 그 결과를 지적소관청에 통지하여야 한다.
④ 지번은 아라비아 숫자로 표기하되, 임야대장 및 임야도에 등록하는 토지의 지번은 숫자 앞에 “산” 자를 붙인다.
⑤ 지적소관청이 지적공부에 등록된 지번을 변경하려면 국토교통부장관의 승인을 받아야 한다.

09 공간정보 구축 및 관리에 관한 법령상 동일한 지번부여지역 내에서 지번이 77인 토지를 3필지로 분할하고자 하는 경우 분할되는 필지의 지번으로 옳은 것은?(단, 최종지번이 1,000이며, 77의 최종부번은 3이다)

☆ 제20회 기출

① 77, 78, 79
② 77, 77-1, 77-2
③ 77, 77-4, 77-5
④ 77-1, 77-2, 77-3
⑤ 77-4, 77-5, 77-6

10 공간정보 구축 및 관리에 관한 법령상 “6-1, 7-2, 8-3, 10, 11”의 지번이 부여되어 있는 인접한 나대지 등을 하나로 합병할 경우 부여하여야 할 지번은?

☆ 제25회 기출

① 6-1
② 8-3
③ 10
④ 11
⑤ 12

08 해설

⑤ 지적소관청이 지적공부에 등록된 지번을 변경하려면 시 · 도지사 대도시 시장의 승인을 받아야 한다.

09 해설

③ 원칙적으로 분할 후의 필지 중 1필지의 지번은 분할 전의 지번으로 하고, 나머지의 지번은 본번의 최종 부번의 다음 순번으로 부번을 부여한다. 따라서 77, 77-4, 77-5이다.

10 해설

③ 합병 후의 지번은 선순위의 지번을 그 지번으로 하되, 본번으로 된 지번이 있는 때에는 본번 중 선순위의 지번을 합병 후의 지번으로 한다. 따라서 10번지이다.

정답 08 ⑤ 09 ③ 10 ③

제3절 지목

11 **공간정보 구축 및 관리 등에 관한 법령상 지목에 관한 설명으로 옳은 것은?** ☆ 제34회 기출

① 토지가 임시적인 용도로 사용될 때에는 지목을 변경할 수 있다.
② 합병하려는 토지의 지목이 서로 다르더라도 소유자가 동일한 경우에는 토지의 합병을 신청할 수 있다.
③ 자동차 정비공장 안에 설치된 급유시설 부지의 지목은 주유소 용지로 한다.
④ 고속도로 휴게소 부지의 지목은 도로로 한다.
⑤ 토지소유자는 지목변경을 할 토지가 있으면 그 사유가 발행한 날부터 30일 이내에 지적소관청에 지목변경을 신청하여야 한다.

12 **공간정보의 구축 및 관리 등에 관한 법령상 지목의 구분과 그에 속하는 내용의 연결로 옳지 않은 것은?** ☆ 제31회 기출

① 도로 – 고속도로의 휴게소의 부지
② 하천 – 자연의 유수가 있거나 있을 것으로 예상되는 토지
③ 제방 – 방조제의 부지
④ 대 – 묘지 관리를 위한 건축물의 부지
⑤ 전 – 물을 상시적으로 직접 이용하여 미나리를 주로 재배하는 토지

11 해설
① 토지가 임시적인 용도로 사용될 때에는 지목을 변경할 수 없다.
② 합병하려는 토지의 지목이 서로 다른 경우에는 토지의 합병을 신청할 수 없다.
③ 자동차 정비공장 안에 설치된 급유시설 부지의 지목은 공장용지로 한다.
⑤ 토지소유자는 지목변경을 할 토지가 있으면 그 사유가 발행한 날부터 60일 이내에 지적소관청에 지목변경을 신청하여야 한다.

12 해설
⑤ 물을 상시적으로 직접 이용하는 미나리를 재배지하는 토지의 지목은 답이다.

정답 11 ④ 12 ⑤

13 **공간정보 구축 및 관리 등에 관한 법령상 토지와 지목이 옳게 연결된 것은?** ☆ 제33회 기출

① 묘지의 관리를 위한 건축물의 부지 - 묘지
② 원상회복을 조건으로 흙을 파는 곳으로 허가된 토지 - 잡종지
③ 학교의 교사와 이에 접속된 체육장 등 부속 시설물의 부지 - 학교용지
④ 자동차 판매 목적으로 설치된 야외전시장의 부지 - 주차장
⑤ 자연의 유수가 있을 것으로 예상되는 소규모 수로부지 - 하천

14 **공간정보의 구축 및 관리 등에 관한 법령상 지목에 관한 설명으로 옳지 <u>않은</u> 것은?**
☆ 제32회 기출

① 축산업 및 낙농업을 하기 위하여 초지를 조성한 토지와 접속된 주거용 건축물의 부지는 대로 한다.
② 지목이 유원지인 토지를 지적도에 등록하는 때에는 “유”로 표기하여야 한다.
③ 물을 상시적으로 이용하지 않고 관상수를 주로 재배하는 토지의 지목은 “전”으로 한다.
④ 1필지가 둘 이상의 용도로 활용되는 경우에는 주된 용도에 따라 지목을 설정한다.
⑤ 토지가 임시적인 용도로 사용될 때에는 지목을 변경하지 아니한다.

13 해설
① 묘지의 관리를 위한 건축물의 부지는 대로 한다.
② 원상회복 조건으로 흙을 파는 곳은 잡종지에서 제외한다.
④ 자동차 판매 목적으로 설치된 야외전시장의 부지는 주차장에서 제외한다.
⑤ 자연의 유수가 있을 것으로 예상되는 소규모 수로부지의 지목은 구거이다.

14 해설
② 지목이 유원지인 토지를 지적도에 등록하는 때에는 “원”으로 표기하여야 한다.

정답 13 ③ 14 ②

15 **공간정보 구축 및 관리에 관한 법령상 지목의 구분 및 설정방법 등에 관한 설명으로 옳지 않은 것은?** ☆ 제26회 기출

① 1필지가 둘 이상의 용도로 활용되는 경우에는 주된 용도에 따라 지목을 설정한다.
② 토지가 일시적 또는 임시적인 용도로 사용될 때에는 지목을 변경하지 아니한다.
③ 원상회복을 조건으로 돌을 캐내는 곳 또는 흙을 파내는 곳으로 허가된 토지는 잡종지로 한다.
④ 자연의 유수가 있거나 있을 것으로 예상되는 토지는 하천으로 한다.
⑤ 육상에 인공으로 조성된 수산생물의 번식 또는 양식을 위한 시설을 갖춘 부지와 이에 접속된 부속 시설물의 부지는 양어장으로 한다.

16 **공간정보 구축 및 관리 등에 관한 법령상 지목이 대(垈)에 해당하는 것은?** ☆ 제28회 기출

① 일반 공중의 종교의식을 위하여 법요를 하기 위한 사찰의 부지
② 고속도로 휴게소 부지
③ 영구적 건축물 중 미술관의 부지
④ 학교의 교사(校舍) 부지
⑤ 물건 등을 보관하거나 저장하기 위하여 독립적으로 설치된 보관시설물의 부지

17 **공간정보 구축 및 관리 등에 관한 법령상 지목의 구분기준과 종류가 옳게 연결된 것은?** ☆ 제29회 기출

① 자연의 유수가 있거나 있을 것으로 예상되는 토지 - 하천
② 축산업 및 낙농업을 하기 위하여 초지를 조성한 토지 내의 주거용 건축물의 부지 - 목장용지
③ 지하에서 용출되는 온수를 일정한 장소로 운송하는 송수관 및 저장시설의 부지 - 광천지
④ 자동차 등의 판매 목적으로 설치된 물류장 - 주차장
⑤ 아파트·공장 등 단일 용도의 일정한 단지 안에 설치된 통로 - 도로

15 해설
③ 원상회복을 조건으로 돌을 캐내는 곳 또는 흙을 파내는 곳으로 허가된 토지는 잡종지에서 제외된다.

16 해설
① 일반 공중의 종교의식을 위하여 법요를 하기 위한 사찰의 부지는 종교용지이다.
② 고속도로 휴게소 부지는 도로이다.
④ 학교의 교사(校舍) 부지는 학교용지이다.
⑤ 물건 등을 보관하거나 저장하기 위하여 독립적으로 설치된 보관시설물의 부지는 창고용지이다.

17 해설
② 주거용 건축물 부지는 목장용지에서 제외하는 사항으로 지목은 대에 해당한다
③ 송수관 및 저장시설의 부지는 광천지에서 제외한다.
④ 자동차 등의 판매 목적으로 설치된 물류장은 주차장에서 제외한다.
⑤ 아파트·공장 등 단지 안에 설치된 통로는 도로에서 제외한다.

정답 15 ③ 16 ③ 17 ①

18 공간정보 구축 및 관리에 관한 법령상 토지의 용도와 지목이 옳게 연결된 것은?

☆ 제25회 기출

① 물을 상시적으로 이용하지 않고 과수류를 집단적으로 재배하는 토지 - 전
② 묘지의 관리를 위한 건축물의 부지 - 대
③ 식용으로 죽순을 재배하는 토지 - 과수원
④ 자동차정비공장 내 급유시설 부지 - 주유소 용지
⑤ 종교용지로 된 토지에 있는 유적을 보호하기 위하여 구획된 토지 - 사적지

19 공간정보 구축 및 관리에 관한 법령상 지목에 관한 설명으로 옳지 않은 것은? ☆ 제23회 기출

① 묘지의 관리를 위한 건축물 부지의 지목은 "대"로 한다.
② 과수류를 집단적으로 재배하는 토지에 접속된 주거용 건축물 부지의 지목은 "대"로 한다.
③ 「주차장법」에 따른 노상주차장 부지의 지목은 주차장으로 한다.
④ 제조업을 하고 있는 공장시설물의 부지와 같은 구역에 있는 부속 시설물인 의료시설 부지의 지목은 공장용지로 한다.
⑤ 자연의 유수가 있을 것으로 예상되는 토지의 지목은 하천으로 한다.

18 해설
① 과수류를 집단적으로 재배하는 토지는 과수원이다.
③ 식용으로 죽순을 재배하는 토지는 전에 해당한다.
④ 자동차 정비공장 내 급유시설 부지는 공장용지에 해당한다.
⑤ 종교용지로 된 토지에 있는 유적을 보호하기 위하여 구획된 토지는 종교용지이다.

19 해설
「주차장법」에 따른 노상주차장 부지의 지목은 주차장이 아니다.

정답 18 ② 19 ③

20 **공간정보 구축 및 관리에 관한 법령상 지목에 관한 설명으로 옳지 않은 것은?** ☆ 제24회 기출

① 사과, 배 등 과수류를 집단적으로 재배하는 토지와 이에 접속된 저장고 등 부속시설물의 부지(주거용 건축물의 부지는 제외)는 과수원으로 한다.

② 축산업 및 낙농업을 하기 위하여 초지를 조성한 토지와 이에 접속된 부속시설물의 부지(주거용 건축물의 부지는 제외)는 목장용지로 한다.

③ 천일제염 방식으로 하지 아니하고 동력으로 바닷물을 끌어들여 소금을 제조하는 공장시설물의 부지는 염전으로 한다.

④ 국토의 계획 및 이용에 관한 법률 등 관계 법령에 따른 택지조성공사가 준공된 토지는 대로 한다.

⑤ 제조업을 하고 있는 공장시설물의 부지와 같은 구역에 있는 의료시설 등 부속시설물의 부지는 공장용지로 한다.

21 **공간정보의 구축 및 관리 등에 관한 법령상 지목의 종류에 해당하지 않는 것은?** ☆ 제30회 기출

① 창고용지 ② 공장용지 ③ 수도용지
④ 주택용지 ⑤ 철도용지

22 **공간정보 구축 및 관리에 관한 법령상 지목에 관한 설명으로 옳지 않은 것은?** ☆ 제22회 기출

① 물을 상시적으로 직접 이용하여 벼, 연, 미나리 등의 식물을 주로 재배하는 토지는 답이다.

② 자연의 유수가 있거나 있을 것으로 예상되는 토지는 유지이다.

③ 종교용지인 토지에 있는 유적·고적·기념물 등을 보호하기 위하여 구획된 토지는 사적지가 아니다.

④ 육상에 인공으로 조성된 수산생물의 번식 또는 양식을 위한 시설을 갖춘 부지와 이에 접속된 부속시설물의 부지는 양어장이다.

⑤ 산림 및 원야를 이루고 있는 수림지, 죽림지 등의 토지는 임야이다.

20 해설

③ 천일제염 방식으로 하지 아니하고 동력으로 바닷물을 끌어들여 소금을 제조하는 공장시설물의 부지는 공장용지로 한다.

21 해설

④ 주택용지는 공간정보의 구축 및 관리에 관한 법령상 지목의 종류에 해당하지 않는다.

22 해설

② 자연의 유수가 있거나 있을 것으로 예상되는 토지의 지목은 하천이다.

정답 20 ③ 21 ④ 22 ②

23 **공간정보의 구축 및 관리 등에 관한 법령상 지목과 그를 지적도 및 임야도에 등록하는 때 표기하는 부호의 연결로 옳지 않은 것은?**
☆ 제35회 기출

① 주차장 – 차
② 양어장 – 양
③ 유원지 – 원
④ 공장용지 – 장
⑤ 주유소용지 – 유

24 **공간정보의 구축 및 관리 등에 관한 법령상 지목에 관한 설명으로 옳은 것을 모두 고른 것은?**
☆ 제35회 기출

ㄱ. 지목의 설정은 필지마다 하나의 지목을 설정하는 방법으로 한다.
ㄴ. 송유시설의 부지는 지목을 잡종지로 한다.
ㄷ. 건축물의 용도가 변경된 경우는 지목변경을 신청할 수 없다.
ㄹ. 지적소관청은 지목변경을 하려면 시・도지사의 승인을 받아야 한다.

① ㄱ, ㄴ
② ㄱ, ㄷ
③ ㄷ, ㄹ
④ ㄱ, ㄴ, ㄹ
⑤ ㄴ, ㄷ, ㄹ

23 해설
주유소용지는 주로 표기하여야 한다.

24 해설
ㄱ, ㄴ이 옳은 내용이다.
ㄷ. 건축물의 용도가 변경된 경우는 지목변경을 신청할 수 있다.
ㄹ. 지적소관청은 지목변경을 하려면 시・도지사의 승인을 받지 않아도 된다.

정답 23 ⑤ 24 ①

제 4 절 경계

25 **공간정보의 구축 및 관리 등에 관한 법령상 지적소관청이 토지의 이동에 따라 지상경계를 새로 정한 경우 지상경계점 등록부에 등록할 사항에 해당하지 않는 것은?** ☆ 제30회 기출

① 토지의 소재
② 지번
③ 경계점 위치설명도
④ 경계점의 사진파일
⑤ 경계점 위치의 토지소유자 성명

26 **공간정보 구축 및 관리에 관한 법령상 지상경계를 새로 결정하려는 경우의 기준으로 옳은 것은? (단, 지상경계의 구획을 형성하는 구조물 등의 소유자가 다르지 않은 경우를 전제로 한다)** ☆ 제24회 기출

① 연접되는 토지 간에 높낮이 차이가 없는 경우 : 그 구조물 등의 중앙
② 연접되는 토지 간에 높낮이 차이가 있는 경우 : 그 구조물 등의 상단부
③ 도로·구거 등의 토지에 절토된 부분이 있는 경우 : 그 경사면의 하단부
④ 토지가 해면 또는 수면에 접하는 경우 : 최소만조위 또는 최소만수위가 되는 선
⑤ 공유수면매립지의 토지 중 제방 등을 토지에 편입하여 등록하는 경우 : 안쪽 어깨부분

25 해설
⑤ 경계점 위치의 토지소유자 성명은 지상경계점등록부에 등록하여야 하는 사항이 아니다.

26 해설
② 연접되는 토지 간에 높낮이 차이가 있는 경우 : 그 구조물 등의 하단부
③ 도로, 구거 등의 토지에 절토된 부분이 있는 경우 : 그 경사면의 상단부
④ 토지가 해면 또는 수면에 접하는 경우 : 최대만조위 또는 최대만수위가 되는 선
⑤ 공유수면매립지의 토지 중 제방 등을 토지에 편입하여 등록하는 경우 : 바깥쪽 어깨부분

정답 25 ⑤ 26 ①

27 **공간정보 구축 및 관리 등에 관한 법령상 지상 경계의 결정 기준을 옳게 연결한 것을 모두 고른 것은? (단, 구조물의 소유자가 다르지 않은 경우를 가정한다)** ☆ 제27회 기출

㉠ 연접되는 토지 간에 높낮이 차이가 없는 경우 : 그 구조물 등의 중앙 ㉡ 토지가 해면 또는 수면에 접하는 경우 : 최대만조위 또는 최대만수위가 되는 선 ㉢ 도로, 구거 등의 토지에 절토된 부분이 있는 경우 : 그 경사면의 중앙 ㉣ 공유수면매립지의 토지 중 제방 등을 토지에 편입하여 등록하는 경우 : 바깥쪽의 하단부 ㉤ 연접되는 토지 간에 높낮이 차이가 있는 경우 : 그 구조물 등의 하단부

① ㉠, ㉣
② ㉢, ㉤
③ ㉠, ㉡, ㉣
④ ㉠, ㉡, ㉤
⑤ ㉡, ㉢, ㉣, ㉤

28 **공간정보의 구축 및 관리 등에 관한 법령상 지상경계점등록부의 등록사항으로 옳은 것은?**
☆ 공인중개사 제28회 기출

① 경계점표지의 설치 사유
② 경계점의 사진 파일
③ 경계점표지의 보존 기간
④ 경계점의 설치 비용
⑤ 경계점표지의 제조 연월일

27 해설
㉠, ㉡, ㉤은 옳은 내용이다.
㉢ 도로, 구거 등의 토지에 절토된 부분이 있는 경우 : 그 경사면의 상단부
㉣ 공유수면매립지의 토지 중 제방 등을 토지에 편입하여 등록하는 경우 : 바깥쪽 어깨부분

28 해설
지상경계점등록부에는 소재 및 지번, 공부상의 지목과 실제 토지이용 지목, 면적, 토지이용계획, 개별공시지가, 측량자, 검사자, 입회인, 경계점표지의 종류, 경계점의 위치, 경계점 위치 설명도, 경계점의 사진 파일을 등록하여야 한다. 그러나 ① 경계점표지의 설치 사유, ③ 경계점표지의 보존 기간, ④ 경계점의 설치 비용, ⑤ 경계점표지의 제조 연월일은 지상경계점등록부의 등록사항이 아니다(법 제65조).

정답 27 ④ 28 ②

29 분할에 따른 지상 경계를 지상건축물에 걸리게 결정할 수 없는 경우는?

☆ 공인중개사 제24회 기출

① 소유권이전 및 매매를 위하여 토지를 분할하는 경우
② 법원의 확정판결에 따라 토지를 분할하는 경우
③ 도시개발사업 시행자가 사업지구의 경계를 결정하기 위하여 토지를 분할하는 경우
④ 「국토의 계획 및 이용에 관한 법률」에 따른 도시・군관리계획 결정고시와 지형도면 고시가 된 지역의 도시・군관리계획선에 따라 토지를 분할하는 경우
⑤ 공공사업 등에 따라 학교용지・도로・철도용지・제방 등의 지목으로 되는 토지를 분할하는 경우

30 공간정보의 구축 및 관리 등에 관한 법령상 지상경계점등록부의 등록사항으로 틀린 것은?

☆ 공인중개사 제34회 기출

① 토지의 소재
② 지적도면의 번호
③ 공부상 지목과 실제 토지이용 지목
④ 경계점의 사진파일
⑤ 경계점의 종류 및 경계점 위치

29 해설

① 분할에 따른 지상경계를 지상건축물에 걸리게 결정할 수 있는 경우에 소유권이전 및 매매를 위하여 토지를 분할하는 경우는 해당하지 않는다.

30 해설

② 지적도면의 번호는 지상경계점등록부에는 등록하지 않는다.

정답 29 ① 30 ②

제 5 절 면적

31 공간정보 구축 및 관리에 관한 법령상 면적에 관한 설명으로 옳지 않은 것은? ☆ 제20회 기출

① 지적공부를 복구하는 경우에는 복구 자료도를 작성할 복구 자료가 없는 경우 등에는 면적을 측정하기 위하여 측량을 실시한다.

② 면적이란 지적공부에 등록한 필지의 수평면상 넓이를 말하여 단위는 ㎡로 한다.

③ 토지의 면적 결정을 함에 있어서 면적에 ㎡ 미만의 끝수가 있는 경우 0.5㎡ 초과하는 때에는 올리는 것이 원칙이다.

④ 축척 600분의 1 지적도 시행지역에서 측정한 1필지의 면적이 0.09㎡인 경우에는 1㎡로 등록한다.

⑤ 규칙 제87조에 의하면 경위의 측량방법에 의해 세부측량을 시행한 지역의 필지별 면적측정방법은 경계점 좌표에 의한다.

32 경계점좌표등록부에 등록하는 지역에서 1필지의 면적측정을 위해 계산한 값이 1,029.551㎡인 경우 토지대장에 등록할 면적으로 옳은 것은? ☆ 공인중개사 제27회 기출

① 1,029.55㎡

② 1,029.56㎡

③ 1,029.5㎡

④ 1,029.6㎡

⑤ 1,030.0㎡

31 해설

④ 축척 600분의 1 지적도 시행지역에서 측정한 1필지의 면적이 0.09제곱미터인 경우에는 0.1 제곱미터로 등록한다.

32 해설

④ 경계점좌표등록부에 등록하는 지역은 ㎡ 이하 한자리 단위로 하되, 01.㎡ 미만의 끝수가 있는 경우 0.05㎡ 미만은 버리고, 0.05㎡를 초과하면 올린다. 다만, 0.05㎡일 때에는 구하려는 끝자리의 수가 0 또는 짝수이면 버리고, 홀수이면 올린다. 따라서 1,029.551㎡인 경우 토지대장에 등록할 면적은 1,029.6㎡가 된다.

정답 31 ④ 32 ④

33 **공간정보의 구축 및 관리 등에 관한 법령상 지적도의 축척이 600분의 1인 지역에서 신규등록할 1필지의 면적을 계산한 값이 0.050㎡이었다. 토지대장에 등록하는 면적의 결정으로 옳은 것은?**

☆ 공인중개사 제27회 기출

① 0.01㎡
② 0.05㎡
③ 0.1㎡
④ 0.5㎡
⑤ 1.0㎡

34 **공간정보의 구축 및 관리 등에 관한 법령상 지적도의 축척에 해당하는 것을 모두 고른 것은?**

☆ 공인중개사 제29회 기출

㉠ 1/1,000	㉡ 1/2,000	㉢ 1/2,400
㉣ 1/3,000	㉤ 1/6,000	

① ㉠, ㉢
② ㉠, ㉡, ㉢
③ ㉠, ㉣, ㉤
④ ㉡, ㉣, ㉤
⑤ ㉠, ㉢, ㉣, ㉤

33 해설

③ 지적도의 축척이 600분의 1인 지역에서 1필지의 면적이 0.1㎡ 미만일 때에는 0.1㎡로 한다.

34 해설

㉡ 1/2,000 축척은 지적도의 법정축척에 해당하지 않는다.

지적도	1/500, 1/600, 1/1,000, 1/1,200, 1/2,400, 1/3,000, 1/6,000
임야도	1/3,000, 1/6,000

정답 33 ③ 34 ⑤

35 공간정보의 구축 및 관리 등에 관한 법령상 임야도의 축척에 해당하는 것을 모두 고른 것은?

☆ 공인중개사 제32회 기출

㉠ 1/2,000	㉡ 1/2,400	㉢ 1/3,000
㉣ 1/6,000	㉤ 1/50,000	

① ㉠, ㉢
② ㉢, ㉣
③ ㉠, ㉡, ㉤
④ ㉡, ㉢, ㉣
⑤ ㉡, ㉢, ㉣, ㉤

35 해설
③ 임야도의 축척에 해당하는 것은 1/3,000, 1/6,000이다.

정답 35 ②

04 지적공부

01 공간정보 구축 및 관리에 관한 법령상 개별공시지가와 그 기준일을 등록한 지적공부로 옳게 짝지어진 것은?

☆ 제23회 기출

① 지적도와 임야도
② 토지대장과 임야대장
③ 토지대장과 대지권 등록부
④ 임야대장과 공유지연명부
⑤ 지적도와 경계점 좌표등록부

02 공간정보 구축 및 관리에 관한 법령상 토지대장과 지적도에 공통적으로 등록하여야 하는 항목으로 옳지 않은 것은?

☆ 제22회 기출

① 면적
② 토지의 소재
③ 지번
④ 지목
⑤ 도면의 축척

03 공간정보의 구축 및 관리 등에 관한 법령상 지적도에 등록하여야 하는 사항이 아닌 것은?

☆ 제31회 기출

① 토지의 소재
② 소유권 지분
③ 도곽선과 그 수치
④ 삼각점 및 지적기준점의 위치
⑤ 지목

01 해설
② 개별공시지가와 그 기준일은 토지대장과 임야대장에 등록한다.

02 해설
① 면적은 토지대장과 임야대장에만 등록하여야 하는 사항이다.

03 해설
② 소유권의 지분은 공유지연명부와 대지권등록부에 등록하여야 하는 사항이다.

정답 01 ② 02 ① 03 ②

04 공간정보의 구축 및 관리 등에 관한 법령상 토지대장에 등록하는 토지의 소유자가 둘 이상인 경우 공유지연명부에 등록하여야 하는 사항이 아닌 것은? ☆ 제33회 기출

① 소유권 지분
② 토지의 고유번호
③ 지적도면의 번호
④ 필지별 공유지연명부의 장 번호
⑤ 토지소유자가 변경된 날과 그 원인

05 공간정보 구축 및 관리에 관한 법령상 토지대장에 등록하여야 할 사항에 해당하지 않는 것은? ☆ 제24회 기출

① 건축물 및 구조물 등의 위치
② 지적도의 번호
③ 개별공시지가와 그 기준일
④ 토지의 이동 사유
⑤ 소유자의 성명 또는 명칭 주소

06 공간정보 구축 및 관리에 관한 법령상 토지대장과 공유지연명부의 공통적인 등록사항이 아닌 것은? ☆ 제25회 기출

① 토지의 소재
② 지번
③ 지목
④ 소유자의 성명 또는 명칭
⑤ 토지의 고유번호

04 해설
③ 지적도면의 번호는 공유지연명부와 대지권등록부에는 등록하여야 하는 사항이 아니다.

05 해설
① 건축물 및 구조물 등의 위치는 지적도와 임야도에 등록하는 사항이다.

06 해설
③ 지목은 토지대장, 임야대장, 지적도, 임야도에 등록하여야 하는 사항이다.

정답 04 ③ 05 ① 06 ③

07 **공간정보 구축 및 관리에 관한 법령상 지적공부와 등록사항의 연결이 바르지 않은 것은?**

☆ 제26회 기출

① 토지대장 - 지목과 면적
② 공유지연명부 - 소유권 지분
③ 지적도 - 건축물 및 구조물 등의 위치
④ 경계점 좌표등록부 - 소유자와 부호도
⑤ 대지권등록부 - 전유부분의 건물표시

08 **공간정보 구축 및 관리 등에 관한 법령상 공유지연명부에 등록하여야 하는 사항에 해당하지 않는 것은?**

☆ 제29회 기출

① 토지의 소재
② 지번
③ 지목
④ 소유권 지분
⑤ 소유자의 성명 또는 명칭, 주소 및 주민등록번호

09 **공간정보의 구축 및 관리 등에 관한 법령상 대지권 등록부에 등록하여야 하는 사항에 해당하지 않는 것은?**

☆ 제30회 기출

① 토지의 소재
② 지번
③ 대지권의 비율
④ 소유자의 성명 또는 명칭
⑤ 개별공시지가와 그 기준일

07 해설
④ 소유자는 토지대장, 임야대장, 공유지연명부, 대지권등록부에 등록하여야 하는 사항이다.

08 해설
③ 지목은 토지대장, 임야대장, 지적도, 임야도에 등록하여야 하는 사항이다.

09 해설
⑤ 개별공시지가와 그 기준일은 토지대장과 임야대장에 등록하는 사항이다.

정답 07 ④ 08 ③ 09 ⑤

10 공간정보의 구축 및 관리 등에 관한 법령상 대지권 등록부와 경계점좌표등록부의 공통등록사항으로 옳은 것은?

☆ 공인중개사 제34회 기출

> ㉠ 지번
> ㉡ 소유자의 성명 또는 명칭
> ㉢ 토지의 소재
> ㉣ 토지의 고유번호
> ㉤ 지적도면의 번호

① ㉠, ㉢, ㉣
② ㉢, ㉣, ㉤
③ ㉠, ㉡, ㉢, ㉣
④ ㉠, ㉡, ㉢, ㉤
⑤ ㉠, ㉡, ㉣, ㉤

11 공간정보 구축 및 관리에 관한 법령상 부동산종합공부에 관한 설명으로 옳지 않은 것은?

☆ 제26회 기출

① 지적소관청은 부동산종합공부를 영구히 보존하여야 한다.
② 지적공부의 내용 중 토지의 소유자에 관한 사항은 부동산종합공부의 등록사항이다.
③ 토지이용계획 확인서의 내용 중 토지의 이용 및 규제에 관한 사항은 부동산종합공부의 등록사항이다.
④ 부동산종합증명서를 발급하려는 자는 지적소관청 이외에 읍・면・동의 장에게도 신청할 수 있다.
⑤ 부동산종합공부의 등록사항에 잘못이 있는 경우에는 지적소관청의 직권정정만 허용된다.

10 해설

㉠ 지번은 대지권등록부와 경계점좌표등록부에 공통적으로 등록하여야 하는 사항이다.
㉡ 소유자의 성명 또는 명칭은 대지권등록부에 등록하여야 하는 사항이다.
㉢ 토지의 소재는 대지권등록부와 경계점좌표등록부에 공통적으로 등록하여야 하는 사항이다.
㉣ 토지의 고유번호는 대지권등록부와 경계점좌표등록부에 공통적으로 등록하여야 하는 사항이다.
㉤ 지적도면의 번호는 경계점좌표등록부에 등록하여야 하는 사항이다.

11 해설

⑤ 토지소유자는 부동산종합공부의 등록사항에 잘못이 있음을 발견하면 지적소관청에 그 정정을 신청할 수 있다. 지적소관청은 부동산종합공부의 등록사항에 잘못이 있음을 발견하면 직권으로 조사・측량하여 정정할 수 있다.

정답 10 ① 11 ⑤

12 공간정보 구축 및 관리에 관한 법령상 부동산종합공부에 관한 설명으로 틀린 것은?

☆ 공인중개사 제27회 기출

① 부동산종합공부를 열람하거나 부동산종합공부 기록사항의 전부 또는 일부에 관한 증명서를 발급받으려는 자는 지적소관청이나 읍·면·동의 장에게 신청할 수 있다.

② 지적소관청은 부동산종합공부의 등록사항 정정을 위하여 등록사항 상호 간에 일치하지 아니하는 사항을 확인 및 관리하여야 한다.

③ 토지소유자는 부동산종합공부의 토지의 표시에 관한 사항(공간정보의 구축 및 관리에 관한 법률에 따른 지적공부의 내용)의 등록사항에 잘못이 있음을 발견하면 지적소관청이나 읍·면·동의 장에게 그 정정을 신청할 수 있다.

④ 토지의 이용 및 규제에 관한 사항(토지이용규제법 제10조에 따른 토지이용계획확인서의 내용)은 부동산종합공부의 등록사항이다.

⑤ 지적소관청은 부동산종합공부의 등록사항 중 상호 간에 일치하지 아니하는 사항에 대해서는 등록사항을 관리하는 기관의 장에게 그 내용을 통지하여 등록사항 정정을 요청할 수 있다.

13 공간정보의 구축 및 관리 등에 관한 법령상 지적공부에 관한 내용으로 옳지 않은 것은?

☆ 제31회 기출

① 지적소관청은 관할 시·도지사의 승인을 받은 경우 지적서고에 보존되어 있는 지적공부를 해당 청사 밖으로 반출할 수 있다.

② 지적공부를 정보처리시스템을 통하여 기록·저장한 경우 관할 시·도지사, 시장·군수 또는 구청장은 그 지적공부를 지적정보관리체계에 영구히 보존하여야 한다.

③ 지적소관청은 부동산의 효율적 이용과 부동산과 관련된 정보의 종합적 관리·운영을 위하여 부동산종합공부를 관리·운영한다.

④ 부동산종합공부를 열람하거나 부동산 종합증명서를 발급받으려는 자는 지적소관청이나 읍·면·동의 장에게 신청할 수 있다.

⑤ 지적전산자료를 신청하려는 자는 지적전산자료의 이용 또는 활용 목적 등에 관하여 미리 중앙지적위원회의 심사를 받아야 한다.

12 해설

③ 토지소유자는 부동산종합공부의 토지의 표시에 관한 사항의 등록사항에 잘못이 있음을 발견하면 지적소관청에 그 정정을 신청할 수 있으며 읍·면·동의 장에게 신청할 수는 없다.

13 해설

⑤ 지적전산자료를 신청하려는 자는 지적전산자료의 이용 또는 활용 목적 등에 관하여 미리 관계 중앙행정기관의 심사를 받아야 한다.

정답 12 ③ 13 ⑤

14 **공간정보의 구축 및 관리 등에 관한 법령상 지적공부에 관한 설명으로 옳지 않은 것은?**

☆ 제30회 기출

① 정보처리시스템을 통하여 기록·저장한 지적공부의 전부가 멸실된 경우에는 국토교통부장관은 지체 없이 이를 복구하여야 한다.

② 국토교통부장관은 정보처리시스템을 통하여 지적정보관리체계에 기록·저장한 지적공부가 멸실될 경우를 대비하여 지적공부를 복제하여 관리하는 정보관리체계를 구축하여야 한다.

③ 지적공부를 정보처리시스템을 통하여 기록·저장한 경우 관할 시·도지사, 시장·군수·구청장은 그 지적공부를 지적정보관리체계에 영구히 보존하여야 한다.

④ 국토교통부장관은 지적공부의 효율적인 관리 및 활용을 위하여 지적정보 전담관리기구를 설치·운영하여야 한다.

⑤ 지방자치단체의 장이 지적전산자료를 신청하는 경우에는 지적전산자료의 이용목적 등에 관하여 미리 관계 중앙행정기관의 심사를 받지 않아도 된다.

15 **공간정보의 구축 및 관리에 관한 법령상 지적공부 등본의 발급 기관은? (단, 정보처리시스템을 통하여 기록 저장된 지적공부의 등본을 발급하려는 경우는 고려하지 않음)** ☆ 제26회 기출

① 해당 시·도지사

② 해당 지적소관청

③ 국토교통부장관

④ 행정안전부장관

⑤ 해당 등기소의 장

14 해설

① 정보처리시스템을 통하여 기록·저장된 지적공부의 전부 또는 일부가 멸실되거나 훼손된 경우에는 시·도지사, 시장·군수 또는 구청장이 지체없이 이를 복구하여야 한다.

15 해설

② 지적공부를 열람하거나 그 등본을 발급받으려는 자는 해당 지적소관청에 그 열람 또는 발급을 신청하여야 한다.

정답 14 ① 15 ②

16 **공간정보 구축 및 관리 등에 관한 법령상 지적공부에 관한 설명으로 옳지 않은 것은?**

☆ 제29회 기출

① 지적공부를 정보처리시스템을 통하여 기록·저장한 경우 그 지적공부는 지적정보관리체계에 영구히 보존되어야 한다.

② 정보처리시스템을 통하여 기록·저장된 공유지연명부를 열람하려는 경우에는 특별자치시장, 시장·군수 또는 구청장이나 읍·면·동의 장에게 신청할 수 있다.

③ 지방자치단체장이 지적전산자료를 신청하는 경우에는 지적전산자료의 이용에 관하여 미리 관계 중앙행정기관의 심사를 받아야 한다.

④ 정보처리시스템을 통하여 기록·저장된 지적공부 사항 중 소유자에 관한 사항을 복구할 때에는 부동산등기부나 법원의 확정판결에 따라야 한다.

⑤ 시·군·구 단위의 지적전산자료를 이용하거나 활용하려는 자는 지적소관청에 지적전산자료를 신청하여야 한다.

16 해설

③ 중앙행정기관의 장, 그 소속기관의 장 또는 지방자치단체의 장이 신청하는 경우에는 중앙행정기관의 심사를 받지 않아도 된다.

정답 16 ④

CHAPTER

05 토지의 이동 등

제1절 토지의 이동

01 **공간정보의 구축 및 관리 등에 관한 법령상 토지대장의 등록사항 중 이를 변경하는 것이 토지의 이동에 해당하지 않는 것은?**

☆ 제33회 기출

① 지번
② 지목
③ 면적
④ 토지의 소재
⑤ 소유자의 주소

02 **공간정보 구축 및 관리에 관한 법령상 토지의 이동에 관한 설명 중 잘못된 것은?**

☆ 제17회 기출

① 토지소유자는 지적공부에 등록된 1필지의 일부가 형질변경 등으로 용도가 다르게 된 때에는 그날부터 60일 이내에 소관청에 토지의 분할을 신청하여야 한다.
② 토지소유자는 임야도에 등록된 토지가 사실상 형질변경되었으나 지목변경을 할 수 없는 경우에는 등록전환을 신청할 수 없다.
③ 토지소유자는 1필지의 일부가 형질변경 등으로 용도가 다르게 되어 분할을 신청하는 때에는 지목변경신청서를 함께 제출하여야 한다.
④ 토지소유자는 합병하고자 하는 각 필지의 지적도 및 임야도의 축척이 서로 다른 경우에는 합병을 신청할 수 없다.
⑤ 토지소유자는 국토의 계획 및 이용에 관한 법률 등 관계 법령상 토지의 형질변경 등의 공사가 준공된 경우로서 지목변경을 할 토지가 있으면 지목변경을 신청해야 한다.

01 해설
⑤ 소유자의 주소 변경은 토지의 이동에 해당하지 않는다.

02 해설
② 토지소유자는 임야도에 등록된 토지가 사실상 형질변경되었으나 지목변경을 할 수 없는 경우에는 등록전환을 신청할 수 있다.

정답 01 ⑤ 02 ②

03 공간정보의 구축 및 관리 등에 관한 법령상 등록전환을 신청할 수 있는 경우가 아닌 것은?

☆ 제35회 기출

① 「건축법」에 따른 건축신고를 한 경우
② 도시·군관리계획선에 따라 토지를 분할하는 경우
③ 「산지관리법」에 따른 산지일시사용허가를 받은 경우
④ 지적도에 등록된 토지가 사실상 형질변경되었으나 지목변경을 할 수 없는 경우
⑤ 대부분의 토지가 등록전환되어 나머지 토지를 임야도에 계속 존치하는 것이 불합리한 경우

04 등록전환에 관한 설명으로 틀린 것은?

☆ 공인중개사 제22회 기출

① 토지소유자는 등록전환할 토지가 있으면 그 사유가 발생한 날부터 60일 이내에 지적소관청에 등록전환을 신청하여야 한다.
② 「산지관리법」에 따른 산지전용허가·신고, 산지일시사용허가·신고, 건축법에 따른 건축허가·신고 또는 그 밖의 관계 법령에 따른 개발행위 허가 등을 받은 경우에는 등록전환을 신청할 수 있다.
③ 임야도에 등록된 토지가 사실상 형질변경되었으나, 지목변경을 할 수 없는 경우에는 등록전환을 신청할 수 있다.
④ 등록전환에 따른 면적을 정할 때 임야대장의 면적과 등록전환될 면적의 차이가 오차의 허용범위 이내인 경우, 임야대장의 면적을 등록전환면적으로 결정한다.
⑤ 지적소관청은 등록전환에 따라 지적공부를 정리한 경우, 지체 없이 관할 등기관서에 토지의 표시에 관한 등기를 촉탁하여야 한다.

03 해설

④ 임야도에 등록된 토지가 사실상 형질변경되었으나 지목변경을 할 수 없는 경우에 등록전환을 신청할 수 있다.

04 해설

④ 등록전환에 따른 면적을 정할 때 임야대장의 면적과 등록전환될 면적의 차이가 오차의 허용범위 이내인 경우, 등록전환될 면적을 등록전환면적으로 결정한다.

정답 03 ④ 04 ④

05 공간정보 구축 및 관리 등에 관한 법령상 토지소유자가 지적소관청에 토지의 합병을 신청할 수 없는 경우를 모두 고른 것은? ☆ 제33회 기출

> ㄱ. 합병하려는 토지의 지목이 서로 다른 경우
> ㄴ. 합병하려는 토지의 소유자별 공유지분이 다른 경우
> ㄷ. 합병하려는 토지가 구획정리를 시행하고 있는 지역의 토지와 그 지역 밖의 토지인 경우

① ㄱ
② ㄷ
③ ㄱ, ㄴ
④ ㄴ, ㄷ
⑤ ㄱ, ㄴ, ㄷ

06 공간정보 구축 및 관리에 관한 법령상 토지소유자의 합병 신청이 제한되는 경우가 아닌 것은? ☆ 제21회 기출

① 합병하려는 토지의 지번부여지역이 서로 다른 경우
② 합병하려는 토지에 지상권의 등기가 있는 경우
③ 합병하려는 토지의 지목이 서로 다른 경우
④ 합병하려는 토지의 소유자가 서로 다른 경우
⑤ 합병하려는 토지의 지적도 및 임야도의 축척이 서로 다른 경우

05 해설
⑤ ㄱ, ㄴ, ㄷ 모두 합병을 신청할 수 없다.

06 해설
② 합병가능한 등기는 다음과 같다.

> ㉠ 소유권·지상권·전세권 또는 임차권의 등기
> ㉡ 승역지에 하는 지역권의 등기
> ㉢ 합병하려는 토지 전부에 대한 등기원인 및 그 연월일과 접수번호가 같은 저당권의 등기
> ㉣ 합병하려는 토지 전부에 대한 등기사항이 동일한 신탁등기

정답 05 ⑤ 06 ②

07 **공간정보 구축 및 관리에 관한 법령상 토지의 이동사유 발생 시 토지소유자가 소관청에 신청하여야 할 기한이 다른 것은?** ☆ 제19회 기출

① 바다로 된 토지의 등록말소 신청
② 공유수면매립으로 인한 신규등록 신청
③ 등록전환 신청
④ 지목변경 신청
⑤ 지적공부에 등록된 1필지의 일부가 형질변경 등으로 용도가 다르게 된 경우 토지분할 신청

08 **공간정보의 구축 및 관리 등에 관한 법령상 축척변경에 관한 설명으로 옳지 않은 것은?** ☆ 제34회 기출

① 하나의 지번부여지역에 서로 다른 축척의 지적도가 있는 경우 그 지역의 축척을 변경할 수 있다.
② 축척변경을 하려면 축척변경 시행지역의 토지소유자 2분의 1 이상의 동의를 받아야 한다.
③ 합병하려는 토지가 축척이 다른 지적도에 각각 등록되어 있어 축척변경을 하는 경우 시·도지사 또는 대도시 시장의 승인은 요하지 않는다.
④ 도시개발사업의 시행지역에 있는 토지로서 그 사업 시행에서 제외된 토지의 축척변경은 축척변경위원회의 의결을 요하지 않는다.
⑤ 지적소관청은 축척변경 승인을 받았을 때에는 지체 없이 축척변경의 시행에 관한 세부계획을 20일 이상 공고하여야 한다.

07 해설
① 바다로 된 토지의 등록말소 신청은 90일 이내이고 ②, ③, ④, ⑤는 60일 이내이다.

08 해설
② 축척변경을 하려면 축척변경 시행지역의 토지소유자 3분의 2 이상의 동의를 받아야 한다.

정답 07 ① 08 ②

09 공간정보 구축 및 관리 등에 관한 법령상 지목변경 신청 및 축적변경에 관한 설명이다. ( )에 들어갈 내용으로 각각 옳은 것은?

☆ 제32회 기출

- 토지소유자는 지목변경을 할 토지가 있으면 그 사유가 발생한 날부터 (ㄱ) 이내에 지적소관청에 지목변경을 신청하여야 한다.
- 지적소관청은 축척변경을 하려면 축척변경 시행지역의 토지소유자 (ㄴ) 이상의 동의를 받아야 한다.

① ㉠ 30일 ㉡ 2분의 1
② ㉠ 30일 ㉡ 3분의 1
③ ㉠ 60일 ㉡ 2분의 1
④ ㉠ 60일 ㉡ 3분의 2
⑤ ㉠ 90일 ㉡ 3분의 2

10 공간정보 구축 및 관리 등에 관한 법령상 축적변경사업에 따른 청산금에 관한 내용이다. ( )에 들어갈 사항으로 옳은 것은?

☆ 공인중개사 제26회 기출

- 지적소관청이 납부고지를 하거나 수령통지한 청산금에 관하여 이의가 있는 자는 납부고지 또는 수령통지를 받은 날부터 (㉠) 이내에 지적소관청에 이의신청을 할 수 있다.
- 지적소관청으로부터 청산금의 납부고지를 받은 자는 그 고지를 받은 날부터 (㉡) 이내에 청산금을 지적소관청에 내야 한다.

① ㉠ 15일 ㉡ 6개월
② ㉠ 1개월 ㉡ 3개월
③ ㉠ 1개월 ㉡ 6개월
④ ㉠ 3개월 ㉡ 6개월
⑤ ㉠ 3개월 ㉡ 1년

09 해설
- 토지소유자는 지목변경을 할 토지가 있으면 그 사유가 발생한 날부터 60일 이내에 지적소관청에 지목변경을 신청하여야 한다.
- 지적소관청은 축척변경을 하려면 축척변경 시행지역의 토지소유자 3분의 2 이상의 동의를 받아야 한다.

10 해설
- 지적소관청이 납부고지를 하거나 수령통지한 청산금에 관하여 이의가 있는 자는 납부고지 또는 수령통지를 받은 날부터 (1개월) 이내에 지적소관청에 이의신청을 할 수 있다.
- 지적소관청으로부터 청산금의 납부고지를 받은 자는 그 고지를 받은 날부터 (6개월) 이내에 청산금을 지적소관청에 내야 한다.

정답 09 ④ 10 ③

11 **공간정보 구축 및 관리에 관한 법령상 축척변경에 관한 설명으로 옳지 않은 것은?** ☆ 제18회 기출

① 소관청은 축척변경이 필요하다고 인정된 때에는 축척변경위원회의 의결을 거친 후, 시・도지사, 대도시 시장의 승인을 얻어 시행할 수 있다.

② 합병하고자 하는 토지가 축척이 다른 지적도에 각각 등록되어 있어 축척변경을 하는 경우에는 축척변경위원회의 의결 및 시・도지사, 대도시 시장의 승인절차를 거치지 아니할 수 있다.

③ 소관청은 시・도지사, 대도시 시장으로부터 축척변경승인을 얻은 때에는 지체 없이 축척변경의 목적 등을 20일 이상 공고하여야 한다.

④ 소관청은 청산금의 결정을 공고한 날부터 15일 이내에 토지소유자에게 청산금의 납부고지 또는 수령통지를 하여야 한다.

⑤ 축척변경위원회는 5명 이상 10명 이하의 위원으로 구성하되, 위원의 2분의 1 이상을 토지소유자로 하여야 한다.

12 **공간정보 구축 및 관리에 관한 법령상 축척변경을 한 결과 감소된 면적에 대하여 토지소유자에게 교부해야 할 청산금의 총액이 부족할 경우 부족액을 부담하여야 할 자는?** ☆ 제19회 기출

① 관할 토지수용위원회

② 당해 지방자치단체

③ 국토교통부장관

④ 축척변경위원회

⑤ 중앙지적위원회

11 해설

④ 소관청은 청산금의 결정을 공고한 날부터 20일 이내에 토지소유자에게 청산금의 납부고지 또는 수령통지를 하여야 한다.

12 해설

② 청산금을 산정한 결과 증가된 면적에 대한 청산금의 합계와 감소된 면적에 대한 청산금의 합계에 차액이 생긴 경우 초과액은 그 지방자치단체의 수입으로 하고, 부족액은 그 지방자치단체가 부담한다.

정답 11 ④ 12 ②

제2절 등록사항의 정정 등

13 **공간정보 구축 및 관리에 관한 법령상 토지의 이동 신청 및 지적정리 등에 관한 설명으로 옳은 것은?** ☆ 제28회 기출

① 토지소유자는 신규등록할 토지가 있으면 그 사유가 발생한 날부터 60일 이내에 지적소관청에 신규등록을 신청하여야 한다.

② 합병하려는 토지의 소유자가 서로 다른 경우에는 합병·합의한 날부터 90일 이내에 지적소관청에 합병을 신청하여야 한다.

③ 지적소관청은 바다로 된 토지의 등록말소 신청을 하도록 통지받은 토지소유자가 그 통지를 받은 날로부터 60일 이내에 등록말소 신청을 하지 아니하면 등록을 말소한다.

④ 지적소관청은 축척변경을 하려면 축척변경 시행지역의 토지소유자 과반수의 동의를 받아야 한다.

⑤ 지적소관청은 합병하려는 토지가 축척이 다른 지적도에 각각 등록되어 있어 축척변경을 하는 경우에는 시·도지사 대도시 시장의 승인을 받아야 한다.

14 **공간정보 구축 및 관리 등에 관한 법령상 지적소관청이 지적공부의 등록사항을 직권으로 조사·측량하여 정정할 수 있는 경우가 아닌 것은?** ☆ 제32회 기출

① 지적측량성과와 다르게 정리된 경우

② 지적공부의 작성 당시 잘못 정리된 경우

③ 지적공부의 등록사항이 잘못 입력된 경우

④ 합병하려는 토지의 소유자별 공유지분이 다른 경우

⑤ 토지이동정리결의서의 내용과 다르게 정리된 경우

13 해설

② 토지소유자가 서로 다르면 합병을 신청할 수 없으며, 합병신청 기간은 60일 이내이다.

③ 지적소관청은 바다로 된 토지의 등록말소 신청을 하도록 통지받은 토지소유자가 그 통지를 받은 날로부터 90일 이내에 등록말소 신청을 하지 아니하면 등록을 말소한다.

④ 지적소관청은 축척변경을 하려면 축척변경 시행지역의 토지소유자 3분의 2 이상의 동의를 받아야 한다.

⑤ 지적소관청은 합병하려는 토지가 축척이 다른 지적도에 각각 등록되어 있어 축척변경을 하는 경우는 시·도지사 대도시 시장의 승인을 받아야 하는 사항이 아니다.

14 해설

④ 합병하려는 토지의 소유자별 공유지분이 다른 경우는 합병할 수 없는 사유에 해당한다. 따라서 직권 정정사유에는 해당하지 않는다.

정답 13 ① 14 ④

15 공간정보 구축 및 관리에 관한 법령상 지적소관청이 직권으로 조사·측량하여 지적공부의 등록사항을 정정할 수 없는 경우는? ☆ 제22회 기출

① 지적측량 적부 재심사에 대한 중앙지적위원회의 의결서 사본을 받은 경우
② 지적도 및 임야도에 등록된 필지의 면적 및 경계의 위치가 잘못된 경우
③ 지적공부의 작성 당시 잘못 정리된 경우
④ 지적측량성과와 다르게 정리된 경우
⑤ 평방미터 단위로 면적 환산이 잘못된 경우

16 공간정보의 구축 및 관리 등에 관한 법령상 토지소유자가 하여야 하는 신청을 대신할 수 있는 자에 해당하지 않는 것은? (단, 등록사항 정정대상 토지는 제외함) ☆ 제31회 기출

① 국가가 취득하는 토지인 경우 : 해당 토지를 관리하는 행정기관의 장
② 지방자치단체가 취득하는 토지인 경우 : 해당 지방지적위원회
③ 주택법에 따른 공동주택의 경우 : 집합건물의 소유 및 관리에 관한 법률에 따른 관리인 또는 해당 사업의 시행자
④ 민법 제404조에 따른 채권자
⑤ 공공사업 등에 따라 지목이 학교용지로 되는 토지인 경우 : 해당 사업의 시행자

15 해설
② 면적의 증감이 없이 경계의 위치만 잘못된 경우가 직권 정정사유에 해당한다.

16 해설
② 지방자치단체가 취득하는 토지인 경우 해당 토지를 관리하는 지방자치단체의 장이 토지소유자가 하여야 하는 신청을 대신할 수 있다.

정답 15 ② 16 ②

17 **공간정보 구축 및 관리에 관한 법령상 토지소유자가 하여야 하는 신청을 대신할 수 있는 자가 아닌 것은?** ☆ 제24회 기출

① 국가나 지방자치단체가 취득하는 토지인 경우 : 해당 토지를 관리하는 행정기관의 장 또는 지방자치단체의 장
② 공공사업 등에 따라 학교용지의 지목으로 되는 토지인 경우 : 해당 토지를 관리하는 지방자치단체의 장
③ 공공사업 등에 따라 제방, 하천의 지목으로 되는 토지인 경우 : 해당 사업의 시행자
④ 주택법에 따른 공동주택의 부지인 경우 : 집합건물의 소유 및 관리에 관한 법률에 따른 관리인(관리인이 없는 경우에는 공유자가 선임한 대표자) 또는 해당 사업의 시행자
⑤ 민법 제404조에 따른 채권자

18 **공간정보의 구축 및 관리 등에 관한 법령상 토지소유자에 관한 설명으로 옳은 것은?** ☆ 제35회 기출

① 토지대장에 토지소유자의 주민등록번호는 등록하지 않는다.
② 공유지연명부의 등록사항에 토지소유자의 변경 원인은 포함되지 않는다.
③ 토지의 이동(異動)이 있는 경우에도 토지소유자의 신청이 없으면 지적소관청은 지적공부에 등록하는 지목 또는 경계를 직권으로 결정할 수 없다.
④ 지적공부에 등록된 토지가 바다로 된 경우 토지소유자는 지적공부의 등록말소 신청을 할 수 없다.
⑤ 공공사업에 따라 지목이 도로가 되는 토지를 합병하려는 경우 토지소유자가 하여야 할 합병 신청을 해당 사업의 시행자가 대신할 수 있다.

17 해설
② 공공사업 등에 따라 학교용지의 지목으로 되는 토지인 경우 해당 사업의 시행자가 토지소유자가 하여야 하는 신청을 대신할 수 있다.

18 해설
① 토지대장에 토지소유자의 주민등록번호는 등록하여야 한다.
② 공유지연명부의 등록사항에 토지소유자의 변경 원인은 포함된다.
③ 토지의 이동(異動)이 있는 경우에도 토지소유자의 신청이 없으면 지적소관청은 지적 공부에 등록하는 지목 또는 경계를 직권으로 결정할 수 있다.
④ 지적공부에 등록된 토지가 바다로 된 경우 토지소유자는 지적공부의 등록말소 신청을 할 수 있다.

정답 17 ② 18 ⑤

19 **공간정보 구축 및 관리에 관한 법령상 토지소유자의 정리에 관한 설명으로 옳지 않은 것은?** ☆ 제21회 기출

① 지적공부에 신규등록하는 토지의 소유자는 등기관이 직접 조사하여 등록한다.
② 지적공부에 등록된 토지소유자의 변경사항은 등기관서에서 등기한 것을 증명하는 등기필정보, 등기완료통지서, 등기사항증명서 또는 등기관서에서 제공한 등기전산정보자료에 따라 정리한다.
③ 「국유재산법」에 따라 소유자 없는 부동산에 대한 소유자 등록을 총괄청이나 중앙관서의 장이 신청하는 경우, 지적소관청은 지적공부에 해당 토지의 소유자가 등록되지 아니한 경우에만 등록할 수 있다.
④ 등기부에 적혀 있는 토지의 표시가 지적공부와 일치하지 아니하여 토지소유자를 정리할 수 없는 경우 토지의 표시와 지적공부가 일치하지 아니하다는 사실을 관할 등기관서에 통지하여야 한다.
⑤ 지적소관청은 필요하다고 인정하는 경우에는 관할 등기관서의 등기부를 열람하여 지적공부와 부동산등기부가 일치하는지 여부를 조사·확인하여야 한다.

20 **공간정보 구축 및 관리에 관한 법령상 지적소관청이 관할 등기관서에 그 등기를 촉탁하여야 하는 경우에 해당하지 않는 것은?** ☆ 제26회 기출

① 축척변경의 경우
② 등록사항의 직권 정정의 경우
③ 시·도지사 또는 대도시 시장 승인을 받아 지번부여지역의 전부 또는 일부에 대하여 지번을 새로 부여하는 경우
④ 행정구역의 개편으로 지번을 새로 부여하는 경우
⑤ 신규등록을 이유로 토지이동의 내용을 정리한 경우

19 해설
① 지적공부에 신규등록하는 토지의 소유자는 등기관이 아니라 지적소관청이 직접 조사하여 등록한다.

20 해설
⑤ 신규등록은 지적소관청이 관할 등기소에 등기를 촉탁하여야 하는 경우에 해당하지 않는다.

정답 19 ① 20 ⑤

21 **공간정보 구축 및 관리에 관한 법령상 토지의 표시변경에 관한 등기를 할 필요가 있는 경우로서 지적소관청이 관할 등기관서에 등기를 촉탁하여야 하는 사유가 아닌 것은?** ☆ 제21회 기출

① 지적공부에 등록된 지번이 변경된 경우
② 하나의 지번부여지역에 서로 다른 축척의 지적도가 있어 그 지역의 축척이 변경된 경우
③ 바다로 된 토지가 원상으로 회복될 수 없어 등록 말소된 경우
④ 지적소관청이 직권으로 지적공부의 등록사항 오류를 정정한 경우
⑤ 등기사항증명서에 의하여 토지대장의 소유자를 변경한 경우

22 **공간정보 구축 및 관리 등에 관한 법령상 지적공부와 부동산등기부에 관한 설명으로 옳지 않은 것은?** ☆ 제27회 기출

① 지적소관청은 지적공부의 등록사항 중 지적도 및 임야도에 등록된 필지가 면적의 증감 없이 경계의 위치만 잘못된 경우를 발견하면 직권으로 조사·측량하여 정정할 수 있다.
② 지적소관청은 소속 공무원이 지적공부와 부동산등기부의 부합 여부를 확인하기 위해 등기사항증명서의 발급을 신청하는 경우 그 수수료를 감경할 수 있다.
③ 행정구역의 명칭이 변경되었으면 지적공부에 등록된 토지의 소재는 새로운 행정구역의 명칭으로 변경된 것으로 본다.
④ 지적공부에 신규등록하는 토지의 소유자에 관한 사항은 지적소관청이 직접 조사하여 등록한다.
⑤ 국유재산법상 중앙관서의 장이 소유자 없는 부동산에 대한 소유자 등록을 신청하는 때에 지적소관청은 지적공부에 해당 토지의 소유자가 등록되지 아니한 경우에만 등록할 수 있다.

21 해설
⑤ 등기사항증명서에 의하여 토지대장의 소유자를 변경한 경우는 관할 등기관서에 등기를 촉탁하여야 하는 사유가 아니다.

22 해설
② 지적소관청은 소속 공무원이 지적공부와 부동산등기부의 부합 여부를 확인하기 위해 등기사항증명서의 발급을 신청하는 경우 그 수수료는 무료로 한다.

정답 21 ⑤ 22 ②

23 **공간정보 구축 및 관리 등에 관한 법령상 지적소관청이 토지소유자에게 지적정리 등을 통지하여야 하는 시기에 대한 설명이다. (   )에 들어갈 내용으로 옳은 것은?**

☆ 공인중개사 제34회 기출

> • 토지의 표시에 관한 변경등기가 필요하지 아니한 경우 :
> (㉠)에 등록한 날부터 (㉡) 이내
> • 토지의 표시에 관한 변경등기가 필요한 경우 :
> (㉢)를 접수한 날부터 (㉣) 이내

① ㉠ : 등기완료의 통지서, ㉡ : 15일, ㉢ : 지적공부, ㉣ : 7일
② ㉠ : 등기완료의 통지서, ㉡ : 7일, ㉢ : 지적공부, ㉣ : 15일
③ ㉠ : 지적공부, ㉡ : 7일, ㉢ : 등기완료의 통지서, ㉣ : 15일
④ ㉠ : 지적공부, ㉡ : 10일, ㉢ : 등기완료의 통지서, ㉣ : 15일
⑤ ㉠ : 지적공부, ㉡ : 15일, ㉢ : 등기완료의 통지서, ㉣ : 7일

23 해설
• 토지의 표시에 관한 변경등기가 필요하지 아니한 경우 :
(지적공부)에 등록한 날부터 (7일) 이내
• 토지의 표시에 관한 변경등기가 필요한 경우 :
(등기완료통지서)를 접수한 날부터 (15일) 이내

정답 23 ③

제 5 편

부동산등기법

CHAPTER

01 총칙

01 부동산등기법령상 등기할 수 있는 권리에 해당하지 않는 것은? ☆ 제30회 기출

① 소유권 ② 지역권 ③ 권리질권
④ 유치권 ⑤ 채권담보권

02 부동산등기법령상 등기의 대상이 되는 권리에 관한 설명으로 옳지 않은 것은? ☆ 제20회 기출

① 유치권은 부동산 물권이므로 등기를 할 수 있다.
② 건물의 일부에 대한 전세권도 등기할 수 있다.
③ 저당권에 의하여 담보된 채권을 질권의 목적으로 하는 경우에도 등기를 할 수 있다.
④ 부동산 물권변동을 목적으로 하는 채권적 청구권도 가등기의 형식으로 등기할 수 있다.
⑤ 부동산 임차권과 환매권은 채권이지만 등기할 수 있다.

03 부동산등기법령상 등기의 순위와 접수 등에 관한 설명으로 옳지 않은 것은? ☆ 제28회 기출

① 같은 부동산에 관하여 등기한 권리의 순위는 법률에 다른 규정이 없으면 등기한 순서에 따른다.
② 등기의 순서는 등기기록 중 같은 구에서 한 등기 상호 간에는 순위번호에 따른다.
③ 같은 주등기에 관한 부기등기 상호 간의 순위는 그 등기순서에 따른다.
④ 등기신청은 대법원 규칙으로 정하는 등기신청정보가 전산정보처리조직에 저장된 때 접수된 것으로 본다.
⑤ 등기관이 등기를 마쳤을 때에는 신청인에게 그 사실을 알려야 하며, 신청인이 등기완료의 통지를 받은 때부터 그 등기의 효력이 발생한다.

01 해설
④ 유치권은 등기할 수 있는 권리가 아니다.

02 해설
① 유치권은 부동산 물권이지만, 등기대상 권리가 아니다.

03 해설
⑤ 등기를 마친 경우 그 등기는 접수한 때부터 효력이 발생한다.

정답 01 ④ 02 ① 03 ⑤

04 부동산등기법령상 등기한 권리의 순위에 관한 설명으로 옳지 않은 것은?

☆ 제26회 기출

① 같은 부동산에 관하여 등기한 권리의 순위는 법률에 다른 규정이 없으면 등기한 순서에 따른다.
② 등기의 순서는 등기기록 중 같은 구에서 한 등기 상호 간에는 순위번호에 따른다.
③ 등기의 순서는 등기기록 중 다른 구에서 한 등기 상호 간에는 접수번호에 따른다.
④ 부기등기의 순위는 원칙적으로 주등기의 순위에 따른다.
⑤ 같은 주등기에 관한 부기등기 상호 간의 순위는 후 부기등기가 선 부기등기에 우선한다.

05 부동산등기법령상 등기신청 및 등기의 효력발생시기에 관한 설명으로 옳은 것은?

☆ 제33회 기출

ㄱ. 소유권 보존등기 또는 소유권 보존등기의 말소등기는 등기명의인으로 될 자 또는 등기명의인이 단독으로 신청한다.
ㄴ. 대표자가 있는 법인 아닌 사단에 속하는 부동산의 등기신청에 관하여는 그 사단의 대표자를 등기권리자 또는 등기의무자로 한다.
ㄷ. 등기신청은 해당 부동산이 다른 부동산과 구별될 수 있게 하는 정보가 전산정보처리조직에 저장된 때 접수된 것으로 본다.
ㄹ. 등기관이 등기를 마친 경우 그 등기는 등기 완료의 통지를 한 때부터 효력을 발생한다.

① ㄱ, ㄴ
② ㄱ, ㄷ
③ ㄷ, ㄹ
④ ㄴ, ㄷ, ㄹ
⑤ ㄱ, ㄴ, ㄷ, ㄹ

04 해설
⑤ 같은 주등기에 관한 부기등기 상호 간의 순위는 그 등기 순서에 따른다.

05 해설
ㄱ. 소유권 보존등기 또는 소유권 보존등기의 말소등기는 등기명의인으로 될 자 또는 등기명의인이 단독으로 신청한다. 옳은 내용이다.
ㄴ. 대표자가 있는 법인 아닌 사단에 속하는 부동산의 등기신청에 관하여는 그 사단을 등기권리자 또는 등기의무자로 한다.
ㄷ. 등기신청은 해당 부동산이 다른 부동산과 구별될 수 있게 하는 정보가 전산정보처리조직에 저장된 때 접수된 것으로 본다. 옳은 내용이다.
ㄹ. 등기관이 등기를 마친 경우 그 등기는 접수한 때부터 효력을 발생한다.

정답 04 ⑤ 05 ②

CHAPTER 02 등기부 등

01 부동산등기법령상 등기부 등에 관한 설명으로 옳지 않은 것은? ☆ 제29회 기출

① 등기부는 토지등기부와 건물등기부로 구분한다.
② 법원의 명령 또는 촉탁이 있는 경우에는 신청서나 그 밖의 부속서류를 등기소 밖으로 옮길 수 있다.
③ 등기관이 등기를 마쳤을 때에는 등기부 부본자료를 작성하여야 한다.
④ 폐쇄한 등기기록의 열람 및 등기사항증명서의 발급은 관할 등기소가 아닌 등기소에 청구할 수 없다.
⑤ 등기부의 부속서류가 손상·멸실될 염려가 있을 때에는 대법원장은 그 방지를 위하여 필요한 처분을 명령할 수 있다.

02 부동산등기법령상 다음 중 등기대상이 될 수 없는 것은? ☆ 제22회 기출

① 구분건물의 전유부분
② 집합건물의 공용부분 중 구분건물 또는 독립건물로서의 구조를 가지는 부분
③ 구분건물의 규약상 공용부분
④ 구분건물의 부속건물
⑤ 구분건물의 구조상 공용부분

03 부동산등기법령상 등기부의 을구란에 기록하여 공시하는 등기는? ☆ 제21회 기출

① 소유권보존등기
② 저당권의 설정등기
③ 소유권이전등기청구권 보전의 가등기
④ 소유권의 말소등기
⑤ 소유권의 변경등기

01 해설
④ 폐쇄한 등기기록에 관하여는 관할 등기소가 아닌 등기소에 청구할 수 있다.

02 해설
⑤ 구조상 공용부분은 복도나 계단 등으로 등기 능력이 없다.

03 해설
② 저당권 설정등기는 등기부의 을구란에 기재하여 공시하는 등기이다.

정답 01 ④ 02 ⑤ 03 ②

04 부동산등기법령상 등기부에 관한 설명으로 옳은 것은?

☆ 제30회 기출

① 등기부는 토지등기부, 건물등기부, 집합건물등기부로 구분한다.
② 등기부와 폐쇄한 등기기록은 영구히 보존하여야 한다.
③ 등기부는 법관이 발부한 영장에 의하여 압수하는 경우 외에는 등기정보중앙관리소에 보관·관리하여야 한다.
④ 등기기록의 열람 청구는 관할 등기소가 아닌 등기소에 대하여 할 수 없다.
⑤ 1동의 건물을 구분한 건물에 있어서는 1동의 건물에 속하는 전부에 대하여 1개의 등기기록을 사용할 수 없다.

05 부동산등기법령상 등기부 등에 관한 설명으로 옳지 않은 것은?

☆ 제28회 기출

① 등기부는 영구히 보존하여야 한다.
② 법관이 발부한 영장에 의하여 신청서나 그 밖의 부속서류를 압수하는 경우에는 이를 등기소 밖으로 옮길 수 있다.
③ 1동의 건물을 구분한 건물에 있어서는 1동의 건물에 속하는 전부에 대하여 1개의 등기기록을 사용한다.
④ 등기기록 부속서류에 대하여는 이해관계 있는 부분만 열람을 청구할 수 있다.
⑤ 등기관의 중복등기기록 정리는 실체의 권리관계에 영향을 미친다.

04 해설

① 등기부는 토지등기부와 건물등기부로 구분한다.
③ 등기부는 등기정보중앙관리소에 보관·관리하여야 하며, 등기부 및 부속서류는 전쟁·천재지변이나 그 밖에 이에 준하는 사태를 피하기 위한 경우 외에는 등기소 밖으로 옮기지 못한다.
④ 등기기록의 열람 청구는 관할 등기소가 아닌 등기소에 대하여도 할 수 있다.
⑤ 1동의 건물을 구분한 건물에 있어서는 1동의 건물에 속하는 전부에 대하여 1개의 등기기록을 사용한다.

05 해설

⑤ 등기관의 중복등기기록 정리는 실체의 권리관계에 영향을 미치지 아니한다.

정답 04 ② 05 ⑤

06 부동산등기법령상 보조기억장치에 저장하여 보존하는 경우 그 보존기간이 나머지 것과 다른 것은? ☆ 제27회 기출

① 신탁원부
② 공동담보목록
③ 도면
④ 매매목록
⑤ 신청정보 및 첨부정보

07 부동산등기법령상 등기사무에 관한 설명으로 옳지 않은 것은? ☆ 제35회 기출

① 등기관은 접수번호의 순서에 따라 등기사무를 처리하여야 한다.
② 등기관은 등기사무를 처리한 때에는 등기사무를 처리한 등기관이 누구인지 알 수 없도록 조치하여야 한다.
③ 토지등기부와 건물등기부는 영구히 보존하여야 한다.
④ 등기부를 편성할 때 1동의 건물을 구분한 건물에 있어서는 1동의 건물에 속하는 전부에 대하여 1개의 등기기록을 사용한다.
⑤ 폐쇄한 등기기록의 열람 청구는 관할 등기소가 아닌 등기소에 대하여도 할 수 있다.

06 해설
⑤ 신청정보 및 첨부 정보는 5년이며, 나머지는 영구 보존이다.

07 해설
② 등기관은 등기사무를 처리한 때에는 등기사무를 처리한 등기관이 누구인지 알 수 있는 조치를 하여야 한다.

정답 06 ⑤ 07 ②

CHAPTER 03 등기절차

01 부동산등기법령상 등기에 관한 설명으로 옳지 않은 것은? ☆ 제23회 기출

① 등기는 법률에 다른 규정이 없는 경우에는 등기권리자와 등기의무자가 공동으로 신청한다.
② 부동산 표시의 변경등기는 소유권의 등기명의인이 단독으로 신청한다.
③ 등기절차의 이행 또는 인수를 명하는 판결에 의한 등기는 승소한 등기권리자 또는 등기의무자가 단독으로 신청한다.
④ 소유권보존등기의 말소등기는 등기명의인이 단독으로 신청한다.
⑤ 등기관이 등기를 마친 경우 그때부터 등기는 효력을 발생한다.

02 등기당사자에 관한 설명으로 옳은 것은? (다툼이 있으면 판례에 따름) ☆ 공인중개사 제28회 기출

① 태아로 있는 동안에는 태아의 명의로 대리인이 등기를 신청한다.
② 민법상 조합은 직접 자신의 명의를 등기를 신청한다.
③ 지방자치단체와 같은 공법인은 직접 자신의 명의로 등기를 신청할 수 없다.
④ 사립학교는 설립주체가 누구인지를 불문하고 학교명의로 등기를 신청할 수 있다.
⑤ 법인 아닌 사단은 그 사단의 명의로 대표자나 관리인이 등기를 신청한다.

01 해설
⑤ 등기관이 등기를 마친 경우 그 등기는 접수한 때부터 효력이 발생한다.

02 해설
① 태아는 당사자 등기당사자능력이 없으므로 태아의 명의로 등기를 신청할 수 없다.
② 민법상 조합은 등기당사자능력이 없으므로 직접 자신의 명의를 등기를 신청할 수 없다.
③ 지방자치단체는 등기당사자능력이 인정되므로 직접 자신의 명의로 등기를 신청할 수 있다.
④ 국립, 공립, 사립학교는 등기당사자능력이 없으므로 학교명의로 등기를 신청할 수 없다.

정답 01 ⑤ 02 ⑤

03 **부동산등기법령상 대표자나 관리인이 있는 법인 아닌 사단(이하 '비법인사단')에 속하는 부동산의 등기에 관한 설명으로 옳은 것은?** ☆ 제35회 기출

① 등기에 관하여는 비법인사단의 대표자나 관리인을 등기권리자 또는 등기의무자로 한다.
② 비법인사단의 부동산등기용등록번호는 소재지 관할 등기소의 등기관이 부여한다.
③ 권리에 관한 등기를 비법인사단의 명의로 할 때에는 그 대표자나 관리인의 성명, 주소를 등기사항으로 기록하지 않아도 된다.
④ 비법인사단은 사용자등록을 하고 등기에 관하여 전자신청을 할 수 있다.
⑤ 비법인사단의 대표자나 관리인이 등기를 신청한 경우 등기관은 등기를 마치면 그 대표자나 관리인에게 등기필정보를 통지한다.

04 **부동산등기법령상 등기의 단독신청에 관한 설명으로 옳지 않은 것은?** ☆ 제24회 기출

① 등기명의인 표시의 변경이나 경정의 등기는 해당 권리의 등기명의인이 단독으로 신청한다.
② 소유권 보존등기 또는 말소등기는 등기명의인으로 될 자 또는 등기명의인이 단독으로 신청한다.
③ 가등기명의인은 단독으로 가등기의 말소를 신청할 수 없다.
④ 공유물을 분할하는 판결에 의한 등기는 등기권리자 또는 등기의무자가 단독으로 신청한다.
⑤ 부동산 표시의 변경이나 경정의 등기는 소유권의 등기명의인이 단독으로 신청한다.

03 해설

① 등기에 관하여는 비법인사단을 등기권리자 또는 등기의무자로 한다.
② 비법인사단의 부동산등기용등록번호는 소재지 관할 시장・군수・구청장(자치구가 아닌 구청장을 포함)이 부여한다.
③ 권리에 관한 등기를 비법인사단의 명의로 할 때에는 그 대표자나 관리인의 성명, 주소 및 주민등록번호를 신청정보의 내용으로 등기소에 제공하여야 한다.
④ 비법인사단은 등기에 관하여 전자신청을 할 수 없다.

04 해설

③ 가등기 명의인은 단독으로 가등기의 말소를 신청할 수 있다.

정답 03 ⑤ 04 ③

05 **부동산등기법령상 등기절차에 관한 설명으로 옳지 않은 것은?** ☆ 제29회 기출

① 대표자나 관리인이 있는 법인 아닌 사단이나 재단에 속하는 부동산의 등기에 관하여는 그 대표자나 관리인을 등기권리자 또는 등기의무자로 한다.

② 등기기록에 기록된 사항이 많아 취급하기에 불편하게 되는 등 합리적 사유로 등기기록을 옮겨 기록할 필요가 있는 경우에 등기관은 현재 효력이 있는 등기만을 새로운 등기기록에 옮겨 기록할 수 있다.

③ 채권자는 민법의 채권자대위권 규정에 따라 채무자를 대위하여 등기를 신청할 수 있다.

④ 행정구역이 변경되었을 때에는 등기기록에 기록된 행정구역에 대하여 변경등기가 있는 것으로 본다.

⑤ 등기는 법률에 다른 규정이 없으면 당사자의 신청 또는 관공서의 촉탁에 따라 한다.

06 **부동산등기법령상 등기신청에 관한 설명으로 옳지 않은 것은?** ☆ 제31회 기출

① 법인의 합병에 따른 등기는 등기권리자가 단독으로 신청한다.

② 신탁재산에 속하는 부동산의 신탁등기는 수탁자가 단독으로 신청한다.

③ 수용으로 인한 소유권이전등기는 등기권리자가 단독으로 신청할 수 있다.

④ 채권자는 민법 제404조에 따라 채무자를 대위하여 등기를 신청할 수 있다.

⑤ 대표자가 있는 종중에 속하는 부동산의 등기는 대표자의 명의로 신청한다.

05 해설

① 대표자나 관리인이 있는 법인 아닌 사단이나 재단에 속하는 부동산의 등기에 관하여는 그 사단이나 재단을 등기권리자 또는 등기의무자로 한다.

06 해설

⑤ 대표자가 있는 종중에 속하는 부동산의 등기는 그 사단이나 재단의 명의로 그 대표자나 관리인이 신청한다.

정답 05 ① 06 ⑤

07 **등기신청에 관한 설명으로 틀린 것은?** ☆ 공인중개사 제34회(변형) 기출

① 정지조건이 붙은 유증을 원인으로 소유권이전등기를 신청하는 경우, 조건성취를 증명하는 서면을 첨부하여야 한다.
② 사립대학이 부동산을 기증받은 경우, 학교 명의로 소유권이전등기를 할 수 있다.
③ 법무사는 매매계약에 따른 소유권이전등기를 매도인과 매수인 쌍방을 대리하여 신청할 수 있다.
④ 법인 아닌 사단인 종중이 건물을 매수한 경우, 종중의 대표자는 종중 명의로 소유권이전등기를 신청할 수 있다.
⑤ 민법상 조합 자체를 채무자로 표시하여 근저당설정등기를 할 수 없다.

08 **부동산등기법령상 등기관이 직권으로 등기를 말소할 수 있는 경우는?** ☆ 제26회 기출

① 등기를 신청할 때 당사자가 출석하지 아니한 경우
② 등기에 필요한 첨부정보를 제공하지 아니한 경우
③ 신청할 권한이 없는 자가 신청한 경우
④ 사건이 등기할 것이 아닌 경우
⑤ 신청정보와 등기원인을 증명하는 정보가 일치하지 아니한 경우

07 해설
⑤ 학교명의로 등기할 수 없다.

08 해설
④ 부동산등기법 제58조(직권에 의한 등기의 말소) 규정에 의하여 등기관이 등기를 마친 후 그 등기가 "사건이 그 등기소의 관할이 아닌 경우 및 사건이 등기할 것이 아닌 경우"에는 1개월 이내 기간을 정하여 그 기간에 이의를 진술하지 아니하면 등기를 말소한다는 뜻을 통지하여야 한다. 이 경우 등기관은 이의를 진술할 자가 없거나 이의를 각하한 경우에는 등기를 직권으로 말소하여야 한다.

정답 07 ② 08 ④

09 부동산등기법령상 등기절차에 관한 설명으로 옳지 않은 것은?

☆ 제27회 기출

① 신탁재산에 속하는 부동산의 신탁등기는 수탁자가 단독으로 신청한다.
② 부동산 표시의 변경등기는 소유권의 등기명의인이 단독으로 신청한다.
③ 등기관이 등기의 착오가 등기관의 잘못으로 인한 것임을 발견한 경우 등기상 이해관계 있는 제3자가 없다면 지체 없이 그 등기를 직권으로 경정해야 한다.
④ 등기관은 등기권리자, 등기의무자 또는 등기명의인이 각 2인 이상인 경우에는 직권으로 경정등기를 한 사실을 그 모두에게 알려야 한다.
⑤ 토지가 멸실된 경우에는 그 토지소유권의 등기명의인은 그 사실이 있는 때부터 1개월 이내에 그 등기를 신청하여야 한다.

10 부동산등기법령상 등기절차에 관한 설명으로 옳지 않은 것은?

☆ 제21회 기출

① 가등기는 신청서에 가등기의무자의 승낙서 또는 가처분명령의 정본을 첨부하여 가등기 권리자가 단독으로 신청할 수 있다.
② 등기명의인의 표시의 변경 또는 경정의 등기는 등기명의인 단독으로 신청할 수 있다.
③ 상속등기는 등기권리자가 단독으로 신청할 수 있다.
④ 국가나 지방자치단체가 소유한 부동산에 관한 등기는 등기권리자의 청구에 의하여 관공서가 지체 없이 촉탁서에 등기원인을 증명하는 서면을 첨부하여 등기소에 촉탁하여야 한다.
⑤ 동일한 등기소의 관할 내에 있는 여러 개의 부동산에 관한 등기를 신청하는 경우에는 등기원인이 다를 때에도 동일한 신청서로 등기를 신청할 수 있다.

09 해설

④ 등기권리자, 등기의무자 또는 등기명의인이 각 2인 이상인 경우에는 그중 1인에게 통지하면 된다.

10 해설

⑤ 등기의 신청은 1건당 1개의 부동산에 관한 신청정보를 제공하는 방법으로 하여야 하나, 등기목적과 등기원인이 동일한 경우에는 같은 등기소의 관할 내에 있는 여러 개의 부동산에 관한 신청정보를 일괄하여 제공하는 방법으로 할 수 있다.

정답 09 ④ 10 ⑤

11 **부동산등기법령상 등기에 관한 설명으로 옳은 것은?** ☆ 제20회 기출

① 등기의 순서는 같은 구에서 한 등기는 접수번호에 따르고, 다른 구에서 한 등기는 순위번호에 의한다.

② 부기등기의 순위 및 부기등기 상호 간의 순위는 주등기의 순위에 따른다.

③ 1동의 건물을 구분한 건물에 있어서는 1동의 건물에 속하는 전부에 대하여 1용지를 사용하지만, 표제부 및 각 구는 1동의 건물을 구분한 각 건물마다 둔다.

④ 존재하지 아니하는 건물에 대한 등기가 있는 경우에는 그 소유권의 등기명의인은 지체 없이 경정등기를 신청하여야 한다.

⑤ 등기절차의 이행 또는 인수를 명하는 판결에 의한 등기의 경우 승소한 등기권리자는 단독으로 신청할 수 있으나, 등기의무자는 단독으로 신청할 수 없다.

12 **부동산등기법령상 등기신청의 각하 사유에 해당하지 않는 것은?(단, 신청의 잘못된 부분에 대한 보정은 고려하지 아니함)** ☆ 제23회 기출

① 신청할 권한이 없는 자가 신청한 경우

② 신청정보와 등기원인을 증명하는 정보가 일치하지 아니한 경우

③ 등기에 필요한 첨부 정보를 제공하지 아니한 경우

④ 신청정보의 등기권리자의 표시가 등기기록과 일치하지 아니한 경우

⑤ 신청정보의 등기의 목적인 권리의 표시가 등기기록과 일치하지 아니한 경우

11 해설

① 동구에서는 순위번호에 의하고 별구에서는 접수번호에 의한다.

② 부기등기의 순위는 주등기의 순위에 의하고, 부기등기 상호 간의 순위는 그 등기의 순서에 따른다.

④ 존재하지 아니하는 건물에 대한 등기가 있는 경우에는 그 소유권의 등기명의인은 지체 없이 멸실등기를 신청하여야 한다.

⑤ 등기절차의 이행 또는 인수를 명하는 판결에 의한 등기의 경우 승소한 등기권리자 또는 등기의무자가 단독으로 신청할 수 있다.

12 해설

④ 신청정보의 등기의무자의 표시가 등기기록과 일치하지 아니한 경우에 각하하여야 한다.

정답 **11 ③ 12 ④**

13 부동산등기법령상 등기의 신청 등에 관한 설명으로 옳지 않은 것은?

☆ 제25회 기출

① 등기원인이 발생한 후에 등기권리자에 대하여 상속이 있는 경우에는 상속인이 그 등기를 신청할 수 있다.

② 관리인이 있는 법인 아닌 재단에 속하는 부동산의 등기에 관하여는 그 재단을 등기권리자 또는 등기의무자로 한다.

③ 채권자는 채무자를 대위하여 등기를 신청할 수 있다.

④ 등기신청의 취하는 등기관이 등기를 마치기 전까지 할 수 있다.

⑤ 같은 채권의 담보를 위하여 소유자가 다른 여러 개의 부동산(같은 등기소의 관할 내에 소재함)에 대한 저당권 설정등기를 신청하는 경우에는 1건당 1개의 부동산에 관한 신청정보를 제공하는 방법으로 등기를 신청하여야 한다.

13 해설

⑤ 같은 채권의 담보를 위하여 소유자가 다른 여러 개의 부동산(같은 등기소의 관할 내에 소재함)에 대한 저당권 설정등기를 신청하는 경우에는 1건의 신청정보로 일괄하여 신청할 수 있다.

정답 13 ⑤

CHAPTER 04 표시에 관한 등기

01 **부동산등기법령상 등기관이 건물 등기기록의 표제부에 기록하여야 하는 사항 중 같은 지번 위에 여러 개의 건물이 있는 경우와 구분건물의 경우에 한정하여 기록하여야 하는 것은?**

☆ 제33회 기출

① 건물의 종류
② 건물의 구조
③ 건물의 면적
④ 표시번호
⑤ 도면의 번호

02 **부동산등기법령상 등기절차에 관한 설명으로 옳은 것은?** ☆ 제32회 기출

① 법인의 합병에 따른 등기는 등기권리자와 등기의무자가 공동으로 신청하여야 한다.
② 등기의무자는 공유물을 분할하는 판결에 의한 등기를 단독으로 신청할 수 없다.
③ 토지의 분할이 있는 경우에는 그 토지소유권의 등기명의인은 그 사실이 있는 때부터 1개월 이내에 그 등기를 신청하여야 한다.
④ 등기관이 직권에 의한 표시변경등기를 하였을 때에는 소유권의 등기명의인은 지체 없이 그 사실을 지적 소관청에게 알려야 한다.
⑤ 토지가 멸실된 경우에는 그 토지소유권의 등기명의인은 그 사실이 있는 때부터 14일 이내에 그 등기를 신청하여야 한다.

01 해설

⑤ 도면의 번호(같은 지번 위에 여러 개의 건물이 있는 경우와 구분건물의 경우로 한정한다)

02 해설

① 토지의 합병에 따른 등기는 등기권리자가 단독으로 신청한다.
② 공유물을 분할하는 판결에 의한 등기는 등기권리자 또는 등기의무자가 단독으로 신청한다.
④ 등기관은 지체 없이 그 사실을 지적소관청과 소유권의 등기명의인에게 알려야 한다.
⑤ 1개월 이내에 그 등기를 신청하여야 한다.

정답 01 ⑤ 02 ③

03 **부동산등기법령상 건물의 표시에 관한 등기에 대한 설명으로 옳지 않은 것은?**

☆ 제29회 기출

① 등기관이 대지권 등기를 하였을 때에는 직권으로 대지권의 목적인 토지의 등기기록에 소유권, 지상권, 전세권 또는 임차권이 대지권이라는 뜻을 기록하여야 한다.

② 건물이 멸실된 경우에는 그 건물 소유권의 등기명의인은 그 사실이 있는 때부터 2개월 이내에 그 등기를 신청하여야 한다.

③ 존재하지 아니하는 건물에 대한 등기가 있을 때에는 그 소유권의 등기명의인은 지체 없이 그 건물의 멸실 등기를 신청하여야 한다.

④ 구분건물로서 그 대지권의 변경이나 소멸이 있는 경우에는 구분건물의 소유권의 등기명의인은 1동의 건물에 속하는 다른 구분건물의 소유권의 등기명의인을 대위하여 그 등기를 신청할 수 있다.

⑤ 1동의 건물에 속하는 구분건물 중 일부만에 관하여 소유권 보존등기를 신청하는 경우에는 나머지 구분건물의 표시에 관한 등기를 동시에 신청하여야 한다.

04 **부동산등기법령상 변경등기의 신청에 관한 조문의 일부분이다. (　　)에 들어갈 내용으로 각각 옳은 것은?**

☆ 제31회 기출

• 토지의 분할·합병이 있는 경우와 제34조의 등기사항에 변경이 있는 경우에는 그 토지 소유권의 등기명의인은 그 사실이 있는 때부터 (㉠) 이내에 그 등기를 신청하여야 한다. • 건물의 분할·구분·합병이 있는 경우와 제40조의 등기사항에 변경이 있는 경우에는 그 건물 소유권의 등기명의인은 그 사실 있는 때부터 (㉡) 이내에 그 등기를 신청하여야 한다.

① ㉠ 30일, ㉡ 30일
② ㉠ 3개월, ㉡ 3개월
③ ㉠ 3개월, ㉡ 1개월
④ ㉠ 1개월, ㉡ 3개월
⑤ ㉠ 1개월, ㉡ 1개월

03 해설

② 건물이 멸실된 경우에는 그 건물 소유권의 등기명의인은 그 사실이 있는 때부터 1개월 이내에 그 등기를 신청하여야 한다.

04 해설

• 토지의 분할·합병이 있는 경우와 제34조의 등기사항에 변경이 있는 경우에는 그 토지 소유권의 등기명의인은 그 사실이 있는 때부터 (1개월) 이내에 그 등기를 신청하여야 한다.
• 건물의 분할·구분·합병이 있는 경우와 제40조의 등기사항에 변경이 있는 경우에는 그 건물 소유권의 등기명의인은 그 사실 있는 때부터 (1개월) 이내에 그 등기를 신청하여야 한다.

정답 **03** ② **04** ⑤

05 **부동산등기법령상 건물의 표시에 관한 등기에 대한 설명으로 옳지 않은 것은?** ☆ 제23회 기출

① 건물이 멸실된 경우 그 건물 소유권의 등기명의인은 그 사실이 있는 때부터 1개월 이내에 멸실등기를 신청하여야 한다.

② 존재하지 아니하는 건물에 대한 등기가 있을 때에는 그 소유권의 등기명의인은 지체 없이 멸실등기를 신청하여야 한다.

③ 건물의 합병이 있는 경우에 그 건물 소유권의 등기명의인은 그 사실이 있는 때부터 1개월 이내에 변경등기를 신청하여야 한다.

④ 구분건물의 등기기록 중 1동 표제부에 관한 변경등기는 그 구분건물과 같은 1동의 건물에 속하는 다른 구분건물에 대하여는 변경등기로서의 효력이 없다.

⑤ 구분건물로서 그 건물이 속하는 1동 전부가 멸실된 경우에, 그 구분건물의 소유권의 등기명의인은 1동 건물에 속하는 다른 구분건물의 소유권의 등기명의인을 대위하여 1동 전부에 대한 멸실등기를 신청할 수 있다.

06 **부동산등기법령상 토지 및 건물의 등기에 관한 설명으로 옳은 것은?** ☆ 제22회 기출

① 토지면적의 증감 또는 지목의 변경이 있을 때에는 그 토지 소유권의 등기명의인은 1주일 이내에 그 등기를 신청하여야 한다.

② 판결 또는 그 밖의 특별자치도지사, 시장, 군수 또는 자치구구청장의 서면에 의하여 자기의 소유권을 증명하는 자는 미등기 건물의 소유권 보존등기를 신청할 수 있다.

③ 토지수용으로 인한 소유권이전등기는 토지소유자와 기업자가 공동으로 신청하여야 한다.

④ 존재하지 아니하는 건물에 대한 등기가 있는 경우에는 등기관이 직권으로 멸실등기를 하여야 한다.

⑤ 여러 개의 부동산에 관한 권리를 목적으로 하는 저당권의 설정등기를 신청하는 경우에 부동산이 3개 이상인 때에는 신청서에 공동담보목록을 첨부하여야 한다.

05 해설

④ 구분건물의 등기기록 중 1동 표제부에 관한 변경등기는 그 구분건물과 같은 1동의 건물에 속하는 다른 구분건물에 대하여는 변경 등기로서의 효력이 있다.

06 해설

① 1개월 이내에 등기를 신청하여야 한다.

③ 수용으로 인한 소유권이전등기는 등기권리자가 단독으로 신청할 수 있다. 다만, 국가 또는 지방자치단체가 등기권리자인 경우에는 등기소에 촉탁하여야 한다.

④ 그 소유권의 등기명의인은 지체 없이 그 건물의 멸실등기를 신청하여야 한다.

⑤ 공동담보목록은 그 목적 부동산이나 권리가 5개 이상인 때 부동산과 권리를 표시하고 기명날인하여 제출하는 것이다.

정답 05 ④ 06 ②

07 부동산등기법령상 부동산의 표시에 관한 변경등기에 대한 설명으로 옳은 것은?

☆ 제25회 기출

① 토지의 지번에 변경이 있는 경우 토지소유권의 등기명의인은 그 사실이 있는 때부터 1개월 이내에 변경등기를 신청하여야 한다.
② 등기관이 지적소관청으로부터 토지의 표시와 지적공부가 일치하지 아니하다는 사실을 통지받은 경우에는 통지받은 날로부터 1개월 이내에 직권으로 표시변경의 등기를 하여야 한다.
③ 등기관이 직권으로 토지의 표시변경등기를 하였을 때에 등기명의인이 2인 이상인 경우에는 변경등기의 사실을 그 모두에게 통지하여야 한다.
④ 전세권에 관한 등기가 있는 건물에 관하여는 합병의 등기를 할 수 없다.
⑤ 구분건물로서 그 대지권의 변경이 있는 경우 구분건물의 소유권의 등기명의인은 1동의 건물에 속하는 다른 구분건물의 소유권의 등기명의인을 대위하여 변경등기를 신청할 수 없다.

08 부동산등기법령상 표시에 관한 등기에 관한 설명으로 옳지 않은 것은?

☆ 제34회 기출

① 등기관은 토지 등기기록의 표제부에 등기목적을 기록하여야 한다.
② 토지의 분할이 있는 경우 그 토지소유권의 등기명의인은 그 사실이 있는 때부터 1개월 이내에 그 등기를 신청하여야 한다.
③ 구분건물로서 그 대지권의 변경이 있는 경우 구분건물의 소유권의 등기명의인은 1동의 건물에 속하는 다른 구분건물의 소유권의 등기명의인을 대위하여 그 등기를 신청할 수 있다.
④ 건물이 구분건물인 경우에 그 건물의 등기기록 중 1동 표제부에 기록하는 등기사항에 관한 변경등기는 그 구분건물과 같은 1동의 건물에 속하는 다른 구분건물에 대하여도 변경등기의 효력이 있다.
⑤ 1동의 건물에 속하는 구분건물 중 일부 만에 관하여 소유권 보존등기를 신청하는 경우에는 나머지 구분건물의 표시에 관한 등기를 동시에 신청하여야 한다.

07 해설

② 1개월 이내에 등기명의인으로부터 등기신청이 없으면 직권으로 표시 변경등기를 하여야 한다.
③ 등기명의인이 2인 이상인 경우에는 그중 1인에게 통지하면 된다.
④ 전세권에 관한 등기가 있는 건물에 관하여 합병의 등기를 할 수 있다.
⑤ 구분건물로서 그 대지권의 변경이 있는 경우 구분건물의 소유권의 등기명의인은 1동의 건물에 속하는 다른 구분건물의 소유권의 등기명의인을 대위하여 변경등기를 신청할 수 있다.

08 해설

① 등기목적은 표제부가 아니라 갑구 또는 을구에 권리에 관한 등기를 할 때에 기록하여야 한다.

정답 07 ① 08 ①

09 부동산등기에 관한 설명으로 틀린 것은? ☆ 공인중개사 제31회 기출

① 규약에 따라 공용부분으로 등기된 후 그 규약이 폐지된 경우, 그 공용부분 취득자는 소유권이전등기를 신청하여야 한다.

② 등기할 건물이 구분건물인 경우에 등기관은 1동 건물의 등기기록의 표제부에는 소재와 지번, 건물명칭 및 번호를 기록하고, 전유부분의 등기기록의 표제부에는 건물번호를 기록하여야 한다.

③ 존재하지 아니하는 건물에 대한 등기가 있을 때 그 소유권의 등기명의인은 지체 없이 그 건물의 멸실등기를 신청하여야 한다.

④ 같은 지번 위에 1개의 건물만 있는 경우에는 건물의 등기기록의 표제부에 건물번호를 기록하지 않는다.

⑤ 부동산환매특약등기는 등기능력이 인정된다.

10 구분건물의 등기에 관한 사항으로 틀린 것은? ☆ 공인중개사 제34회(변형) 기출

① 대지권의 표시에 관한 사항은 전유부분의 등기기록 표제부에 기록하여야 한다.

② 토지의 소유권이 대지권인 경우에 대지권이라는 뜻의 등기가 되어 있는 토지의 등기기록에는 소유권이전등기, 저당권 설정 등기를 할 수 없다.

③ 대지권의 변경이 있는 경우, 구분건물의 소유권의 등기명의인은 1동의 건물에 속하는 다른 구분건물의 소유권의 등기명의인을 대위하여 대지권변경등기를 신청할 수 있다.

④ 1동의 건물에 속하는 구분건물 중 일부만에 관하여 소유권보존등기를 신청하는 경우에는 나머지 구분건물의 표시에 관한 등기를 동시에 신청하여야 한다.

⑤ 집합건물의 규약상 공용부분이라는 뜻을 정한 규약을 폐지한 경우, 그 공용부분의 취득자는 소유권이전등기를 신청할 수 있다.

09 해설

① 규약에 따라 공용부분으로 등기된 후 그 규약이 폐지된 경우, 그 공용부분 취득자는 소유권보존등기를 신청하여야 한다.

10 해설

⑤ 집합건물의 규약상 공용부분이라는 뜻을 정한 규약을 폐지한 경우, 그 공용부분의 취득자는 소유권보존등기를 신청할 수 있다.

정답 09 ① 10 ⑤

05 권리에 관한 등기

01 **부동산등기법령상 권리에 관한 등기에 관한 설명으로 옳지 않은 것은?** ☆ 제34회 기출

① 국가·지방자치단체·국제기관 및 외국정부의 부동산등기용 등록번호는 법무부장관이 지정·고시한다.

② 등기관이 환매특약의 등기를 할 때에는 매수인이 지급한 대금을 기록하여야 한다.

③ 등기원인에 권리의 소멸에 관한 약정이 있는 경우 신청인은 그 약정에 관한 등기를 신청할 수 있다.

④ 등기의 말소를 신청하는 경우에 그 말소에 대하여 등기상 이해관계 있는 제3자가 있을 때에는 제3자의 승낙이 있어야 한다.

⑤ 등기관이 토지에 대하여 소유권 경정등기를 하였을 때에는 지체 없이 그 사실을 지적소관청에 알려야 한다.

02 **부동산등기법령상 등기신청을 위하여 등기필 정보를 제공하여야 하는 경우는?** ☆ 제20회 기출

① 상속으로 인한 등기를 신청하는 경우

② 소유권이전청구권 보전의 가등기에 기한 본등기를 신청하는 경우

③ 등기권리자가 집행력 있는 판결을 받아 등기를 신청하는 경우

④ 관공서가 부동산에 관한 권리를 취득하여 등기권리자로서 등기를 촉탁하는 경우

⑤ 사업시행자인 등기권리자가 토지수용을 원인으로 소유권이전등기를 신청하는 경우

01 해설

① 국가·지방자치단체·국제기관 및 외국정부의 부동산등기용 등록번호는 국토교통부장관이 지정·고시한다.

02 해설

② 등기권리자와 등기의무자가 공동으로 권리에 관한 등기를 신청하는 경우 등기의무자는 등기필 정보를 등기소에 제공하여야 한다. 따라서, 소유권이전청구권 보전의 가등기에 기한 본등기를 신청하는 경우에는 등기의무자의 등기필 정보를 제공하여야 한다.

정답 01 ① 02 ②

03 부동산등기법령상 권리에 관한 등기에 관한 설명으로 옳지 않은 것은? ☆ 제32회 기출

① 지방자치단체의 부동산등기용 등록번호는 국토교통부장관이 지정·고시한다.
② 등기관이 권리의 변경이나 경정의 등기를 할 때에는 등기상 이해관계 있는 제3자의 승낙이 없는 경우에도 부기로 하여야 한다.
③ 등기관이 전세금 반환채권의 일부 양도를 원인으로 한 전세권 일부이전등기를 할 때에는 양도액을 기록한다.
④ 등기관이 환매특약의 등기를 할 경우 매매비용은 필요적 기록사항이다.
⑤ 국가가 등기권리자인 경우 등기관이 새로운 권리에 관한 등기를 마쳤을 때에는 등기필 정보를 작성하여 등기권리자에게 통지하지 않아도 된다.

04 부동산등기법령상 부기등기로 하는 것이 아닌 것은? ☆ 제22회 기출

① 환매특약의 등기
② 저당권에 대한 권리 질권의 등기
③ 등기명의인 표시의 변경등기
④ 등기상 이해관계 있는 제3자의 승낙서가 첨부된 권리변경 등기
⑤ 등기상 이해관계인이 없는 경우의 등기사항 전부의 말소회복등기

05 부동산등기법령상 부기로 하여야 하는 등기가 아닌 것은? ☆ 제26회 기출

① 환매특약등기
② 근저당권 이전등기
③ 소유권에 대한 가처분 등기
④ 등기명의인 표시의 경정등기
⑤ 권리소멸약정등기

03 해설
② 권리의 변경이나 경정의 등기는 등기상 이해관계 있는 제3자의 승낙이 없는 경우에는 주등기로 하여야 한다.

04 해설
⑤ 전부 말소회복등기는 주등기로 하여야 한다.

05 해설
③ 소유권에 대한 가처분 등기는 주등기로 하여야 한다.

정답 03 ② 04 ⑤ 05 ③

06 **등기상 이해관계 있는 제3자가 있는 경우에 그 제3자의 승낙이 없으면 주등기로 하여야 하는 것은?** ☆ 공인중개사 제29회 기출

① 환매특약등기
② 지상권 이전등기
③ 등기명의인표시의 변경등기
④ 지상권 위에 설정한 저당권 이전등기
⑤ 근저당권에서 채권최고액 증액의 변경등기

07 **부동산등기법령상 등기를 할 때 부기로 하여야 하는 것을 모두 고른 것은?** ☆ 제24회 기출

㉠ 환매권 실행등기	㉡ 권리소멸약정등기
㉢ 전부말소회복등기	㉣ 소유권 외의 권리의 이전등기
㉤ 부속건물의 신축등기	㉥ 등기명의인 표시의 변경등기

① ㉠, ㉡, ㉢
② ㉠, ㉢, ㉤
③ ㉡, ㉢, ㉣
④ ㉡, ㉣, ㉥
⑤ ㉣, ㉤, ㉥

06 해설
③ 권리의 변경이나 경정의 등기는 등기상 이해관계 있는 제3자의 승낙이 없는 경우에는 주등기로 하여야 한다.

07 해설
㉠ 환매권 실행등기 : 주등기로 하여야 한다.
㉡ 권리소멸약정등기 : 부기등기로 하여야 한다.
㉢ 전부말소회복등기 : 주등기로 하여야 한다.
㉣ 소유권 외의 권리의 이전등기 : 부기등기로 하여야 한다.
㉤ 부속건물의 신축등기 : 주등기로 하여야 한다.
㉥ 등기명의인 표시의 변경등기 : 부기등기로 하여야 한다.

정답 **06** ③ **07** ④

08 부동산등기법령상 부기로 하여야 하는 등기가 아닌 것은? ☆ 제33회 기출

① 소유권 외의 권리의 이전등기
② 소유권 외의 권리에 대한 처분제한 등기
③ 소유권 외의 권리를 목적으로 하는 권리에 관한 등기
④ 전체가 말소된 등기에 대한 회복등기
⑤ 등기명의인 표시의 변경이나 경정의 등기

09 환매특약등기의 등기사항인 것을 모두 고른 것은? ☆ 공인중개사 제32회 기출

㉠ 채권최고액 ㉡ 이자지급시기 ㉢ 매매비용 ㉣ 매수인이 지급한 대금

① ㉠, ㉡
② ㉠, ㉣
③ ㉡, ㉢
④ ㉡, ㉣
⑤ ㉢, ㉣

08 해설
④ 전체가 말소된 등기에 대한 회복등기는 주등기로 하여야 한다.

09 해설
⑤ 등기관리 환매특약등의 등기를 할 때에는 다음의 사항을 기록하여야 한다. 다만, 환매기간은 등기원인에 그 약정이 있는 경우에만 기록한다.

1. 매수인이 지급한 대금 2. 매매비용 3. 환매기간

정답 08 ④ 09 ⑤

10 **환매특약등기의 등기사항인 것을 모두 고른 것은?** ☆ 공인중개사 제33회 기출

① 매매대금을 기록하여야 한다.
② 매수인이 지급한 대금을 기록하여야 한다.
③ 환매특약등기는 매매로 인한 소유권이전등기가 마쳐진 후에 신청하여야 한다.
④ 환매기간은 등기원인에 그 사항이 정하여져 있는 경우에만 기록한다.
⑤ 환매에 따른 권리취득의 등기를 한 경우, 등기관은 특별한 사정이 없는 한 환매특약등기를 직권으로 말소해야 한다.

11 **부동산등기법령상 권리에 관한 등기절차에 관한 설명으로 옳지 <u>않은</u> 것은?** ☆ 제24회 기출

① 등기원인에 권리의 소멸에 관한 약정이 있을 경우 신청인은 그 약정에 관한 등기를 신청할 수 있다.
② 등기명의인인 사람의 사망으로 권리가 소멸한다는 약정이 등기되어 있는 경우에 사람의 사망으로 그 권리가 소멸하였을 때에는 등기권리자는 그 사실을 증명하여 단독으로 해당 등기의 말소를 신청할 수 있다.
③ 등기권리자가 등기의무자의 소재불명으로 인하여 공동으로 등기의 말소를 신청할 수 없을 때에는 민사소송법에 따라 공시최고를 신청할 수 있다.
④ 말소된 등기의 회복을 신청하는 경우에 등기상 이해관계 있는 제3자가 있을 때에는 그 제3자의 승낙이 있어야 한다.
⑤ 대지권을 등기한 후에 한 건물의 권리에 관한 등기는 그 등기에 건물만에 관한 것이라는 뜻이 부기되어 있을 때에도 대지권에 대하여 동일한 등기로서 효력이 있다.

10 해설
③ 매매로 인한 소유권이전등기와 환매특약등기는 별개의 신청정보로 반드시 동시에 신청하여야 한다.

11 해설
⑤ 대지권을 등기한 후에 한 건물의 권리에 관한 등기는 대지권에 대하여 동일한 등기로서 효력이 있다. 다만, 그 등기에 건물만에 관한 것이라는 뜻의 부기가 되어 있을 때에는 그러하지 아니하다.

정답 10 ③ 11 ⑤

12 **부동산등기법령상 등기관이 지적공부 소관청 또는 건축물대장 소관청에 지체 없이 그 사실을 알려야 할 경우가 아닌 것은?** ☆ 제21회 기출

① 소유권의 말소등기를 한 경우
② 소유권의 등기명의인 표시의 변경등기를 한 경우
③ 동일한 토지에 중복하여 등기된 것을 발견한 경우
④ 소유권의 보존등기를 한 경우
⑤ 소유권의 경정등기를 한 경우

13 **부동산등기법령상 미등기의 부동산에 대한 소유권 보존등기를 신청할 수 있는 자에 해당하지 않는 것은?** ☆ 제25회 기출

① 토지대장에 최초의 소유자로 등록되어 있는 자
② 토지대장에 최초의 소유자로 등록되어 있는 자로부터 양수한 자
③ 확정판결에 의하여 자기의 소유권을 증명하는 자
④ 수용으로 인하여 소유권을 취득하였음을 증명하는 자
⑤ 시장의 확인에 의하여 건물에 대한 자기의 소유권을 증명하는 자

14 **부동산등기법령상 미등기 토지에 대한 소유권보존등기를 신청할 수 없는 자는?** ☆ 제21회 기출

① 특별자치도지사, 시장, 군수, 자치구 구청장의 확인에 의하여 자기의 소유권을 증명하는 자
② 토지대장등본에 의하여 자기가 토지대장에 소유자로서 등록되어 있음을 증명하는 자
③ 수용으로 인하여 소유권을 취득하였음을 증명하는 자
④ 토지대장에 최초의 소유자로 등록되어 있는 자 또는 그 상속인, 그 밖의 포괄승계인임을 증명하는 자
⑤ 확정판결에 의하여 자기의 소유권을 증명하는 자

12 해설
③ 등기관은 중복등기가 되어 있는 경우에는 이를 정리하여야 하는 것이지 소관청에 통지하는 사항은 아니다.

13 해설
② 최초의 소유자로 등록되어 있는 자로부터 양수한 자는 소유권 보존등기를 신청할 수 있는 자에 해당하지 않는다.

14 해설
① 특별자치도지사, 시장・군수・자치구 구청장의 확인에 의하여 자기의 소유권을 증명하는 자는 토지가 아니라 건물에 대한 소유권 보존등기를 신청할 수 있는 자에 해당한다.

정답 12 ③ 13 ② 14 ①

15 부동산등기법령상 권리에 관한 등기에 관한 설명으로 옳은 것은? ☆ 제31회 기출

① 권리자가 2인 이상인 경우에는 권리자별 지분을 기록하여야 하고, 등기할 권리가 총유(總有)인 때에는 그 뜻을 기록하여야 한다.
② 등기원인에 권리의 소멸에 관한 약정이 있을 경우 신청인은 그 약정에 관한 등기를 신청할 수 있다.
③ 등기관이 소유권 외의 권리에 대한 처분제한 등기를 할 때 등기상 이해관계 있는 제3자의 승낙이 없으면 부기로 할 수 없다.
④ 등기관이 환매특약의 등기를 할 때 매매비용은 기록하지 아니한다.
⑤ 등기관이 소유권보존등기를 할 때 등기원인과 그 연월일을 기록하여야 한다.

16 부동산등기법령상 소유권 등기에 관한 설명으로 옳은 것은? ☆ 제27회 기출

① 등기관이 소유권보존등기를 할 때에는 등기원인과 그 연월일을 기록하지 아니한다.
② 토지대장에 최초의 소유자로 등록되어 있는 자의 상속인은 소유권보존등기를 신청할 수 없다.
③ 등기관이 직권으로 소유권 보존등기를 할 수 있는 경우는 없다.
④ 소유권 일부이전등기를 할 때 이전되는 지분을 표시하지 않아도 된다.
⑤ 소유권의 이전에 관한 사항은 등기기록의 을구에 기록한다.

15 해설

① 합유인 때에는 그 뜻을 기록하여야 한다.
③ 소유권 외의 권리에 대한 처분제한 등기는 등기상 이해관계 있는 제3자의 승낙과 관계없이 부기등기할 수 있는 사유이다
④ 환매특약의 등기를 할 때 매매비용은 기록하여야 한다.
⑤ 소유권 보존등기를 할 때에는 등기원인과 그 연월일을 기록하지 아니한다.

16 해설

② 상속인은 소유권 보존등기를 신청할 수 있다.
③ 미등기 부동산의 처분제한 등기를 등기관이 직권으로 한다.
④ 소유권 일부이전 등기를 할 때에는 지분을 기록하여야 한다.
⑤ 소유권이전에 관한 사항은 등기기록의 갑구에 기록한다.

정답 15 ② 16 ①

17 **부동산등기법령상 등기관이 저당권 설정의 등기를 할 때에 등기원인에 약정이 없더라도 반드시 기록하여야 할 사항을 모두 고른 것은? (단, 저당권의 내용이 근저당권인 경우를 제외한다.)**

☆ 제24회 기출

㉠ 접수연월일 및 접수번호	㉡ 권리자
㉢ 채권액	㉣ 변제기
㉤ 이자 및 그 발생기 지급시기	㉥ 채권의 조건

① ㉠, ㉡
② ㉣, ㉥
③ ㉠, ㉡, ㉢
④ ㉡, ㉢, ㉣
⑤ ㉢, ㉣, ㉤

18 **부동산등기법령상 소유권 등기 및 담보권 등기에 관한 설명으로 옳지 않은 것은?**

☆ 제34회 기출

① 등기관이 소유권 보존등기를 할 때에는 등기원인과 그 연월일을 기록하지 아니한다.
② 미등기 토지 또는 건물의 경우 수용으로 인하여 소유권을 취득하였음을 증명하는 자는 소유권 보존등기를 신청할 수 있다.
③ 등기관이 동일한 채권에 관하여 3개의 부동산에 관한 권리를 목적으로 하는 저당권 설정의 등기를 할 때에는 공동담보목록을 작성하여야 한다.
④ 등기관은 근저당권을 내용으로 하는 저당권설정의 등기를 할 때에는 채권의 최고액을 기록하여야 한다.
⑤ 등기관이 채권의 일부에 대한 대위변제로 인한 저당권 일부이전등기를 할 때에는 변제액을 기록하여야 한다.

17 해설

㉠ 접수연월일 및 접수번호, ㉡ 권리자, ㉢ 채권액은 저당권 설정의 등기를 할 때에 등기원인에 약정이 없더라도 반드시 기록하여야 한다.

18 해설

③ 등기관이 동일한 채권에 관하여 5개 이상의 부동산에 관한 권리를 목적으로 하는 저당권 설정의 등기를 할 때에는 공동담보목록을 작성하여야 한다.

정답 17 ③ 18 ③

19 **부동산등기법령상 임차권 설정등기의 등기사항 중 등기원인에 그 사항이 없더라도 반드시 기록하여야 하는 사항을 모두 고른 것은?** ☆ 제31회 기출

㉠ 등기목적	㉡ 권리자	㉢ 차임 및 범위
㉣ 차임지급시기	㉤ 임차보증금	㉥ 존속기간

① ㉠, ㉡, ㉢
② ㉠, ㉢, ㉣
③ ㉡, ㉢, ㉤
④ ㉠, ㉣, ㉤, ㉥
⑤ ㉡, ㉣, ㉤, ㉥

20 **부동산등기법령상 담보권 등기에 관한 설명으로 옳은 것은?** ☆ 제26회 기출

① 등기원인에 그 약정이 있는 경우에도 변제기는 저당권의 등기사항이 아니다.
② 변제기와 이자의 약정이 있는 경우에도 그 내용은 저당권부 채권에 대한 질권의 등기사항이 아니다.
③ 등기관이 일정한 금액을 목적으로 하지 아니하는 채권을 담보하기 위한 저당권 설정의 등기를 할 때에는 그 채권의 평가액을 기록하지 아니한다.
④ 등기관이 동일한 채권에 관하여 여러 개의 부동산에 관한 권리를 목적으로 하는 저당권 설정의 등기를 할 때에는 각 부동산의 등기기록에 그 부동산에 관한 권리가 다른 부동산에 관한 권리와 함께 저당권의 목적으로 제공된 뜻을 기록하여야 한다.
⑤ 등기관이 채권의 일부에 대한 양도로 인한 저당권 일부이전등기를 할 때에는 권리에 관한 등기사항 이외에 별도로 양도액을 기록하지 아니한다.

19 해설

㉠ 등기목적, ㉡ 권리자, ㉢ 차임 및 범위은 등기원인에 그 사항이 없더라도 반드시 기록하여야 한다.

20 해설

① 등기원인에 그 약정이 있는 경우에 변제기는 저당권의 등기사항이다.
② 변제기와 이자의 약정이 있는 경우에 그 내용은 저당권부 채권에 대한 질권의 등기사항이다.
③ 등기관이 일정한 금액을 목적으로 하지 아니하는 채권을 담보하기 위한 저당권 설정의 등기를 할 때에는 그 채권의 평가액을 기록하여야 한다.
⑤ 등기관이 채권의 일부에 대한 양도로 인한 저당권 일부이전등기를 할 때에는 권리에 관한 등기사항 이외에 별도로 양도액을 기록하여야 한다.

정답 19 ① 20 ④

21 **부동산등기법령상 A(용익권 또는 담보권)와 B(등기원인에 그 약정이 있는 경우에만 기록하여야 하는 사항)의 연결로 옳지 않은 것은?** ☆ 제33회 기출

① A : 지역권, B : 범위
② A : 전세권, B : 존속기간
③ A : 저당권, B : 변제기
④ A : 근저당권, B : 존속기간
⑤ A : 지상권, B : 지료와 지급시기

22 **부동산등기법령상 용익권 및 담보권에 관한 등기에 대한 설명으로 옳은 것은?** ☆ 제28회 기출

① 등기관이 지상권 설정의 등기를 할 때 지상권의 범위는 등기원인에 그 약정이 있는 경우에만 기록한다.
② 등기관이 근저당권 설정의 등기를 할 때 채권의 최고액은 등기원인에 그 약정이 있는 경우에만 기록한다.
③ 등기관이 전세권 설정의 등기를 할 때 위약금 또는 배상금은 등기원인에 그 약정이 있는 경우에만 기록한다.
④ 등기관이 전세금 반환채권의 일부 양도를 원인으로 한 전세권 일부이전등기를 할 때 양도액은 기록하지 않는다.
⑤ 등기관이 동일한 채권에 관하여 여러 개의 부동산에 관한 권리를 목적으로 하는 저당권 설정의 등기를 할 경우 부동산이 3개 이상일 때에는 공동담보목록을 작성하여야 한다.

21 해설
① 지역권에서 범위는 약정이 있는 경우에만 기록하여야 하는 사항이 아니다.

22 해설
① 약정이 없는 경우에도 기록해야 한다.
② 약정이 없는 경우에도 기록해야 한다.
④ 양도액을 기록한다.
⑤ 공동담보목록은 부동산이 5개 이상일 때 작성하여야 한다.

정답 21 ① 22 ③

23 부동산등기법령상 신탁에 관한 등기에 관한 설명으로 옳은 것을 모두 고른 것은?

☆ 제32회 기출

> ㉠ 수탁자가 여러 명인 경우 등기관은 신탁재산이 합유인 뜻을 기록하여야 한다.
> ㉡ 위탁자가 수탁자를 대위하여 신탁등기를 신청하는 경우 신탁등기의 신청은 해당 부동산에 관한 권리의 설정등기의 신청과 동시에 하여야 한다.
> ㉢ 수익자나 위탁자는 수탁자를 대위하여 신탁등기의 말소등기를 신청할 수 없다.
> ㉣ 법원은 수탁자 해임의 재판을 한 경우 지체 없이 신탁원부 기록의 변경등기를 등기소에 촉탁하여야 한다.

① ㉠, ㉢
② ㉠, ㉣
③ ㉡, ㉢
④ ㉠, ㉡, ㉣
⑤ ㉡, ㉢, ㉣

24 부동산등기법령상 신탁등기에 관한 설명으로 옳지 않은 것은? ☆ 제23회 기출

① 수익자 또는 위탁자는 수탁자를 대위하여 신탁등기를 신청할 수 있다.
② 수탁자가 여러 명인 경우 등기관은 신탁재산이 공유인 뜻을 기록하여야 한다.
③ 신탁등기의 신청은 해당 신탁으로 인한 권리의 이전 또는 보존이나 설정등기의 신청과 동시에 하여야 한다.
④ 신탁재산에 속하는 부동산 신탁등기는 수탁자가 단독으로 신청한다.
⑤ 신탁재산에 속한 권리가 소멸된 경우, 신탁등기의 말소신청은 신탁된 권리의 말소등기의 신청과 동시에 하여야 한다.

23 해설
㉠ 수탁자가 여러 명인 경우 등기관은 신탁재산이 합유인 뜻을 기록하여야 한다. 옳은 내용이다.
㉡ 위탁자가 수탁자를 대위하여 신탁등기를 신청하는 경우 신탁등기의 신청은 해당 부동산에 관한 권리의 설정등기의 신청과 동시에 하여야 하는 것은 아니다.
㉢ 수익자나 위탁자는 수탁자를 대위하여 신탁등기의 말소등기를 신청할 수 있다.
㉣ 법원은 수탁자 해임의 재판을 한 경우 지체 없이 신탁원부 기록의 변경등기를 등기소에 촉탁하여야 한다. 옳은 내용이다.

24 해설
② 수탁자가 여러 명인 경우 등기관은 신탁재산이 합유인 뜻을 기록하여야 한다.

정답 23 ② 24 ②

25 부동산등기법령상 등기신청인에 관한 설명으로 옳지 않은 것은? ☆ 제29회 기출

① 소유권보존등기 또는 소유권 보존등기의 말소등기는 등기명의인으로 될 자 또는 등기명의인이 단독으로 신청한다.
② 상속, 법인의 합병, 그 밖에 대법원 규칙으로 정하는 포괄승계에 따른 등기는 등기권리자가 단독으로 신청한다.
③ 등기절차의 이행 또는 인수를 명하는 판결에 의한 등기는 승소한 등기권리자 또는 등기의무자가 단독으로 신청한다.
④ 신탁재산에 속하는 부동산의 신탁등기는 위탁자가 단독으로 신청한다.
⑤ 등기명의인 표시의 변경이나 경정의 등기는 해당 권리의 등기명의인이 단독으로 신청한다.

26 부동산등기법령상 가등기에 관한 설명으로 옳지 않은 것은? ☆ 제32회 기출

① 가등기를 명하는 가처분 명령의 관할법원은 부동산의 소재지를 관할하는 지방법원이다.
② 가등기권리자는 가등기를 명하는 법원의 가처분명령이 있을 때에는 단독으로 가등기를 신청할 수 있다.
③ 가등기를 명하는 가처분 명령의 신청을 각하하는 결정에 대하여는 즉시항고를 할 수 있다.
④ 가등기에 의한 본등기를 한 경우 본등기의 순위는 가등기의 순위에 따른다.
⑤ 가등기의무자는 가등기명의인의 동의 없이도 단독으로 가등기의 말소를 신청할 수 있다.

25 해설
④ 법 제23조에 따라 신탁등기는 수탁자가 단독으로 신청한다.

26 해설
⑤ 가등기의무자는 가등기명의인의 승낙을 받아 단독으로 가등기의 말소를 신청할 수 있다.

정답 25 ④ 26 ⑤

27 부동산등기법령상 가등기에 관한 설명으로 옳지 않은 것은? ☆ 제25회 기출

① 가등기권리자는 가등기 의무자의 승낙이 있을 때에는 단독으로 가등가를 신청할 수 있다.
② 가등기에 의한 본등기를 한 경우 본등기의 순위는 가등기의 순위에 따른다.
③ 가등기명의인은 단독으로 가등기의 말소를 신청할 수 있다.
④ 가등기에 의한 본등기가 이루어졌을 때 가등기 이후에 된 등기로서 가등기에 의하여 보전되는 권리를 침해하는 등기에 대해서는 등기상 이해관계인의 신청에 의하여 등기관이 이를 말소한다.
⑤ 소유권이전을 위한 정지조건부 청구권을 보전하기 위한 가등기도 가능하다.

28 부동산등기법령상 권리에 관한 등기에 관한 설명으로 옳은 것은? ☆ 제35회 기출

① 임차권을 정지조건부로 설정하는 청구권을 보전하려는 경우에도 가등기를 할 수 있다.
② 등기관이 등기를 마친 후 그 등기가 신청할 권한이 없는 자가 신청한 것임을 발견한 때에는 등기를 직권말소한다는 뜻을 통지하여야 한다.
③ 환매특약등기는 이해관계 있는 제3자의 승낙이 없는 경우 부기로 할 수 없다.
④ 미등기의 토지에 대해 매매계약서에 의하여 소유권을 증명하는 자는 그 토지에 관한 소유권보존등기를 신청할 수 있다.
⑤ 등기관이 직권으로 등기를 말소한 처분에 대하여 관할 법원에 이의를 신청하면 등기 말소처분은 효력이 정지된다.

27 해설

④ 등기관은 가등기에 의한 본등기가 이루어졌을 때 가등기 이후에 된 등기로서 가등기에 의하여 보전되는 권리를 침해하는 등기를 직권으로 말소하여야 한다.

28 해설

② 등기관이 등기를 마친 후 그 사건이 그 등기소의 관할이 아닌 경우와 사건이 등기할 것이 아닌 경우를 발견한 때에는 등기를 직권말소한다는 뜻을 통지하여야 한다.
③ 환매특약등기는 이해관계 있는 제3자의 승낙 여부와 관계없이 부기로 할 수 있다.
④ 미등기의 토지에 대해 확정판결에 의하여 소유권을 증명하는 자는 그 토지에 관한 소유권보존등기를 신청할 수 있다.
⑤ 등기관이 직권으로 등기를 말소한 처분에 대하여 관할 법원에 이의를 신청하더라도 등기말소처분은 효력이 정지되지 않는다.

정답 27 ④ 28 ①

29 **부동산등기법령상 수용으로 인한 등기에 관한 설명으로 옳은 것은?** ☆ 제30회 기출

① 수용으로 인한 소유권이전등기는 등기권리자가 단독으로 신청할 수 없다.
② 등기관이 수용으로 인한 소유권이전등기를 하는 경우 그 부동산의 등기기록 중 소유권 외의 권리에 관한 등기가 있으면 그 등기를 당사자의 신청에 따라 말소하여야 한다.
③ 부동산에 관한 소유권 외의 권리의 수용으로 인한 권리이전등기에 관하여는 수용으로 인한 소유권이전등기 규정이 적용되지 않는다.
④ 등기관이 수용으로 인한 소유권이전등기를 하는 경우 그 부동산의 등기기록 중 그 부동산을 위하여 존재하는 지역권의 등기는 직권으로 말소할 수 없다.
⑤ 수용으로 인한 소유권이전등기를 신청하는 경우에 등기권리자는 포괄승계인을 갈음하여 포괄승계로 인한 소유권이전의 등기를 신청할 수 없다.

30 **부동산등기법령상 등기에 관한 설명으로 옳지 <u>않은</u> 것은?** ☆ 제22회 기출

① 표제부의 등기는 이른바 사실의 등기이다.
② 미등기의 부동산에 대하여 처음으로 행하여지는 소유자의 등기는 보존등기이다.
③ 어떤 등기가 행하여진 후 등기된 사항에 후발적 변경이 있어서 이를 바로잡기 위한 등기는 경정등기이다.
④ 원시적 또는 후발적인 원인으로 등기와 실체 관계의 전부가 부합하지 않은 경우에 이를 시정하기 위하여 등기내용의 전부를 소멸시키는 등기는 말소등기이다.
⑤ 행정구역 또는 그 명칭이 변경되었을 때에는 등기부에 적은 행정구역 또는 그 명칭은 변경된 것으로 본다.

29 해설
① 등기권리자가 단독으로 신청할 수 있다.
② 직권 말소한다.
③ 소유권 외의 권리의 수용으로 인한 권리이전등기에 관하여는 소유권이전등기에 관한 규정을 준용한다.
⑤ 등기권리자는 포괄승계인을 갈음하여 포괄승계로 인한 소유권이전의 등기를 신청할 수 있다.

30 해설
③ 변경등기에 관한 설명이다.

정답 29 ④ 30 ③

CHAPTER
06 이의신청

01 부동산등기법령상 이의에 관한 설명으로 옳은 것을 모두 고른 것은? ☆ 제28회 기출

> ㉠ 이의의 신청은 등기소에 이의 신청서를 제출하는 방법으로 한다.
> ㉡ 새로운 사실이나 새로운 증거방법을 근거로 이의신청을 할 수 있다.
> ㉢ 이의에는 집행정지의 효력이 없다.
> ㉣ 등기관은 이의가 이유 없다고 인정하면 이의신청 일부터 7일 이내에 의견을 붙여 이의 신청서를 관할 지방법원에 보내야 한다.

① ㉠, ㉡ ② ㉠, ㉢
③ ㉡, ㉢ ④ ㉡, ㉣
⑤ ㉢, ㉣

02 부동산등기법령상 이의에 관한 설명으로 옳지 않은 것은? ☆ 제30회 기출

① 등기관의 결정 또는 처분에 이의가 있는 자는 관할 지방법원에 이의신청을 할 수 있다.
② 이의의 신청은 대법원 규칙으로 정하는 바에 따라 등기소에 이의신청서를 제출하는 방법으로 한다.
③ 관할 지방법원은 이의신청에 대하여 결정하기 전에 등기관에게 가등기 또는 이의가 있다는 뜻의 부기등기를 명령할 수 없다.
④ 이의의 비용에 대하여는 비송사건절차법을 준용한다.
⑤ 이의에 대한 관할 지방법원의 결정에 대하여는 비송사건절차법에 따라 항고할 수 있다.

01 해설
㉠ 이의의 신청은 등기소에 이의 신청서를 제출하는 방법으로 한다. 옳은 내용이다.
㉡ 새로운 사실이나 새로운 증거방법을 근거로 이의신청을 할 수 없다.
㉢ 이의에는 집행정지의 효력이 없다. 옳은 내용이다.
㉣ 등기관은 이의가 이유 없다고 인정하면 이의신청 일부터 3일 이내에 의견을 붙여 이의 신청서를 관할 지방법원에 보내야 한다.

02 해설
③ 관할 지방법원은 이의신청에 대하여 결정하기 전에 등기관에게 가등기 또는 이의가 있다는 뜻의 부기등기를 명령할 수 있다.

정답 01 ② 02 ③

03 **부동산등기법령상 등기관의 처분에 대한 이의에 관한 설명으로 옳은 것은?** ☆ 제27회 기출

① 이의신청은 민사소송법이 정하는 바에 따라 관할 지방법원에 이의신청서를 제출하는 방법으로 한다.
② 새로운 사실이나 새로운 증거방법을 근거로 이의신청할 수 있다.
③ 등기관은 이의가 이유 있다고 인정하더라도 그에 해당하는 처분을 해서는 아니되고 관할 지방법원에 보내 그 결정에 따라야 한다.
④ 이의에는 집행정지의 효력이 없다.
⑤ 이의에 대한 관할 지방법원의 결정에 대해서는 불복할 수 없다.

04 **부동산등기법령상 이의에 관한 설명으로 옳은 것을 모두 고른 것은?** ☆ 제34회 기출

ㄱ. 새로운 사실이나 새로운 증거방법을 근거로 이의신청을 할 수 있다.
ㄴ. 등기관은 이의가 이유 없다고 인정하면 이의신청일부터 7일 이내에 의견을 붙여 이의신청서를 관할 지방법원에 보내야 한다.
ㄷ. 이의에는 집행정지의 효력이 없다.
ㄹ. 송달에 대하여는 민사소송법을 준용하고, 이의의 비용에 대하여는 비송사건절차법을 준용한다.

① ㄱ, ㄴ
② ㄱ, ㄷ
③ ㄱ, ㄹ
④ ㄴ, ㄷ
⑤ ㄷ, ㄹ

03 해설
① 대법원 규칙으로 정하는 바에 따라 등기소에 이의신청서를 제출하는 방법으로 한다.
② 새로운 사실 등을 근거로 이의신청할 수 없다.
③ 이유가 있는 경우에는 상당한 처분을 하여야 한다.
⑤ 지방법원의 결정에 대하여는 「비송사건절차법」에 따라 항고할 수 있다.

04 해설
ㄱ. 새로운 사실이나 새로운 증거방법을 근거로 이의신청을 할 수 없다.
ㄴ. 등기관은 이의가 이유 없다고 인정하면 이의신청 일부터 3일 이내에 의견을 붙여 이의신청서를 관할 지방법원에 보내야 한다.
ㄷ. 이의에는 집행정지의 효력이 없다. 옳은 내용이다.
ㄹ. 송달에 대하여는 「민사소송법」을 준용하고, 이의의 비용에 대하여는 「비송사건절차법」을 준용한다. 옳은 내용이다.

정답 03 ④ 04 ⑤

05 **등기관의 결정 또는 처분에 대한 이의신청에 관한 설명으로 <u>틀린</u> 것을 모두 고른 것은?**

☆ 공인중개사 제31회 기출

> ㄱ. 이의에는 집행정지의 효력이 있다.
> ㄴ. 이의신청자는 새로운 사실이나 새로운 증거방법을 근거로 이의신청을 할 수 있다.
> ㄷ. 등기관의 결정에 이의가 있는 자는 관할 지방법원에 이의신청을 할 수 있다.
> ㄹ. 등기관은 이의가 이유 없다고 인정하면 이의신청일부터 3일 이내에 의견을 붙여 이의신청서를 이의신청자에게 보내야 한다.

① ㄱ, ㄷ
② ㄴ, ㄹ
③ ㄱ, ㄴ, ㄹ
④ ㄱ, ㄷ, ㄹ
⑤ ㄴ, ㄷ, ㄹ

05 해설

ㄱ. 이의에는 집행정지의 효력이 없다.
ㄴ. 이의신청자는 새로운 사실이나 새로운 증거방법을 근거로 이의신청을 할 수 없다.
ㄹ. 등기관은 이의가 이유 없다고 인정하면 이의신청일부터 3일 이내에 의견을 붙여 이의신청서를 관할 법원에 보내야 한다.

정답 05 ③

제 6 편

국유재산법

CHAPTER 01

총칙

01 국유재산법상 국유재산 관리처분의 기본원칙으로 명시되어 있는 것은?

☆ 제29회 기출

① 수익과 손실이 균형을 이룰 것
② 보존가치와 활용가치를 고려할 것
③ 투명하고 효율적인 절차를 따를 것
④ 지속가능한 미래의 가치와 비용을 고려할 것
⑤ 국유재산이 소재한 지방자치단체의 이익에 부합되도록 할 것

02 국유재산의 구분과 종류에 관한 설명으로 틀린 것은?

☆ 제18회 기출

① 공용재산 – 행정재산으로서 국가가 직접 그 사무용·사업용 또는 공무원의 주거용으로 사용하거나, 행정재산으로 사용하기로 결정한 날부터 3년이 되는 날까지 사용하기로 결정한 재산
② 공공용재산 – 행정재산으로서 국가가 직접 그 공공용으로 사용하는 재산
③ 기업용 재산 – 행정재산으로서 정부기업이 직접 그 사무용·사업용 또는 그 기업에 종사하는 직원의 주거용으로 사용하는 재산
④ 보존용 재산 – 행정재산으로서 법령이나 그 밖에 필요에 따라 국가가 보존하는 재산
⑤ 일반재산 – 행정재산 이외의 모든 국유재산

01 해설

국가는 국유재산을 관리·처분할 때에는 다음의 원칙을 지켜야 한다.
① 취득과 처분이 균형을 이룰 것
② 공공가치와 활용 가치를 고려할 것
④ 경제적 비용을 고려할 것
⑤ 국가 전체의 이익에 부합되도록 할 것

02 해설

① 공용재산은 국가가 직접 사무용·사업용 또는 공무원의 주거용으로 사용하거나 행정재산으로 사용하기로 결정한 날부터 5년이 되는 날까지 사용하기로 결정한 재산이다.

정답 01 ③ 02 ①

03 **국유재산법상 용어의 정의이다. ( )에 들어갈 내용으로 옳은 것은?** ☆ 제35회 기출

- (ㄱ)(이)란 국가 외의 자가 제5조 제1항 각 호에 해당하는 재산의 소유권을 무상으로 국가에 이전하여 국가가 이를 취득하는 것을 말한다.
- (ㄴ)이란 사용허가나 대부계약 없이 국유재산을 사용・수익하거나 점유한 자에게 부과하는 금액을 말한다.
- 총괄청이란 (ㄷ)을 말한다.

① ㄱ : 기부채납, ㄴ : 부담금, ㄷ : 중앙관서의 장
② ㄱ : 무상양도, ㄴ : 변상금, ㄷ : 기획재정부장관
③ ㄱ : 기부채납, ㄴ : 변상금, ㄷ : 기획재정부장관
④ ㄱ : 무상양도, ㄴ : 변상금, ㄷ : 중앙관서의 장
⑤ ㄱ : 기부채납, ㄴ : 부담금, ㄷ : 기획재정부장관

04 **국유재산법령상 국유재산의 범위와 종류 등에 관한 설명으로 옳지 않은 것은?** ☆ 제23회 기출

① 정부기업이 직원의 주거용으로 사용하는 국유재산은 일반재산이다.
② 국유재산을 관리・처분할 경우에는 취득과 처분이 균형을 이루어야 한다.
③ 디자인권은 국유재산의 범위에 포함된다.
④ 국유재산은 행정재산과 일반재산으로 구분되며, 행정재산을 공용재산, 공공용재산, 기업용 재산, 보존용 재산으로 분류된다.
⑤ 정부기업이 사용하던 궤도차량이 정부기업의 폐지와 함께 포괄적으로 용도폐지된 경우에는 국유재산에 해당한다.

03 해설
- 기부채납이란 국가 외의 자가 제5조 제1항 각 호에 해당하는 재산의 소유권을 무상으로 국가에 이전하여 국가가 이를 취득하는 것을 말한다.
- 변상금이란 사용허가나 대부계약 없이 국유재산을 사용・수익하거나 점유한 자에게 부과하는 금액을 말한다.
- 총괄청이란 기획재정부장관을 말한다.

04 해설
① 정부기업이 직원의 주거용으로 사용하는 국유재산은 일반재산이 아니라 행정재산 중 기업용 재산에 해당한다.

정답 03 ③ 04 ①

05 **국유재산법령상 국유재산에 관한 설명으로 옳지 않은 것은?** ☆ 제35회 기출

① 정부시설에서 사용하는 궤도차량으로서 해당 시설의 폐지와 함께 포괄적으로 용도폐지된 것은 해당 시설이 폐지된 후에는 국유재산으로 하지 아니한다.
② 총괄청은 일반재산을 보존용재산으로 전환하여 관리할 수 있다.
③ 등기가 필요한 국유재산이 부동산인 경우 그 권리자의 명의는 국(國)으로 하되 소관중앙관서의 명칭을 함께 적어야 한다.
④ 총괄청이나 중앙관서의 장은 소유자 없는 부동산을 국유재산으로 취득한다.
⑤ 지상권, 전세권, 광업권은 국유재산의 범위에 속한다.

06 **국유재산법령상 행정재산에 해당하지 않는 것은?** ☆ 제22회 기출

① 국가가 매수하여 공무원의 주거용으로 사용하는 건물
② 국가가 기부채납 받아 직접 사업용으로 사용하는 토지
③ 정부기업이 그 기업에 종사하는 직원의 주거용으로 사용하는 국가 소유의 건물
④ 국가가 임차하여 직접 사무용으로 사용하는 건물
⑤ 국가가 보존할 필요가 있다고 총괄청이 결정한 국가 소유의 건물

07 **국유재산법령상 국유재산에 관한 설명으로 옳지 않은 것은?** ☆ 제20회 기출

① 국가의 부담에 의하여 국유로 된 부동산과 그 종물은 국유재산이다.
② 기부의 채납에 의하여 국유로 된 선박, 항공기와 그들의 종물은 국유재산이다.
③ 법령이나 조약의 규정에 따라 국유로 된 부동산 신탁의 수익권은 국유재산이다.
④ 국유재산은 그 종류와 용도에 무관하게 공법의 적용을 받는 공물에 해당한다.
⑤ 총괄청은 국유재산 중 공무원 또는 정부기업에 종사하는 직원의 주거용으로 사용하거나 주거용으로 사용할 필요가 있다고 인정하는 국유재산의 관리·처분 방법을 따로 정할 수 있다.

05 해설
① 정부시설에서 사용하는 궤도차량으로서 해당 시설의 폐지와 함께 포괄적으로 용도폐지된 것은 해당 시설이 폐지된 후에도 국유재산으로 한다.

06 해설
④ 국가가 임차하여 직접 사무용으로 사용하는 건물은 행정재산으로 할 수 없다.

07 해설
④ 국유재산 중 행정재산은 공물에 해당하며, 일반재산은 사물에 해당한다.

정답 05 ① 06 ④ 07 ④

08 **국유재산법령상 국유재산에 관한 설명으로 옳은 것은?** ☆ 제26회 기출

① 대통령 관저는 공용재산이다.
② 기업용 재산은 행정재산이 아니고 일반재산이다.
③ 정부기업이 직접 사업용으로 사용하는 재산은 보존용 재산이다.
④ 총괄청은 일반재산을 공용재산으로 전환하여 관리할 수 있다.
⑤ 행정재산은 시효취득의 대상이 된다.

09 **국유재산법령상 국유재산에 관한 설명으로 옳지 않은 것은?** ☆ 제29회 기출

① 대통령 관저와 국무총리 공관은 공용재산이다.
② 행정재산 외의 모든 국유재산은 일반재산이다.
③ 행정재산의 사용 여부는 국가재정법 제6조에 따른 중앙관서의 장의 의견을 들어 기획재정부장관이 결정한다.
④ 국가가 보존할 필요가 있다고 국토교통부장관이 결정한 재산은 보존용 재산이다.
⑤ 정부기업이 비상 근무에 종사하는 직원에게 제공하는 해당 근무지의 구내 또는 이와 인접한 장소에 설치된 주거용 시설은 기업용 재산이다.

08 해설
② 기업용 재산은 행정재산이다.
③ 정부기업이 직접 사업용으로 사용하는 재산은 기업용 재산이다.
④ 총괄청은 일반재산을 보존용 재산으로 전환하여 관리할 수 있다.
⑤ 행정재산은 시효취득이 대상이 되지 아니한다.

09 해설
④ 국가가 보존할 필요가 있다고 총괄청이 결정한 재산은 보존용 재산이다.

정답 08 ① 09 ④

10 **국유재산법령상 국유재산의 구분과 종류에 관한 설명으로 옳은 것은?** ☆ 제25회 기출

① 국유재산은 그 형상에 따라 행정재산과 공공재산 및 일반재산으로 구분한다.
② 대통령 관저는 공용재산이 아니다.
③ 국가가 비상근무에 종사하는 공무원에게 제공하는 해당 근무지의 구내 또는 인접한 장소에 설치된 주거용 시설은 공공용 재산이다.
④ 정부기업이 인사 명령에 의하여 지역을 순환하여 근무하는 소속직원의 주거용으로 사용하는 재산은 기업용 재산이다.
⑤ 국가가 보존할 필요가 있다고 국토교통부장관이 결정한 재산은 보존용 재산이다.

11 **국유재산법령상의 내용으로 옳지 않은 것은?** ☆ 제26회 기출

① 행정재산을 사용허가한 때에는 매년 사용료를 징수한다.
② 정부는 정부출자기업체를 새로 설립하려는 경우 일반재산을 현물 출자할 수 있다.
③ 사권이 설정된 재산은 판결에 따라 취득하는 경우에도 그 사권이 소멸된 후가 아니면 국유재산으로 취득하지 못한다.
④ 일반재산은 대부할 수 있다.
⑤ 행정재산의 사용료가 면제되는 경우도 있다.

10 해설
① 국유재산은 용도에 따라 행정재산과 일반재산으로 구분된다.
② 대통령 관저는 공용재산이다.
③ 국가가 비상근무에 종사하는 공무원에게 제공하는 해당 근무지의 구내 또는 인접한 장소에 설치된 주거용 시설은 공용재산이다.
⑤ 국가가 보존할 필요가 있다고 총괄청이 결정한 재산은 보존용 재산이다.

11 해설
③ 사권이 설정된 재산은 그 사권이 소멸된 후가 아니면 국유재산으로 취득하지 못한다. 다만, 판결에 따라 취득하는 경우에는 사권이 설정된 재산도 국유재산으로 취득할 수 있다.

정답 10 ④ 11 ③

12 **국유재산법령상 국유재산에 관한 설명으로 옳지 않은 것은?** ☆ 제32회 기출

① 국유재산책임관의 임명은 중앙관서의 장이 소속 관서에 설치된 직위를 지정하는 것으로 갈음할 수 있다.
② 확정판결에 따라 일반재산에 대하여 사권을 설정할 수 있다.
③ 총괄청은 국가에 기부하려는 재산이 재산가액 대비 유지·보수 비용이 지나치게 많은 경우에는 기부받아서는 아니 된다.
④ 국가 외의 자는 기부를 조건으로 하더라도 국유재산에 영구시설물을 축조할 수 없다.
⑤ 중앙관서의 장은 국유재산의 관리처분에 관련된 법령을 개정하려면 그 내용에 관하여 총괄청 및 감사원과 협의하여야 한다.

13 **국유재산법령상 국유재산에 관한 설명으로 옳지 않은 것은?** ☆ 제30회 기출

① 사권이 설정된 재산을 판결에 따라 취득하는 경우 그 사권이 소멸된 후가 아니면 국유재산으로 취득하지 못한다.
② 국유재산의 범위에는 선박, 지상권, 광업권, 특허권, 저작권이 포함된다.
③ 총괄청은 다음 연도의 국유재산의 관리·처분에 관한 계획의 작성을 위한 지침을 매년 4월 30일까지 중앙관서의 장에게 통보하여야 한다.
④ 총괄청은 일반재산을 보존용 재산으로 전환하여 관리할 수 있다.
⑤ 확정판결에 따라 일반재산에 사권을 설정할 수 있다.

12 해설

④ 국가 외의 자는 다음의 어느 하나에 해당하는 경우에는 국유재산에 영구건축물을 축조할 수 있다.

1. 기부를 조건으로 축조하는 경우
2. 다른 법률에 따라 국가에 소유권이 귀속되는 공공시설을 축조하는 경우
3. 매각대금을 나누어 내고 있는 일반재산
4. 지방자치단체나 지방공기업이 사회기반시설 중 주민생활을 위한 문화시설, 생활체육시설 등 기획재정부령으로 정하는 사회기반시설을 해당 국유재산 소관 중앙관서의 장과 협의를 거쳐 총괄청의 승인을 받아 축조하는 경우
5. 일반재산을 민간사업자와 공동으로 개발하는 경우
6. 초등학교·중학교·고등학교 및 특수학교에 총괄청 및 관련 중앙관서의 장과 협의를 거쳐 교육부장관의 승인을 받아 학교시설을 증축 또는 개축하는 경우
7. 국유재산의 사용 및 이용에 지장이 없고 국유재산의 활용가치를 높일 수 있는 경우로서 대부계약의 사용목적을 달성하기 위하여 중앙관서의 장 등이 필요하다고 인정하는 경우

13 해설

① 판결에 따라 취득하는 경우에는 사권이 소멸된 후가 아니어도 국유재산으로 취득할 수 있다.

정답 12 ④ 13 ①

14 **국유재산법령상 국유재산의 관리에 관한 설명으로 옳지 않은 것은?** ☆ 제22회 기출

① 총괄청은 일반재산을 보존용 재산으로 전환하여 관리할 수 있다.
② 행정재산이라도 판결에 따라 사권을 설정하는 것이 허용된다.
③ 판결에 따라 취득하는 경우에는 사권이 설정된 재산이라도 국유재산으로 취득할 수 있다.
④ 국가는 행정재산에 건물, 교량 등 구조물과 그 밖의 영구시설물을 축조할 수 있다.
⑤ 총괄청이나 중앙관서의 장은 소유자 없는 부동산을 국유재산으로 취득한다.

15 **국유재산법령상 국유재산으로 기부채납을 받을 수 있는 경우는?** ☆ 제22회 기출

① 국가에 기부하려는 재산이 재산가액 대비 유지·보수비용이 지나치게 많은 경우
② 기부자의 상속인에게 무상으로 사용허가하여 줄 것을 조건으로 하여 국가에 행정재산으로 기부하는 경우
③ 기부하려는 재산이 국가에 이익 없는 것으로 인정되는 경우
④ 기부자의 사망 후 상속인에게 반환하여 줄 것을 조건으로 국가에 재산을 기부하는 경우
⑤ 특정한 행정재산의 용도를 변경하여 줄 것을 조건으로 국가에 재산을 기부하는 경우

14 해설
② 행정재산이 아니라 일반재산에 대하여는 확정판결에 따라 사권을 설정할 수 있다.

15 해설
② 기부자의 상속인에게 무상으로 사용허가하여 줄 것을 조건으로 하여 국가에 행정재산으로 기부하는 경우에는 기부채납을 받을 수 있다.

정답 14 ② 15 ②

16 **국유재산법령상 소유자 없는 부동산의 처리에 관한 설명으로 옳지 <u>않은</u> 것은?** ☆ 제20회 기출

① 국유재산 사무의 총괄청 또는 중앙관서의 장은 소유자 없는 부동산을 국유재산으로 취득한다.
② 소유자 없는 부동산을 국유재산으로 취득함에 있어서는 대통령령이 정하는 바에 따라 6월 이상의 기간을 정하여 그 기간 내에 정당한 권리자 기타 이해관계인의 이의를 제기할 수 있다는 뜻을 공고하여야 한다.
③ 소유자 없는 부동산을 국유재산으로 취득하여 소유자 등록을 하는 경우 그 권리자의 명의는 국(國)으로 한다.
④ 취득한 국유재산은 당해 국유재산이 공익사업을 위한 토지 등의 취득 및 보상에 관한 법률에 의한 공익사업에 필요하게 된 경우 그 등기일부터 10년간은 이를 매각할 수 없다.
⑤ 부동산의 소유자가 따로 있음을 알 수 있는 부동산에 대하여 국가가 소유자 없는 부동산 공고 절차를 거쳐 국유재산으로 등기를 마치고 점유를 개시하였다면 그 점유의 개시에 있어 자기의 소유라고 믿은 데 과실이 있다는 것이 판례의 태도이다.

17 **국유재산법령상의 내용으로 옳지 <u>않은</u> 것은?** ☆ 제20회 기출

① 국유재산에 관한 사무를 총괄하는 총괄청은 기획재정부장관이다.
② 총괄청 및 중앙관서의 장은 국유재산의 범위에 속하는 재산의 기부에 조건이 수반된 것인 경우에도 이를 채납할 수 있음이 원칙이다.
③ 행정재산에 대해서는 사권을 설정할 수 없다.
④ 행정재산이라도 직접 공용으로 사용하려는 지방자치단체에 양여하는 것은 가능하다.
⑤ 국가가 장차 6년 후에 직접 공공용으로 사용하기로 결정한 재산은 행정재산에 해당하지 않는다.

16 해설

④ 취득한 국유재산은 그 등기일부터 10년간은 처분하여서는 아니된다. 다만, 다음의 경우에는 처분할 수 있다.

㉠ 해당 국유재산이 공익사업에 필요하게 된 경우 ㉡ 해당 국유재산을 매각하여야 하는 불가피한 사유가 있는 경우로서 국유재산 처분의 기준에서 정한 경우

17 해설

② 총괄청이나 중앙관서의 장은 원칙적으로 기부에 조건이 붙은 경우에는 이를 채납할 수 없다.

정답 16 ④ 17 ②

18 **국유재산법령상 국유재산에 관한 설명으로 옳지 않은 것은?** ☆ 제22회 기출

① 국유재산에 관한 사무에 종사하는 직원이 총괄청이나 중앙관서의 장의 허가를 받지 아니하고 자신이 처리하는 국유재산을 취득한 경우 이는 무효로 한다.
② 국유재산의 관리·처분에 관한 소관 중앙관서의 장이 없는 경우에는 총괄청이 이를 지정한다.
③ 등기가 필요한 국유재산의 경우 그 권리자의 명의는 총괄청의 명칭으로 한다.
④ 행정재산은 시효취득의 대상이 되지 아니한다.
⑤ 기부채납을 조건으로 하는 경우 사인이라도 국유 하천에 교량 등 영구시설물을 축조할 수 있다.

19 **국유재산법령상 국유재산에 관한 설명으로 옳은 것은?** ☆ 제31회 기출

① 행정재산은 민법에 따른 시효취득의 대상이 된다.
② 판결에 따라 취득하는 경우에도 사권이 소멸되지 않은 재산은 국유재산으로 취득하지 못한다.
③ 총괄청은 일반재산을 보존용 재산으로 전환하여 관리할 수 있다.
④ 직접 공공용으로 사용하기 위하여 국유재산을 관리 전환하는 경우에는 유상으로 하여야 한다.
⑤ 중앙관서의 장이 국유재산으로 취득한 소유자 없는 부동산은 등기일부터 20년간은 처분할 수 없다.

18 해설
③ 국유재산의 등기·등록의 경우 권리자의 명의는 원칙적으로 국(國)으로 하며, 소관 중앙관서의 명칭을 함께 적어야 한다.

19 해설
① 행정재산은 시효취득할 수 없다.
② 판결에 따라 취득하는 경우에는 사권이 설정된 재산을 국유재산으로 취득할 수 있다.
④ 무상으로 관리전환할 수 있는 경우이다.
⑤ 중앙관서의 장이 국유재산으로 취득한 소유자 없는 부동산은 등기일로부터 10년간은 처분할 수 없다.

정답 18 ③ 19 ③

20 **국유재산법령상 국유재산에 관한 설명으로 옳은 것은?** ☆ 제34회 기출

① 재판상 화해에 의해 일반재산에 사권을 설정할 수 없다.
② 총괄청의 허가를 받은 경우라 할지라도 국유재산에 관한 사무에 종사하는 직원은 그 처리하는 국유재산을 취득할 수 없다.
③ 국가 외의 자는 기부를 조건으로 축조하는 경우에도 국유재산에 영구시설물을 축조할 수 없다.
④ 총괄청은 다음 연도의 국유재산의 관리·처분에 대한 계획의 작성을 위한 지침을 매년 6월 30일까지 중앙관서의 장에게 통보하여야 한다.
⑤ 한국예탁결제원은 총괄청이나 중앙관서의 장 등이 증권을 보관·취급하게 할 수 있는 법인에 해당한다.

20 해설

① 재판상 화해에 의해 일반재산에 사권을 설정할 수 있다.
② 총괄청의 허가를 받은 경우에는 국유재산에 관한 사무에 종사하는 직원은 그 처리하는 국유재산을 취득할 수 있다.
③ 국가 외의 자는 기부를 조건으로 축조하는 경우에도 국유재산에 영구시설물을 축조할 수 있다.
④ 총괄청은 다음 연도의 국유재산의 관리 처분에 대한 계획의 작성을 위한 지침을 매년 4월 30일까지 중앙관서의 장에게 통보하여야 한다.

정답 20 ⑤

CHAPTER 02

총괄청

01 국유재산법령상 국유재산에 관한 설명으로 옳지 않은 것은? ☆ 제23회 기출

① 중앙관서의 장이 국유재산의 관리에 관련된 법령을 개정하려면 그 내용에 관하여 총괄청 및 감사원과 협의하여야 한다.

② 총괄청이나 중앙관서의 장은 소유자 없는 부동산을 국유재산으로 취득한다.

③ 확정판결에 의한 경우에는 일반재산에 대하여 사권을 설정할 수 있다.

④ 위법한 재산관리로 사용승인이 철회되어 총괄청에 인계된 행정재산도 그 용도가 폐지되는 것은 아니다.

⑤ 총괄청은 일반재산을 보존용 재산으로 전환하여 관리할 수 있다.

02 국유재산법령상 총괄청의 권한에 해당하지 않는 것은? ☆ 제30회 기출

① 중앙관서의 장에게 해당 국유재산의 관리상황에 관한 보고의 요구

② 중앙관서의 장에게 그 소관 국유재산 용도폐지의 요구

③ 국유재산의 관리처분에 관한 소관 중앙관서의 장이 분명하지 아니한 국유재산에 대한 그 소관 중앙관서의 장의 지정

④ 중앙관서 소관 국유재산의 관리·처분 업무를 효율적으로 수행하기 위한 국유재산책임관의 임명

⑤ 국유재산관리기금의 관리 운용을 위하여 필요한 자금의 차입

01 해설

④ 위법한 재산관리로 사용승인이 철회되어 총괄청에 인계된 행정재산은 그 용도가 폐지된 것으로 본다.

02 해설

④ 중앙관서 소관 국유재산의 관리·처분 업무를 효율적으로 수행하기 위한 국유재산책임관의 임명은 총괄청의 권한이 아니고, 중앙관서의 장의 권한이다.

정답 01 ④ 02 ④

03 국유재산법령상 국유재산관리기금에 관한 설명으로 옳지 않은 것은? ☆ 제25회 기출

① 국유재산관리기금은 국유재산의 취득에 필요한 비용의 지출에 사용할 수 있다.
② 국유재산관리기금은 총괄청 소관 일반재산의 관리・처분에 필요한 비용의 지출에 사용할 수 있다.
③ 금융회사 등으로부터의 차입금은 국유재산관리기금의 재원에 해당한다.
④ 총괄청은 국유재산관리기금의 결산보고서 작성에 관한 사무를 한국자산관리공사에 위탁할 수 있다.
⑤ 국유재산관리기금에서 취득한 재산은 특별회계 소속으로 한다.

03 해설
⑤ 국유재산관리기금에서 취득한 재산은 일반회계 소속으로 한다.

정답 03 ⑤

CHAPTER

03 행정재산

01 국유재산법령상 행정재산에 관한 설명으로 옳지 않은 것은?

☆ 제31회 기출

① 행정재산은 사유재산과 교환할 수 없다.
② 행정재산을 경쟁입찰의 방법으로 사용허가하는 경우 1개 이상의 유효한 입찰이 있으면 최고가격으로 응찰한 자를 낙찰자로 한다.
③ 두 번에 걸쳐 유효한 입찰이 성립되지 아니한 행정재산의 경우 수의의 방법으로 사용허가를 받을 자를 결정할 수 있다.
④ 중앙관서의 장이 행정재산의 사용허가를 철회하려는 경우에는 청문하여야 한다.
⑤ 중앙관서의 장은 행정재산으로 사용하기로 결정한 날부터 5년이 지난 날까지 행정재산으로 사용되지 아니한 행정재산은 지체 없이 그 용도를 폐지하여야 한다.

02 국유재산법령상 행정재산에 관한 설명으로 옳은 것을 모두 고른 것은?

☆ 제27회 기출

㉠ 행정재산의 사용허가를 받은 자가 그 행정재산의 관리를 소홀히 하여 재산상의 손해를 발생하게 한 경우에는 그 사용료 이외에 가산금을 징수할 수 있다.
㉡ 주거용으로 사용허가를 하는 경우에는 수의의 방법으로 사용허가를 받을 자를 결정할 수 없다.
㉢ 행정재산인 부동산에 대한 사용허가 기간은 기부받은 재산을 그 기부자 등에게 사용허가를 하는 경우를 제외하고는 5년 이내로 한다.
㉣ 행정재산인 부동산을 직접 비영리 공익사업용으로 사용하려는 개인에게 사용허가한 경우 중앙관서의 장은 그 사용료를 면제할 수 있다.

① ㉠, ㉡ ② ㉠, ㉢ ③ ㉡, ㉢
④ ㉡, ㉣ ⑤ ㉢, ㉣

01 해설
① 행정재산은 공유 또는 사유재산과 교환하여 그 교환받은 재산을 행정재산으로 관리하려는 경우에는 교환할 수 있다.

02 해설
② ㉡ 수의의 방법으로 사용허가를 받을 자를 결정할 수 있다.
㉣ 행정재산인 부동산을 직접 비영리 공익사업용으로 사용하려는 공공단체(정부가 자본금 전액을 출자하는 법인 또는 기본재산의 전액을 출연하는 법인)에 사용허가하는 경우 중앙관서의 장은 그 사용료를 면제할 수 있다.

정답 01 ① 02 ②

03 **국유재산법령상 행정재산의 사용허가에 관한 설명으로 옳은 것은?** ☆ 제35회 기출

① 사용허가를 받은 자는 허가기간이 끝난 경우에는 중앙관서의 장이 미리 상태의 변경을 승인하였더라도 그 재산을 원래 상태대로 반환하여야 한다.

② 경작용으로 실경작자에게 사용허가를 하는 경우에는 수의의 방법으로 사용허가를 받을 자를 결정할 수 없다.

③ 중앙관서의 장은 사용허가를 받은 자가 해당 재산의 보존을 게을리한 경우 그 허가를 철회할 수 있다.

④ 사용허가에 관하여는 「국유재산법」에서 정한 것을 제외하고는 「민법」의 규정을 준용한다.

⑤ 사용허가를 받은 자가 그 재산에 대하여 유지·보수 외의 시설을 설치하려는 때에는 총괄청의 허가를 받아야 한다.

03 해설

① 사용허가를 받은 자는 허가기간이 끝난 경우에는 중앙관서의 장이 미리 상태의 변경을 승인하였다면 그 재산을 원래 상태대로 반환하지 않아도 된다.

② 경작용으로 실경작자에게 사용허가를 하는 경우에는 수의의 방법으로 사용허가를 받을 자를 결정할 수 있다.

④ 사용허가에 관하여는 「국유재산법」에서 정한 것을 제외하고는 「국가를 당사자로 하는 계약에 관한 법률」의 규정을 준용한다.

⑤ 사용허가를 받은 자가 그 재산에 대하여 유지·보수 외의 시설을 설치하려는 때에는 중앙관서의 장의 승인을 받아야 한다.

정답 03 ③

04 **국유재산법령상 행정재산에 관한 설명으로 옳지 않은 것은?** ☆ 제28회 기출

① 중앙관서의 장은 행정재산을 효율적으로 관리하기 위하여 필요하면 국가기관 외의 자에게 그 재산의 관리를 위탁할 수 있다.
② 행정재산을 사용허가하려는 경우 수의의 방법으로는 사용허가를 받을 자를 결정할 수 없다.
③ 행정재산의 관리위탁을 받은 자는 미리 해당 중앙관서의 장의 승인을 받아 위탁받은 재산의 일부를 다른 사람에게 사용·수익하게 할 수 있다.
④ 중앙관서의 장은 건물 등을 신축하여 기부채납을 하려는 자가 신축기간에 그 부지를 사용하는 경우 그 사용료는 면제할 수 있다.
⑤ 중앙관서의 장은 행정재산의 사용허가를 철회하려는 경우에 청문을 해야 한다.

05 **국유재산법령상 부동산인 행정재산의 사용료에 관한 설명으로 옳지 않은 것은?** ☆ 제27회 기출

① 경쟁 입찰로 사용허가를 하는 경우 첫 해의 사용료는 최고입찰가로 결정한다.
② 사용료가 50만원을 초과하는 경우에는 연 12회 이내에서 나누어 내게 할 수 있다.
③ 사용료를 나누어 내게 할 때 연간사용료가 1천만원 이상인 경우에는 그 허가를 받은 자에게 연간사용료의 100분의 50에 해당하는 범위에서 보증금을 예치하게 하거나 이행보증조치를 하도록 하여야 한다.
④ 중앙관서의 장은 행정재산을 공용으로 사용하려는 지방자치단체에 사용허가하는 경우 사용료를 면제하여야 한다.
⑤ 보존용 재산을 사용허가하는 경우에 재산의 유지·보존을 위하여 관리비가 특히 필요할 때에는 사용료에서 그 관리비 상당액을 뺀 금액을 징수할 수 있다.

04 해설

② 행정재산을 사용허가하려는 경우 수의의 방법으로 사용허가를 받을 자를 결정할 수 있다.

＊ 수의계약이 가능한 경우는 다음과 같다.
㉠ 주거용으로 사용허가를 하는 경우
㉡ 경작용으로 실경작자에게 사용허가를 하는 경우
㉢ 외교상 또는 국방상의 이유로 사용·수익 행위를 비밀리에 할 필요가 있는 경우
㉣ 천재지변이나 그 밖의 부득이한 사유가 발생하여 재해 복구나 구호의 목적으로 사용허가를 하는 경우
㉤ 사회기반시설로 사용하려는 지방자치단체나 지방공기업에 사용허가를 하는 경우
㉥ 다른 법률에 따라 사용료 면제의 대상이 되는 자에게 사용허가를 하는 경우
㉦ 국가와 재산을 공유하는 자에게 국가의 지분에 해당하는 부분에 대하여 사용허가를 하는 경우
㉧ 국유재산의 관리·처분에 지장이 없는 경우로서 사용목적이나 계절적 요인 등을 고려하여 6개월 미만의 사용허가를 하는 경우
㉨ 두 번에 걸쳐 유효한 입찰이 성립되지 아니한 경우
㉩ 그 밖에 재산의 위치·형태·용도 등이나 계약의 목적·성질 등으로 보아 경쟁입찰에 부치기 곤란하다고 인정되는 경우

05 해설

④ 중앙관서의 장은 행정재산을 공용으로 사용하려는 지방자치단체에 사용허가하는 경우 사용료를 면제할 수 있다.

정답 04 ② 05 ④

06 **국유재산법령상 행정재산의 사용허가 등에 관한 설명으로 옳은 것은?** ☆ 제23회 기출

① 공유(公有) 또는 사유재산과 교환하여 그 교환받은 재산을 행정재산으로 관리하려는 경우에는 행정재산도 교환할 수 있다.

② 행정재산의 사용허가에 관하여는 국가를 당사자로 하는 계약에 관한 법률의 규정이 준용되지 않는다.

③ 행정재산을 주거용으로 사용허가할 수 있지만, 수의의 방법으로 할 수는 없다.

④ 5년을 초과하지 아니하는 범위에서 행정재산의 사용허가를 갱신할 수 있지만, 수의의 방법으로 사용허가를 받은 재산에 대하여는 1회에 한하여 갱신할 수 있다.

⑤ 중앙관서의 장이 행정재산을 직접 공용으로 사용하려는 지방자치단체에게 사용허가하는 경우에는 사용료를 면제하여야 한다.

07 **국유재산법령상 중앙관서의 장이 행정재산의 사용료를 면제할 수 있는 경우에 해당하지 않는 것은?** ☆ 제31회 기출

① 행정재산으로 할 목적으로 기부를 받은 재산에 대하여 기부자의 상속인에게 사용허가하는 경우

② 건물 등을 신축하여 기부채납을 하려는 자가 신축 기간에 그 부지를 사용하는 경우

③ 행정재산을 직접 공공용으로 사용하려는 지방자치단체에 사용허가하는 경우

④ 사용허가를 받은 행정재산을 천재지변으로 사용하지 못하게 되었을 때 그 사용하지 못한 기간에 대한 사용료의 경우

⑤ 법령에 따라 정부가 자본금의 50% 이상을 출자하는 법인이 행정재산을 직접 비영리 공익사업용으로 사용하고자 하여 사용허가하는 경우

06 해설

② 행정재산의 사용허가에 관하여는 국유재산법에서 정한 것을 제외하고는 국가를 당사자로 하는 계약에 관한 법률을 준용한다.

③ 행정재산을 주거용으로 사용허가하는 경우에는 수의의 방법으로 할 수 있다.

④ 수의의 방법으로 사용허가를 할 수 있는 경우가 아니면 1회만 갱신할 수 있다. 따라서, 수의의 방법에 의한 경우에는 갱신의 횟수 제한이 없다.

⑤ 중앙관서의 장이 행정재산을 직접 공용으로 사용하려는 지방자치단체에게 사용허가하는 경우에는 사용료를 면제할 수 있다.

07 해설

⑤ 법령에 따라 정부가 자본금의 전액을 출자하는 법인이 행정재산을 직접 비영리 공익사업용으로 사용하고자 하여 사용허가하는 경우에 면제할 수 있다.

정답 06 ① 07 ⑤

08 국유재산법령상 행정재산의 사용허가에 관한 설명으로 옳지 않은 것은? ☆ 제20회 기출

① 행정재산 중 공용·공공용·기업용 재산은 그 용도 또는 목적에 장애가 되지 아니하는 범위 안에서 그 사용을 허가할 수 있다.

② 국가 이외의 자는 중앙관서의 장이 그 행정목적의 수행에 필요하다고 인정하는 시설물의 기부를 전제로 한 축조 등을 제외하고는 그 허가받은 재산상에 건물 기타의 영구시설물을 축조하지 못한다.

③ 기부를 채납한 재산에 대하여 사용허가를 받은 자가 당해 재산의 기부자인 경우에는 중앙관서의 장의 승인을 얻어 다른 사람으로 하여금 당해 재산을 사용·수익하게 할 수 있다.

④ 중앙관서의 장이 행정재산의 사용허가를 취소하거나 철회하려는 경우에 청문의 실시 여부는 중앙관서의 장의 재량사항이다.

⑤ 중앙관서의 장은 행정재산의 사용허가를 받은 자가 당해 재산의 보존을 게을리하였거나 그 사용목적에 위배한 때에는 그 허가를 취소하거나 철회할 수 있다.

09 국유재산법령상 행정재산의 사용허가에 관한 설명으로 옳은 것은? ☆ 제32회 기출

① 중앙관서의 장은 보존용 행정재산의 용도나 목적에 장애가 되지 아니하는 범위에서만 그에 대한 사용허가를 할 수 있다.

② 행정재산을 주거용으로 사용허가를 하는 경우에는 일반경쟁의 방법으로 사용허가를 받을 자를 결정하여야 한다.

③ 중앙관서의 장은 사용허가한 행정재산을 지방자치단체가 직접 공공용으로 사용하기 위하여 필요하게 된 경우에는 그 허가를 철회할 수 있다.

④ 행정재산으로 할 목적으로 기부를 받은 재산에 대하여 기부자에게 사용허가하는 경우에는 그 사용허가 기간을 5년 이내로 한다.

⑤ 행정재산의 사용허가에 관하여는 국유재산법에서 정한 것을 제외하고는 민법의 규정을 준용한다.

08 해설

④ 중앙관서의 장은 행정재산 등의 사용허가를 취소 또는 철회하고자 하는 경우에는 청문을 실시하여야 한다.

09 해설

① 공용·공공용·기업용재산인 행정재산은 용도나 목적에 장애가 되지 아니하는 범위에서만 그에 대한 사용허가를 할 수 있다. 보존용재산은 보존목적의 수행에 필요한 범위에서만 사용허가를 할 수 있다.

② 행정재산을 주거용으로 사용허가를 하는 경우에는 수의계약의 방법으로 할 수 있다.

④ 행정재산으로 할 목적으로 기부를 받은 재산의 경우에는 사용료 총액이 기부를 받은 재산의 가액에 이르는 기간 이내로 한다.

⑤ 행정재산의 사용허가에 관하여는 국유재산법에서 정한 것을 제외하고는 국가를 당사자로 하는 계약에 관한 법률의 규정을 준용한다.

정답 08 ④ 09 ③

10 국유재산법령상 행정재산의 사용허가의 취소 또는 철회할 수 있는 사유에 해당하지 않는 것은?

☆ 제28회 기출

① 해당 재산의 보존을 게을리한 경우
② 부실한 증명서류를 제시하여 사용허가를 받은 경우
③ 중앙관서의 장이 사용허가 외의 방법으로 해당 재산을 관리·처분할 필요가 있다고 인정되는 경우
④ 납부기한까지 사용료를 납부하지 않은 경우
⑤ 중앙관서의 장의 승인 없이 사용허가를 받은 재산의 원래 상태를 변경한 경우

11 국유재산법령상 행정재산의 사용허가에 관한 설명으로 옳은 것은?

☆ 제21회 기출

① 행정재산의 사용허가 기간이 끝난 재산에 대하여 대통령령이 정하는 경우를 제외하고는 10년을 초과하지 아니하는 범위에서 종전의 사용허가를 갱신할 수 있다.
② 중앙관서의 장은 사용허가한 행정재산을 국가나 지방자치단체가 직접 공공용으로 사용하기 위하여 필요하게 된 경우에는 그 허가를 취소할 수 있다.
③ 행정재산을 직접 공용·공공용 또는 비영리 공익사업용으로 사용하려는 지방자치단체에 사용허가하는 경우에는 사용료를 면제할 수 없다.
④ 중앙관서의 장은 동일인이 같은 행정재산을 6개월을 초과하여 계속 사용·수익하는 경우로서 대통령령으로 정하는 경우에는 사용료를 조정할 수 있다.
⑤ 중앙관서의 장은 행정재산을 사용허가 하려는 경우, 사용허가의 목적·성질·규모 등을 고려하여 필요하다고 인정되면 대통령령으로 정하는 바에 따라 참가자의 자격을 제한하거나 참가자를 지명하여 경쟁에 부치거나 수의(隨意)의 방법으로 할 수 있다.

10 해설

③ 중앙관서의 장이 사용허가 외의 방법으로 해당 재산을 관리·처분할 필요가 있다고 인정되는 경우는 취소 또는 철회할 수 있는 사유가 아니라 사용허가를 갱신할 수 없는 사유에 해당한다.

11 해설

① 행정재산의 사용허가 기간이 끝난 재산에 대하여 대통령령이 정하는 경우를 제외하고는 5년을 초과하지 아니하는 범위에서 종전의 사용허가를 갱신할 수 있다.
② 중앙관서의 장은 사용허가한 행정재산을 국가나 지방자치단체가 직접 공공용으로 사용하기 위하여 필요하게 된 경우에는 그 허가를 철회할 수 있다.
③ 행정재산을 직접 공용·공공용 또는 비영리 공익사업용으로 사용하려는 지방자치단체에 사용허가하는 경우에는 사용료를 면제할 수 있다.
④ 중앙관서의 장은 동일인이 같은 행정재산을 1년을 초과하여 사용·수익하는 경우로서 대통령령으로 정하는 경우에는 사용료를 조정할 수 있다.

정답 10 ③ 11 ⑤

12 **국유재산법령상 행정재산에 관한 설명으로 옳은 것은?** ☆ 제33회 기출

① 중앙관서의 장은 사용허가한 행정재산을 지방자치단체가 직접 공용으로 사용하기 위하여 필요하게 된 경우에도 그 허가를 철회할 수 없다.
② 행정재산의 관리위탁을 받은 자가 그 재산의 일부를 사용·수익하는 경우에는 미리 해당 중앙관서의 장의 승인을 받아야 한다.
③ 경작용으로 실경작자에게 행정재산의 사용허가를 하려는 경우에는 일반경쟁에 부쳐야 한다.
④ 수의의 방법으로 한 사용허가는 허가 기간이 끝난 후 갱신할 수 없다.
⑤ 행정재산의 사용허가를 한 날부터 3년 내에는 사용료를 조정할 수 없다.

13 **국유재산법령상 행정재산에 관한 설명으로 옳은 것은?** ☆ 제26회 기출

① 중앙관서의 장은 행정재산으로 사용하기로 결정한 날부터 5년이 지난 날까지 행정재산으로 사용되지 아니한 경우 지체 없이 그 용도를 폐지하여야 한다.
② 행정재산은 처분하지 못하므로, 사유재산과 교환하여 그 교환받은 재산을 행정재산으로 관리하려는 경우에도 교환할 수 없다.
③ 행정재산의 관리수탁자는 위탁받은 재산의 연간 관리현황을 감사원에 보고하여야 한다.
④ 행정재산을 사용허가하려는 경우 수의의 방법을 우선적으로 사용하여야 한다.
⑤ 중앙관서의 장은 행정재산에 대하여 일반 경쟁 입찰을 두 번 실시하여도 낙찰자가 없는 재산에 대하여는 세 번째 입찰부터 최초 사용료 예정가격의 100분의 10을 최저한도로 하여 매회 100분의 5만큼 그 예정가격을 낮추는 방법으로 조정할 수 있다.

12 해설

① 중앙관서의 장은 사용허가한 행정재산을 지방자치단체가 직접 공용으로 사용하기 위하여 필요하게 된 경우에는 허가를 철회할 수 있다.
③ 경작용으로 실경작자에게 행정재산의 사용허가를 하려는 경우에는 수의계약의 방법으로 한다.
④ 수의의 방법으로 한 사용허가는 횟수 제한 없이 갱신할 수 있다.
⑤ 동일인이 같은 행정재산을 사용허가 기간 내에서 1년을 초과하여 계속 사용·수익하는 경우로서 대통령령으로 정하는 경우에는 사용료를 조정할 수 있다.

13 해설

② 행정재산은 사유재산과 교환하여 그 교환받은 재산을 행정재산으로 관리하려는 경우에는 교환할 수 있다.
③ 행정재산의 관리수탁자는 위탁받은 재산의 연간 관리현황을 다음 연도 1월 31일까지 중앙관서의 장에게 보고하여야 한다.
④ 행정재산을 사용허가하려는 경우에는 그 뜻을 공고하여 일반경쟁에 부쳐야 한다.
⑤ 중앙관서의 장은 행정재산에 대하여 일반 경쟁 입찰을 두 번 실시하여도 낙찰자가 없는 재산에 대하여는 세 번째 입찰부터 최초 사용료 예정가격의 100분의 20을 최저한도로 하여 매회 100분의 10만큼 그 예정가격을 낮추는 방법으로 조정할 수 있다.

정답 12 ② 13 ①

14 국유재산법상 행정재산에 관한 설명으로 옳지 않은 것은? ☆ 제29회 기출

① 행정재산의 사용허가를 철회하려는 경우에는 청문을 하여야 한다.
② 행정재산의 사용허가에 관하여는 국유재산법에서 정한 것을 제외하고는 민법의 규정을 준용한다.
③ 행정재산으로 할 목적으로 기부를 받은 재산에 대하여 중앙관서의 장이 기부자에게 사용허가 하는 경우 그 사용료를 면제할 수 있다.
④ 행정재산의 사용허가를 받은 자가 해당 재산의 보존을 게을리한 경우 그 허가를 철회할 수 있다.
⑤ 행정재산으로 사용하기로 결정한 날부터 5년이 지난 날까지 해당 재산이 행정재산으로 사용되지 아니한 경우 지체 없이 행정재산의 용도를 폐지하여야 한다.

15 국유재산법령상 행정재산에 관한 설명으로 옳지 않은 것은? ☆ 제25회 기출

① 행정재산을 사용허가한 때에 징수하는 사용료는 선납하여야 한다.
② 중앙관서의 장은 그 소속 공무원에게 행정재산 관리에 관한 사무를 위임하거나, 분장하게 한 경우에는 그 뜻을 국토교통부장관에게 통지하여야 한다.
③ 중앙관서의 장은 공용·공공용·기업용 재산에 대하여 그 용도나 목적에 장애가 되지 아니하는 범위에서 사용허가를 할 수 있다.
④ 행정재산에 대하여 주거용으로 사용허가를 하는 경우에는 수의의 방법으로 사용허가를 받을 자를 결정할 수 있다.
⑤ 중앙관서의 장은 행정재산으로 사용하기로 결정한 날부터 5년이 지난 날까지 행정재산으로 사용되지 아니한 경우에는 지체 없이 행정재산의 용도를 폐지하여야 한다.

14 해설

② 행정재산의 사용허가에 관하여는 국유재산법에서 정한 것을 제외하고는 국가를 당사자로 하는 계약에 관한 법률을 준용한다.

15 해설

② 중앙관서의 장은 그 소속 공무원에게 행정재산 관리에 관한 사무를 위임하거나 분장하게 한 경우에는 그 뜻을 감사원에 통지하여야 한다.

정답 14 ② 15 ②

16 **국유재산법령상 행정재산에 관한 설명으로 옳지 않은 것은?** ☆ 제32회 기출

① 중앙관서의 장은 행정재산을 직접 공공용으로 사용하려는 지방자치단체에 사용허가하는 경우에는 사용료를 면제할 수 있다.

② 중앙관서의 장은 사용허가를 받은 행정재산을 천재지변으로 사용하지 못하게 되면 그 사용하지 못한 기간에 대한 사용료를 면제할 수 있다.

③ 중앙관서의 장은 행정재산의 사용허가를 철회하려는 경우에는 행정절차법 제27조의 의견제출을 거쳐야 한다.

④ 중앙관서의 장은 행정재산으로 사용하기로 결정한 날부터 5년이 지난 날까지 행정재산으로 사용되지 아니한 경우에는 지체 없이 그 용도를 폐지하여야 한다.

⑤ 행정재산은 민법 제245조에도 불구하고 시효취득의 대상이 되지 아니한다.

16 해설

③ 중앙관서의 장은 행정재산의 사용허가를 철회하려는 경우에는 청문을 하여야 한다.

정답 16 ③

일반재산

01 국유재산법령상 일반재산에 관한 설명으로 옳지 않은 것은? ☆ 제27회 기출

① 일반재산은 대부 또는 처분할 수 있다.
② 총괄청은 일반재산의 관리·처분에 관한 사무의 일부를 위탁받을 수 있다.
③ 일반재산인 토지의 대장가격이 3천만원 이상인 경우 처분예정가격은 하나의 감정평가법인등의 평가액으로 한다.
④ 일반재산은 개척 사업을 시행하기 위하여 그 사업의 완성을 조건으로 대부·매각 또는 양여를 예약할 수 있다.
⑤ 대부계약의 갱신을 받으려는 자는 대부기간이 끝나기 1개월 전에 중앙관서의 장 등에 신청하여야 한다.

02 국유재산법령상 일반재산에 관한 설명으로 옳지 않은 것은? ☆ 제29회 기출

① 일반재산은 대부 또는 처분할 수 있다.
② 중앙관서의 장은 국가의 활용계획이 없는 건물이 재산 가액에 비하여 유지·보수 비용이 과다한 경우 이를 철거할 수 있다.
③ 일반재산은 매립사업을 시행하기 위하여 그 사업의 완성을 조건으로 총괄청과 협의하여 매각을 예약할 수 있다.
④ 일반재산을 매각하는 경우에는 대통령령으로 정하는 바에 따라 매수자에게 그 재산의 용도와 그 용도에 사용하여야 할 기간을 정하여 매각할 수 있다.
⑤ 총괄청은 일반재산을 보존용 재산으로 전환하여 관리할 수 없다.

01 해설
③ 일반재산인 토지의 대장가격이 3천만원 이상인 경우 처분예정가격은 두 개의 감정평가법인등의 평가액을 산술평균한 금액으로 한다.

02 해설
⑤ 총괄청은 일반재산을 보존용 재산으로 전환하여 관리할 수 있다.

정답 01 ③ 02 ⑤

03 **국유재산법령상 일반재산의 처분가격에 관한 설명으로 옳은 것은?** ☆ 제28회 기출

① 지식재산을 처분할 때의 예정가격은 두 개의 감정평가법인등의 평가액을 산술평균한 금액으로 한다.

② 상장법인이 발행한 주권을 처분할 때의 예정가격은 하나의 감정평가법인등의 평가액으로 한다.

③ 비상장법인이 발행한 지분증권을 처분할 때에 예정가격은 두 개의 감정평가법인등의 평가액을 산술평균한 금액으로 한다.

④ 대장가격이 3천만원인 부동산을 공공기관에 처분할 때에 예정가격은 하나의 감정평가법인등의 평가액으로 결정한다.

⑤ 증권을 제외한 일반재산을 처분할 때에 예정가격에 대한 감정평가법인등의 평가액은 평가일부터 3년 이내에만 적용할 수 있다.

03 해설

① 지식재산을 처분할 때의 예정가격은 다음의 방법으로 결정한 금액으로 한다.

> ㉠ 해당 지식재산 존속기간 중의 사용료 또는 대부료 추정 총액
> ㉡ 감정평가법인등이 평가한 금액(㉠에 따라 예정가격을 결정할 수 없는 경우로 한정한다)

② 상장법인이 발행한 주권을 처분할 때에는 그 예정가격은 다음 각 호의 어느 하나에 해당하는 가격 이상으로 한다.

> 1. 평가기준일 전 1년 이내의 최근에 거래된 30일 간의 증권시장에서의 최종 시세가액을 가중산술평균하여 산출한 가액
> 2. 공개매수에 응모하는 경우에는 그 공개매수 가격
> 3. 주식매수청구권을 행사가격
> 4. 매각가격을 특정할 수 있는 경우에는 그 가격

③ 비상장법인이 발행한 지분증권을 처분할 때에는 그 예정가격은 기획재정부령으로 정하는 산출방식에 따라 비상장법인의 자산가치, 수익가치 및 상대가치를 고려하여 산출한 가격 이상으로 한다.

⑤ 증권을 제외한 일반재산을 처분할 때에 예정가격에 대한 감정평가법인등의 평가액은 평가일부터 1년 이내에만 적용할 수 있다.

정답 **03** ④

04 국유재산법령상 일반재산의 처분가격에 관한 설명으로 옳은 것은? ☆ 제33회 기출

① 증권을 처분할 때에는 시가를 고려하여 예정가격을 결정하여야 한다.
② 공공기관에 일반재산을 처분하는 경우에는 두 개의 감정평가법인등의 평가액을 산술평균한 금액을 예정가격으로 하여야 한다.
③ 감정평가법인등의 평가액은 평가일부터 2년까지 적용할 수 있다.
④ 국가가 보존·활용할 필요가 없고 대부·매각이나 교환이 곤란하여 일반재산을 양여하는 경우에는 대장가격을 재산가격으로 한다.
⑤ 일단의 토지 대장가격이 3천만원 이하인 국유지를 경쟁입찰의 방법으로 처분하는 경우에는 해당 국유지의 개별공지시가를 예정가격으로 할 수 있다.

05 국유재산법령상 일반재산에 관한 설명으로 옳은 것은? ☆ 제31회 기출

① 총괄청은 일반재산의 관리·처분에 관한 사무의 일부를 위탁받을 수 없다.
② 증권을 제외한 일반재산을 지방자치단체에 처분할 때 처분재산의 예정가격은 두 개의 감정평가법인등의 평가액을 산술평균한 금액으로 결정한다.
③ 조림을 목적으로 하는 토지의 대부 기간은 25년 이상으로 한다.
④ 중앙관서의 장은 일반재산을 교환하려면 그 내용을 감사원에 보고하여야 한다.
⑤ 일반재산을 매각하면서 매각대금을 한꺼번에 납부하기로 한 경우 매각대금의 완납 이전에도 해당 매각재산의 소유권이전이 가능하다.

04 해설

① 증권을 제외한 일반재산을 처분할 때에는 시가를 고려하여 해당 재산의 예정가격을 결정하여야 한다.
② 공공기관에 일반재산을 처분하는 경우에는 하나의 감정평가법인등의 평가액으로 예정가격을 결정한다.
③ 감정평가법인등의 평가액은 평가일부터 1년까지 적용할 수 있다.
⑤ 면적이 100㎡ 이하인 국유지 또는 대장가격이 1천만원 이하인 국유지는 개별공시지가를 예정가격으로 할 수 있다.

05 해설

① 총괄청은 일반재산의 관리·처분에 관한 사무의 일부를 위탁받을 수 있다.
② 지방자치단체에 일반재산을 처분할 때 처분재산의 예정가격은 하나의 감정평가법인등의 평가액으로 예정가격을 결정한다.
③ 조림을 목적으로 하는 토지의 대부 기간은 20년 이내이다.
⑤ 일반재산을 매각하면서 매각대금을 한꺼번에 납부하기로 한 경우 매각재산의 소유권이전은 매각대금이 완납된 후에 하여야 한다.

정답 04 ④ 05 ④

06 **국유재산법령상 행정재산의 사용허가와 일반재산의 처분에 있어 두 번의 일반경쟁 입찰에도 낙찰자가 없는 경우 세 번째 입찰부터의 예정가격 조정 결정의 방법에 관한 설명이다. (　　)에 들어갈 숫자로 옳은 것은?** ☆ 제34회 기출

> • 행정재산 사용허가의 경우 : 최초 사용료 예정가격의 100분의 (ㄱ)을 최저한도로 하여 매회 100분의 10의 금액만큼 그 예정가격을 낮추는 방법으로 조정할 수 있다.
> • 일반재산 처분의 경우 : 최초 매각예정가격의 100분의 (ㄴ)을 최저한도로 하여 매회 100분의 10의 금액만큼 그 예정가격을 낮출 수 있다.

① ㄱ : 10, ㄴ : 30
② ㄱ : 10, ㄴ : 50
③ ㄱ : 20, ㄴ : 30
④ ㄱ : 20, ㄴ : 50
⑤ ㄱ : 30, ㄴ : 50

07 **국유재산법령상 행정재산과 일반재산에 관한 내용으로 옳지 않은 것은?** ☆ 제34회 기출

① 행정재산의 사용허가기간을 갱신받으려는 자는 허가기간이 끝나기 1개월 전에 중앙관서의 장에게 신청하여야 한다.
② 중앙관서의 장은 행정재산의 사용허가를 철회하려는 경우에는 청문을 하여야 한다.
③ 일반재산의 대부계약은 수의계약의 방법으로 대부할 때에는 1회만 갱신할 수 있다.
④ 행정재산의 사용허가가 취소된 경우에는 재산을 원래 상태대로 반환하여야 하지만 중앙관서의 장이 미리 상태의 변경을 승인한 경우에는 변경된 상태로 반환할 수 있다.
⑤ 일반재산을 매각한 이후 매수자가 매각대금을 체납한 경우 그 계약을 해제할 수 있다.

06 해설
• 행정재산 사용허가의 경우 : 최초 사용료 예정가격의 100분의 20을 최저한도로 하여 매회 100분의 10의 금액만큼 그 예정가격을 낮추는 방법으로 조정할 수 있다.
• 일반재산 처분의 경우 : 최초 매각예정가격의 100분의 50을 최저한도로 하여 매회 100분의 10의 금액만큼 그 예정가격을 낮출 수 있다.

07 해설
③ 일반재산의 대부계약은 수의계약의 방법으로 대부할 수 있는 경우가 아니면 1회만 갱신할 수 있다.

정답 06 ④ 07 ③

08 국유재산법령상 일반재산의 대부에 관한 설명으로 옳은 것은? ☆ 제28회 기출

① 일반재산은 대부는 할 수 있으나, 처분은 할 수 없다.
② 영구시설물의 축조를 목적으로 하는 토지와 그 정착물의 대부기간은 50년 이내로 한다.
③ 대부기간이 끝난 일반재산에 대하여 종전의 대부계약을 갱신할 수 있는 경우에도 수의계약의 방법으로 대부할 수 있는 경우에는 1회만 갱신할 수 있다.
④ 중앙관서의 장 등은 연간 대부료의 일부를 대부보증금으로 환산하여 받아야 한다.
⑤ 일반재산을 주거용으로 대부계약을 하는 경우에는 수의의 방법으로 대부 계약의 상대방을 결정할 수 있다.

09 국유재산법령상 국유재산에 관한 설명으로 옳지 않은 것은? ☆ 제21회 기출

① 행정재산은 「민법」 제245조(점유로 인한 부동산소유권의 취득기간)에도 불구하고 시효취득의 대상이 되지 아니한다.
② 판결에 따라 취득하는 경우 등을 제외하고는 사권이 설정된 재산은 그 사권이 소멸된 후가 아니면 국유재산으로 취득하지 못한다.
③ 행정재산에 대한 종전의 사용허가를 갱신 받으려는 자는 허가기간이 끝나기 1개월 전에 중앙관서의 장에게 신청하여야 한다.
④ 일반재산 중 조림을 목적으로 하는 토지와 그 정착물의 경우로서 민간참여 개발에 따라 개발된 일반재산은 대부기간을 10년 이내로 한다.
⑤ 중앙관서의 장은 행정재산의 사용허가를 받은 자가 중앙관서의 장의 승인 없이 사용허가를 받은 재산의 원래 상태를 변경하는 경우에는 그 허가를 취소하거나 철회할 수 있다.

08 해설

① 일반재산은 대부 또는 처분할 수 있다.
② 영구시설물을 축조하는 경우 대부기간은 10년 이내로 한다.
③ 수의계약의 방법으로 대부할 수 있는 경우는 갱신의 횟수의 제한이 없다.
④ 연간 대부료의 전부 또는 일부를 대부 보증금으로 환산하여 받을 수 있다.

09 해설

④ 조림목적으로 하는 토지와 정착물의 대부기간은 20년 이내이고, 신탁개발 및 민간참여 개발에 따라 개발된 일반재산의 대부기간은 30년 이내로 할 수 있으며, 20년의 범위에서 한 차례만 연장할 수 있다.

정답 08 ⑤ 09 ④

10 **국유재산법령상 국유재산에 관한 설명으로 옳은 것은?** ☆ 제33회 기출

① 국가가 직접 사무용·사업용으로 사용하는 재산은 공공용 재산이다.
② 총괄청은 일반재산을 보존용 재산으로 전환하여 관리할 수 있다.
③ 중앙관서의 장 등이 필요하다고 인정하는 경우에는 보존용 재산에 사권을 설정할 수 있다.
④ 공용재산은 시효취득의 대상이 될 수 있다.
⑤ 영농을 목적으로 하는 토지와 그 정착물의 대부 기간은 20년 이내로 한다.

11 **국유재산법령상 일반재산에 관한 설명으로 옳은 것은? (영구시설물 축조금지의 예외 규정 및 신탁개발, 민간참여개발의 기간 특례는 고려하지 아니한다)** ☆ 제25회 기출

① 조림을 목적으로 하는 일반재산인 토지는 30년 이내 대부할 수 있다.
② 증권을 제외한 일반재산을 처분할 때에 그 대장가격이 3천만원 미만인 경우에는 두 개의 감정평가법인등의 평가액을 산술평균한 금액으로 예정가격을 결정한다.
③ 일반재산인 토지와 사유재산인 토지를 교환할 때 쌍방의 가격이 같지 아니하면 그 차액을 금전, 증권 또는 현물로 대신 납부할 수 있다.
④ 일반재산을 매각하는 경우 매수자에게 그 재산의 용도와 그 용도에 사용하여야 할 기간을 정하여 매각하는 것은 허용되지 않는다.
⑤ 중앙관서의 장이 소관 특별회계에 속하는 일반재산 중 일단의 토지면적이 4천㎡인 재산을 매각하려는 경우에는 총괄청과 협의하여야 한다.

10 해설

① 국가가 직접 사무용·사업용으로 사용하는 재산은 공용재산이다.
③ 보존용 재산은 행정재산이므로 사권을 설정할 수 없다.
④ 공용재산은 행정재산이므로 시효취득의 대상이 될 수 없다.
⑤ 조림을 목적으로 하는 토지와 그 정착물의 대부 기간은 20년 이내로 한다.

11 해설

① 조림을 목적으로 하는 토지와 그 정착물의 대부기간은 20년 이내로 한다.
② 증권을 제외한 일반재산을 처분할 때에 그 대장가격이 3천만원 미만인 경우에는 하나의 감정평가법인등의 평가액을 예정가격으로 결정한다
③ 일반재산인 토지와 사유재산인 토지를 교환할 때 쌍방의 가격이 같지 아니하면 그 차액을 금전으로 대신 납부하여야 한다.
④ 일반재산을 매각하는 경우 매수자에게 그 재산의 용도와 그 용도에 사용하여야 할 기간(10년 이상)을 정하여 매각할 수 있다.

정답 10 ② 11 ⑤

12 **국유재산법령상 일반재산에 관한 설명으로 옳지 <u>않은</u> 것은?** ☆ 제35회 기출

① 국가가 매각한 일반재산을 일정기간 계속하여 점유·사용하는 경우에는 매각대금이 완납되기 전에 매각재산의 소유권을 이전할 수 있다.
② 일반재산을 매각한 경우에 매수자가 매각대금을 체납하면 그 매각계약을 해제할 수 있다.
③ 일반재산의 매각대금이 3천만원을 초과하는 경우 매각대금을 5년 이내의 기간에 걸쳐 나누어 내게 할 수 있다.
④ 일반재산을 용도를 지정하여 매각하는 경우에는 매수자는 매각일부터 10년 이상 지정된 용도로 활용하여야 한다.
⑤ 부동산신탁을 취급하는 신탁업자에게 신탁하여 개발된 일반재산의 대부기간은 30년 이내로 할 수 있으며, 20년의 범위에서 한 차례만 연장할 수 있다.

13 **국유재산법령상 일반재산의 매각계약 해제사유로 규정되어 있지 <u>않은</u> 것은?** ☆ 제24회 기출

① 매수자가 매각대금을 체납한 경우
② 매수자가 거짓 진술을 하여 매수한 경우
③ 매수자가 부실한 증명서류를 제시하여 매수한 경우
④ 용도를 지정하여 매각한 경우에 매수자가 지정된 날짜가 지나도 그 용도에 사용하지 아니한 경우
⑤ 매수자가 다른 사람에게 사용·수익하게 한 경우

12 해설
① 국가가 매각한 일반재산을 일정기간 계속하여 점유·사용하는 경우에는 매각대금을 5년 이내의 기간에 나누어 내게 할 수는 있지만, 매각대금이 완납되기 전에 매각재산의 소유권을 이전할 수는 없다.

13 해설
⑤ 매수자가 다른 사람에게 사용·수익하게 한 경우는 매각계약의 해제사유가 아니다.

정답 12 ① 13 ⑤

14 **국유재산법령상 국유재산을 양여할 수 있는 사유가 아닌 것은?** ☆ 제12회 기출

① 국가 사무에 사용하던 재산을 그 사무를 이관받은 지방자치단체가 계속하여 그 사무에 사용하는 일반재산을 양여하는 경우

② 군사시설 이전 등 대규모 국책사업을 수행하기 위하여 용도폐지가 불가피한 행정재산의 용도폐지 시 그 용도에 사용될 대체시설을 제공한 자에게 그 부담한 비용 범위 내에서 용도폐지된 재산을 양여하는 경우

③ 공공단체가 유지·보존비용을 부담한 공공용 재산이 용도 폐지되어 당해 공공단체에 그 부담한 비용의 범위 내에서 양여하는 경우

④ 국가가 보존 활용할 필요가 없고 대부·매각·교환이 곤란한 경우로서 국가행정 목적의 원활한 수행 등을 위하여 국무회의의 심의를 거쳐 대통령령의 승인을 받아 양여하기로 결정한 일반재산

⑤ 행정재산 중 보존용 재산의 효율적인 보전 및 관리를 위하여 민간 박물관에 양여하는 경우

14 해설

⑤ 행정재산 중 보존용 재산의 효율적인 보전 및 관리를 위하여 민간 박물관에 양여하는 경우는 국유재산법상 양여할 수 있는 경우에 해당하지 않는다.

정답 14 ⑤

15 국유재산법령상 일반재산에 관한 설명으로 옳은 것은? ☆ 제23회 기출

① 일반재산을 개발하는 경우에 공공의 편익성이나 지역발전의 기여도 등은 고려해야 하지만 재정수입의 증대는 고려요소가 아니다.

② 용도를 지정하여 매각하는 일반재산은 그 재산의 매각일로부터 10년 이상 지정된 용도로 활용하여야 한다.

③ 일반재산은 부동산 신탁을 취급하는 신탁업자에게 신탁하여 개발하게 해서는 안 된다.

④ 증권이 아닌 일반재산을 공공기관에 처분하는 경우에 예정가격은 두 개의 감정평가법인등의 평가액을 산술평균한 금액으로 결정한다.

⑤ 중앙관서의 장은 국가 외의 자가 소유하는 토지에 있는 국가 소유의 건물을 그 토지소유자에게 양여하는 경우에는 총괄청과 협의 없이 양여할 수 있다.

16 국유재산법령상 국유재산에 관한 설명으로 옳지 않은 것은? ☆ 제21회 기출

① 행정재산으로 기부하는 재산에 대하여 기부자가 자신에게 무상으로 사용허가하여 줄 것을 조건으로 기부하는 경우에는 총괄청은 기부를 받을 수 없다.

② 총괄청은 중앙관서의 장이 없거나 분명하지 아니한 국유재산에 대하여 그 중앙관서의 장을 지정한다.

③ 일반재산은 대통령령으로 정하는 바에 따라 부동산신탁을 취급하는 신탁업자에게 신탁하여 개발할 수 있다.

④ 행정재산의 사용허가를 받은 자가 그 행정재산의 관리를 소홀히 하여 재산상의 손해를 발생하게 한 경우에는 사용료 외에 대통령령으로 정하는 바에 따라 그 사용료를 넘지 아니하는 범위에서 가산금을 징수할 수 있다.

⑤ 총괄청은 5년 이상 활용되지 아니한 일반재산에 대하여는 민간사업자와 공동으로 개발할 수 있다.

15 해설

① 일반재산을 개발하는 경우에 재정수입의 증대도 고려하여야 한다.
③ 일반재산은 신탁업자에게 신탁하여 개발하게 할 수 있다.
④ 증권이 아닌 일반재산을 공공기관에 처분하는 경우에 처분 예정가격은 하나의 감정평가법인등의 평가액으로 한다.
⑤ 중앙관서의 장 등은 일반재산을 양여하려면 총괄청과 협의하여야 한다. 다만, 행정재산을 용도폐지하는 경우 그 용도에 사용될 대체시설을 제공한 자 또는 그 상속인, 그 밖의 포괄승계인에게 그 부담한 비용의 범위에서 500억 이하의 일반재산을 양여하는 경우에는 그러하지 아니하다.

16 해설

① 행정재산으로 기부하는 재산에 대하여 기부자가 자신에게 무상으로 사용허가하여 줄 것을 조건으로 기부하는 경우에는 총괄청은 기부를 받을 수 있다.

정답 15 ② 16 ①

17 **국유재산법령상 일반재산에 관한 설명으로 옳은 것은?** ☆ 제32회 기출

① 정부는 정부출자기업체를 새로 설립하려는 경우에는 일반재산을 현물출자할 수 있다.
② 총괄청은 5년 이상 활용되지 아니한 일반재산을 민간사업자와 공동으로 개발할 수 없다.
③ 중앙관서의 장은 다른 법률에 따라 그 처분이 제한되는 경우에도 일반재산을 매각할 수 있다.
④ 국가가 직접 행정재산으로 사용하기 위하여 필요한 경우에도 일반재산인 동산과 사유재산인 동산을 교환할 수 없다.
⑤ 일반재산을 매각하는 경우 매각재산의 소유권이전은 매각대금의 완납 이전에 하여야 한다.

18 **국유재산법령상 일반재산에 관한 설명으로 옳지 <u>않은</u> 것은?** ☆ 제30회 기출

① 일반재산은 대부 또는 처분할 수 있다.
② 총괄청은 3년 이상 활용되지 아니한 일반재산을 민간사업자와 공동으로 개발할 수 있다.
③ 정부출자기업체의 주주 등 출자자에게 해당 기업체의 지분증권을 매각하는 경우에는 일반재산을 수의계약으로 처분할 수 있다.
④ 정부는 정부출자기업체의 운영체제와 경영구조의 개편을 위하여 필요한 경우에는 일반재산을 현물출자할 수 있다.
⑤ 일반재산인 토지와 사유재산인 토지를 교환할 때 쌍방의 가격이 같지 아니하면 그 차액을 금전으로 대신 납부하여야 한다.

17 해설
② 총괄청은 5년 이상 활용되지 아니한 일반재산을 민간사업자와 공동으로 개발할 수 있다
③ 중앙관서의 장은 다른 법률에 따라 처분이 제한되는 경우에는 일반재산을 매각할 수 없다.
④ 국가가 직접 행정재산으로 사용하기 위하여 필요한 경우에는 일반재산인 동산과 사유재산인 동산을 교환할 수 있다.
⑤ 매각재산의 소유권이전은 매각대금이 완납된 후에 하여야 한다. 다만, 매각대금을 나누어 내게 하는 경우로서 공익사업의 원활한 시행을 위하여 소유권이전이 불가피하여 대통령령으로 정하는 경우에는 매각대금이 완납되기 전에 소유권을 이전할 수 있다. 이 경우 저당권 설정 등 채권의 확보를 위하여 필요한 조치를 하여야 한다.

18 해설
② 총괄청은 5년 이상 활용되지 아니한 일반재산을 민간사업자와 공동으로 개발할 수 있다.

정답 17 ① 18 ②

19 **국유재산법령상 일반재산에 관한 설명으로 옳지 않은 것은?** ☆ 제34회 기출

① 일반재산의 처분가격은 대통령령으로 정하는 바에 따라 시가를 고려하여 결정한다.

② 총괄청은 일반재산이 3년 이상 활용되지 않은 경우 이 일반재산을 민간사업자인 법인(외국법인 제외)과 공동으로 개발할 수 있다.

③ 일반재산의 매각에 있어 매각대금이 완납되기 전에 해당 매각재산의 소유권을 이전하는 경우에는 저당권 설정 등 채권의 확보를 위하여 필요한 조치를 취하여야 한다.

④ 부동산 신탁을 취급하는 신탁업자에게 신탁하여 개발된 일반재산의 대부기간은 30년 이내로 할 수 있으며, 20년의 범위에서 한 차례만 연장할 수 있다.

⑤ 일반재산을 현물출자함에 있어 지분증권의 산정가액이 액면가에 미달하는 경우에는 그 지분증권의 액면가에 따라 출자가액을 산정한다.

19 해설

② 총괄청은 일반재산이 5년 이상 활용되지 않은 경우에는 일반재산을 민간사업자인 법인(외국법인 포함)과 공동으로 개발할 수 있다.

정답 19 ②

지식재산 관리 · 처분의 특례

01 **국유재산법령상 지식재산에 관한 설명으로 옳지 않은 것은?** ☆ 제27회 기출

① 디자인보호법에 따라 등록된 디자인권은 지식재산에 해당한다.
② 중앙관서의 장 등은 지식재산의 사용허가 등을 하려는 경우에는 수의의 방법으로 할 수 있다.
③ 상표권의 사용허가 등의 기간은 10년 이내로 한다.
④ 중앙관서의 장 등은 중소기업기본법에 따른 중소기업의 수출증진을 위하여 필요하다고 인정하는 경우 지식재산의 사용허가에 따른 사용료를 면제할 수 있다.
⑤ 저작권 등의 사용허가 등을 받은 사람은 해당 지식재산을 관리하는 중앙관서의 장 등의 승인을 받아 그 저작물을 변형할 수 있다.

02 **국유재산법령상 지식재산에 관한 설명으로 옳지 않은 것은?** ☆ 제33회 기출

① 식물신품종 보호법에 따른 품종보호권은 지식재산에 해당한다.
② 지식재산을 대부받은 자는 해당 중앙관서의 장 등의 승인을 받아 그 지식재산을 다른 사람에게 사용·수익하게 할 수 있다.
③ 상표권의 사용료를 면제하는 경우 그 면제 기간은 5년 이내로 한다.
④ 저작권 등의 사용허가를 받은 자는 해당 지식재산을 관리하는 중앙관서의 장등의 승인을 받아 그 저작물의 개작을 할 수 있다.
⑤ 지식재산의 사용허가 등의 기간을 연장하는 경우 최초의 사용허가 등의 기간과 연장된 사용허가 등의 기간을 합산한 기간은 5년을 초과하지 못한다.

01 해설
③ 상표권의 사용허가 등의 기간은 5년 이내로 한다.

02 해설
③ 기부로 인한 지식재산권(상표권)의 사용료 면제 기간은 20년으로 한다.

정답 01 ③ 02 ③

대장과 보고 및 보칙

01 **국유재산법령상 국유재산의 대장과 보고에 관한 설명으로 옳은 것은?** ☆ 제24회 기출

① 국방부장관은 그가 관리하는 항공기가 멸실된 경우에 지체 없이 그 사실을 총괄청과 감사원에 보고하여야 한다.

② 총괄청으로부터 일반재산의 관리처분에 관한 사무를 위탁받은 투자매매업자가 해당 사무와 관련하여 등기소의 장에게 등기사항증명서의 교부를 청구하려면 수수료를 납부하여야 한다.

③ 총괄청은 매년 국유재산관리운용보고서와 검사보고서를 감사원에 제출하여야 한다.

④ 총괄청은 중앙관서별로 국유재산에 관한 총괄부를 갖추어 두어 그 상황을 명백히 하여야 하기 때문에 그 총괄부를 전산자료로 대신할 수 없다.

⑤ 중앙관서의 장은 국유재산의 구분과 종류에 따라 그 소관에 속하는 국유재산의 대장, 등기사항증명서와 도면을 갖추어 두어야 하며, 국유재산의 대장은 전산 자료로 대신할 수 있다.

01 해설

① 중앙관서의 장 등은 그 소관에 속하는 국유재산이 멸실되거나 철거된 경우에는 지체 없이 그 사실을 총괄청 및 감사원에 보고하여야 한다. 다만, 국방부장관이 관리하는 선박, 부표, 부잔교, 부선거 및 항공기와 그들의 종물의 재산과 그 밖에 중앙관서의 장이 총괄청과 협의하여 정하는 재산은 총괄청 및 감사원에 보고하여야 하는 규정을 적용하지 아니한다.

② 총괄청으로부터 일반재산의 관리・처분에 관한 사무를 위탁받은 투자매매업자가 해당 사무와 관련하여 등기소의 장에게 무료로 등기사항증명서의 교부를 청구할 수 있다.

③ 총괄청은 감사원의 검사를 받은 국유재산관리운용총보고서와 감사원의 검사보고서를 다음 연도 5월 31일까지 국회에 제출하여야 한다.

④ 총괄부는 전산자료로 대신할 수 있다.

정답 01 ⑤

02 **국유재산법령상 국유재산의 관리에 관한 설명으로 옳지 않은 것은?** ☆ 제26회 기출

① 국유재산의 사용료가 납부기한까지 납부되지 아니한 경우 연체료 부과대상이 되는 연체기간은 납기일부터 60개월을 초과할 수 없다.

② 국가는 과오납된 국유재산의 사용료를 반환하는 경우에는 과오납된 날의 다음 날부터 반환하는 날까지의 기간에 대하여 이자를 가산하여 반환한다.

③ 지방자치단체가 은닉된 국유재산이나 소유자 없는 부동산을 발견하여 신고한 경우에는 그 재산가격의 2분의 1 범위에서 그 지방자치단체에 국유재산을 양여하거나 보상금을 지급할 수 있다.

④ 정당한 사유 없이 국유재산을 점유하거나 이에 시설물을 설치한 경우 행정대집행법을 준용하여 철거할 수 없다.

⑤ 은닉된 국유재산을 선의로 취득한 후 그 재산을 국가에 자진 반환한 자에게 같은 재산을 매각하는 경우에는 그 매각대금을 이자 없이 12년 이하에 걸쳐 나누어 내게 할 수 있다.

03 **국유재산법령상 무단점유자에 관한 설명으로 옳지 않은 것은?** ☆ 제32회 기출

① 행정재산에 대한 사용허가 기간이 끝난 후 다시 사용허가 없이 행정재산을 계속 사용한 자는 무단점유자에 해당한다.

② 정당한 사유 없이 국유재산에 시설물을 설치한 경우 중앙관서의 장 등은 행정대집행법을 준용하여 철거할 수 있다.

③ 무단점유자가 재해로 재산에 심한 손실을 입은 경우는 중앙관서의 장 등이 변상금 징수를 미룰 수 있는 사유에 해당한다.

④ 변상금의 연체료 부과 대상이 되는 연체기간은 납기일부터 60개월을 초과할 수 없다.

⑤ 중앙관서의 장 등은 행정재산의 무단점유자에 대하여 그 재산에 대한 사용료의 100분의 150에 상당하는 변상금을 징수한다.

02 해설

④ 정당한 사유 없이 국유재산을 점유하거나 이에 시설물을 설치한 경우에는 중앙관서의 장등은 행정대집행법을 준용하여 철거할 수 있다.

03 해설

⑤ 중앙관서의 장 등은 행정재산의 무단점유자에 대하여 그 재산에 대한 사용료의 100분의 120에 상당하는 변상금을 징수한다.

정답 02 ④ 03 ⑤

04 국유재산법령상 국유재산에 관한 설명으로 옳은 것은? ☆ 제24회 기출

① 정부는 정부출자기업체의 고유 목적사업을 원활히 수행하기 위하여 자본의 확충이 필요한 경우에는 행정재산과 일반재산을 현물출자할 수 있다.

② 행정재산의 관리에 관한 사무를 위임받은 공무원이 경미한 과실로 그 재산에 대하여 손해를 끼친 경우에도 변상의 책임이 있다.

③ 관리 전환하려는 국유재산의 감정평가에 드는 비용이 해당 재산의 가액에 비하여 과다할 것으로 예상되는 경우 총괄청과 중앙관서의 장 또는 중앙관서의 장 간에 무상으로 관리 전환하기로 합의하면 국유재산의 관리전환은 무상으로 할 수 있다.

④ 국유재산에 관한 사무에 종사하는 직원이 해당 총괄청이나 중앙관서의 장의 허가 없이 그 처리하는 국유재산을 자기의 소유재산과 교환했다면 총괄청이나 중앙관서의 장은 이를 취소하여야 한다.

⑤ 국유재산법에서 정하는 절차와 방법에 따르지 아니하고 일반재산을 사용하거나 수익한 자는 2년 이하의 징역 또는 2천만원 이하의 벌금에 처한다.

04 해설

① 정부는 정부출자기업체의 고유 목적사업을 원활히 수행하기 위하여 자본의 확충이 필요한 경우에는 일반재산을 현물출자할 수 있다. 행정재산은 현물출자할 수 없다.

② 행정재산의 관리에 관한 사무를 위임받은 공무원이 중대한 과실로 그 재산에 대하여 손해를 끼친 경우에도 변상의 책임이 있다.

④ 무효로 한다.

⑤ 국유재산법에서 정하는 절차와 방법에 따르지 아니하고 행정재산을 사용하거나 수익한 자는 2년 이하의 징역 또는 2천만원 이하의 벌금에 처한다.

정답 04 ③

제 7 편

부동산 가격공시에 관한 법률

CHAPTER 01

용어의 정의

01 부동산 가격공시에 관한 법령상 용어에 관한 설명으로 옳지 않은 것은? ☆ 제26회 기출

① 주택이라 함은 세대의 세대원이 장기간 독립된 주거생활을 영위할 수 있는 구조로 된 건축물의 전부 또는 일부 및 그 부속 토지를 말하며 이를 단독주택 및 공동주택으로 구분한다.

② 비주거용 부동산 이란 주택을 제외한 건축물이나 건축물과 그 토지의 전부 또는 일부를 말한다.

③ 비주거용 부동산은 비주거용 상가부동산과 비주거용 공장 부동산으로 구분한다.

④ 적정가격이라 함은 당해 토지 주택 및 비주거용 부동산에 대하여 통상적인 시장에서 정상적인 거래가 이루어지는 경우 성립될 가능성이 가장 높다고 인정되는 가격을 말한다.

⑤ 다세대주택이라 함은 주택으로 쓰이는 1개 동의 바닥면적(2개 이상의 동을 지하주차장으로 연결하는 경우에는 각각의 동으로 본다) 합계가 660㎡ 이하이고, 층수가 4개층 이하인 주택을 말한다.

02 부동산 가격공시에 관한 법령상 주택으로 쓰이는 각 층의 바닥면적이 150㎡이고, 1개 동의 바닥면적(2개 이상의 동을 지하 주차장으로 연결하는 경우에는 각각의 동으로 본다) 합계가 600㎡인 주택의 유형은? ☆ 제20회 기출

① 아파트
② 연립주택
③ 다가구주택
④ 다세대주택
⑤ 다중주택

01 해설

③ 비주거용 부동산은 비주거용 집합부동산과 비주거용 일반부동산으로 구분한다.

02 해설

④ 다세대주택은 주택으로 쓰이는 1개 동의 바닥면적(2개 이상의 동을 지하주차장으로 연결하는 경우에는 각각의 동으로 본다) 합계가 660㎡ 이하이고 주택으로 쓰이는 층의 개수가 4개 층인 이하인 경우를 말한다.

정답 01 ③ 02 ④

03 **부동산 가격공시에 관한 법령에서 용어의 정의를 하고 있지 <u>않는</u> 것은?** ☆ 제21회 기출

① 아파트
② 단독주택
③ 다중생활시설
④ 다세대 주택
⑤ 연립주택

04 **부동산 가격공시에 관한 법령의 목적과 관련하여 (　　)의 용어에 관한 설명으로 옳지 <u>않은</u> 것은?** ☆ 제23회 기출

> 이 법은 (㉠)의 (㉡) 공시에 관한 기본적인 사항과 부동산 시장·동향의 조사·관리에 필요한 사항을 규정함으로써 부동산의 적정한 가격형성과 각종 (㉢)·부담금 등의 형평성을 도모하고 국민경제의 발전에 이바지함을 목적으로 한다.

① ㉠에 포함되는 부동산으로서 공동주택은 아파트, 연립주택, 다세대 주택으로 구분된다.
② ㉡은 통상적인 시장에서 정상적인 거래가 이루어지는 경우 성립될 가능성이 가장 높다고 인정되는 가격을 말한다.
③ 표준지의 ㉡을 평가함에 있어 건물 그 밖의 정착물이 있는 때에는 당해 정착물이 존재하지 아니하는 것으로 보고 평가하여야 한다.
④ 국토교통부장관이 표준지의 ㉡을 조사·평가하고자 할 때에는 하나의 감정평가법인등에게 이를 의뢰하여야 한다.
⑤ 시장·군수·구청장은 ㉢의 목적을 위한 지가 산정에 사용되도록 하기 위하여 시·군·구 부동산 가격공시위원회의 심의를 거쳐 관할 구역 안의 개별공시지가를 결정·공시한다.

03 해설
③ 다중생활시설은 용어의 정의에 규정되어 있지 않다.

04 해설
④ 국토교통부장관이 표준지의 적정가격을 조사·평가하고자 할 때에는 둘 이상의 감정평가법인등에게 이를 의뢰하여야 한다.

정답 03 ③ 04 ④

05 **부동산 가격공시에 관한 법령상의 용어에 관한 설명으로 옳지 않은 것은?** ☆ 제24회 기출

① 아파트란 주택으로 쓰는 층수가 5개 층 이상인 주택으로 공동주택이다.

② 비주거용 집합부동산이란 집합건물의 소유 및 관리에 관한 법률에 따라 구분소유할 수 없는 비주거용 부동산이다.

③ 지가현황도면이란 당해연도의 산정지가, 전년도의 개별공시지가 및 당해 연도의 표준지공시지가가 필지별로 기재된 도면을 말한다.

④ 적정가격이란 당해 토지 주택 및 비주거용부동산에 대하여 통상적인 시장에서 정상적인 거래가 이루어지는 경우 성립될 가능성이 가장 높다고 인정되는 가격이다.

⑤ 주택으로 쓰이는 1개 동의 바닥면적(2개 이상의 동을 지하주차장으로 연결하는 경우에는 각각의 동으로 본다)합계가 660㎡이고, 4개 층으로 이루어진 주택은 다세대 주택이다.

05 해설

② 비주거용 집합부동산이란 집합건물의 소유 및 관리에 관한 법률에 따라 구분소유할 수 있는 비주거용 부동산이다.

정답 05 ②

표준지공시지가

01 부동산 가격공시에 관한 법령상 표준지공시지가의 공시방법에 관한 설명으로 옳은 것은?

☆ 제29회 기출

① 국토교통부장관은 매년 표준지공시지가를 중앙부동산가격공시위원회의 심의를 거쳐 공시하여야 한다.
② 표준지공시지가를 공시할 때에는 표준지공시지가의 열람방법을 부동산공시가격시스템에 게시하여야 한다.
③ 표준지공시가를 공시할 때에는 표준지공시지가에 대한 이의신청의 기간・절차 및 방법을 부동산공시가격시스템에 게시하여야 한다.
④ 국토교통부장관은 표준지공시지가와 표준지공시지가의 이의신청의 기간・절차 및 방법을 표준지 소유자에게 개별 통지하여야 한다.
⑤ 국토교통부장관은 표준지공시지가를 관보에 공고하고 그 공고 사실을 방송・신문 등을 통하여 알려야 한다.

01 해설
② 표준지공시지가를 부동산공시가격시스템에 게시하여야 한다.
③ 표준지공시지가에 대한 이의신청의 기간・절차 및 방법을 관보에 공고하여야 한다
④ 표준지공시지가와 표준지공시지가의 이의신청의 기간 절차 및 방법을 표준지 소유자에게 개별 통지할 수 있다.
⑤ 국토교통부장관은 개별 통지를 하지 아니하는 경우에는 공고 및 게시사실을 방송신문 등을 통하여 알려 표준지 소유자가 표준지공시지가를 열람하고 필요한 경우에는 이의신청을 할 수 있도록 하여야 한다.

정답 01 ①

02 **부동산 가격공시에 관한 법령상 표준지 적정가격의 조사·평가에 관한 설명으로 옳지 않은 것은?**

☆ 제25회 기출

① 국토교통부장관이 감정평가법인등에게 의뢰한 표준지의 적정가격은 감정평가법인등이 제출한 조사·평가액 중 가장 높은 가격을 기준으로 한다.

② 국토교통부장관이 표준지의 적정가격을 조사·평가하고자 할 때에는 둘 이상의 감정평가법인등(지가 변동이 작은 경우 등은 제외)에게 이를 의뢰하여야 한다.

③ 감정평가법인등이 표준지 조사평가보고서를 작성하는 때에는 미리 당해 표준지를 관할하는 시·도지사 및 시장·군수 또는 구청장의 의견을 들어야 한다.

④ 표준지 조사평가보고서에는 지역분석 조서가 첨부되어야 한다.

⑤ 표준지의 적정가격 평가 시 표준지에 지상권이 설정되어 있는 때에는 당해 지상권이 존재하지 아니하는 것으로 보고 적정가격을 평가하여야 한다.

03 **부동산 가격공시에 관한 법령상 표준지공시지가에 관한 설명으로 옳지 않은 것은?**

☆ 제32회 기출

① 국토교통부장관은 표준지를 선정할 때에는 일단의 토지 중에서 해당 일단의 토지를 대표할 수 있는 필지의 토지를 선정하여야 한다.

② 국토교통부장관은 표준지공시지가를 공시하기 위하여 표준지의 가격을 조사·평가할 때에는 해당 토지소유자의 의견을 들어야 한다.

③ 국토교통부장관은 표준지공시지가의 조사 평가액 중 최고평가액이 최저평가액의 1.3배를 초과하는 경우에는 해당 감정평가법인등에게 조사·평가보고서를 시정하여 다시 제출하게 할 수 있다.

④ 감정평가법인등은 표준지공시지가에 대하여 조사·평가보고서를 작성하는 경우에는 미리 해당 표준지를 관할하는 시·도지사 및 시장·군수·구청장의 의견을 들어야 한다.

⑤ 표준지공시지가는 감정평가법인등이 제출한 조사평가보고서에 따른 조사·평가액의 최저치를 기준으로 한다.

02 해설

① 감정평가법인등에게 의뢰한 표준지의 적정가격은 감정평가법인등이 제출한 조사·평가액의 산술평균치를 기준으로 한다.

03 해설

⑤ 표준지공시지가는 감정평가법인등이 제출한 조사평가보고서에 따른 조사·평가액의 산술평균치를 기준으로 한다.

정답 02 ① 03 ⑤

04 부동산 가격공시에 관한 법령상 표준지공시지가의 결정에 관한 설명으로 옳지 않은 것은?

☆ 제21회 기출

① 국토교통부장관은 토지이용상황이나 주변 환경, 그 밖의 자연적·사회적 조건이 일반적으로 유사하다고 인정되는 일단의 토지 중에서 표준지를 선정하여야 한다.
② 국토교통부장관은 표준지에 대하여 매년 공시기준일 현재의 적정가격을 조사·평가한 후 중앙부동산가격공시위원회의 심의를 거쳐 이를 공시하여야 한다.
③ 표준지의 적정가격을 조사·평가할 때에는 인근 유사토지의 거래가격·임대료 및 당해 토지와 유사한 이용 가치를 지닌다고 인정되는 토지의 조성에 필요한 비용추정액, 인근 지역 및 다른 지역과의 형평성, 특수성, 표준지공시지가 변동의 예측 가능성 등 제반 사항을 종합적으로 참작하여야 한다.
④ 표준지의 적정가격을 조사·평가할 때에는 원칙적으로 둘 이상의 감정평가법인등에게 이를 의뢰하여, 평가한 금액의 산술평균치를 기준으로 한다.
⑤ 감정평가법인등이 행한 표준지의 조사·평가가 관계 법령을 위반하여 수행되었다고 인정되는 경우에는 해당 감정평가법인등에게 보고서를 시정하여 다시 제출하게 할 수 있다.

05 부동산 가격공시에 관한 법령상 표준지공시지가에 관한 설명으로 옳지 않은 것은?

☆ 제24회 기출

① 표준지의 도로상황은 표준지공시지가의 공시사항에 포함된다.
② 지상권이 설정되어 있는 표준지의 적정가격을 평가하는 경우에는 당해 지상권으로 토지의 사용·수익에 제한되는 가치를 반영하여 평가하여야 한다.
③ 표준지의 단위면적당 가격에서 단위면적은 1㎡로 한다.
④ 표준지공시지가는 도시개발법에 따른 도시개발사업을 위한 환지·체비지의 매각 또는 환지신청에 적용된다.
⑤ 표준지공시지가 결정이 위법한 경우에는 항고소송으로 그 위법여부를 다툴 수 있다.

04 해설

⑤ 감정평가법인등이 행한 표준지의 조사·평가가 관계 법령을 위반하여 수행되었다고 인정되는 경우에는 다른 감정평가법인등 2인에게 대상 표준지공시지가의 조사·평가를 다시 의뢰해야 한다.

05 해설

② 표준지에 건물 또는 그 밖의 정착물이 있거나 지상권 또는 그 밖의 토지의 사용·수익을 제한하는 권리가 설정되어 있을 때에는 그 정착물 또는 권리가 존재하지 아니하는 것으로 보고 적정가격을 평가하여야 한다.

정답 04 ⑤ 05 ②

06 **부동산 가격공시에 관한 법령상 표준지에 관한 사항으로 표준지공시지가의 공시에 포함되어야 하는 것을 모두 고른 것은?**
☆ 제29회 기출

㉠ 지목	㉡ 지번	㉢ 용도지역
㉣ 도로상황	㉤ 주변토지의 이용상황	

① ㉠, ㉡, ㉢
② ㉠, ㉣, ㉤
③ ㉠, ㉡, ㉢, ㉣
④ ㉡, ㉢, ㉣, ㉤
⑤ ㉠, ㉡, ㉢, ㉣, ㉤

07 **부동산 가격공시에 관한 법령상 표준지공시지가의 공시사항에 포함되는 것을 모두 고른 것은?**
☆ 제27회 기출

㉠ 표준지 및 주변토지의 이용상황	㉡ 표준지의 지번
㉢ 표준지의 도로상황	㉣ 표준지의 단위면적당 가격

① ㉠, ㉡
② ㉠, ㉣
③ ㉠, ㉡, ㉢
④ ㉡, ㉢, ㉣
⑤ ㉠, ㉡, ㉢, ㉣

06 해설
표준지공시지가의 공시에는 표준지의 지번, 표준지의 단위면적당 가격, 표준지의 면적 및 형상, 표준지 및 주변토지의 이용상황, 지목, 용도지역, 도로상황이 포함되어야 한다. 따라서 ㉠, ㉡, ㉢, ㉣, ㉤ 모두 공시에 포함되어야 한다.

07 해설
표준지공시지가의 공시에는 표준지의 지번, 표준지의 단위면적당 가격, 표준지의 면적 및 형상, 표준지 및 주변토지의 이용상황, 지목, 용도지역, 도로상황이 포함되어야 한다. 따라서 ㉠, ㉡, ㉢, ㉣ 모두 공시에 포함되어야 한다.

정답 06 ⑤ 07 ⑤

08 부동산 가격공시에 관한 법령상 표준지공시지가의 공시에 포함되어야 하는 사항만을 모두 고른 것은?

☆ 제23회 기출

㉠ 지번	㉡ 경계	㉢ 3.3㎡당 가격
㉣ 도로상황	㉤ 주변토지의 이용 상황	

① ㉠, ㉡, ㉢
② ㉠, ㉢, ㉣
③ ㉠, ㉣, ㉤
④ ㉠, ㉡, ㉣, ㉤
⑤ ㉡, ㉢, ㉣, ㉤

09 부동산 가격공시에 관한 법령상 표준지공시지가의 효력에 해당하는 것을 모두 고른 것은?

☆ 제28회 기출

㉠ 토지시장에 지가정보 제공
㉡ 일반적인 토지거래의 지표
㉢ 국가가 그 업무에 관련하여 지가를 산정하는 경우의 기준
㉣ 감정평가법인등이 개별적으로 토지를 감정평가하는 경우의 기준

① ㉠, ㉢
② ㉡, ㉣
③ ㉠, ㉡, ㉢
④ ㉡, ㉢, ㉣
⑤ ㉠, ㉡, ㉢, ㉣

08 해설

③ ㉠, ㉣, ㉤이 공시 사항에 포함되어야 한다.
㉡ 경계는 공시 사항이 아니다.
㉢ 표준지의 단위면적당 가격은 3.3㎡당 가격이 아니라 1㎡당 가격을 말한다.

09 해설

표준지공시지가의 효력은 다음과 같다.

❶ 토지시장에 지가정보 제공
❷ 일반적인 토지거래의 지표
❸ 국가·지방자치단체 등이 그 업무와 관련하여 지가를 산정하는 기준
❹ 감정평가법인등이 감정평가하는 경우에 기준

따라서 ㉠, ㉡, ㉢, ㉣ 모두 옳은 내용이다.

정답 08 ③ 09 ⑤

10 부동산 가격공시에 관한 법령상 표준지공시지가에 관한 설명으로 옳지 않은 것은?

☆ 제34회 기출

① 국토교통부장관은 개별공시지가의 산정을 위하여 필요하다고 인정하는 경우에는 토지가격비준표를 작성하여 시장·군수 또는 구청장에게 제공하여야 한다.
② 표준지공시지가의 공시에는 표준지의 1제곱미터당 가격이 포함되어야 한다.
③ 표준지공시지가의 공시에는 표준지에 대한 도로 상황이 포함되어야 한다.
④ 표준지공시지가에 대한 이의신청은 서면(전자문서 포함)으로 하여야 한다.
⑤ 산림조합법에 따른 산림조합은 국유지 취득을 위해 표준지공시지가를 조사·평가할 수 있다.

11 부동산 가격공시에 관한 법령상 표준지공시지가에 관한 설명으로 옳지 않은 것은?

☆ 제20회 기출

① 토지시장의 지가 정보를 제공한다.
② 국가, 지방자치단체 등의 기관이 그 업무와 관련하여 지가를 산정할 때 기준이 된다.
③ 일반적인 토지거래의 지표가 된다.
④ 판례는 개별공시지가 결정과는 달리 표준지공시지가 결정에는 처분성이 없다고 한다.
⑤ 원칙적으로 감정평가법인등이 개별적으로 토지를 감정평가할 때 그 기준이 된다.

10 해설

⑤ 산림조합은 국유지 취득을 위하여 지가를 산정할 때 그 토지와 이용가치가 비슷하다고 인정되는 하나 또는 둘 이상의 표준지의 공시지가를 기준으로 토지가격비준표를 사용하여 지가를 산정하거나 감정평가법인등에게 감정평가를 의뢰하여 산정할 수 있다. 따라서 산림조합이 표준지공시지가를 조사·평가할 수 있는 것은 아니다.

11 해설

④ 판례는 개별공시지가 결정과 마찬가지로 표준지공시지가 결정에도 처분성이 있다고 한다.

정답 10 ⑤ 11 ④

12 부동산 가격공시에 관한 법령상 표준지공시지가에 관한 설명으로 옳은 것은? ☆ 제23회 기출

① 국토교통부장관은 표준지에 토지의 사용·수익을 제한하는 권리가 설정되어 있는 때에는 당해 권리를 포함하여 적정가격을 평가하여야 한다.

② 국가가 국유 토지를 처분하기 위하여 토지의 가격을 산정하는 경우에 유사한 이용가치를 지닌 표준지공시지가를 적용할 수 없다.

③ 표준지공시지가에 대하여 이의가 있는 자는 서면으로 시장·군수 또는 구청장을 거쳐 국토교통부장관에게 이의를 신청하여야 한다.

④ 국토교통부장관은 표준지공시지가에 대한 이의신청을 받은 날로부터 30일 이내에 이의신청을 심사하여 그 결과를 신청인에게 서면으로 통지하여야 한다.

⑤ 표준지의 적정가격 조사·평가를 의뢰받은 감정평가법인등이 표준지 조사·평가 보고서를 작성하는 경우에는 미리 당해 표준지를 관할하는 시·도지사, 시장·군수 또는 구청장의 의견을 들어야 한다.

13 부동산 가격공시에 관한 법령상 표준지공시지가에 관한 설명으로 옳지 않은 것은? ☆ 제21회 기출

① 토지거래 또는 임대차에 대한 지식부족으로 인하여 이루어진 인근 유사 토지의 거래가격 또는 임대료는 표준지의 적정가격의 조사·평가 기준이 될 수 없다.

② 표준지공시지가의 공시사항에는 표준지의 단위면적당 가격, 표준지 및 주변 토지의 이용상황, 도로상황 등이 포함되어야 한다.

③ 표준지공시지가에 대한 이의신청은 서면으로 국토교통부장관에게 하되, 이의 신청 내용이 타당하다고 인정되더라도 표준지공시지가를 조정하여 다시 공시하여야 하는 것은 아니다.

④ 표준지공시지가는 일반적 토지거래의 지표가 되며, 감정평가법인등이 개별적으로 토지를 감정평가하는 경우 그 기준이 된다.

⑤ 표준지공시지가는 「농어촌정비법」에 따른 농업생산기반정비사업을 위한 환지·체비지의 매각 또는 환지신청에 적용된다.

12 해설

① 국토교통부장관은 표준지에 토지의 사용·수익을 제한하는 권리가 설정되어 있는 때에는 그 권리가 존재하지 아니하는 것으로 보고 적정가격을 평가하여야 한다.

② 국가가 국유 토지를 처분하기 위하여 토지의 가격을 산정하는 경우에 유사한 이용가치를 지닌 표준지공시지가를 적용할 수 있다.

③ 이의신청은 시장·군수·구청장을 거쳐야 하는 것은 아니다.

④ 이의신청 기간이 만료된 날로부터 30일 이내에 이의신청을 심사하여 그 결과를 신청인에게 서면으로 통지하여야 한다.

13 해설

③ 국토교통부장관은 이의신청의 내용이 타당하다고 인정될 때에는 표준지공시지가를 조정하여 다시 공시하여야 한다.

정답 12 ⑤ 13 ③

14 **부동산 가격공시에 관한 법령상 표준지공시지가에 대한 이의신청에 관한 설명으로 옳지 않은 것을 모두 고른 것은?** ☆ 제24회 기출

> ㉠ 표준지공시지가에 대한 이의신청은 구두로 할 수 있다.
> ㉡ 표준지공시지가에 대한 이의신청은 국토교통부장관에게 한다.
> ㉢ 이의신청에 대한 심사는 이의신청이 있은 날부터 30일 이내에 하여야 한다.
> ㉣ 토지소유자가 아닌 자는 이의신청을 할 수 없다.
> ㉤ 중앙부동산가격공시위원회는 표준지공시지가에 대한 이의신청에 관한 사항을 심의한다.

① ㉠, ㉡, ㉢ ② ㉠, ㉢, ㉣ ③ ㉠, ㉣, ㉤
④ ㉡, ㉢, ㉤ ⑤ ㉡, ㉣, ㉤

15 **부동산 가격공시에 관한 법령상 표준지공시지가에 관한 설명으로 옳은 것은?** ☆ 제26회 기출

① 지역분석조서는 표준지 조사평가보고서에 첨부되지 않는다.
② 국토교통부장관은 표준지공시지가에 대한 이의신청의 내용이 타당하다고 인정될 때에는 당해 표준지공시지가를 조정하되, 이를 다시 공시하여야 하는 것은 아니다.
③ 국토교통부장관은 개별공시지가의 산정을 위하여 필요하다고 인정하는 경우에는 표준지와 산정대상 개별토지의 가격형성요인에 관한 표준적인 비교표를 작성하여 시장·군수 또는 구청장에게 제공하여야 한다.
④ 표준지공시지가에 대한 이의신청에 관한 사항을 심의하기 위하여 국토교통부장관 소속으로 중앙토지수용위원회를 둔다.
⑤ 표준지공시지가의 공시사항에는 표준지 및 주변토지의 이용 상황은 포함되지 않는다.

14 해설

② ㉠ 이의신청은 서면으로 하여야 한다.
㉢ 이의신청기간이 만료된 날부터 30일 이내에 이의신청을 심사하여 그 결과를 신청인에게 서면으로 통지하여야 한다.
㉣ 표준지공시지가에 대한 이의신청은 토지소유자로 한정하는 것이 아니다.

15 해설

① 지역분석조서는 표준지 조사평가보고서에 첨부되어야 한다.
② 국토교통부장관은 표준지공시지가에 대한 이의신청의 내용이 타당하다고 인정될 때에는 해당 표준지공시지가를 조정하여 다시 공시하여야 한다.
④ 표준지공시지가에 대한 이의신청에 관한 사항을 심의하기 위하여 국토교통부장관 소속으로 중앙부동산가격공시위원회를 둔다.
⑤ 표준지공시지가의 공시사항에는 표준지 및 주변토지의 이용 상황이 포함된다.

정답 14 ② 15 ③

16 부동산 가격공시에 관한 법령상 표준지공시지가에 관한 설명으로 옳지 않은 것은?

☆ 제28회 기출

① 표준지에 정착물이 있을 때에는 그 정착물이 존재하지 아니하는 것으로 보고 표준지공시지가를 평가하여야 한다.

② 표준지공시지가에 이의가 있는 자는 그 공시일부터 30일 이내에 서면으로 국토교통부장관에게 이의를 신청할 수 있다.

③ 국토교통부장관은 이의 신청 기간이 만료된 날부터 30일 이내에 이의신청을 심사하여 그 결과를 신청인에게 서면으로 통지하여야 한다.

④ 표준지에 지상권이 설정되어 있을 때에는 그 권리의 가액을 반영하여 표준지공시지가를 평가하여야 한다.

⑤ 선정기준일부터 직전 1년간 과태료 처분을 3회 이상 받은 감정평가법인등은 표준지공시지가 조사·평가의 의뢰 대상에서 제외된다.

17 부동산 가격공시에 관한 법령상 표준지공시지가에 관한 설명으로 옳은 것을 모두 고른 것은?

☆ 제33회 기출

ㄱ. 표준지공시지가의 공시에는 표준지 및 주변 토지의 이용 상황이 포함되어야 한다.
ㄴ. 표준지공시지가는 일반적인 토지거래의 지표가 된다.
ㄷ. 도시개발사업에서 환지를 위하여 지가를 산정할 때에는 표준지공시지가를 기준으로 하지 아니한다.
ㄹ. 최근 1년간 시·군·구 별 지가변동률이 전국 평균 지가변동률 이하인 지역의 표준지에 대해서는 하나의 감정평가법인등에 의뢰하여 표준지공시지가를 조사·평가할 수 있다.

① ㄱ, ㄴ　② ㄱ, ㄷ　③ ㄱ, ㄴ, ㄹ
④ ㄴ, ㄷ, ㄹ　⑤ ㄱ, ㄴ, ㄷ, ㄹ

16 해설

④ 표준지에 지상권이 설정되어 있을 때에는 그 권리가 존재하지 아니하는 것으로 보고 표준지공시지가를 평가하여야 한다.

17 해설

ㄱ과 ㄴ은 옳은 내용이다.
ㄷ. 도시개발사업에서 환지를 위하여 지가를 산정할 때에는 표준지공시지가를 기준으로 한다.
ㄹ. 최근 1년간 읍·면·동 별 지가변동률이 전국 평균 지가변동률 이하인 지역의 표준지에 대해서는 하나의 감정평가법인등에 의뢰하여 표준지공시지가를 조사·평가할 수 있다.

정답 16 ④ 17 ①

03 개별공시지가

01 부동산 가격공시에 관한 법령상 시장·군수 또는 구청장으로부터 개별공시지가의 검증의뢰를 받은 감정평가법인등이 검토·확인하고 의견을 제시하여야 할 사항이 아닌 것은?

☆ 제25회 기출

① 비교표준지의 선정의 적정성에 관한 사항
② 개별토지의 가격 산정의 적성성에 관한 사항
③ 토지가격비준표의 사용에 관한 사항
④ 산정한 개별토지의 가격과 표준지공시지가의 균형 유지에 관한 사항
⑤ 용도지역, 토지이용상황 등 주요 특성이 공부와 일치하는지 여부

01 해설

시장·군수 또는 구청장으로부터 검증을 의뢰받은 감정평가법인등은 다음의 사항을 검토·확인하고 의견을 제시하여야 한다.

❶ 비교표준지 선정의 적정성에 관한 사항
❷ 개별토지 가격 산정의 적정성에 관한 사항
❸ 산정한 개별토지가격과 표준지공시지가의 균형유지에 관한 사항
❹ 산정한 개별토지가격과 인근토지의 지가와의 균형 유지에 관한 사항
❺ 표준주택가격, 개별주택가격, 비주거용 표준부동산가격 및 비주거용 개별부동산가격 산정 시 고려된 토지 특성과 일치하는지 여부
❻ 개별토지가격 산정 시 적용된 용도지역, 토지이용상황 등 주요 특성이 공부와 일치하는지 여부

따라서 토지가격비준표의 사용에 관한 사항은 감정평가법인등이 검토·확인하여야 할 사항이 아니라 국토교통부장관이 정하는 개별공시지가 조사·산정 기준의 내용이다.

정답 01 ③

02 부동산 가격공시에 관한 법령상 개별공시지가를 결정·공시함에 있어서 감정평가법인등의 검증에 관한 설명으로 옳지 않은 것은?

☆ 제21회 기출

① 시장·군수 또는 구청장은 개별공시자가를 결정·공시하기 위하여 검증을 의뢰하고자 할 때에는 전체 개별토지의 가격에 대한 지가현황도면 및 지가조사자료를 제공하여야 한다.

② 검증의뢰를 받는 감정평가법인등은 비교표준지 선정의 적정성에 관한 사항 등을 검토·확인하고 의견을 제시하여야 한다.

③ 시장·군수 또는 구청장은 감정평가법인등의 검증이 필요 없다고 인정되는 때에는 지가의 변동 상황 등 대통령령이 정하는 바에 따라 감정평가법인등의 검증을 생략할 수 있다.

④ 개발사업이 시행되거나 용도지역·지구가 변경되는등의 사유가 발생한 토지에 대하여는 감정평가법인등의 검증을 생략할 수 있다.

⑤ 시장·군수 또는 구청장은 당해 지역의 표준지의 공시지가를 조사·평가한 감정평가법인등 또는 대통령령이 정하는 감정평가실적 등이 우수한 감정평가법인등에게 의뢰하여야 한다.

03 부동산가격공시에 관한 법령상 개별공시지가의 검증을 의뢰받은 감정평가법인등이 검토·확인하여야 하는 사항에 해당하지 않는 것은?

☆ 제31회 기출

① 비교표준지 선정의 적정성에 관한 사항

② 산정한 개별토지가격과 표준지공시지가의 균형 유지에 관한 사항

③ 산정한 개별토지가격과 인근 토지의 지가와의 균형 유지에 관한 사항

④ 토지가격비준표 작성의 적정성에 관한 사항

⑤ 개별토지가격 산정의 적정성에 관한 사항

02 해설

④ 개발사업이 시행되거나 용도지역·지구가 변경되는 등의 사유가 발생한 토지에 대하여는 검증을 생략할 수 없다.

03 해설

④ 토지가격비준표 작성의 적정성에 관한 사항은 감정평가법인등의 검증사항이 아니다.

정답 02 ④ 03 ④

04 **부동산 가격공시에 관한 법령상 개별공시지가에 관한 설명으로 옳지 않은 것은?**

☆ 제33회 기출

① 표준지로 선정된 토지에 대하여는 개별공시지가를 결정·공시하지 아니할 수 있다.

② 개별토지 가격 산정의 타당성에 대한 감정평가법인등의 검증을 생략하려는 경우 개발사업이 시행되는 토지는 검증 생략 대상 토지로 선정해서는 안 된다.

③ 개별토지가격 산정의 타당성 검증을 의뢰할 감정평가법인등을 선정할 때 선정기준일부터 직전 1년간 과태료 처분을 2회 받은 감정평가법인등은 선정에서 배제된다.

④ 개별공시지가 조사·산정의 기준에는 토지가격비준표의 사용에 관한 사항이 포함되어야 한다.

⑤ 개별공시지가에 이의가 있는 자는 그 결정·공시일부터 30일 이내에 서면으로 시장·군수·구청장에게 이의를 신청할 수 있다.

05 **부동산 가격공시에 관한 법령상 개별공시지가의 결정·공시에 관한 설명으로 옳지 않은 것은? (공시기준일은 1월 1일로 함)**

☆ 제23회 기출

① 개별공시지가를 결정·공시하지 아니한 표준지에 대하여는 당해 토지의 공시지가를 개별공시지가로 본다.

② 시장·군수 또는 구청장은 조세의 부과대상이 아닌 토지에 대해서는 개별공시지가를 결정·공시하지 아니할 수 있다.

③ 2011년 11월 15일 분할·합병된 토지에 대해서는 2012년 5월 31일까지 개별공시지가를 결정·공시하여야 한다.

④ 2012년 5월 15일 토지의 형질변경으로 지목이 변경된 토지에 대해서는 2012년 7월 1일을 기준일로 하여 개별공시지가를 결정·공시하여야 한다.

⑤ 시장·군수 또는 구청장이 개별공시지가를 결정·공시하기 위하여 개별토지의 가격을 산정할 때에는 토지소유자 등의 의견을 들어야 하나, 미리 관계 중앙행정기관의 장과 협의한 경우에는 의견청취를 생략할 수 있다.

04 해설

③ 개별토지가격 산정의 타당성 검증을 의뢰할 감정평가법인등을 선정할 때 선정기준일부터 직전 1년간 과태료 처분을 3회 이상 받은 감정평가법인등은 선정에서 배제된다.

05 해설

⑤ 시장·군수 또는 구청장이 개별공시지가를 결정·공시하기 위하여 개별토지의 가격을 산정할 때에는 토지소유자 등의 의견을 들어야 한다. 토지소유자 등의 의견 청취는 생략할 수 있는 규정이 없다.

정답 04 ③ 05 ⑤

06 부동산 가격공시에 관한 법령상 개별공시지가에 관한 설명으로 옳은 것은? ☆ 제24회 기출

① 국토교통부장관이 정하는 개별공시지가의 조사・산정 기준에 토지가격비준표의 사용에 관한 사항은 포함되지 않는다.

② 개별공시지가를 결정・공시하는 경우에는 당해 토지와 유사한 시장가치를 지닌다고 인정되는 둘 이상의 표준지의 공시지가를 기준으로 지가를 산정하여야 한다.

③ 개별공시지가의 검증에 제공되는 지가조사자료는 개별토지가격의 산정조서 및 그 밖에 토지이용계획에 관한 자료를 말한다.

④ 6월 24일에 국유지가 매각되어 사유지로 된 토지로서 개별공시지가가 없는 토지의 개별공시지가는 1월 1일을 기준으로 하여 10월 31일까지 결정・공시한다.

⑤ 시장・군수 또는 구청장이 개별공시지가의 검증을 생략하고자 하는 경우에는 개별토지의 지가변동률과 해당 토지가 소재하는 읍・면・동의 연평균 지가변동률의 차이가 큰 순으로 대상 토지를 선정하여 검증을 생략한다.

06 해설

① 토지가격비준표의 사용에 관한 사항은 개별공시지가의 조사・산정 기준에 포함된다.

② 시장・군수 또는 구청장이 개별공시지가를 결정・공시하는 경우에는 유사한 이용가치를 지닌다고 인정되는 하나 또는 둘 이상의 표준지공시지가를 기준으로 토지가격비준표를 사용하여 지가를 산정하여야 한다.

④ 6월 24일에 국유지가 매각되어 사유지로 된 토지로서 개별공시지가가 없는 토지의 개별공시지가는 7월 1일 기준으로 10월 31일까지 결정・공시한다.

⑤ 개별토지의 지가변동률과 해당 토지가 소재하는 읍・면・동의 연평균 지가변동률의 차이가 작은 순으로 대상토지를 선정하여 검증을 생략한다.

정답 06 ③

07 **부동산 가격공시에 관한 법령상 개별공시지가의 결정·공시에 관한 설명으로 옳지 않은 것은?**

☆ 제20회 기출

① 국토교통부장관은 매년 공시지가의 공시기준일 현재 관할 구역 안의 개별토지의 단위면적당 가격을 결정·공시하고 이를 관계행정기관 장에 제공하여야 한다.

② 조세 또는 부담금 등의 부과 대상이 아닌 토지의 경우에는 개별공시지가를 결정·공시하지 아니할 수 있다.

③ 개별공시지가에 대하여 이의가 있는 자는 개별공시지가의 결정·공시일부터 30일 이내에 서면으로 이의를 신청할 수 있다.

④ 개별공시지가를 결정·공시하는 경우에는 당해 토지와 유사한 이용가치를 지닌다고 인정되는 하나 또는 둘 이상의 표준지의 공시지가를 기준으로 토지가격비준표를 사용하여 지가를 산정하여야 한다.

⑤ 개별공시지가를 결정·공시하기 위하여 개별토지의 가격을 산정한 때에는 원칙적으로 그 타당성에 대하여 감정평가법인등의 검증을 받고 토지소유자, 그 밖의 이해관계인의 의견을 들어야 한다.

07 해설

① 시장·군수·구청장은 매년 공시지가의 공시기준일 현재 관할 구역 안의 개별토지의 단위 면적당 가격을 결정·공시하고 이를 관계행정기관장에 제공하여야 한다.

정답 07 ①

08 부동산 가격공시에 관한 법령상 개별공시지가에 관한 설명으로 옳지 않은 것은?

☆제26회 기출

① 시장・군수 또는 구청장은 개별공시지가에 토지가격비준표의 적용에 오류가 있는 경우 시・군・구 부동산가격공시위원회의 심의를 거치지 아니하고 직권으로 정정하여 결정・공시하여야 한다.

② 시장・군수 또는 구청장은 필요하다고 인정하는 경우에는 개별공시지가와 이의 신청의 기간・절차 및 방법을 토지소유자에게 개별 통지할 수 있다.

③ 국토교통부장관은 개별공시지가의 조사・산정 기준을 정하여 시장・군수 또는 구청장에게 통보하여야 한다.

④ 시장・군수 또는 구청장이 개별공시지가를 결정・공시하는 경우에는 당해 토지와 유사한 이용가치를 지닌다고 인정되는 하나 또는 둘 이상의 표준지의 공시지가를 기준으로 토지가격비준표를 사용하여 지가를 산정하여야 한다.

⑤ 국토교통부장관은 지가공시행정의 합리적인 발전을 도모하고 표준지공시지가와 개별공시지가와의 균형유지 등 적정한 지가형성을 위하여 필요하고 인정하는 경우에는 개별공시지가의 결정・공시 등에 관하여 시장・군수 또는 구청장을 지도・감독할 수 있다.

08 해설

① 토지가격비준표의 적용에 오류가 있는 경우에는 시・군・구 부동산가격공시위원회의 심의를 거쳐 정정사항을 결정・공시하여야 한다.

정답 08 ①

09 **부동산 가격공시에 관한 법령상 개별공시지가에 관한 설명으로 옳은 것은?** ☆ 제22회 기출

① 개별공시지가에 표준지 선정의 착오가 있음을 발견한 때에는 지체 없이 이를 정정하여야 한다.

② 표준지로 선정된 토지에 대해서도 별도로 개별공시지가를 결정·공시하여야 한다.

③ 개별공시지가를 결정·공시하기 위하여 개별토지의 가격을 산정하고자 하는 경우에는 둘 이상의 감정평가법인등에게 이를 의뢰하여야 한다.

④ 개별공시지가를 결정·공시함에 있어 필요하다고 인정되는 때에는 토지소유자, 그 밖의 이해관계인의 의견청취를 생략할 수 있다.

⑤ 개별공시지가에 대한 이의신청은 그 결정·공시일부터 30일 이내에 국토교통부장관에게 하여야 한다.

10 **부동산 가격공시에 관한 법령상 시장·군수·구청장이 개별공시지가를 정정할 수 있는 사유가 아닌 것은?** ☆ 제27회 기출

① 표준지 선정의 착오

② 개별공시지가를 결정·공시하기 위하여 개별토지가격을 산정한 때에 토지소유자의 의견청취절차를 거치지 아니한 경우

③ 토지가격비준표의 적용에 오류가 있는 경우

④ 용도지역 등 토지가격에 영향을 미치는 주요 요인의 조사를 잘못한 경우

⑤ 토지가격이 전년 대비 급격하게 상승한 경우

09 해설

② 표준지에 대하여는 개별공시지가를 결정·공시하지 아니할 수 있다.
③ 개별공시지가가 아니라 표준지공시지가의 산정 의뢰에 관한 내용이다.
④ 토지소유자 및 이해관계인의 의견청취를 생략할 수 없다.
⑤ 개별공시지가는 결정 공시일로부터 30일 이내에 시장·군수·구청장에게 이의를 신청할 수 있다.

10 해설

개별공시지가를 정정할 수 있는 사유는 다음과 같다.

❶ 틀린 계산, 오기, 표준지 선정의 착오
❷ 토지가격비준표의 적용에 오류가 있음을 발견한 때
❸ 공시 절차를 완전하게 이행하지 아니한 경우
❹ 용도지역·용도지구 등 토지가격에 영향을 미치는 주요 요인의 조사를 잘못한 경우

따라서 토지가격이 전년 대비 급격하게 상승한 경우는 정정할 수 있는 사유에 해당하지 않는다.

정답 09 ① 10 ⑤

11 **부동산 가격공시에 관한 법령상 개별공시지가의 결정·공시 등에 관한 설명으로 옳지 않은 것은?** ☆ 제25회 기출

① 시장·군수 또는 구청장은 개별공시지가의 조사·산정 기준을 정하여 감정평가법인등에게 통보하여야 한다.

② 2013년의 공시기준일이 1월 1일인 경우 2013년 5월 15일 토지의 용도변경으로 지목변경이 된 토지에 대한 개별공시지가는 2013년 7월 1일 기준일로 하여 2013년 10월 31일까지 결정·공시하여야 한다.

③ 최근 2년간 업무정지처분을 3회 받은 감정평가법인등은 개별토지가격 산정의 타당성 검증을 할 수 없다.

④ 시장·군수 또는 구청장은 필요하다고 인정하는 경우에는 개별공시지가와 이의신청의 기간 절차 및 방법을 토지소유자에게 개별 통지할 수 있다.

⑤ 관계 공무원 등은 개별공시지가의 결정을 위한 토지가격의 산정을 위하여 필요한 때에는 타인의 토지에 출입할 수 있다.

12 **부동산 가격공시에 관한 법령상 개별공시지가에 관한 설명으로 옳지 않은 것은?** ☆ 제30회 기출

① 개별공시지가에 이의가 있는 자는 그 결정·공시일부터 30일 이내에 서면으로 시장·군수 또는 구청장에게 이의를 신청할 수 있다.

② 시장·군수 또는 구청장은 개별공시지가에 표준지 선정의 착오가 있음을 발견한 때에는 지체 없이 이를 정정하여야 한다.

③ 관계 공무원이 표준지 가격의 조사·평가를 위하여 택지에 출입하고자 할 때에는 시장·군수 또는 구청장의 허가를 받아 출입할 날의 3일 전에 그 점유자에게 일시와 장소를 통지하여야 한다.

④ 일출 전·일몰 후에는 그 토지 점유자의 승인 없이 택지 또는 담장이나 울타리로 둘러싸인 타인의 토지에 출입할 수 없다.

⑤ 개별공시지가의 결정·공시에 소요되는 비용은 그 비용의 50% 이내에서 국고에서 보조할 수 있다.

11 해설

① 국토교통부장관은 개별공시지가의 조사·산정 기준을 정하여 시장·군수 또는 구청장에게 통보하여야 한다.

12 해설

③ 관계 공무원등이 택지 또는 담장이나 울타리로 둘러싸인 타인의 토지에 출입하고자 할 때에는 시장·군수 또는 구청장의 허가(부동산가격공시업무를 의뢰받은 자에 한정한다)를 받아 출입할 날의 3일 전에 그 점유자에게 일시와 장소를 통지하여야 한다.

정답 11 ① 12 ③

13 **부동산 가격공시에 관한 법령상 개별공시지가에 대한 불복에 관한 설명으로 옳은 것은? (단, 다툼이 있으면 판례에 의함)**

☆ 제21회 기출

① 개별공시지가 결정에 대하여 곧바로 행정소송을 제기할 수 없다.

② 개별공시지가의 결정·공시일부터 30일 이내에 서면으로 이의신청할 수 있다.

③ 시장·군수 또는 구청장은 이의신청을 심사하기 위하여 반드시 감정평가법인등에게 검증을 의뢰하여야 한다.

④ 시장·군수 또는 구청장은 이의신청에 대한 심사 결과를 신청인에게 구두로 통지할 수 있다.

⑤ 개별공시지가 결정은 취소소송의 대상으로서의 처분성이 인정되지 아니한다.

14 **부동산 가격공시에 관한 법령상 개별공시지가에 관한 설명으로 옳지 <u>않은</u> 것은?**

☆ 제32회 기출

① 시장·군수·구청장은 개별공시지가에 토지가격비준표의 적용에 오류가 있음을 발견한 때에는 지체 없이 이를 정정하여야 한다.

② 표준지로 선정된 토지에 대하여 개별공시지가를 결정·공시하지 아니하는 경우에는 해당 토지의 표준지공시지가를 개별공시지가로 본다.

③ 개별공시지가에 이의가 있는 자는 그 결정·공시일부터 60일 이내에 서면 또는 구두로 이의를 신청할 수 있다.

④ 개별공시지가의 결정·공시에 소요되는 비용 중 국고에서 보조할 수 있는 비용은 개별공시지가의 결정 공시에 드는 비용의 50% 이내로 한다.

⑤ 개별공시지가의 단위면적은 1제곱미터로 한다.

13 해설

① 개별공시지가 결정에 대하여 행정소송을 제기할 수 있다.

③ 시장·군수·구청장은 이의신청을 심사하기 위하여 필요한 때에는 감정평가법인등에게 검증을 의뢰할 수 있다.

④ 시장·군수 또는 구청장은 이의신청에 대한 심사 결과를 신청인에게 서면으로 통지하여야 한다.

⑤ 개별공시지가 결정은 취소소송의 대상으로서의 처분성이 인정된다.

14 해설

③ 개별공시지가에 이의가 있는 자는 그 결정·공시일부터 30일 이내에 서면으로 시장·군수·구청장에게 이의를 신청할 수 있다.

정답 13 ② 14 ③

15 부동산 가격공시에 관한 법령상 개별공시지가에 관한 설명으로 옳지 않은 것은?

☆ 제34회 기출

① 시·도지사는 개별공시지가를 산정한 때에는 중앙부동산가격공시위원회의 심의를 거쳐 이를 공시하여야 한다.

② 표준지로 선정된 토지에 대한 개별공시지가가 결정·공시되지 아니한 경우 해당 토지의 표준지공시지가를 개별공시지가로 본다.

③ 공시기준일 이후에 토지의 형질변경으로 공간정보의 구축 및 관리 등에 관한 법률에 따른 지목변경이 된 토지는 개별공시지가 공시기준일을 다르게 할 수 있는 토지에 해당한다.

④ 개별공시지가의 결정·공시에 소요되는 비용 중 국고에서 보조할 수 있는 비용은 개별공시지가의 결정·공시에 드는 비용의 50% 이내로 한다.

⑤ 토지가격비준표의 적용에 오류가 있는 경우는 개별공시지가를 정정하여야 할 사유에 해당한다.

16 부동산 가격공시에 관한 법령상 지가의 공시 등에 관한 설명으로 옳지 않은 것은?

☆ 제29회 기출

① 표준지로 선정되어 개별공시지가를 결정·공시하지 아니하는 토지의 경우 해당 토지의 표준지공시지가를 개별공시지가로 본다.

② 개별공시지가 조사·산정의 기준에는 지가형성에 영향을 미치는 토지 특성조사에 관한 사항이 포함되어야 한다.

③ 관계공무원 등이 표준지 가격의 조사·평가를 위해 택지에 출입하고자 할 때에는 점유자를 알 수 없거나 부득이한 사유가 있는 경우를 제외하고는 출입할 날의 3일 전에 그 점유자에게 일시와 장소를 통지하여야 한다.

④ 표준지공시지가의 공시기준일은 1월 1일이며, 일부 지역을 지정하여 해당 지역에 대한 공시기준일을 따로 정할 수는 없다.

⑤ 개별공시지가의 결정·공시에 소요되는 비용은 대통령령으로 정하는 바에 따라 그 일부를 국고에서 보조할 수 있다.

15 해설

① 시장·군수·구청장은 개별공시지가를 산정한 때에는 시·군·구 부동산가격공시위원회의 심의를 거쳐 이를 공시하여야 한다.

16 해설

④ 표준지공시지가의 공시기준일은 1월 1일이며, 공시기준일을 따로 정할 수 있다.

정답 15 ① 16 ④

17 **부동산 가격공시에 관한 법령상 지가의 공시에 관한 설명으로 옳은 것은?** ☆ 제30회 기출

① 개별공시지가의 단위면적은 3.3㎡로 한다.
② 시장·군수 또는 구청장은 농지보전부담금 부과 대상인 토지에 대해서는 개별공시지가를 결정·공시하지 아니할 수 있다.
③ 개별공시지가는 토지시장에 지가정보를 제공하고 일반적인 토지거래의 지표가 되며, 감정평가법인등이 개별적으로 토지를 감정평가하는 경우에 그 기준이 된다.
④ 표준지에 지상권이 설정되어 있을 때에는 그 지상권이 존재하지 아니하는 것으로 보고 표준지공시지가를 평가하여야 한다.
⑤ 표준지에 대한 용도지역은 표준지공시지가의 공시사항에 포함되지 않는다.

18 **부동산 가격공시에 관한 법령상 지가의 공시에 관한 설명으로 옳은 것은?** ☆ 제35회 기출

① 개별공시지가에 이의가 있는 자는 그 결정·공시일부터 60일 이내에 서면으로 관할 관청에 이의를 신청할 수 있다.
② 표준지공시지가의 단위면적은 3.3제곱미터로 한다.
③ 개발부담금의 부과대상이 아닌 토지에 대하여는 개별공시지가를 결정·공시하여야 한다.
④ 표준지공시지가의 공시에는 표준지에 대한 지목 및 용도지역이 포함되어야 한다.
⑤ 개별공시지가의 결정·공시에 드는 비용은 30퍼센트 이내에서 국고에서 보조한다.

17 해설

① 개별공시지가의 단위면적은 1㎡로 한다.
② 농지보전부담금 부과 대상이 아닌 토지에 대해서는 개별공시지가를 결정·공시하지 아니할 수 있다.
③ 표준지공시지가는 토지시장에 지가정보를 제공하고 일반적인 토지거래의 지표가 되며, 감정평가법인등이 개별적으로 토지를 감정평가하는 경우에 그 기준이 된다.
⑤ 용도지역은 표준지공시지가의 공시사항에 포함된다.

18 해설

① 개별공시지가에 이의가 있는 자는 그 결정·공시일부터 30일 이내에 서면으로 시장·군수·구청장에게 이의를 신청할 수 있다.
② 표준지공시지가의 단위면적은 1제곱미터로 한다.
③ 개발부담금의 부과대상이 아닌 토지에 대하여는 개별공시지가를 결정·공시하지 아니할 수 있다.
⑤ 개별공시지가의 결정·공시에 드는 비용은 50퍼센트 이내에서 국고에서 보조한다.

정답 17 ④ 18 ④

19 부동산 가격공시에 관한 법령상 지가의 공시에 관한 설명으로 (   )에 알맞은 것은?

☆ 제25회 기출

> ㉠ 정부는 지가공시의 주요 사항에 관한 보고서를 매년 정기국회의 (   ) 전까지 국회에 제출하여야 한다.
> ㉡ 시장이 개별공시지가 확인서를 발급하는 때에는 당해 시의 (   )로 정하는 바에 따라 신청인으로부터 소정의 수수료를 받을 수 있다.

① ㉠ 개회 30일, ㉡ 규칙
② ㉠ 개회, ㉡ 규칙
③ ㉠ 개회 30일, ㉡ 조례
④ ㉠ 개회, ㉡ 조례
⑤ ㉠ 폐회, ㉡ 조례

19 해설

㉠ 정부는 지가공시의 주요 사항에 관한 보고서를 매년 정기국회의 (개회) 전까지 국회에 제출하여야 한다.
㉡ 시장이 개별공시지가 확인서를 발급하는 때에는 당해 시의 (조례)로 정하는 바에 따라 신청인으로부터 소정의 수수료를 받을 수 있다.

정답 19 ④

CHAPTER

04 주택가격의 공시

01 부동산 가격공시에 관한 법령상 표준주택가격의 조사·산정보고서에 포함되는 사항을 모두 고른 것은? ☆ 제35회 기출

ㄱ. 주택 대지의 용도지역	ㄴ. 주건물 구조 및 층수
ㄷ. 건축법에 따른 사용승인연도	ㄹ. 도로접면

① ㄱ, ㄴ ② ㄷ, ㄹ ③ ㄱ, ㄴ, ㄷ
④ ㄴ, ㄷ, ㄹ ⑤ ㄱ, ㄴ, ㄷ, ㄹ

02 부동산 가격공시에 관한 법령상 표준주택가격의 공시사항에 포함되어야 하는 것을 모두 고른 것은? ☆ 제26회 기출

㉠ 표준주택의 지번	㉡ 표준주택의 임시사용승인일
㉢ 표준주택의 대지면적 및 형상	㉣ 용도지역

① ㉠, ㉡ ② ㉢, ㉣ ③ ㉠, ㉡, ㉢
④ ㉠, ㉢, ㉣ ⑤ ㉠, ㉡, ㉢, ㉣

01 해설

표준주택가격의 조사·산정보고서에 포함되어야 하는 사항은 다음과 같다.

㉠ 주택의 소재지, 공부상 지목 및 대지면적	㉡ 주택 대지의 용도지역
㉢ 도로접면	㉣ 대지 형상
㉤ 주건물 구조 및 층수	㉥ 건축법에 따른 사용승인연도
㉦ 주위 환경	

02 해설

표준주택가격의 공시사항에는 다음의 사항이 포함되어야 한다.

㉠ 표준주택의 지번
㉡ 표준주택가격
㉢ 표준주택의 대지면적 및 형상
㉣ 표준주택의 용도, 연면적, 구조 및 사용승인일(임시사용승인일을 포함)
㉤ 지목, 용도지역, 도로상황

따라서 ㉠, ㉡, ㉢, ㉣ 모두 옳은 내용이다.

정답 01 ⑤ 02 ⑤

03 **부동산 가격공시에 관한 법령상 표준주택가격의 공시에 포함되어야 하는 사항만을 모두 고른 것은?** ☆ 제22회 기출

ㄱ. 표준주택에 식재된 정원수의 현황	ㄴ. 용도지역
ㄷ. 지목	ㄹ. 도로상황
ㅁ. 표준주택의 단위면적당 가격	ㅂ. 표준주택의 구조 및 사용승인일

① ㄱ, ㄴ, ㄷ
② ㄴ, ㄷ, ㅁ
③ ㄴ, ㄹ, ㅂ
④ ㄴ, ㄷ, ㄹ, ㅂ
⑤ ㄱ, ㄷ, ㄹ, ㅁ, ㅂ

04 **부동산 가격공시에 관한 법령상 지가 및 주택가격의 공시에 관한 설명으로 옳지 않은 것은?** ☆ 제26회 기출

① 표준주택가격의 공시에는 지목, 용도지역, 도로 상황, 그 밖에 표준주택가격에 공시에 필요한 사항이 포함되어야 한다.
② 개별주택가격의 공시에는 표준주택의 대지면적 및 형상이 포함되어야 한다.
③ 표준지공시지가에 대하여 이의가 있는 자는 표준지공시지가의 공시일부터 30일 이내에 서면으로 국토교통부장관에게 이의를 신청할 수 있다.
④ 시장·군수 또는 구청장은 국토교통부장관이 정한 개별공시지가의 조사·산정 기준에 따라 개별공시지가를 조사·산정하여야 한다.
⑤ 국토교통부장관이 따로 정하지 아니한 경우 표준지 및 표준 주택가격의 공시기준일은 1월 1일로 한다.

03 해설
④ ㄱ은 규정이 없으며, ㅁ은 단위면적당 가격이 아닌 표준주택가격이 공시사항에 포함되어야 한다. 따라서 ㄴ, ㄷ, ㄹ, ㅂ이 표준주택의 공시사항에 포함되어야 한다.

04 해설
② 표준주택의 대지면적 및 형상은 표준주택가격의 공시사항이다.

정답 03 ④ 04 ②

05 **부동산 가격공시에 관한 법령상 표준주택가격의 공시 등에 관한 설명으로 옳지 않은 것은?**

☆ 제28회 기출

① 국토교통부장관은 표준주택가격을 조사·산정하고자 할 때에는 한국부동산원에 의뢰한다.
② 표준주택가격은 국토교통부장관이 중앙부동산가격공시위원회의 심의를 거쳐 공시하여야 한다.
③ 표준주택의 대지면적 및 형상은 표준주택가격의 공시에 포함되어야 한다.
④ 국토교통부장관이 표준주택가격을 조사·산정하는 경우에는 인근 유사 단독주택의 거래가격·임대료 등을 종합적으로 참작하여야 한다.
⑤ 국토교통부장관은 개별주택가격의 산정을 위하여 필요하다고 인정하는 경우에는 주택가격 비준표를 작성하여 시·도지사 또는 대도시 시장에게 제공하여야 한다.

06 **6월 10일 자로 건축법에 따른 대수선이 된 단독주택에 대하여 부동산 가격공시에 관한 법령에 따라 개별주택가격을 결정·공시하는 경우 공시기준일은?**

☆ 제33회 기출

① 그해 1월 1일
② 그해 6월 1일
③ 그해 7월 1일
④ 그해 10월 1일
⑤ 다음 해 1월 1일

05 해설

⑤ 국토교통부장관은 개별주택가격의 산정을 위하여 필요하다고 인정하는 경우에는 주택가격비준표를 작성하여 시장·군수 구청장에게 제공하여야 한다.

06 해설

시장·군수 또는 구청장은 공시기준일 이후에 분할, 합병되거나 건축물의 신축(건축, 대수선, 용도변경)이 된 단독주택, 국유·공유에서 매각 등에 따라 사유로 된 가격이 없는 단독주택에 대하여는 다음의 날을 기준으로 하여 개별주택가격을 결정·공시하여야 한다.

사유발생	공시기준일	공시일
1.1~5.31	그 해 6.1	그 해 9.30까지
6.1~12.31	다음 해 1.1	다음 해 4.30까지

따라서 6월 1일부터 12월 31일 사이에 대수선이 된 단독주택이므로 다음해 1월 1일 기준으로 다음해 4월 30일까지 결정·공시하여야 한다.

정답 05 ⑤ 06 ⑤

07 부동산 가격공시에 관한 법령상 표준주택가격의 공시에 관한 설명으로 옳지 않은 것은?

☆ 제24회 기출

① 국토교통부장관은 용도지역, 건물구조 등이 일반적으로 유사하다고 인정되는 일단의 단독주택 중에서 표준주택을 선정한다.

② 표준주택의 선정은 표준주택의 선정 및 관리기준에 따라야 한다.

③ 국토교통부장관은 표준주택가격을 공시할 때에는 표준주택가격의 열람방법을 관보에 공고하여야 한다.

④ 국토교통부장관이 따로 정하지 아니한 경우 표준주택 가격의 공시기준일은 1월 1일이다.

⑤ 국토교통부장관은 공시기준일 이후에 토지의 분할·합병이나 건축법에 따른 건축 등이 발생한 경우에는 대통령령이 정하는 날을 기준으로 하여 표준주택가격을 결정·공시하여야 한다.

08 부동산 가격공시에 관한 법령상 공동주택가격 공시에 관한 설명으로 옳은 것은?

☆ 제22회 기출

① 시장·군수 또는 구청장이 공동주택가격을 조사·산정하여 공시하여야 한다.

② 공동주택 가격을 조사·산정하는 경우에는 둘 이상의 감정평가법인등에게 이를 의뢰하여야 한다.

③ 공동주택에 전세권이 설정되어 있는 경우 당해 전세권이 존재하지 아니하는 것으로 보고 적정가격을 조사하여야 한다.

④ 공동주택가격은 매년 4월 30일을 공시기준일로 하여 산정·공시하여야 한다.

⑤ 공동주택가격을 산정한 때에는 그 타당성에 대하여 부동산원의 검증을 받고 공동주택 소유자 등 이해관계인의 의견을 들어야 한다.

07 해설

⑤ 시장·군수 또는 구청장은 공시기준일 이후에 토지의 분할·합병이나 건축법에 따른 건축 등이 발생한 경우에는 대통령령이 정하는 날을 기준으로 하여 개별주택가격을 결정·공시하여야 한다. 따라서 표준주택가격이 아니라 시장·군수·구청장이 공시하는 개별주택가격에 관한 내용이다.

08 해설

① 국토교통부장관은 공동주택가격을 조사·산정하여 공시하여야 한다.

② 공동주택 가격을 조사·산정하는 경우에는 한국부동산원에 의뢰한다.

④ 공동주택가격의 공시기준일은 1월 1일이다.

⑤ 공동주택에는 검증 규정이 없다.

정답 07 ⑤ 08 ③

09 **부동산 가격공시에 관한 법령상 부동산 가격의 공시기준일 및 공시시한에 관한 설명으로 옳지 않은 것은?**

☆ 제20회 기출

① 표준지공시지가의 공시기준일 - 매년 1월 1일
② 개별공시지가의 공시시한 - 매년 5월 31일
③ 표준주택가격의 공시기준일 - 매년 1월 1일
④ 공동주택가격의 공시기준일 - 매년 1월 1일
⑤ 공동주택가격의 공시시한 - 매년 5월 31일

10 **부동산 가격공시에 관한 법령상 주택가격의 공시에 관한 설명으로 옳지 않은 것은?**

☆ 제20회 기출

① 국토교통부장관은 표준주택에 대하여 매년 공시기준일 현재의 적정가격을 조사·평가하고 중앙부동산가격공시위원회의 심의를 거쳐 이를 공시하여야 한다.
② 시장·군수 또는 구청장이 표준주택으로 선정된 단독주택에 대하여 개별주택가격을 결정·공시하지 아니한 경우에는 표준주택가격을 개별주택가격으로 본다.
③ 표준주택가격은 국가·지방자치단체 등의 기관이 과세 등의 업무와 관련하여 주택의 가격을 산정하는 경우에 그 기준으로 활용된다.
④ 국토교통부장관은 공동주택 소유자의 의견을 들으려는 경우에는 부동산공시가격시스템에 20일 이상 게시하여야 한다.
⑤ 국토교통부장관은 공동주택가격에 영향을 미치는 동·호수 및 층의 표시 등 주요 요인의 조사를 잘못한 경우에는 지체 없이 이를 정정하여야 한다.

09 해설

⑤ 국토교통부장관은 공동주택에 대하여 매년 공시기준일(1월 1일) 현재의 적정가격을 조사·산정하여 중앙부동산가격공시위원회의 심의를 거쳐 공시(4월 30일까지)하고, 이를 관계 행정기관 등에 제공하여야 한다.

10 해설

③ 개별주택가격은 국가·지방자치단체 등의 기관이 과세 등의 업무와 관련하여 주택의 가격을 산정하는 경우에 그 기준으로 활용된다.

정답 09 ⑤ 10 ③

11 부동산 가격공시에 관한 법령상 공동주택 가격의 조사·산정 및 공시에 관한 설명으로 옳지 않은 것은? ☆ 제20회 기출

① 국토교통부장관이 공동주택가격을 조사·산정하고자 할 때는 한국부동산원에 의뢰한다.
② 국토교통부장관은 3월 31일에 대지가 합병된 공동주택의 공동주택가격을 그 해 6월 1일까지 산정·공시하여야 한다.
③ 공시기준일 이후 건축법에 따른 용도변경이 된 공동주택은 공동주택가격의 공시기준일을 다르게 할 수 있는 공동주택에 해당한다.
④ 공동주택가격의 공시에는 공동주택의 면적이 포함되어야 한다.
⑤ 아파트에 해당하는 공동주택은 국세청장이 국토교통부장관과 협의하여 그 공동주택가격을 별도로 결정·고시할 수 있다.

12 부동산 가격공시에 관한 법령상 주택가격의 공시에 관한 설명으로 옳은 것은? ☆ 제23회 기출

① 표준주택가격은 국토교통부장관이 중앙부동산가격공시위원회의 심의를 거쳐 조사·산정한 후 공시하여야 한다.
② 신축된 단독주택에 대하여 개별주택가격을 결정·공시할 경우에는 당해 연도의 공시기준일을 기준으로 한다.
③ 165㎡ 미만인 연립주택의 공동주택가격은 국세청장이 결정·고시하여야 한다.
④ 표준주택가격은 국가, 지방자치단체 등의 기관이 그 업무와 관련하여 개별주택 가격을 산정하는 경우에 그 기준이 된다.
⑤ 개별주택 및 공동주택의 가격은 국가, 지방자치단체 등의 기관이 수용방식의 도시·군계획사업을 시행할 때 보상가격으로 사용된다.

11 해설

② 1월 1일부터 5월 31일까지 변경사항이 있는 경우에는 6월 1일 기준으로 그 해 9월 30일까지 공동주택가격을 산정·공시하여야 한다.

12 해설

① 국토교통부장관은 용도지역, 건물구조 등의 일반적으로 유사하다고 인정되는 일단의 단독주택 중에서 선정된 표준주택에 대하여 매년 공시기준일 현재의 적정가격을 조사·산정하고, 중앙부동산가격공시위원회의 심의를 거쳐 이를 공시하여야 한다.
② 공시기준일 이후에 분할, 합병, 건축물의 신축 등의 사유로 단독주택에 대하여는 기간별 규정에 의하여 6월 1일부터 12월 31일까지 사이에 발생한 사유이면 다음 해 1월 1일 기준으로 다음 해 4월 30일까지 공시하여야 한다.
③ 아파트 또는 건축 연면적 165㎡ 이상의 연립주택은 국세청장이 국토교통부장관과 협의하여 공동주택가격을 별도로 결정·고시할 수 있다.
⑤ 개별주택 및 공동주택가격은 주택시장에 가격정보를 제공하고 국가, 지방자치단체 등의 기관이 과세 등의 업무와 관련하여 주택의 가격을 산정하는 경우에 그 기준으로 활용될 수 있다. 따라서 손실보상의 기준이라고 할 수는 없다.

정답 11 ② 12 ④

13 부동산 가격공시에 관한 법령상 주택가격의 공시에 관한 설명으로 옳은 것은? ☆ 제23회 기출

① 국토교통부장관은 표준주택을 선정할 때에는 일반적으로 유사하다고 인정되는 일단의 공동주택 중에서 해당 일단의 공동주택을 대표할 수 있는 주택을 선정하여야 한다.
② 국토교통부장관은 표준주택가격을 조사·산정하고자 할 때에는 한국부동산원 또는 둘 이상의 감정평가법인등에게 의뢰한다.
③ 표준주택가격은 국가·지방자치단체 등이 과세 업무와 관련하여 주택의 가격을 산정하는 경우에 그 기준으로 활용하여야 한다.
④ 표준주택가격의 공시 사항에는 지목, 도로상황이 포함되어야 한다.
⑤ 개별주택가격 결정·공시에 소요되는 비용은 75% 이내에서 지방자치단체가 보조할 수 있다.

14 부동산 가격공시에 관한 법령상 주택 등의 가격의 공시에 관한 설명으로 옳지 않은 것은? ☆ 제34회 기출

① 이의신청의 기간 절차 및 방법은 표준주택가격을 공시할 때 관보에 공고해야 하는 사항이다.
② 표준주택가격의 공시에는 표준주택의 용도가 포함되어야 한다.
③ 비주거용 집합부동산의 조사 및 산정지침은 중앙부동산가격공시위원회 심의대상이다.
④ 국토교통부장관은 표준주택가격을 조사·산정한 때에는 둘 이상의 감정평가법인등의 검증을 받아야 한다.
⑤ 공동주택가격의 공시에는 공동주택의 면적이 포함되어야 한다.

13 해설
① 표준주택 선정은 단독주택을 대상으로 한다.
② 표준주택가격은 한국부동산원에 의뢰한다.
③ 과세 업무와 관련하여 주택의 가격을 산정하는 것은 개별주택가격이다.
⑤ 개별주택가격 결정·공시에 소요되는 비용은 50% 이내에서 국고에서 보조할 수 있다.

14 해설
④ 국토교통부장관이 표준주택가격을 조사·산정한 때에는 검증을 받지 아니한다.

정답 13 ④ 14 ④

비주거용 부동산가격의 공시

01 **부동산 가격공시에 관한 법령상 비주거용 부동산 가격의 공시에 관한 설명으로 옳지 않은 것은?**

☆ 제23회 기출

① 국토교통부장관이 비주거용 표준부동산을 선정할 경우 미리 해당 비주거용 표준부동산이 소재하는 시·도지사의 의견을 들어야 하나, 이를 시장·군수·구청장의 의견으로 대신할 수 있다.

② 국토교통부장관은 중앙부동산가격공시위원회의 심의를 거쳐 비주거용 표준부동산가격을 공시할 수 있다.

③ 비주거용 표준부동산 가격의 공시에는 비주거용 표준부동산의 대지면적 및 형상이 포함되어야 한다.

④ 국토교통부장관은 비주거용 개별부동산 가격의 산정을 위하여 필요하다고 인정하는 경우에는 비주거용 부동산가격비준표를 작성하여 시장·군수 또는 구청장에게 제공하여야 한다.

⑤ 공시기준일이 따로 정해지지 않은 경우, 비주거용 집합부동산가격의 공시기준일은 1월 1일로 한다.

01 해설

① 국토교통부장관이 비주거용 표준부동산을 선정할 경우 미리 해당 비주거용 표준부동산이 소재하는 시·도지사 및 시장·군수·구청장의 의견을 들어야 한다.

정답 **01 ①**

02 **부동산 가격공시에 관한 법령상 비주거용 부동산가격의 공시에 관한 설명으로 옳지 않은 것은?**

☆ 제35회 기출

① 공시기준일 이후에 「건축법」에 따른 대수선이 된 비주거용 일반부동산은 해당 비주거용 개별부동산가격의 공시기준일을 다르게 할 수 있다.

② 비주거용 표준부동산의 임시사용승인일은 비주거용 표준부동산가격의 공시사항에 포함되지 않는다.

③ 비주거용 표준부동산가격은 국가 등이 그 업무와 관련하여 비주거용 개별부동산가격을 산정하는 경우에 그 기준이 된다.

④ 국토교통부장관은 비주거용 집합부동산가격을 공시하기 위하여 그 가격을 산정할 때에는 비주거용 집합부동산의 소유자와 그 밖의 이해관계인의 의견을 들어야 한다.

⑤ 국토교통부장관은 공시한 비주거용 집합부동산가격의 오기를 정정하려는 경우에는 중앙부동산가격공시위원회의 심의를 거치지 아니할 수 있다.

02 해설

비주거용 표준부동산의 공시사항에는 다음의 사항이 포함되어야 한다.

㉠ 지번, 표준부동산 가격
㉡ 대지면적 및 형상, 용도
㉢ 연면적, 구조 및 사용승인일(임시사용승인일을 포함)
㉣ 지목, 용도지역, 도로상황

따라서 임시사용승인일은 비주거용 표준부동산가격의 공시사항에 포함된다.

정답 02 ②

06 부동산가격공시위원회

01 부동산 가격공시에 관한 법령상 중앙부동산가격공시위원회에 관한 설명으로 옳은 것은?

☆ 제19회 기출

① 위원장은 위원 중에서 호선하며, 부위원장은 위원장이 지명한다.
② 위원회는 위원장을 제외한 20명 이내의 위원으로 구성한다.
③ 위원회의 회의는 국토교통부장관이 이를 소집하고 개회 2일 전에 의안을 첨부하여 각 위원에게 통지하여야 한다.
④ 고등교육법에 따른 대학에서 토지·주택 등에 관한 이론을 가르치는 조교수 이상의 직에 있는 자는 위원으로 위촉될 수 있다.
⑤ 공무원이 아닌 위원의 임기는 3년으로 하되, 한차례 연임할 수 있다.

02 부동산 가격공시에 관한 법령상 중앙부동산가격공시위원회의 심의대상으로서 옳은 것은?

☆ 제25회 기출

① 표준주택의 선정 및 관리지침에 관한 사항
② 개별주택가격에 대한 이의신청에 관한 사항
③ 감정평가 관계 법령 제·개정에 관한 사항
④ 감정평가사 제2차 시험의 최소합격 인원에 관한 사항
⑤ 감정평가법인등의 직무수행에 따른 출장에 소요된 실비의 범위에 관한 사항

01 해설

① 위원장은 국토교통부 제1차관이 되고, 부위원장은 위원 중 위원장이 지명한다.
② 위원회는 위원장을 포함하여 20인 이내의 위원으로 구성한다.
③ 위원회의 회의는 위원장이 이를 소집하고 개회 3일 전에 의안을 첨부하여 각 위원에게 통지하여야 한다.
⑤ 공무원이 아닌 위원의 임기는 2년으로 하되, 한차례 연임할 수 있다.

02 해설

② 시·군·구 부동산 가격공시위원회의 심의사항이다.
③, ④, ⑤ 감정평가관리·징계위원회의 심의사항이다.

정답 01 ④ 02 ①

합격까지 박문각

제 8 편

감정평가 및 감정평가사에 관한 법률

CHAPTER 01 총칙

01 **감정평가 및 감정평가사에 관한 법령상 감정평가의 대상에 해당하지 않는 것은?**

☆ 제29회 기출

① 어업권
② 유가증권
③ 도로점용허가권한
④ 입목에 관한 법률에 따른 입목
⑤ 공장 및 광업재단 저당법에 따른 공장재단

02 **감정평가 및 감정평가사에 관한 법령상 감정평가법인등이 토지를 감정평가하는 경우 해당 토지의 임대료, 조성비용 등을 고려하여 감정평가를 할 수 있는 경우가 아닌 것은?**

☆ 제29회 기출

① 보험회사의 의뢰에 따른 감정평가
② 신탁회사의 의뢰에 따른 감정평가
③ 자산재평가법에 따른 감정평가
④ 법원에 계속 중인 소송을 위한 감정평가 중 보상과 관련된 감정평가
⑤ 금융기관의 의뢰에 따른 감정평가

01 해설
③ 도로점용허가권한은 감정평가의 대상이 아니다.

02 해설
④ 법원에 계속 중인 소송을 위한 감정평가 중 보상과 관련된 감정평가는 감정평가법인등이 해당 토지의 임대료, 조성비용 등을 고려하여 감정평가를 할 수 있는 경우에 해당하지 않는다.

정답 01 ③ 02 ④

03 감정평가 및 감정평가사에 관한 법령상 감정평가에 관한 설명으로 옳지 않은 것은?

☆ 제31회 기출

① 감정평가법인등이 토지를 감정평가하는 경우 적정한 실거래가가 있는 경우에는 이를 기준으로 할 수 있다.
② 감정평가법인등은 해산 또는 폐업하는 경우에도 감정평가서 관련 서류를 발급일부터 5년 이상 보존하여야 한다.
③ 국토교통부장관은 감정평가 타당성 조사를 할 경우 해당 감정평가를 의뢰한 자에게 의견진술 기회를 주어야 한다.
④ 감정평가법인은 감정평가서를 의뢰인에게 발급하기 전에 같은 법인 소속의 다른 감정평가사에게 감정평가서의 적정성을 심사하게 하여야 한다.
⑤ 토지 및 건물의 가격에 관한 정보 및 자료는 감정평가 정보체계의 관리대상에 해당한다.

04 감정평가 및 감정평가사에 관한 법령상 감정평가에 관한 설명으로 옳지 않은 것은?

☆ 제28회 기출

① 감정평가법인등은 해산하거나 폐업하는 경우 감정평가서의 원본과 그 관련서류를 국토교통부장관에게 제출하여야 한다.
② 감정평가법인등은 감정평가서의 관련 서류를 발급일부터 5년 이상 보존하여야 한다.
③ 감정평가 의뢰인이 감정평가서를 분실하거나 훼손하여 감정평가서 재발급을 신청한 경우 감정평가법인등은 정당한 사유가 있을 때를 제외하고는 감정평가서를 재발급하여야 한다.
④ 국가가 토지 등을 경매하기 위하여 감정평가를 의뢰하려고 한국감정평가사협회에 감정평가법인등 추천을 요청한 경우 협회는 요청을 받은 날부터 7일 이내에 감정평가법인등을 추천하여야 한다.
⑤ 유가증권도 감정평가의 대상이 된다.

03 해설

② 감정평가법인등은 해산하거나 폐업하는 경우 보존을 위하여 감정평가서의 원본과 그 관련 서류를 국토교통부장관에게 제출해야 한다. 국토교통부장관은 제출받은 감정평가서 관련 서류를 발급일부터 2년 동안 보관하여야 한다.

04 해설

② 감정평가법인등은 감정평가서의 관련 서류를 발급일부터 2년 이상 보존하여야 한다.

정답 03 ② 04 ②

05 감정평가 및 감정평가사에 관한 법령상 감정평가법인등에 관한 설명으로 옳은 것은?

☆ 제30회 기출

① 감정평가법인등이 토지를 감정평가하는 경우에는 그 토지와 이용가치가 비슷하다고 인정되는 토지의 적정한 실거래가를 기준으로 하여야 한다.
② 감정평가법인등은 감정평가서의 원본을 발급일부터 2년 이상 보존하여야 한다.
③ 감정평가법인등은 토지의 매매업을 직접 할 수 있다.
④ 감정평가법인등의 업무수행에 따른 수수료 요율은 국토교통부장관이 감정평가관리・징계위원회의 심의를 거치지 아니하고 결정할 수 있다.
⑤ 감정평가법인등이 감정평가서 관련 서류를 보관하는 기간 이상과 국토교통부장관이 감정평가법인등의 해산이나 폐업 시 제출받은 감정평가서 관련 서류를 보관하는 기간 동안은 동일하다.

06 감정평가 및 감정평가사에 관한 법령상 감정평가에 관한 설명으로 옳지 않은 것은?

☆ 제33회 기출

① 금융기관이 대출과 관련하여 토지 등의 감정평가를 하려는 경우에는 감정평가법인등에 의뢰하여야 한다.
② 감정평가법인등이 해산하거나 폐업하는 경우 시・도지사는 감정평가서의 원본을 발급일부터 5년 동안 보관해야 한다.
③ 국토교통부장관은 감정평가서가 발급된 후 해당 감정평가가 법률에서 정하는 절차와 방법 등에 따라 타당하게 이루어졌는지를 직권으로 조사할 수 있다.
④ 최근 3년 이내에 실시한 감정평가 타당성 조사 결과 감정평가의 부실이 발생한 분야에 대해서는 우선 추출방식의 표본조사가 실시될 수 있다.
⑤ 감정평가서에 대한 표본조사는 무작위추출방식으로도 할 수 있다.

05 해설

① 감정평가법인등이 토지를 감정평가하는 경우에는 그 토지와 이용가치가 비슷하다고 인정되는 표준지공시지가를 기준으로 하여야 한다.
② 감정평가법인등은 감정평가서의 원본을 발급일부터 5년 이상 보존하여야 한다.
③ 감정평가법인등은 토지의 매매업을 직접 할 수 없다.
④ 감정평가법인등의 업무수행에 따른 수수료 요율은 국토교통부장관이 감정평가관리・징계위원회의 심의를 거쳐야 한다.

06 해설

② 감정평가법인등은 해산하거나 폐업하는 경우 보존을 위하여 감정평가서 원본과 그 관련 서류를 국토교통부장관에게 제출하여야 하고 국토교통부장관은 원본을 발급일부터 5년 동안 보관하여야 하고, 관련 서류를 발급일부터 2년 동안 보관하여야 한다.

정답 05 ⑤ 06 ②

07 감정평가 및 감정평가사에 관한 법령상 감정평가에 관한 설명으로 옳은 것은? ☆ 제22회 기출

① 국가가 토지 등의 매입을 위하여 감정평가를 의뢰하고자 하는 경우에는 한국부동산원에 의뢰하여야 한다.

② 금융기관이 대출과 관련하여 토지 등의 감정평가를 의뢰하고자 하는 경우에는 감정평가법인에게 의뢰하여야 한다.

③ 감정평가법인등이 타인의 의뢰에 의하여 토지를 개별적으로 감정평가하는 경우에는 그 토지와 이용가치가 비슷하다고 인정되는 개별공시지가를 기준으로 하여야 한다.

④ 감정평가법인등은 감정평가서의 원본과 관련 서류를 그 교부일부터 10년 이상 보존하여야 한다.

⑤ 감정평가법인등이 과실로 평가 당시의 적정가격과 현저한 차이가 있게 감정평가를 하여 의뢰인에게 손해를 발생하게 한 경우 손해를 배상할 책임이 있다.

07 해설

① 국가 등이 토지 등의 매입 매각 등을 위하여 토지 등의 감정평가를 의뢰하고자 하는 경우에는 감정평가법인등에 의뢰하여야 한다.

② 금융기관이 대출과 관련하여 토지 등의 감정평가를 의뢰하고자 하는 경우에는 감정평가법인등에 의뢰하여야 한다.

③ 감정평가법인등이 토지를 감정평가하는 경우에는 그 토지와 이용가치가 비슷하다고 인정되는 표준지공시지가를 기준으로 하여야 한다.

④ 감정평가법인등은 감정평가서 원본은 5년 이상, 관련 서류는 2년 이상 보존하여야 한다.

정답 07 ⑤

감정평가사

01 감정평가 및 감정평가사에 관한 법령상 감정평가법인등의 업무에 해당하는 것을 모두 고른 것은? ☆ 제29회 기출

㉠ 법원에 계속 중인 소송 또는 경매를 위한 토지 등의 감정평가에 부수되는 업무 ㉡ 금융기관·보험회사·신탁회사 등 타인의 의뢰에 따른 토지 등의 감정평가 ㉢ 자산재평가법에 따른 토지 등의 감정평가 ㉣ 토지 등의 이용 및 개발 등에 대한 조언이나 정보 등의 제공 ㉤ 감정평가와 관련된 상담 및 자문

① ㉣, ㉤
② ㉠, ㉡, ㉢
③ ㉠, ㉡, ㉢, ㉤
④ ㉠, ㉢, ㉣, ㉤
⑤ ㉠, ㉡, ㉢, ㉣, ㉤

01 해설

감정평가법인등은 다음의 업무를 행한다.

❶ 「부동산 가격공시에 관한 법률」에 따라 감정평가법인등이 수행하는 업무 ❷ 공공용지의 매수 및 토지의 수용·사용에 대한 보상, 국유지·공유지의 취득 또는 처분 목적을 위한 토지 등의 감정평가 ❸ 「자산재평가법」에 따른 토지 등의 감정평가 ❹ 법원에 계속 중인 소송 또는 경매를 위한 토지 등의 감정평가 ❺ 금융기관·보험회사·신탁회사 등 타인의 의뢰에 따른 토지 등의 감정평가 ❻ 감정평가와 관련된 상담 및 자문 ❼ 토지 등의 이용 및 개발 등에 대한 조언이나 정보 등의 제공 ❽ 다른 법령에 따라 감정평가법인등이 할 수 있는 토지 등의 감정평가 ❾ 제1호부터 제8호까지의 업무에 부수되는 업무

따라서 ㉠, ㉡, ㉢, ㉣, ㉤ 모두 옳은 내용이다.

정답 01 ⑤

02 **감정평가 및 감정평가사에 관한 법령상 감정평가법인등의 업무 범위에 해당하지 아니하는 것은?**

① 국·공유지의 취득 또는 처분을 위한 토지의 감정평가
② 표준주택의 적정가격 조사·평가 및 개별주택가격의 검증
③ 자산재평가법에 의한 토지 등의 감정평가
④ 금융기관·보험회사·신탁회사 등 타인의 의뢰에 의한 토지 등의 감정평가
⑤ 표준지공시지가 공시를 위한 적정가격의 조사·평가

03 **감정평가 및 감정평가사에 관한 법령상 감정평가사가 될 수 있는 자는?** ☆ 제27회 기출

① 미성년자, 피성년후견인, 피한정후견인
② 파산선고를 받은 자로서 복권되지 아니한 사람
③ 금고 이상의 형의 집행유예를 받고 그 유예기간이 만료된 날부터 1년이 지나지 아니한 사람
④ 금고 이상의 형의 선고유예를 받고 그 선고유예기간 중에 있는 사람
⑤ 부정한 방법으로 감정평가사 자격을 받은 경우로서 감정평가사 자격이 취소된 후 2년이 지난 사람

02 해설

② 표준주택의 적정가격의 조사·평가 및 개별주택가격의 검증은 한국부동산원의 업무에 해당한다.

03 해설

다음의 어느 하나에 해당하는 사람은 감정평가사가 될 수 없다.

❶ 파산선고를 받은 사람으로서 복권되지 아니한 사람(미성년자×)
❷ 금고 이상의 실형을 선고받고 그 집행이 종료(집행이 종료된 것으로 보는 경우를 포함한다)되거나 그 집행이 면제된 날부터 3년이 지나지 아니한 사람
❸ 금고 이상의 형의 집행유예를 받고 그 유예기간이 만료된 날부터 1년이 지나지 아니한 사람
❹ 금고 이상의 형의 선고유예를 받고 그 선고유예기간 중에 있는 사람
❺ 법 제13조(부정한 방법으로 자격을 받은 경우와 자격의 취소 징계를 받은 경우)에 따라 감정평가사 자격이 취소된 후 3년이 지나지 아니한 사람. 다만, 아래 ❻에 해당하는 사람은 제외한다.
❻ 법 제39조(징계) 제1항 제11호 및 제12호에 따라 자격이 취소된 후 5년이 지나지 아니한 사람
- 법 제39조 제1항 제11호 : 감정평가사의 직무와 관련하여 금고 이상의 형을 선고받아(집행유예를 선고받은 경우를 포함한다) 그 형이 확정된 경우
- 법 제39조 제1항 제12호 : 이 법에 따라 업무정지 1년 이상의 징계처분을 2회 이상 받은 후 다시 징계사유가 있는 사람으로서 감정평가사의 직무를 수행하는 것이 현저히 부적당하다고 인정되는 경우

따라서 미성년자, 피성년후견인, 피한정후견인은 감정평가사가 될 수 있다.

정답 02 ② 03 ①

04 **감정평가 및 감정평가사에 관한 법령상 감정평가사 자격취득에 있어 결격사유가 없는 자는?**

☆ 제22회 기출

① 금고 이상의 집행유예를 받고 그 유예기간이 만료된 날부터 6개월이 지난 사람
② 파산선고를 받고 3년이 지난 사람
③ 금고 이상의 실형을 선고받고 그 집행이 종료된 날부터 2년이 지난 사람
④ 부정한 방법으로 감정평가사 자격을 받은 경우로서 감정평가사 자격이 취소된 후 2년이 지난 사람
⑤ 금고 이상의 형의 선고유예를 받고 그 유예기간이 만료된 날부터 6개월이 지난 사람

05 **감정평가 및 감정평가사에 관한 법령상 감정평가사에 관한 설명으로 옳지 않은 것은?**

☆ 제32회 기출

① 감정평가사 결격사유는 감정평가사 등록의 거부사유와 취소사유가 된다.
② 등록한 감정평가사는 5년마다 그 등록을 갱신하여야 한다.
③ 등록한 감정평가사가 징계로 감정평가사 자격이 취소된 후 5년이 지나지 아니한 경우 국토교통부장관은 그 등록을 취소할 수 있다.
④ 감정평가사는 감정평가업을 하기 위하여 1개의 사무소만을 설치할 수 있다.
⑤ 부정한 방법으로 감정평가사 자격을 받은 이유로 그 자격이 취소된 후 3년이 지나지 아니한 사람은 감정평가사가 될 수 없다.

04 해설

① 금고 이상의 집행유예를 받고 그 유예기간이 만료된 날부터 1년이 지나야 한다.
② 파산선고를 받은 후 복권된 경우에 결격사유에 해당하지 않는다.
③ 금고 이상의 실형을 선고받고 그 집행이 종료된 날부터 3년이 지나야 한다.
④ 부정한 방법으로 감정평가사 자격을 받은 경우로서 감정평가사 자격이 취소된 후 3년이 지나야 한다.

05 해설

③ 등록한 감정평가사가 징계로 감정평가사 자격이 취소된 후 5년이 지나지 아니한 경우 국토교통부장관은 그 등록을 취소하여야 한다.

정답 04 ④ 05 ③

06 감정평가 및 감정평가사에 관한 법령상 감정평가사에 관한 설명으로 옳은 것은?

☆ 제24회 기출

① 외국의 감정평가사 자격을 가진 자로서 결격사유에 해당하지 아니하는 자는 그 본국에서 대한민국 정부가 부여한 감정평가사 자격을 인정하지 않더라도 시·도지사의 인가를 받으면 감정평가법인등의 업무를 행할 수 있다.
② 국유재산을 관리하는 기관에서 5년 이상 감정평가와 관련된 업무에 종사한 자로서 감정평가사 제2차 시험에 합격한 자는 감정평가사의 자격이 있다.
③ 감정평가사의 자격이 있는 사람은 시·도지사에게 등록을 하면 감정평가업을 영위할 수 있다.
④ 감정평가사는 감정평가업을 영위하기 위하여 복수의 사무소를 설치할 수 있다.
⑤ 국토교통부장관은 감정평가사가 등록취소 사유에 해당하는지 여부를 확인하기 위하여 관계 기관에 관련 자료를 요청할 수 없다.

07 감정평가 및 감정평가사에 관한 법령상 감정평가사에 관한 설명으로 옳지 않은 것은?

☆ 제30회 기출

① 부정한 방법으로 감정평가사 자격이 취소된 후 3년이 지나지 아니한 사람은 감정평가사가 될 수 없다.
② 감정평가사 결격사유는 감정평가사 등록 및 갱신등록의 거부 사유가 된다.
③ 감정평가사는 둘 이상의 감정평가법인 또는 감정평가사 사무소에 소속될 수 없다.
④ 감정평가사 자격이 있는 사람이 국토교통부장관에게 등록하기 위해서는 1년 이상의 실무수습을 마쳐야 한다.
⑤ 감정평가사 시험에 합격한 사람은 실무수습 또는 교육연수를 마치지 않더라도 감정평가사의 자격이 있다.

06 해설

① 외국의 감정평가사 자격을 가진 자로서 결격사유에 해당하지 아니하는 자는 그 본국에서 대한민국 정부가 부여한 감정평가사 자격을 인정하는 경우에 한정하여 국토교통부장관의 인가를 받아 업무를 수행할 수 있다.
③ 감정평가사의 자격이 있는 사람은 국토교통부장관에게 등록을 하면 감정평가업을 영위할 수 있다.
④ 감정평가사는 감정평가를 하기 위하여 1개의 사무소만을 설치할 수 있다.
⑤ 국토교통부장관은 감정평가사가 등록취소 사유에 해당하는지 여부를 확인하기 위하여 관계 기관에 관련 자료를 요청할 수 있다. 이 경우 관계 기관은 특별한 사정이 없으면 그 자료를 제공하여야 한다.

07 해설

④ 감정평가사에 합격한 사람의 실무수습기간은 1년이며, 제1차 시험을 면제받고 감정평가사 시험에 합격한 사람의 실무수습기간은 4주이다. 또한 등록취소 및 업무정지의 징계를 받은 감정평가사는 25시간 이상 교육연수를 마치고 국토교통부장관에게 등록하여야 한다.

정답 06 ② 07 ④

08 **감정평가 및 감정평가사에 관한 법령상 감정평가사에 관한 설명으로 옳지 않은 것은?**

① 감정평가사는 감정평가업을 하기 위하여 1개의 사무소만을 설치할 수 있다.
② 견책을 받은 감정평가사는 감정평가사 교육연수의 대상자에 포함된다.
③ 국유재산을 관리하는 기관에서 5년 이상 감정평가와 관련된 업무에 종사한 사람에 대해서는 감정평가사시험 중 제1차 시험을 면제한다.
④ 국토교통부장관은 등록한 감정평가사가 파산선고를 받고 복권되지 아니한 경우에는 그 등록을 취소하여야 한다.
⑤ 등록한 감정평가사는 5년마다 그 등록을 갱신하여야 한다.

09 **감정평가 및 감정평가사에 관한 법령상 감정평가사의 권리와 의무 등에 관한 설명으로 옳지 않은 것은?**

☆ 제31회 기출

① 감정평가사 합동사무소에 두는 감정평가사의 수는 2명 이상으로 한다.
② 소속감정평가사 또는 사무직원의 고용 및 고용 관계 종료 신고의 접수는 한국감정평가사협회에 위탁한다.
③ 감정평가법인등은 소속 감정평가사의 고용 관계가 종료된 때에는 한국부동산원에 신고하여야 한다.
④ 감정평가법인등은 고의 또는 중대한 과실로 잘못된 평가를 하여서는 아니 된다.
⑤ 감정평가법인등이 감정평가를 하면서 고의 또는 과실로 감정평가 당시의 적정가격과 현저한 차이가 있게 감정평가를 함으로써 선의의 제3자에게 손해를 발생하게 하였을 때에는 그 손해를 배상할 책임이 있다.

08 해설

② 감정평가사 교육연수의 대상자는 등록취소와 2년 이하의 업무정지 처분을 받은 경우에 해당하기 때문에 견책을 받은 감정평가사는 교육연수의 대상이 아니다.

09 해설

③ 감정평가법인등은 소속 감정평가사의 고용 관계가 종료된 때에는 국토교통부장관에게 신고하여야 한다.

정답 08 ② 09 ③

10 감정평가 및 감정평가사에 관한 법령상 감정평가사의 권리와 의무에 관한 설명으로 옳지 않은 것은? ☆ 제32회 기출

① 등록을 한 감정평가사가 감정평가업을 하려는 경우에는 감정평가사 사무소를 개설할 수 있다.
② 감정평가사는 다른 사람에게 자격증 등록증을 양도・대여하여서는 아니 된다.
③ 감정평가사는 2명 이상의 감정평가사로 구성된 감정평가사 합동사무소를 설치할 수 있다.
④ 감정평가사는 둘 이상의 감정평가법인 또는 감정평가사무소에 소속될 수 없다.
⑤ 감정평가법인등은 그 직무의 수행을 보조하기 위하여 피성년후견인을 사무직원으로 둘 수 있다.

10 해설
다음에 해당하는 사람은 사무직원이 될 수 없다.

㉠ 미성년자 또는 피성년후견인・피한정후견인(파산선고를 받은 자 ×)
㉡ 이 법 또는 「형법」 제129조부터 제132조까지, 「특정범죄 가중처벌 등에 관한 법률」 제2조 또는 제3조, 그 밖에 대통령령으로 정하는 법률에 따라 유죄 판결을 받은 사람으로서 다음 각 목의 어느 하나에 해당하는 사람
  ⓐ 징역 이상의 형을 선고받고 그 집행이 끝나거나 그 집행을 받지 아니하기로 확정된 후 3년이 지나지 아니한 사람
  ⓑ 징역형의 집행유예를 선고받고 그 유예기간이 지난 후 1년이 지나지 아니한 사람
  ⓒ 징역형의 선고유예를 받고 그 유예기간 중에 있는 사람
㉢ 제13조에 따라 감정평가사 자격이 취소된 후 1년이 경과되지 아니한 사람. 다만, ㉣ 또는 ㉤에 해당하는 사람은 제외한다.
㉣ 제39조 제1항 제11호(감정평가사의 직무와 관련하여 금고 이상의 형을 선고받고 그 형이 확정된 경우)에 따라 자격이 취소된 후 5년이 경과되지 아니한 사람
㉤ 제39조 제1항 제12호(업무정지 1년 이상의 징계처분을 2회 이상 받은 후 다시 징계사유가 있는 사람)에 따라 자격이 취소된 후 3년이 경과되지 아니한 사람
㉥ 제39조에 따라 업무가 정지된 감정평가사로서 그 업무정지 기간이 지나지 아니한 사람

따라서 피성년후견인은 결격사유로 사무직원이 될 수 없다.

정답 10 ⑤

11 감정평가 및 감정평가사에 관한 법령상 다음 보기 중 옳지 않은 것만으로 모두 묶인 것은?

☆ 제21회 기출

ㄱ. 감정평가법인등은 자기 소유의 토지에 대하여는 감정평가하여서는 아니 된다.
ㄴ. 감정평가법인등은 감정평가서의 원본을 그 발급일로부터 10년 이상 보존해야 한다.
ㄷ. 감정평가법인등이 의뢰인으로부터 받는 수수료의 요율은 중앙부동산가격공시위원회에서 심의·의결하여 정한다.
ㄹ. 미성년자는 감정평가사가 될 수 있다.
ㅁ. 감정평가법인등은 토지 등의 매매업을 직접 영위하여서는 아니 된다.

① ㄱ, ㄴ ② ㄱ, ㅁ ③ ㄴ, ㄷ
④ ㄷ, ㄹ ⑤ ㄹ, ㅁ

12 감정평가 및 감정평가사에 관한 법령상 감정평가법인등(감정평가법인 또는 감정평가사 사무소의 소속감정평가사를 포함한다)의 의무에 관한 설명으로 옳은 것은?

☆ 제29회 기출

① 자신이 소유한 토지에 대하여 감정평가를 하기 위해서는 국토교통부장관의 허가를 받아야 한다.
② 감정평가업무와 관련하여 필요한 경우에만 국토교통부장관의 허가를 받아 토지의 매매업을 직접 할 수 있다.
③ 감정평가업무의 경쟁력 강화를 위해 필요한 경우 감정평가 수주의 대가로 일정한 재산상 이익을 제공할 수 있다.
④ 감정평가법인등(감정평가법인 또는 감정평가사 사무소의 소속 감정평가사를 포함한다)은 법 제10조에 따른 업무를 하는 경우 품위를 유지하여야 하고, 신의와 성실로써 공정하게 하여야 하며, 고의 또는 중대한 과실로 업무를 잘못하여서는 아니 된다.
⑤ 공익을 위해 필요한 경우에는 다른 사람에게 자기의 자격증을 대여할 수 있다.

11 해설

③ ㄴ. 감정평가법인등은 감정평가서의 원본을 그 발급일로부터 5년 이상 보존해야 한다.
ㄷ. 감정평가법인등이 의뢰인으로부터 받는 수수료의 요율은 감정평가관리·징계위원회에서 심의·의결하여 정한다.

12 해설

① 감정평가법인등은 자기 또는 친척 소유의 토지 등에 대해서는 그 업무를 수행하여서는 아니 된다.
② 감정평가법인등은 토지 등의 매매업을 직접 하여서는 아니 된다.
③ 감정평가 수주의 대가로 재산상 이익을 제공할 수 없다.
⑤ 감정평가법인등은 다른 사람에게 자기의 자격증을 대여할 수 없다.

정답 11 ③ 12 ④

13 **감정평가 및 감정평가사에 관한 법령상 감정평가사의 권리와 의무에 관한 설명으로 옳지 않은 것은?**

☆ 제28회 기출

① 감정평가사는 2명 이상의 감정평가사로 구성된 합동사무소를 설치할 수 있다.
② 감정평가사는 감정평가업을 하기 위하여 1개의 사무소만을 설치할 수 있다.
③ 감정평가법인등은 토지 등의 매매업을 직접 하여서는 아니 된다.
④ 감정평가법인등이 손해배상책임을 보장하기 위하여 보증보험에 가입하는 경우 보험가입 금액은 감정평가사 1인당 1억원 이상으로 한다.
⑤ 손해배상책임을 위반하여 보험 또는 협회가 운영하는 공제사업에의 가입 등 필요한 조치를 하지 아니한 사람에게는 5백만원 이하의 과태료를 부과한다.

14 **감정평가 및 감정평가사에 관한 법령상 감정평가법인등에 관한 설명으로 옳지 않은 것은?**

☆ 제23회 기출

① 국토교통부장관은 감정평가사의 등록취소처분을 하고자 하는 경우 청문을 실시하여야 한다.
② 감정평가법인등은 감정평가서의 원본을 5년 이상 보존하여야 한다.
③ 등록 및 갱신등록의 거부 사유 중 결격사유 또는 미성년자, 피성년후견인, 피한정후견인에 해당하지 않는 자는 감정평가법인의 감정평가사가 아닌 사원 또는 이사가 될 수 있다.
④ 누구든지 감정평가법인등과 그 사무직원에게 토지 등에 대하여 특정한 가액으로 감정평가를 유도 또는 요구하는 행위를 하여서는 아니 되며, 그 유도 또는 요구하는 행위에 따라서는 아니 된다.
⑤ 감정평가의 유도 요구 금지를 위반하여 특정한 가액으로 감정평가를 유도 또는 요구하는 행위를 한 자 또는 따른 자에 대하여는 3년 이하의 징역 또는 3천만원 이하의 벌금에 처한다.

13 해설

⑤ 손해배상책임을 위반하여 보험 또는 협회가 운영하는 공제사업에의 가입 등 필요한 조치를 하지 아니한 사람에게는 400만원 이하의 과태료를 부과한다.

14 해설

청문을 실시하여야 경우는 다음과 같다.

1. 제13조 제1항 제1호에 따른 감정평가사 자격의 취소
2. 제32조 제1항에 따른 감정평가법인의 설립인가 취소

따라서 등록취소처분은 청문 사유에 해당하지 않는다.

정답 13 ⑤ 14 ①

15 **감정평가 및 감정평가사에 관한 법령상의 내용으로 옳지 않은 것은?** ☆ 제26회 기출

① 법원의 계속 중인 소송 또는 경매를 위한 토지 등의 감정평가는 감정평가법인등의 업무에 속한다.

② 금고 이상의 형의 선고유예를 받고 그 선고유예기간 중에 있는 자는 감정평가사가 될 수 없다.

③ 감정평가법인등은 정당한 사유 없이 그 업무상 알게 된 비밀을 누설하여서는 아니 된다.

④ 감정평가법인등은 감정평가서의 원본을 발급일부터 3년 이상, 감정평가서의 관련 서류를 발급일부터 1년 이상 보존하여야 한다.

⑤ 한국감정평가사 협회는 법인으로 한다.

15 해설

④ 감정평가법인등은 감정평가서의 원본을 발급일부터 5년 이상, 감정평가서의 관련 서류를 발급일부터 2년 이상 보존하여야 한다.

정답 15 ④

CHAPTER

03 감정평가법인

01 감정평가 및 감정평가사에 관한 법령상 감정평가법인에 관한 설명으로 옳은 것을 모두 고른 것은?

☆ 제27회 기출

> ㉠ 감정평가법인에는 5명 이상의 감정평가사를 두어야 한다.
> ㉡ 감정평가법인의 주사무소에 주재하는 최소 감정평가사의 수는 3명이고, 분사무소에 주재하는 최소 감정평가사의 수는 2명이다.
> ㉢ 감정평가법인이 해산하고자 할 때에는 국토교통부장관의 인가를 받아야 한다.
> ㉣ 감정평가법인에 대해서는 감정평가 및 감정평가사에 관한 법률에서 정한 것을 제외하고는 상법 중 회사에 관한 규정을 준용한다.

① ㉠, ㉡
② ㉠, ㉢
③ ㉠, ㉣
④ ㉡, ㉢
⑤ ㉡, ㉣

02 감정평가 및 감정평가사에 관한 법령상 감정평가법인에 관한 설명으로 옳은 것은?

☆ 제25회 기출

① 감정평가사가 아닌 자도 감정평가법인의 대표이사가 될 수 있다.
② 감정평가법인에는 15명 이상의 감정평가사를 두어야 한다.
③ 감정평가법인이 주주총회의 의결에 따라 다른 감정평가법인과 합병하는 경우에는 합병 후 7일 이내에 국토교통부장관에게 이를 신고하여야 한다.
④ 감정평가법인의 주사무소에 주재하는 법정 최소 감정평가사의 수는 2명이다.
⑤ 감정평가법인의 자본금은 3억원 이상이어야 한다.

01 해설

③ ㉡ 주사무소 및 분사무소에 주재하는 최소 감정평가사의 수는 2명이다.
㉢ 감정평가법인이 해산한 때에는 해산일부터 14일 이내에 국토교통부장관에게 신고하여야 한다.

02 해설

① 감정평가법인의 대표이사는 감정평가사여야 한다.
② 감정평가법인은 5명 이상의 감정평가사를 두어야 한다.
③ 감정평가법인은 사원 전원의 동의 또는 주주총회의 의결이 있는 때에는 국토교통부장관의 인가를 받아 다른 감정평가법인과 합병할 수 있다.
⑤ 감정평가법인의 자본금은 2억원 이상이어야 한다.

정답 01 ③ 02 ④

03 감정평가 및 감정평가사에 관한 법령상 감정평가법인에 관한 설명으로 옳지 않은 것은?

☆ 제26회 기출

① 감정평가법인의 주사무소에 주재하는 최소 감정평가사의 수는 3명이다.
② 감정평가법인은 당해 법인의 소속감정평가사 외의 자로 하여금 감정평가법인등의 업무를 하게 하여서는 아니 된다.
③ 감정평가법인은 전체 사원 또는 이사의 100분의 70이 넘는 범위에서 대통령령으로 정하는 비율(100분의 90) 이상에 해당하는 감정평가사를 두어야 한다.
④ 감정평가법인은 사원 전원의 동의 또는 주주총회의 의결이 있는 때에는 국토교통부장관의 인가를 받아 다른 감정평가법인과 합병할 수 있다.
⑤ 감정평가법인의 자본금은 2억원 이상이어야 한다.

04 감정평가 및 감정평가사에 관한 법령상 감정평가법인에 관한 설명으로 옳은 것은?

☆ 제30회 기출

① 감정평가법인의 주사무소 및 분사무소에 주재하는 감정평가사가 각각 3명이면 설립기준을 충족하지 못한다.
② 감정평가법인을 해산하려는 경우에는 국토교통부장관의 인가를 받아야 한다.
③ 감정평가법인은 사원 전원의 동의 또는 주주총회의 의결이 있는 때에는 국토교통부장관의 인가를 받아 다른 감정평가법인과 합병할 수 있다.
④ 자본금 미달은 감정평가법인의 해산 사유에 해당한다.
⑤ 국토교통부장관은 감정평가법인등이 업무정지처분 기간 중에 법원에 계속 중인 소송 또는 경매를 위한 토지 등의 감정평가 업무를 한 경우 가중하여 업무의 정지를 명할 수 있다.

03 해설

① 감정평가법인의 주사무소에 주재하는 최소 감정평가사의 수는 2명이다.

04 해설

① 최소 2명 이상이므로 설립기준을 충족한다.
② 감정평가법인을 해산하려는 경우에는 국토교통부장관에게 신고하여야 한다.
④ 감정평가법인은 다음에 해당하는 경우에는 해산한다.

> ㉠ 정관으로 정한 사유의 발생
> ㉡ 사원총회 또는 주주총회의 결의
> ㉢ 합병
> ㉣ 설립인가의 취소
> ㉤ 파산
> ㉥ 법원의 명령 또는 판결

따라서 자본금 미달은 감정평가법인의 해산 사유가 아니다.
⑤ 국토교통부장관은 감정평가법인등이 업무정지처분 기간 중에 법원에 계속 중인 소송 또는 경매를 위한 토지 등의 감정평가 업무를 한 경우에는 설립인가를 취소하여야 한다.

정답 03 ① 04 ③

05 감정평가 및 감정평가사에 관한 법령상 감정평가법인등에 관한 설명으로 옳지 않은 것은?

☆ 제20회 기출

① 감정평가사는 감정평가업을 하기 위하여 2개 이상의 사무소를 설치할 수 있다.
② 감정평가사는 그 업무를 효율적으로 수행하고 공신력을 높이기 위하여 2명 이상의 감정평가사로 구성된 합동사무소를 설치할 수 있다.
③ 감정평가법인에는 5명 이상의 감정평가사를 두어야 한다.
④ 감정평가법인은 사원 전원의 동의 또는 주주총회의 의결이 있는 때에는 국토교통부장관의 인가를 받아 다른 감정평가법인과 합병할 수 있다.
⑤ 감정평가법인은 당해 법인의 소속감정평가사 외의 자로 하여금 감정평가법인등의 업무를 하게 하여서는 아니 된다.

06 감정평가 및 감정평가사에 관한 법령상 감정평가법인에 관한 설명으로 옳지 않은 것은?

☆ 제32회 기출

① 감정평가법인은 토지 등의 이용 및 개발 등에 대한 조언이나 정보 등의 제공을 행한다.
② 감정평가법인은 토지 등의 매매업을 직접하여서는 아니 된다.
③ 감정평가법인이 합병으로 해산한 때에는 이를 국토교통부장관에게 신고하여야 한다.
④ 국토교통부장관은 감정평가법인이 업무정지처분 기간 중에 감정평가업무를 한 경우에는 그 설립인가를 취소할 수 있다.
⑤ 감정평가법인의 자본금은 2억원 이상이어야 한다.

05 해설

① 감정평가사는 감정평가업을 하기 위하여 1개의 사무소만을 설치할 수 있다.

06 해설

④ 국토교통부장관은 감정평가법인이 업무정지처분 기간 중에 감정평가업무를 한 경우에는 그 설립인가를 취소하여야 한다.

정답 05 ① 06 ④

07 **감정평가 및 감정평가사에 관한 법령상 감정평가법인등에 관한 설명으로 옳지 않은 것은?**
★ 제33회 기출

① 부정한 방법으로 감정평가사의 자격을 받았다는 사유로 감정평가사 자격이 취소된 후 1년이 경과되지 아니한 사람은 감정평가법인등의 사무직원이 될 수 없다.
② 감정평가법인은 국토교통부장관의 허가를 받아 토지 등의 매매업을 직접 할 수 있다.
③ 감정평가법인등이나 그 사무직원은 업무수행에 따른 수수료와 실비 외에는 어떠한 명목으로도 그 업무와 관련된 대가를 받아서는 아니 된다.
④ 감정평가사가 고의 또는 중대한 과실 없이 감정평가서의 적정성을 잘못 심사한 것은 징계사유가 아니다.
⑤ 한국감정평가사 협회는 감정평가를 의뢰하려는 자가 해당 감정평가사에 대한 징계 사실을 확인하기 위하여 징계 정보의 열람을 신청하는 경우에는 그 정보를 제공하여야 한다.

08 **감정평가 및 감정평가사에 관한 법령상 요구되는 최소 인원수에 관한 설명으로 옳지 않은 것은? (단, 감정평가사는 등록 및 갱신등록의 거부 사유가 없는 자임을 전제로 한다.)** ★ 제24회 기출

① 감정평가사 합동사무소에 두는 감정평가사의 수는 2명 이상으로 한다.
② 감정평가법인은 전체 사원 또는 이사의 100분의 80이 넘는 범위에서 대통령령으로 정하는 비율(100분의 95) 이상을 감정평가사로 두어야 한다.
③ 감정평가법인에는 5명 이상의 감정평가사를 두어야 한다.
④ 감정평가법인의 주사무소에 주재하는 최소 감정평가사의 수는 2명이다.
⑤ 감정평가법인의 분사무소에 주재하는 최소 감정평가사의 수는 2명이다.

07 해설

② 감정평가법인등은 토지 등의 매매업을 직접 하여서는 아니 된다.

08 해설

② 감정평가법인은 전체 사원 또는 이사의 100분의 70이 넘는 범위에서 대통령령으로 정하는 비율(100분의 90) 이상을 감정평가사로 두어야 한다.

정답 07 ② 08 ②

09 감정평가 및 감정평가사에 관한 법령상 감정평가법인에 관한 설명으로 옳지 않은 것은?

☆ 제35회 기출

① 감정평가법인은 전체 사원 또는 이사의 100분의 90 이상을 감정평가사로 두어야 한다.
② 국토교통부장관은 감정평가법인등이 장부 등의 검사를 거부 또는 방해한 경우에는 그 설립인가를 취소할 수 있다.
③ 감정평가법인등은 토지등의 매매업을 직접 하여서는 아니 된다.
④ 감정평가법인의 자본금은 2억원 이상이어야 한다.
⑤ 감정평가법인의 대표사원 또는 대표이사는 감정평가사여야 한다.

09 해설
② 설립인가 취소는 감정평가법인등에게 적용되는 것이 아니고, 감정평가법인에게만 적용되는 규정이다. 따라서 틀린 내용이 된다.

정답 09 ②

CHAPTER 04

징계

01 감정평가 및 감정평가사에 관한 법령상 감정평가사의 징계사유에 해당하지 않는 것은?

☆ 제31회 기출

① 등록을 한 감정평가사가 감정평가사사무소의 개설 등의 규정을 위반하여 감정평가업을 한 경우
② 수수료의 요율 및 실비에 관한 기준을 지키지 아니한 경우
③ 토지 등의 매매업을 직접 한 경우
④ 친족 소유 토지 등에 대해서 감정평가한 경우
⑤ 직무와 관련하여 금고 이상의 형을 2회 이상 선고받아 그 형이 확정된 경우

02 감정평가 및 감정평가사에 관한 법령상 감정평가사에 대한 징계사유가 아닌 것은?

☆ 제26회 기출

① 감정평가사 자격이 있는 자가 등록을 하기 전에 감정평가법인등의 업무를 수행한 경우
② 등록을 한 감정평가사가 감정평가사사무소의 개설 등의 규정을 위반하여 감정평가업을 한 경우
③ 감정평가사가 구비서류를 거짓으로 작성하는 등 부정한 방법으로 등록을 한 경우
④ 감정평가를 한 소속 감정평가사가 작성한 감정평가서의 적정성을 같은 법인 소속 다른 감정평가사가 고의·중대한 과실로 잘못 심사한 경우
⑤ 감정평가사가 부정한 방법으로 감정평가사의 자격을 받은 경우

01 해설

⑤ 직무와 관련하여 금고 이상의 형을 선고받아(집행유예를 선고받은 경우를 포함한다) 그 형이 확정된 경우가 징계사유에 해당한다.

02 해설

⑤ 감정평가사가 부정한 방법으로 감정평가사의 자격을 받은 경우는 자격을 취소하여야 하는 사유에 해당한다. 징계로 이루어지는 자격취소와 구별하여야 한다.

> **법 제13조(자격의 취소)**
> ① 국토교통부장관은 감정평가사가 다음의 어느 하나에 해당하는 경우에는 그 자격을 취소하여야 한다.
> 1. 부정한 방법으로 감정평가사의 자격을 받은 경우
> 2. 제39조 제2항 제1호에 해당하는 징계를 받은 경우

정답 01 ⑤ 02 ⑤

03 **감정평가 및 감정평가사에 관한 법령상 감정평가사에 대한 징계의 종류 중 자격의 취소의 사유인 것은?**

☆ 제25회 기출

① 구비서류를 거짓으로 작성하여 감정평가사 등록을 한 경우
② 업무정지처분 기간에 감정평가법인등의 업무를 한 경우
③ 감정평가법인등이 감정평가사 자격증을 다른 사람에게 대여한 경우
④ 법 제47조에 따른 지도와 감독 등에 관하여 장부나 서류 등의 검사를 거부 또는 방해하거나 기피한 경우
⑤ 법 제3조의 제3항에 따라 원칙과 기준을 위반하여 감정평가를 한 경우

04 **감정평가 및 감정평가사에 관한 법령상 감정평가사의 징계사유에 해당하지 <u>않는</u> 것은?**

☆ 제23회 기출

① 자기의 소유 토지를 감정 평가한 경우
② 국토교통부 소속 공무원의 장부 검사를 기피한 경우
③ 구비서류를 거짓으로 작성하는 방법으로 갱신등록을 한 경우
④ 업무가 정지된 자가 등록증을 국토교통부장관에게 반납하지 않은 경우
⑤ 유가증권의 매매업을 직접 영위하는 경우

03 해설

③ 감정평가법인등이 감정평가사 자격증을 다른 사람에게 대여한 경우에는 자격의 취소 사유에 해당한다.

04 해설

④ 업무가 정지된 자가 등록증을 국토교통부장관에게 반납하지 않은 경우는 징계 사유에 해당하지 않는다.

정답 03 ③ 04 ④

05 감정평가 및 감정평가사에 관한 법령상 감정평가사에 대한 징계에 관한 설명으로 옳은 것은?

☆ 제22회 기출

① 한국감정평가사 협회는 감정평가관리ㆍ징계위원회에 감정평가사에 대한 징계 의결의 요구를 할 수 없다.

② 감정평가법인등이 중과실로 잘못된 평가를 한 경우에도 고의가 없다면 징계의 대상이 되지 않는다.

③ 감정평가관리ㆍ징계위원회의 의사 정족수는 재적위원 과반수이고 의결 정족수는 출석위원 3분의 2 이상이다.

④ 감정평가사가 다른 사람에게 자격증을 양도하거나 대여한 경우 감정평가관리ㆍ징계위원회의 의결에 따라 자격취소의 징계를 할 수는 없다.

⑤ 감정평가사에 대한 징계의결의 요구는 위반사유가 발생한 날부터 3년이 지난 때에는 할 수 없다.

06 감정평가 및 감정평가사에 관한 법령상 감정평가사에 대한 징계의 종류가 아닌 것은?

☆ 제35회 기출

① 견책
② 자격의 취소
③ 2년 이하의 업무정지
④ 등록의 취소
⑤ 6개월 이하의 자격의 정지

05 해설

① 한국감정평가사 협회는 감정평가사에게 징계사유가 있다고 인정하는 경우에는 그 증거서류를 첨주하여 국토교통부장관에게 징계를 요청할 수 있다. 감정평가관리ㆍ징계위원회의 징계의결은 국토교통부장관의 요구에 따라 한다. 따라서 한국감정평가사 협회는 감정평가관리ㆍ징계위원회에 감정평가사에 대한 징계 의결의 요구를 할 수는 없다.

② 고의 또는 중대한 과실로 잘못 심사한 경우에는 징계 대상이 된다.

③ 감정평가관리ㆍ징계위원회의 의사 정족수는 재적위원 과반수 출석으로 개의하고, 출석위원 과반수 찬성으로 의결한다.

④ 감정평가사가 다른 사람에게 자격증을 양도하거나 대여한 경우 감정평가관리ㆍ징계위원회의 의결에 따라 자격취소의 징계를 할 수는 있다.

⑤ 감정평가사에 대한 징계의결의 요구는 위반사유가 발생한 날부터 5년이 지난 때에는 할 수 없다.

06 해설

감정평가사의 징계의 종류는 다음과 같다.

1. 자격의 취소
2. 등록의 취소
3. 2년 이하의 업무정지
4. 견책

정답 05 ① 06 ⑤

07 감정평가 및 감정평가사에 관한 법령상 감정평가사에 대한 징계의 종류에 해당하지 않는 것은?

☆ 제28회 기출

① 자격의 취소
② 등록의 취소
③ 경고
④ 2년 이하의 업무정지
⑤ 견책

08 감정평가 및 감정평가사에 관한 법령상 감정평가관리 · 징계위원회에 관한 설명으로 옳은 것은?

☆ 제26회 기출

① 국토교통부의 5급 공무원은 징계위원회의 위원이 될 수 없으며, 성별을 고려하여 위원장 1명과 부위원장 1명을 포함한 13명의 위원으로 구성해야 한다.
② 고등교육법에 따른 대학에서 토지 · 주택 등에 관한 이론을 가르치는 조교수 이상의 직에 재직하고 있는 사람은 위원회의 위원이 될 수 없다.
③ 징계위원회의 위원의 임기는 2년으로 하되, 연임할 수 없다.
④ 위원회의 회의는 재적위원 과반수의 출석으로 개의하고, 재적위원 과반수의 찬성으로 의결한다.
⑤ 징계위원회의 부위원장은 위원장이 지명하는 자로 한다.

07 해설

③ 경고는 감정평가사에 대한 징계의 종류에 해당하지 않는다.

08 해설

② 고등교육법에 따른 대학에서 토지 · 주택 등에 관한 이론을 가르치는 조교수 이상의 직에 재직하고 있는 사람은 위원회의 위원이 될 수 있다.
③ 징계위원회의 위원의 임기는 2년으로 하되, 연임할 수 있다.
④ 징계위원회의 회의는 재적위원 과반수의 출석으로 개의하고, 출석위원 과반수의 찬성으로 의결한다.
⑤ 징계위원회의 부위원장은 국토교통부의 4급 이상의 공무원 중에서 국토교통부장관이 지명하는 자로 한다.

정답 07 ③ 08 ①

과징금

01 **감정평가 및 감정평가사에 관한 법령상 과징금에 관한 설명이다. 다음 (　　)안에 알맞은 것은?**

☆ 제27회 기출

> 국토교통부장관은 감정평가법인등의 위반행위에 대해 업무정지처분을 하여야 하는 경우로서 그 업무정지처분이 표준지공시지가의 조사·평가 등의 업무의 정상적인 수행에 지장을 초래하는 등 공익을 해칠 우려가 있는 경우에는 업무정지처분에 갈음하여 감정평가사의 경우에는 (㉠) 이하, 감정평가법인인 경우는 (㉡) 이하의 과징금을 부과할 수 있다.

① ㉠ 5천만원, ㉡ 5억원
② ㉠ 5천만원, ㉡ 10억원
③ ㉠ 7천만원, ㉡ 7억원
④ ㉠ 1억만원, ㉡ 5억원
⑤ ㉠ 1억만원, ㉡ 10억원

02 **감정평가 및 감정평가사에 관한 법령상 국토교통부장관은 감정평가법인이 법 제32조(인가취소 등)의 어느 하나에 해당하게 되어 업무정지처분을 하여야 하는 경우로서 그 업무정지처분이 표준지공시지가의 조사·평가 등의 업무의 정상적인 수행에 지장을 초래하는 등 공익을 해칠 우려가 있는 경우 업무정지처분에 갈음하여 과징금을 부과할 수 있다 다음의 요건에 고려할 때 부과할 수 있는 과징금의 최저액수는 얼마인가?**

☆ 제23회 기출

> ㉠ 국토교통부장관은 성실의무 등의 위반을 이유로 A 감정평가법인에 6개월의 업무정지처분을 하였다.
> ㉡ 이 경우 감정평가 및 감정평가사에 관한 법령상 국토교통부장관이 위반행위와 관련한 감경으로서 제반 사정을 종합적으로 고려한다.

① 5천만원
② 1억원
③ 1억 2천 5백만원
④ 1억 7천 5백만원
⑤ 2억 5천만원

01 해설
① ㉠ 5천만원, ㉡ 5억원

02 해설
③ 감정평가법인의 과징금최고액은 5억원이며, 업무정지기간이 6개월이면 과징금 최고액의 50% 이상 ~ 70% 미만의 과징금을 부과하며, 과징금 금액의 1/2의 범위 안에서 감경할 수 있으므로, 최저액수는 5억원의 50%의 1/2이므로 1억 2천 5백만원이다.

정답 01 ① 02 ③

03 **감정평가 및 감정평가사에 관한 법령상 감정평가법인등에 대한 과징금의 부과 및 징수에 관한 설명으로 옳지 않은 것은?** ☆ 제20회 기출

① 국토교통부장관은 감정평가법인등에게 법 제32조에 따라 업무정지처분을 하여야 하는 경우로서 그 업무정지 처분이 표준지공시지가 공시 등의 업무를 정상적으로 수행하는데 지장을 초래하는 등 공익을 해칠 우려가 있는 경우에는 업무정지처분에 갈음하여 과징금을 부과할 수 있다.

② 과징금의 최고액은 5천만원(감정평가법인인 경우는 5억원)이며, 과징금의 부과기준은 대통령령이 정한다.

③ 합병 전 감정평가법인의 위반행위에 대해서도 합병 후 존속되는 감정평가법인의 행위로 보아 과징금을 부과할 수 있다.

④ 과징금 부과처분에 대하여 이의신청을 제기한 경우 그에 대한 국토교통부장관의 결정에 불복하여 다시 행정심판을 청구할 수는 없다.

⑤ 국토교통부장관은 과징금을 부과하는 때에는 그 위반행위의 종별과 해당 과징금의 금액을 명시하여 이를 납부할 것을 서면으로 통지하여야 한다.

04 **감정평가 및 감정평가사에 관한 법령상 감정평가법인등에 대한 과징금의 부과 및 징수에 관한 설명으로 옳은 것은?** ☆ 제21회 기출

① 위반행위로 인한 업무정지가 6개월 미만인 경우로 과징금을 부과할 수 있는 때에는 과징금 최고액의 100분의 20 이상 100분의 50 미만을 과징금으로 부과한다.

② 국토교통부장관은 감정평가법인인 감정평가법인등에 대한 업무정지처분에 갈음하여 6억원 이하의 과징금을 부과할 수 있다.

③ 과징금처분에 대한 이의신청은 국토교통부장관에게 하며, 그 이의신청에 대한 국토교통부장관의 결정에 이의가 있는 자는 행정심판을 제기할 수 없다.

④ 국토교통부장관은 과징금 납부의무자가 납부 기한까지 과징금을 납부하지 아니한 경우 납부기한 지난 후 20일 이내에 서면으로 독촉하여야 한다.

⑤ 국토교통부장관은 과징금이나 가산금을 납부하지 아니한 경우 비송사건절차법에 따라 징수하여야 한다.

03 해설

④ 국토교통부장관의 결정에 이의가 있는 자는 「행정심판법」에 따라 행정심판을 청구할 수 있다.

04 해설

② 감정평가법인의 경우에는 5억원 이하의 과징금을 부과할 수 있다.
③ 이의신청에 대한 국토교통부장관의 결정에 이의가 있는 자는 행정심판을 제기할 수 있다.
④ 독촉은 납부기한이 지난 후 15일 이내에 서면으로 하여야 한다.
⑤ 국토교통부장관은 과징금이나 가산금을 납부하지 아니하였을 때에는 국세체납처분의 예에 따라 징수할 수 있다.

정답 03 ④ 04 ①

05 **감정평가 및 감정평가사에 관한 법령상 과징금의 부과 등에 관한 설명으로 옳은 것은?**

☆ 제25회 기출

① 감정평가법인등이 위반행위로 취득한 이익의 규모를 고려하지 않고 과징금의 금액을 산정하여야 한다.

② 국토교통부장관은 이 법의 규정에 위반한 감정평가법인이 합병을 하는 경우 그 감정평가법인이 행한 위반행위는 합병 후 존속하거나 합병에 의하여 신설된 감정평가법인이 행한 행위로 보아 과징금을 부과·징수할 수 있다.

③ 과징금 납부의무자가 납부기한까지 과징금을 납부하지 아니한 경우 국토교통부장관은 가산세를 징수할 수 있다.

④ 과징금 부과처분을 행정소송상 다투기 위해서는 소 제기에 앞서 반드시 행정심판을 거쳐야 한다.

⑤ 과징금 부과 처분을 다투는 감정평가법인등이 행정심판의 재결에 불복하는 경우 국토교통부장관에게 이의신청을 할 수 있다.

05 해설

① 국토교통부장관은 위반행위로 취득한 이익의 규모를 고려하여야 한다.

③ 과징금 납부의무자가 납부기한까지 과징금을 납부하지 아니한 경우 국토교통부장관은 가산세가 아닌 가산금을 징수할 수 있다.

④ 과징금 부과처분을 행정소송상 다투기 위해서는 소 제기 전에 앞서 반드시 행정심판을 거쳐야 하는 것은 아니다.

⑤ 이의신청에 불복하면 행정심판을 제기할 수 있다.

정답 05 ②

06 **감정평가 및 감정평가사에 관한 법령상 과징금에 관한 설명이다. (   )에 들어갈 내용을 순서대로 나열한 것은?** ☆ 제34회 기출

> • 감정평가법인에 대한 과징금부과처분의 경우 과징금 최고액은 (   )원이다.
> • 과징금 납무의무자가 과징금을 분할 납부하려면 납부기한 (   )일 전까지 국토교통부 장관에게 신청하여야 한다.
> • 과징금을 납부기한까지 납부하지 아니한 경우에는 납부 기한의 다음날부터 과징금을 (   )까지의 기간에 대하여 가산금을 징수할 수 있다.

① 3억, 10, 납부한 날의 전날
② 3억, 30, 납부한 날
③ 5억, 10, 납부한 날의 전날
④ 5억, 10, 납부한 날
⑤ 5억, 30, 납부한 날의 전날

06 해설

> • 감정평가법인에 대한 과징금부과처분의 경우 과징금 최고액은 (5억)원이다.
> • 과징금 납무의무자가 과징금을 분할 납부하려면 납부기한 (10)일 전까지 국토교통부장관에게 신청하여야 한다.
> • 과징금을 납부기한까지 납부하지 아니한 경우에는 납부 기한의 다음날부터 과징금을 (납부한 날의 전일)까지의 기간에 대하여 가산금을 징수할 수 있다.

정답 06 ③

06 보칙 및 벌칙

01 **감정평가 및 감정평가사에 관한 법령상 국토교통부장관이 한국부동산원에 위탁한 것이 아닌 것은?** ☆ 제34회 기출

① 감정평가서에 대한 표본조사
② 감정평가서의 원본과 관련 서류의 보관
③ 감정평가 타당성 조사를 위한 기초자료 수집
④ 감정평가 정보체계의 구축
⑤ 감정평가 정보체계의 운영

02 **감정평가 및 감정평가사에 관한 법령상의 다음 사항 중 행정소송으로 다툴 수 없는 것은?** ☆ 제17회 기출

① 감정평가사 자격의 취소
② 감정평가법인 인가의 취소
③ 감정평가법인 업무의 정지
④ 감정평가사 등록의 취소
⑤ 과태료의 부과

01 해설
② 감정평가서의 원본과 관련 서류의 보관은 한국부동산원이 아니하 협회에 위탁하는 사유이다.

02 해설
⑤ 과태료의 부과에 대하여는 비송사건이므로 행정소송으로 다툴 수는 없고, 비송사건절차법에 따른다.

정답 01 ② 02 ⑤

03 **감정평가 및 감정평가사에 관한 법령상 형법 제129조(수뢰, 사전수뢰)의 적용에 있어서 감정평가사가 공무원으로 의제되는 업무에 해당하지 않는 것은?** ☆ 제24회 기출

① 공공용지의 매수 및 토지의 수용・사용에 대한 보상을 위한 토지의 감정평가
② 개별공시지가의 검증
③ 표준지의 적정가격 조사・평가
④ 토지 등의 이용 및 개발 등에 대한 조언이나 정보 등의 제공
⑤ 국・공유토지의 취득 또는 처분을 위한 토지의 감정평가

04 **감정평가법인등의 성실의무위반 등에 대한 벌칙 중 틀린 것은?** ☆ 제11회 기출

① 중과실로 잘못된 평가를 한 경우 - 3년 이하의 징역 또는 3천만원 이하의 벌금
② 감정평가사의 자격증을 대여한 경우 - 1년 이하의 징역 또는 1천만원 이하의 벌금
③ 업무와 관련된 수수료 및 실비 외의 대가를 받은 경우 - 3년 이하의 징역 또는 3천만원 이하의 벌금
④ 토지 등의 매매업을 직접 영위한 경우 - 1년 이하의 징역 또는 1천만원 이하의 벌금
⑤ 감정평가서 등 관련 서류를 보존하지 아니한 자 - 300만원 이하의 과태료

03 해설
④ 형법 제129조(수뢰, 사전수뢰)의 적용에 있어서 토지 등의 이용 및 개발 등에 대한 조언이나 정보 등의 제공에 해당하는 업무는 감정평가사가 공무원으로 의제되는 업무에 해당하지 아니한다.

04 해설
① 고의로 잘못된 평가를 한 경우에 3년 이하의 징역 또는 3천만원 이하의 벌금을 부과한다.

정답 03 ④ 04 ①

05 **감정평가 및 감정평가사에 관한 법령상 위반행위와 벌칙을 잘못 연결한 것은?** ☆ 제16회 기출

① 부정한 방법으로 감정평가사의 자격을 취득한 자 – 3년 이하의 징역 또는 1000만원 이하의 벌금

② 감정평가사의 자격증, 감정평가법인등의 등록증 또는 인가증을 다른 사람에게 양도 또는 대여한 자와 이를 양수 또는 대여받은 자 – 1년 이하의 징역 또는 1천만원 이하의 벌금

③ 감정평가법인등이 아닌 자로서 감정평가업을 영위한 자 – 3년 이하의 징역 또는 3천만원 이하의 벌금

④ 감정평가법인등이 토지 등의 매매업을 직접 영위한 자 – 1년 이하의 징역 또는 1천만원 이하의 벌금

⑤ 업무에 관한 보고, 자료제출, 명령 또는 검사를 거부 방해 또는 기피하거나, 국토교통부장관에게 거짓으로 보고한 자 – 400만원 이하의 과태료

06 **감정평가 및 감정평가사에 관한 법령상 과태료의 부과 대상은?** ☆ 제34회 기출

① 감정평가법인등이 아닌 자로서 감정평가업을 한 자

② 사무직원이 될 수 없는 자를 사무직원으로 둔 감정평가법인

③ 둘 이상의 감정평가사 사무소를 설치한 사람

④ 구비서류를 거짓으로 작성하여 감정평가사 등록을 한 사람

⑤ 감정평가사 자격증을 대여를 알선한 자

05 해설

① 3년 이하의 징역 또는 3천만원 이하의 벌금에 처한다.

06 해설

① 3년 이하의 징역 또는 3천만원 이하의 벌금 부과 대상이다.
② 500만원 이하의 과태료 부과대상이다.
③ 1년 이하의 징역 또는 1천만원 이하의 벌금 부과 대상이다.
④ 3년 이하의 징역 또는 3천만원 이하의 벌금 부과 대상이다.
⑤ 1년 이하의 징역 또는 1천만원 이하의 벌금 부과 대상이다.

정답 05 ① 06 ②

제 9 편

동산 · 채권 등의 담보에 관한 법률

CHAPTER 01 동산담보권

01 동산 · 채권 등의 담보에 관한 법령상 동산담보권의 목적물에 해당하지 않는 것을 모두 고른 것은? ☆ 제30회 기출

ㄱ. 무기명채권증서
ㄴ. 화물상환증이 작성된 동산
ㄷ. 「선박등기법」에 따라 등기된 선박
ㄹ. 「자산유동화에 관한 법률」에 따른 유동화 증권

① ㄱ
② ㄴ, ㄷ
③ ㄴ, ㄹ
④ ㄱ, ㄷ, ㄹ
⑤ ㄱ, ㄴ, ㄷ, ㄹ

01 해설

담보등기를 할 수 없는 경우 : 다음의 어느 하나에 해당하는 경우에는 이를 목적으로 하여 담보등기를 할 수 없다.

❶ 「선박등기법」에 따라 등기된 선박, 「자동차 등 특정동산 저당법」에 따라 등록된 건설기계 · 자동차 · 항공기 · 소형 선박, 「공장 및 광업재단 저당법」에 따라 등기된 기업재산, 그 밖에 다른 법률에 따라 등기되거나 등록된 동산
❷ 화물상환증, 선하증권, 창고증권이 작성된 동산
❸ 무기명채권증서, 유동화증권, 「자본시장과 금융투자업에 관한 법률」에 따른 증권

따라서 ㄱ. 무기명채권증서, ㄴ. 화물상환증이 작성된 동산, ㄷ. 「선박등기법」에 따라 등기된 선박, ㄹ. 「자산유동화에 관한 법률」에 따른 유동화 증권은 모두 동산담보권의 목적물에 해당하지 않는다.

정답 01 ⑤

02 동산 · 채권 등의 담보에 관한 법령상 동산담보권에 관한 설명으로 옳지 않은 것은?

☆ 제27회 기출

① 창고증권이 작성된 동산은 담보 등기의 목적물이 될 수 없다.
② 담보권설정자의 사업자 등록이 말소된 경우에도 이미 설정된 동산담보권의 효력에는 영향을 미치지 아니한다.
③ 동산담보권은 피담보채권과 분리하여 타인에게 양도할 수 없다.
④ 담보권자는 채권의 일부를 변제받은 경우에도 담보목적물 전부에 대하여 그 권리를 행사할 수 있다.
⑤ 동산담보권의 효력은 법률에 다른 규정이 없거나 설정행위에 다른 약정이 없다면 담보목적물의 종물에 미치지 않는다.

03 동산 · 채권 등의 담보에 관한 법령상 동산담보권에 관한 설명으로 옳지 않은 것은?

☆ 제33회 기출

① 담보목적물의 훼손으로 인하여 담보권설정자가 받을 금전에 대하여 동산담보권을 행사하려면 그 지급 전에 압류하여야 한다.
② 담보권자가 담보목적물을 점유한 경우에는 피담보채권을 전부 변제받을 때까지 담보목적물을 유치할 수 있지만, 선순위 권리자에게는 대항하지 못한다.
③ 동산담보권을 그 담보할 채무의 최고액만을 정하고 채무의 확정을 장래에 보류하여 설정하는 경우 채무의 이자는 최고액 중에 포함되지 아니한다.
④ 약정에 따른 동산담보권의 득실변경은 담보등기부에 등기를 하여야 그 효력이 생긴다.
⑤ 동일한 동산에 관하여 담보등기부의 등기와 민법에 규정된 점유개정이 행하여진 경우에 그에 따른 권리 사이의 순위는 법률에 다른 규정이 없으면 그 선후에 따른다.

02 해설

⑤ 동산담보권의 효력은 담보목적물에 부합된 물건과 종물에 미친다. 다만, 법률에 다른 규정이 있거나 설정행위에 다른 약정이 있으면 그러하지 아니하다.

03 해설

③ 동산담보권을 그 담보할 채무의 최고액만을 정하고 채무의 확정을 장래에 보류하여 설정하는 경우 채무의 이자는 최고액 중에 포함된 것으로 본다.

정답 02 ⑤ 03 ③

04 **동산 · 채권 등의 담보에 관한 법령상 동산담보권에 관한 설명으로 옳은 것은?** ☆ 제31회 기출

① 동산담보권의 효력은 설정행위에 다른 약정이 있더라고 담보목적물에 부합된 물건과 종물에 미친다.
② 동산담보권은 피담보채권과 분리하여 타인에게 양도할 수 있다.
③ 담보권설정자가 담보목적물을 점유하는 경우에 경매절차는 압류에 의하여 개시한다.
④ 채무자의 변제를 원인으로 동산담보권의 실행을 중지함으로써 담보권자에게 손해가 발생하더라도 채무자가 그 손해를 배상하여야 하는 것은 아니다.
⑤ 담보권자는 자기의 채권을 변제받기 위하여 담보목적물의 경매를 청구할 수 없다.

05 **동산 · 채권 등의 담보에 관한 법령상 동산담보권에 관한 설명으로 옳은 것은?** ☆ 제34회 기출

① 창고증권이 작성된 동산을 목적으로 담보등기를 할 수 있다.
② 담보권설정자의 사업자 등록이 말소된 경우 그에 따라 이미 설정된 동산담보권도 소멸한다.
③ 담보권설정자의 행위에 의한 사유로 담보목적물의 가액이 현저히 증가된 경우 담보목적물의 일부를 반환받을 수 있다.
④ 동산담보권의 효력은 담보목적물에 대한 압류가 있은 후에 담보권설정자가 그 담보목적물로부터 수취할 수 있는 과실에 미친다.
⑤ 담보권자와 담보권설정자 간 약정에 따른 동산담보권의 득실변경은 담보등기부에 등기하지 않더라도 그 효력이 생긴다.

04 해설

① 동산담보권의 효력은 설정행위에 다른 약정이 있으면 담보목적물에 부합된 물건과 종물에 미치지 아니한다.
② 동산담보권은 피담보채권과 분리하여 타인에게 양도할 수 없다.
④ 채무자의 변제를 원인으로 동산담보권의 실행을 중지함으로써 담보권자에게 손해가 발생하는 경우에 채무자등은 그 손해를 배상하여야 한다.
⑤ 담보권자는 자기의 채권을 변제받기 위하여 담보목적물의 경매를 청구할 수 있다.

05 해설

① 창고증권이 작성된 동산을 목적으로 담보등기를 할 수 없다.
② 담보권설정자의 사업자 등록이 말소된 경우에도 이미 설정된 동산담보권의 효력에는 영향을 미치지 아니한다.
③ 담보권설정자에게 책임이 있는 사유로 담보목적물의 가액이 현저히 감소된 경우에는 담보권자는 담보권설정자에게 그 원상회복 또는 적당한 담보의 제공을 청구할 수 있다.
⑤ 담보권자와 담보권설정자 간 약정에 따른 동산담보권의 득실변경은 등기하여야 그 효력이 생긴다.

정답 04 ③ 05 ④

CHAPTER 02 채권담보권

01 동산 · 채권 등의 담보에 관한 법령상 채권담보권에 관한 설명으로 옳지 않은 것은?

☆ 제28회 기출

① 법인 등이 담보약정에 따라 금전의 지급을 목적으로 하는 지명채권을 담보로 제공하는 경우에는 담보등기를 할 수 있다.

② 채무자가 특정되지 아니한 여러 개의 채권이더라도 채권의 종류, 발생원인, 발생 연월일을 정하는 등의 방법으로 특정할 수 있는 경우에는 이를 목적으로 하여 담보등기를 할 수 있다.

③ 채권담보권의 목적이 된 채권이 피담보채권보다 먼저 변제기에 이른 경우에는 담보권자는 제3채무자에게 그 변제금액의 공탁을 청구할 수 있다.

④ 담보권자는 민사집행법에서 정한 집행방법으로 채권담보권을 실행할 수 없다.

⑤ 담보권자는 피담보채권의 한도에서 채권담보권의 목적이 된 채권을 직접 청구할 수 있다.

01 해설

④ 담보권자는 채권담보권의 실행방법 외에 「민사집행법」에서 정한 집행 방법으로 채권담보권을 실행할 수 있다.

정답 01 ④

CHAPTER 03

담보등기

01 동산 · 채권 등의 담보에 관한 법률상 담보등기에 관한 설명으로 옳지 않은 것은?

☆ 제29회 기출

① 담보등기는 법률에 다른 규정이 없으면 등기권리자와 등기의무자가 공동으로 신청한다.
② 등기관이 등기를 마친 경우 그 등기는 접수한 때부터 효력을 발생한다.
③ 동산 · 채권 등의 담보에 관한 법률에 따른 담보권의 존속기간은 5년을 초과할 수 없으나, 5년을 초과하지 않는 기간으로 이를 갱신할 수 있다.
④ 등기관의 결정 또는 처분에 대한 이의신청은 집행정지의 효력이 없다.
⑤ 등기관의 결정 또는 처분에 이의가 있는 자는 새로운 사실이나 새로운 증거방법을 근거로 관할 지방법원에 이의신청을 할 수 있다.

02 동산 · 채권 등의 담보에 관한 법령상 담보등기에 관한 설명으로 옳은 것은? ☆ 제32회 기출

① 판결에 의한 등기는 등기권리자와 등기의무자가 공동으로 신청하여야 한다.
② 등기관이 등기를 마친 경우 그 등기는 등기신청을 접수한 날의 다음날부터 효력을 발생한다.
③ 등기관의 결정에 대한 이의신청은 집행정지의 효력이 있다.
④ 등기관은 자신의 결정 또는 처분에 대한 이의가 이유 없다고 인정하면 3일 이내에 의견서를 붙여 사건을 관할 지방법원에 송부하여야 한다.
⑤ 동산 · 채권 등의 담보에 관한 법률에 따른 담보권의 존속기간은 7년을 초과하지 않는 기간으로 이를 갱신할 수 있다.

01 해설

⑤ 등기관의 결정 또는 처분에 이의가 있는 자는 새로운 사실이나 새로운 증거방법을 근거로 관할 지방법원에 이의신청을 할 수는 없다.

02 해설

① 판결에 의한 등기는 승소한 등기권리자 또는 등기의무자가 단독으로 신청할 수 있다.
② 등기관이 등기를 마친 경우 그 등기는 등기신청을 접수한 때부터 효력을 발생한다.
③ 이의신청은 집행정지의 효력이 없다.
⑤ 담보권의 존속기간은 5년을 초과하지 않는 기간으로 이를 갱신할 수 있다.

정답 01 ⑤ 02 ④

03 **동산·채권 등의 담보에 관한 법령상 담보등기에 관한 설명으로 옳은 것은?** ☆ 제35회 기출

① 장래에 취득할 동산은 특정할 수 있는 경우에도 이를 목적으로 담보등기를 할 수 없다.
② 등기명의인 표시의 변경의 등기는 등기명의인 단독으로 신청할 수 있다.
③ 담보권자가 담보권의 존속기간을 갱신하려면 그 존속기간 만료 전후 1개월 내에 연장등기를 신청하여야 한다.
④ 포괄승계로 인한 등기는 등기권리자 또는 등기의무자 단독으로 신청할 수 있다.
⑤ 담보목적물인 동산이 멸실된 경우 그 말소등기의 신청은 담보권설정자가 하여야 한다.

03 해설

① 장래에 취득할 동산은 특정할 수 있는 경우에도 이를 목적으로 담보등기를 할 수 있다.
③ 담보권자가 담보권의 존속기간을 갱신하려면 그 존속기간 만료 전에 연장 등기를 신청하여야 한다.
④ 포괄승계로 인한 등기는 등기권리자가 단독으로 신청할 수 있다.
⑤ 담보목적물인 동산이 멸실된 경우 그 말소등기의 신청은 담보권설정자와 담보권자가 말소등기를 신청할 수 있다.

정답 03 ②

박문각
감정평가사

김희상
명품 감정평가관계법규

1차 | 출제예상문제집 + 필수기출

제1판 인쇄 2024. 9. 25. | 제1판 발행 2024. 9. 30. | 편저자 김희상
발행인 박 용 | 발행처 (주)박문각출판 | 등록 2015년 4월 29일 제2019-000137호
주소 06654 서울시 서초구 효령로 283 서경 B/D 4층 | 팩스 (02)584-2927
전화 교재 문의 (02)6466-7202

저자와의 협의하에 인지생략

정가 25,000원
ISBN 979-11-7262-145-2